핵심기술을 기반으로 지속가능한 미래를 만드는 기업

효성 오디세이아
HYOSUNG

백 인 호 지음

도서
출판 정음서원

조홍제 창업 회장

집무실의 조홍제 창업 회장

조홍제 창업 회장 - 1959년 배명학원 이사장 취임식

조석래 선대 회장

조석래 선대 회장

조석래 선대 회장

조현준 현 회장

서문

　조홍제(趙洪濟) 효성그룹 창업회장은 최근 주목받고 있는 K-사업가 정신 벨트인 경남 함안, 의령, 진주 중 함안(咸安)에서 태어났다.

　이 벨트에서는 의령의 이병철 삼성그룹 창업 회장, 진주의 구인회 LG 그룹 창업 회장이 태어났기에 이 세 곳을 묶어 K-기업가 정신이 형성됐다고 해서 이렇게 부르고 있다. 효성, 삼성, LG는 한국이 10대 경제부국으로 성장하는데, 결정적인 역할을 했으며 21세기 현재도 그 기능을 계속하고 있다.

　조홍제 회장은 매우 특별한 사업력을 가지고 있다. 조회장은 생애 최초로 사업을 시작, 기업인으로 재계에 발을 딛을 때 이병철 삼성 회장과 동업으로 출발한 것이다. 조회장이 이회장을 만나 동업을 하게 된 것은 운명적이었다. 조홍제 회장은 인생의 황금기인 40세부터 55세까지 15년 동안 삼성(三星) 사람이었다. 조회장은 삼성물산, 제일제당, 제일모직 창업 멤버였으며, 제일제당 대표이사 사장을 역임했다.

　어느 날 이병철 회장의 돌연한 동업청산 제의를 받고 조회장은 새로운 출발을 감행하지 않을 수 없었다. 효성그룹이 탄생하는 순간이었다. 한국에서는 동업은 성공하지 못한다는 속설이 있다. 조홍제 회장과 이병철 회장의 동업도 이 속설을 비켜 가지는 못했다. 조홍제 회장이 그의 나이 56세에 독자 기업을 시작할 때 재계는 우려의 눈빛을 감추지 못했다. 성공보다는 실패 가능성을 크게 보았던 것이다. 그러나 조회장은 일반의 우려를 깨끗이 빗나가게 만들었다.

저자는 조홍제 회장과 이병철 회장을 직접 취재한 경험을 가지고 있다. 저자는 이 책에서 이병철 회장의 동업 청산요구의 본질이 무엇이며 왜 그렇게밖에 될 수 없었던가를 밝혀보려고 노력했다. 또한, 조홍제 회장의 사업 성공 요인은 무엇이었나를 해명해보려고 애썼다.

조홍제 회장은 유년기에 성리학에 기반한 선비정신을 공부했고, 이윤창출이라는 기업본질과는 거리가 있어 재계에 적응하기에는 한계가 있을 것으로 추측되었다. 그러나 조회장은 그의 유명한 "성냥개비" 계산법으로 모든 사안을 숫자에 기반해서 풀어냈으며 실패를 피해 나가 성공했다. 조회장은 세계적인 화섬업체인 동양나일론은 창업했고 한국타이어, 타이어코드지를 성장시켰다. 효성그룹은 한때 재계 순위 5위에 오르기도 했다.

조석래 2세 회장도 창업 회장에 이어 효성그룹을 크게 성장시켰으며 특히 그는 경제 외교 분야에서 눈부신 활약으로 한국 경제를 글로벌 시장에서 주목받게 했다. 조석래 회장은 한·미·일 경제계에 폭넓고 깊은 인적 네트워크를 가지고 있었으며 국가 경제 위기 때마다 이를 극복하는데 힘을 보탰다.

효성그룹은 숨은 보물을 몇 개 가지고 있다. 섬유의 반도체인 스판덱스(Spandex) 세계 1위, 타이어코드(Tirecode) 세계 1위, 초고압 직류송전 시스템(HVDC) 분야에서 세계 강자이다. 인공지능(AI) 데이터 센터 폭증, 신재생 에너지 확산, 노후 전송망 교체 등 요인이 변압기 산업을 크게 신장하고 있으며 구글, 아마존도 효성그룹에 줄을 서는 형편이다. 또한 K그리드(Grid, 전력망) 선두주자이자 향후 성장 잠재력이 무궁무진하다.

저자는 조홍제 회장의 일화(逸話)와 조석래 회장의 진면목을 볼 수 있는 "내가 만난 그 사람, 조석래" 자료를 확보, 이 책에서 쓸 수 있었던 것을 자랑으로 삼고 싶다. 이 책은 조홍제 회고록 '늦되고 어리석을지라도' '내가 만나 그 사람 조석래', '효성그룹 50년사'를 참고했고, 인터넷 검색 도움도 많았다. 책 본문 중 인명에 대해서는 동명이인을 피하기 위해 가급적 한자(漢字)을 병기하려고 노력했으며 부득이 한글로만 쓴 경우도 있어 이해 있으시기를 바란다.

많은 유력한 도움말을 주신 정영의(鄭永儀) 전재무부장관께 감사 말씀드린다. 감수와 교열을 맡아주신 윤승진 박사에게도 감사드린다. 이 책 출간을 결심해 주신 박상영 정음출판사 사장님께 감사드리며 또 편집진에게도 감사드린다.

2025년 9월 28일

저자 백 인 호

차례

제 2 부

제 1 부

1

가장 현명했던 판단 (삼성을 떠나다)

조홍제(趙洪濟) 사장(당시 직책)은 마침내 삼성을 떠나기로 결심했다. 1962년 9월 조사장은 15년이나 재직했던 삼성그룹을 떠나, 독자 사업의 길을 선택했다. 조 사장은 단순한 CEO(최고경영자)가 아니었다. 이병철(李秉喆) 삼성그룹 회장과 동업으로 삼성물산 공사를 창설한 투자자였다. 삼성물산 공사 초기 투자 비용은 당시 조 사장이 1,000만 원, 이병철 사장이 700만 원으로 조사장 지분이 더 많았다.

조사장이 삼성과 결별한다는 소식이 공식적으로 사내에 전해지자 사내 임직원들은 어리둥절 놀라워했고 재계에도 비상한 피문을 일으켰다. 조사장이 왜 삼성을 떠나게 됐고 이병철 사장과 무슨 불화라도 있었던 걸까? 각자 나름대로의 추측이 난무했다. 조사장과 이사장은 지난 15년 동안 6.25 전란의 혼란기에도 제일제당(설탕)과 제일모직(복지)를 설립·성공함으로써 명실공히 "삼성그룹"이라는 재계 1위 그룹을 만들어 왔던것이다. 삼성은 조홍제, 이병철 두 사람의 작품이었다. 당시 우리 재계에서는 합자회사로 출발, 재벌급 대기업으로 성공한 두 곳을 눈여겨 보고있었다. 하나는 "조, 이"의 삼성이었고 다른 하나는 구인회(具仁會)와 허만정(許萬正)의 락희금성(樂喜金星 현, LG) 그룹이었다. 한국에서는 오래전부터 한국 사람은 동업해서는 성공하지 못한다는 속설이 있어 왔다. 일본사람들도 한국 사람을 얕잡아 보는 것 중 하나로 "한국 사람은 동업을 못 해 서로 믿지 않거든."하고 흉을 보았다.

조홍제 사장은 어느 날 서재에서 "누구나 자기 재산을 키우려 하지 않는 사람은 없겠지만 그래도 사리에 맞도록 하면서 재산을 키워야지. 그렇지 못하면 돈을 모으는 것, 그 자체가 무의미해지지 않는가? 돈도 따지고 보면 사람이 올바르게 잘 살기 위한 한 가지 수단에 불과한 것을..." 이런 생각에 잠겨 있었다. "내가 재산 관리에 너무 허술함이 있지 않았나" 하는 후회도 되었다. "그때 그때 내가 분명히 처리를 해뒀어야 했는데..." 이런 일을 당하고 보니 재산에 대한 것보다도 내 자신이 이런 일로 고민하게 되었다는 그 자체로 마음이 아팠다.

조회장은 생각이 여기에 미치자. 이제는 기분상으로라도 삼성 사무실에 나가는 일이 싫어졌다. 따뜻한 인정과 서로의 마음을 믿을 수 있는 곳에 낙이 있는 것인데 사태가 이렇게 급변하니까 평소에 자주 드나들던 중역들도 조심스러워져 스스로 찾아오는 일이 뜸해지게 되었다. 사정이 이렇게 진전되어 갈 바에야 내가 하루라도 더 머물면 머물수록 그만큼 나에게 손해가 온다는 것을 뒤늦게나마 조홍제 사장은 깨닫게 되었다. 무턱대고 그의(이병철 사장) 처분만 바란다는 것은 황화(黃河)의 물이 맑아지기를 기다리는 백년하청(百年河淸) 격이며 시간을 유효하게 쓰기 위해서는 재산분배 문제로 차일피일 세월만 보낼 것이 아니라 그 정리는 뒤로 미루고 하루라도 빨리 여기(삼성그룹)를 떠나 내 독자 사업을 해야겠다는 생각이었다.

(독자들이어, 우리는 조홍제 효성그룹 창업 회장이 이병철 삼성그룹 창업 회장과 15년 동안 이어온 동업 관계를 청산하고 새로운 사업을 시작하려고 하는 국면을 보고 있는것이다. 당시 조, 이 사장의 결별소식은 재계에 큰 파문을 던졌고, 우리 재벌 성장사에서도 하나의 충격적인 사건으로 기록된 것이다.)

삼성 내에서도 조홍제 사장이 떠난다는 사실이 알려지자 누가 조사장을 따라갈 것인가? 하는 문제에 큰 관심을 보였지만, 막상 이병철 사장과 재산분배를 매듭짓지 못한 채 나가게 되었다고 하니 조사장이 무일푼이라고 생각했는지 조사장을 따라가겠다고 했던 사람들도 마음을 접고 말았다. 욱일승천의 기세로 성장하는 삼성그룹을 떠날 샐러리맨은 흔치 않을 것이다.

이렇게 쉽사리 조사장이 삼성을 떠난다고 하니까 이병철 사장은 "조사장이 나가서 독자적으로 새 사업을 시작하려면 사업자금이 필요할 것인데 지금 회사에는 여유 있는 자금이 없으니까 내가 개인적으로 2억 원 정도 차용해 드릴테니 어떻소?"라고 하는 것이 아닌가? 처음에는 혹시 내가 잘못 들었나? 하고 귀를 의심할 정도로 도저히 있을 수 없는 말이었다. 어안이 벙벙하다는 말은 이런 경우를 두고 생겨난 말인가... "이 사람 무슨 말을 그렇게 함부로 하나, 내가 장부에 있는대로 내 지분만큼 계산하여 가지면 될 것을 무엇 때문에 돈을 빌리고 어쩌고 한단 말인가?"

그와 동업한 이래 이렇게 모욕적인 말은 처음이라 조사장은 몹시 화를 내고 그를 나무랐다. "내가 제일제당을 갖기로 합의가 되었으면 그대로 절차만 밟으면 될 것을 돈을 빌려 가라니 이 무슨 말인가? 이것은 마치 손님에게 성찬을 차려놓고 잡수시오. 잡수시오. 하다가 상을 받는 사람이 "그러면.." 하고 한술 떠서 목으로 넘길 즈음에 수저를 불끈 쥐고서 "안 됩니다." 하고 못 먹게 하는 거나 마찬가지였다.

한동안이 지나도 이병철 사장은 고개를 떨군 채 묵묵부답이었다. 한참 만에 조홍제 사장은 "이사장 정히 처음부터 나에 대한 뜻이 그랬다면 왜 지금까지 나를 여기에 붙잡아 두었는가? 내 나이 이미 쉰하고도 여섯, 말하자면 인생의 황혼기에 접어들었는데 이 나이에 다시 처음부터 시작하라는 말인가, 평가도 제대로 안 하겠다. 내 지분도 청산을 못 하겠다. 그러면 내가 이사장과 함께 투자하여 이 만큼 키운 삼성 15년의 활동을 무엇으로 보상하겠는가. 내가 할 말은 많지만 딱 한 가지만 이 자리에서 분명히 해두고 싶은 게 있네. 그것은 내가 이사장과 헤어질 때는 그동안 가장 가까웠던 사업 동지로서 내가 여기를 떠난 다음에도 예전과 다름없이 웃는 얼굴로 대하려 했는데 이건 너무하지 않는가. 사리에 어긋나지 않게 내 지분을 청산하도록 하여 우의마저 상하지 않도록 해주기를 바라네."

조홍제 사장은 이렇게 말하고 지분정리는 뒷날로 미루고 삼성을 떠나고 말았다.

뜨거웠다 차가워지는 인심

조홍제 사장이 사유물을 챙겨 들고 사무실을 나올 때 전송해 주는 사람 하나 없이 오직 운전기사만이 동행했다. 정들었던 반도호텔(半島 호텔. 현 롯데호텔) 정문을 나서자니 조사장의 가슴은 만감이 교차했다. 당시 반도호텔은 수도 서울의 정치·경제 심장부로 한국 현대사의 역사 기록의 현장이었다. 8·15 광복으로 미 군정이 펼쳐진 3년 동안 미 8군 장성들의 지정 호텔이었으며, 장면(張勉) 국무총리 사무실도 이곳에 있었다. 당시 굴지의 민간기업들의 본사 사무실들도 이곳에 있었다. 삼성의 이병철 사장도 반도호텔 5층 전 층에 입주해 있었고, 구인회의 반도상사(현, LG그룹)도 반도호텔에 서울 사무소를 두고 있었다. 조홍제 사장도 이곳에서 일해 왔다. 친지와 사업 동지 할 것 없이, 모두가 자신을 외면하는 그때의 고독감, 이런 고독 속에서 사람은 정신적으로 성장하고 때로는 철인(哲人)이 되기도 한다던가.

조홍제 사장은 눈을 감고 되도록 이 억울하고 불쾌한 감정에 젖지 않으려고 애쓰면서 깊은 명상에 잠겨들었다. 사업 동지에게까지 못할짓을 하면서 얻은 재물, 과연 그것으로 무엇을 어떻게 하자는 것일까? 그래도 조사장에게는 기업에 대한 신념이 있었다. 사업은 무엇 때문에 하는가, 따지고 보면 주어진 인생을 훌륭히 사는 목적의 한 수단에 지나지 않는 것을, 돈은 무엇 때문에 필요한가? 기업하는 사람에게 있어서는 돈 그 자체가 목적이 아니라 기업을 하기 위한 수단에 불과한 것인데…

그러니 나는 앞으로 적어도 수단과 목적을 혼동하여 오명을 남기는 그런 우를 범해서는 안 되리라. 이제부터는 더욱 내 사업 활동에 못지않게 내 후손들이 한 인간으로서 올바른 길을 걸어가도록 양자손(養子孫)에 힘쓰리라. 그들이 기업을 하든 또 다른 분야에서 일하든 그들로 하여금 열선조의 가르침을 잊지 말게 하여 적어도 수단과 목적을 혼동하지 않는 현자지도(賢者之道)를 내 자신부터 그들에게 가르켜 주어야 한다.

이렇게 삼성(三星) 15년에 대한 정신적인 매듭을 짓고 나니 도리어 담담한 심경이 되는 것이었다. 조홍제 사장은 "이제부터는 좀 더 사회에 기여도가 큰 기업을 일으켜" 인생을 어떻게 살았는가고 누가 물어도 나는 이렇게 했노라고 떳떳이 대답할 수 있는 그런 인생을 살아가리라. 이병철 사장이 어떻게 해서 나에게 그토록 심한 처사를 하게 되었는지 자세히는 알 수 없으나 사업 동지로서 우리가 함께 지금까지 해 온 일들을 다시 생각해 보았다, 시간이 흘러 냉정을 되찾게 되면 그도 사리에 맞는 처리를 할 날이 있겠지.

조홍제 사장은 아무튼 이병철 사장의 처사에 대응하여 그 부당함을 법에 호소하여 청구 소송을 제기한다 해도 민사소송이라 대법원까지 가려면 적어도 3~4년은 걸리게 될 것이고 그렇게 되면 막대한 소송비용은 고사하고 내 나이는 환갑을 맞이하게 될 것인데, 재산은 재산대로 시간은 시간대로 잃고 말 것 아닌가하는데 생각이 미쳤다. 조홍제 사장은 이 세상에 삶을 누리게 된 이래 이때만큼 자신이 열세에 처해본 일이 없다고 통감했다.

조사장은 15년이라는 장구한 세월에 걸쳐 쌓아 올린 그 성과를 무슨 성인군자 연하면서 아무런 이유도 없이 이병철 사장에게 그냥 넘겨줄 수 있겠는가고 자문자답했다. 조홍제 사장은 삼성을 그만두고 나서는 새벽잠이 없어졌다. 새벽 2시, 3시쯤이면 그만 잠에서 깨어 아무리 애를 써도 더는 잠을 잘 수가 없게 되었다. 어떻게 하면 이 난제를 해결할 수 있을까 궁리에 궁리를 거듭해도 이병철 사장이 만날 때마다 이리저리 회피를 하니 어떻게 해도 쉽게 해결의 실마리조차 잡지 못하게 되는 것이었다.

조사장은 이렇게 열세에 놓여있는지라 행여나 하고 이사장하고 가깝고 자신과 친분이 있는 재계의 모 씨를 찾아가 전후 사정을 설명하고 거중 조정을 부탁해 보았다. 그는 참으로 어려운 부탁이라고 하면서 자기가 중간에 끼어들어 조금이라도 나에게 유리하게 결말이 지어지면 이병철 사장의 성격으로 보아 당장에는 체면 때문에 할 수 없이 그 결말에 승복할지 모르지만 아마 평생을 두고 원망을 받게 되리라 하면서 완곡이 거절하는 것이었다. 또 다른 인사에게 부탁을 하였더니 이사장에 대한 자기의 친분 때문에 내가 부당한 일을 당하고 있다는 것을 풍문을 통해 듣고 가슴 아파하고 있다면서도 나서기가 매우 난처하다는 말만 했다. 이렇게 되고 보니 조사장은 누구에게 부탁해도 거중 조정을 할 수 없는 것이라고 판단했다. 세상의 인심은 억울한 일을 당한 약자를 돕기보다 그런 일을 해서 더 강하게 되는 강자를 돕게 마련이라는 것도 절감했다.

2

이병철씨와의 만남과 동업

(독자들이어, 조홍제 사장이 삼성 이병철 사장과의 동업 청산을 앞두고 고민을 거듭하는 사정을 좀 더 확연하게 이해하기 위해 시간을 좀 더 거슬러 올라가 보시기 바란다.)

조홍제 사장은 1944년 어느 날 명륜동 자택으로 인사차 찾아온 손님을 맞았다.

"안녕하십니까? 저를 모르시겠습니까?"

"아니 이게 누구시오?"

이병철 사장은 혜화동으로 이사를 왔다면서 인사를 왔다. 조사장과 이사장의 집은 걸어서도 2~3분이면 오갈 수 있는 거리였다. 이병철 사장의 생가는 경남 의령이고 조사장의 생가는 함안으로 군은 다르지만, 조사장의 생가 군북면은 의령군과 접해 있었기 때문에 소시적부터 지면이 있어 온 터였고 특히 이병철 사장의 형, 병각씨와 조사장은 동갑이어서 이들 형제들과는 선대의 교분에 힘입어 조홍제 사장이 장가를 들어 다소 어른 대접을 받게 되었던 15세를 전후해서는 말(馬)을 타고 자주 내왕하던 사이었다. 이병철 사장도 새로운 사업을 하고자 대구에서 서울로 올라온 처지여서 두 사람은 조석으로 내왕을 하다 보니 자연 새로운 사업에 대한 이야기를 나누게 되었다. 조홍제 사장은 그동안 조사해 온 고철(古鐵) 사업에 대한 이야기를 하였고, 이병철 사장은 지금은 생필품이 부족한 형편이니만큼 무역(貿易)을 하면 더 수익성이 좋을 것이라는 의견을 말하곤 했다. (조홍제 사장이 고철사업에 대해 말 한데는 그럴만한 사연이 있으며 이 책 다른 장에서 다룰 계획이다.)

그러던 얼마 후에 이병철씨가 혼자서 무역업을 시작했다면서 놀러 왔다. (이병철 사장이 시작했다는 무역업은 삼성물산공사(三星物産公社)였다.) 조홍제 사장도 대학에서 경제학(독일 경제학)을 전공한 처지여서 무역의 원리에 대해서는 어느 정도 알고 있었으므로 이병철씨가 시작했다는 무역에도 관심을 갖게 되었다. 그때 이병철씨는 "무역은 자본금의 과다에 따라 수익규모가 결정됩니다. 자금이 풍부하면 수익도 커지기 마련입니다."고 말하면서 내가 준비해 있는 사업자금을 좀 빌려주면 좋겠다는 것이었다. 해방 후 당시 수출무역은 전무한 상태였고, 주로 수입무역이 주류였기에 이것저것 많이 수입해오면 이익이 많이 나게 되어 있었다.

이병철 사장은 8백만원 정도 빌려 주면 좋겠다고 했고 조홍제 사장은 요구하는 전액을 빌려주었다. (이때 두사람 사이에 차용증이 작성되었는지, 금리는 어느 수준이었는가는 공식기록이 없다.) 당시 8백만원은 거금이었다. 이로부터 2개월이 지난 1949년 2월 어느 날 이병철 사장이 다시 조홍제 사장을 찾아와서 "예상했던 것보다 사업이 여의치 않아 차용금을 더 빌려달라 할 수도 없고 그렇다고 빌린 800만원을 갚을 형편이 못되니 그 돈을 그대로 투자(投資) 해주면 어떻겠습니까?"고 말했다. 조홍제 사장은 이 말을 듣고 "사업성이 나빠서인가 아니면 업무상의 차질 때문인가?"고 물었다. 이병철 사장은 "사업성은 결코 나쁘지 않은데 처음 시작한 일이라서 그런지 당초의 계획대로 진척이 안됩니다."고 대답했다. 조홍제 사장은 자신이 조사해서 가지고 있는 무역업의 사업성이 당시 한국의 경제 사정으로 보아 괜찮다고 생각되었으므로 이병철 사장의 말대로 빌려준 돈을 투자로 전환해도 괜찮다고 생각했다. 조홍제 사장은 이병철 사장에게 "내가 그 돈을 투자로 전환시키면 이익배당은 어떻게 되는가?"고 물었다. "동업이니까 지분제를 택하면 됩니다."고 대답했다. 지분제(持分制)란 회사에 출자한 사람들이 이익이 나면 그 출자비율대로 이익금을 나누는 동업방식으로 1년마다 결산을 하고는 그 배당금을 바로 가져나가도 되고 다시 재투자해도 되었으며 재투자를 하거나 돈을 더 끌어 넣으면 그만큼 지분율이 높아지도록 되어 있는 동업방식의 하나였다. (독자들이어, 우리는 여기서 이병철 사장이 출자(出資)라는 용어를 사용하지 않고 투자라는 용어를 사용했고 상법에 의한 주식회사를 설립하지 않고 지분제 방식을 택한 것에 주의해둘 필요가 있다. 출자는 주식지분을 확보하기 위한 행위이고 투자는 이익 창출에 목적을 두는 행위이다. 지분제는 주로 건설업 분야에서 채택하는 것으로 1년 단위의 이익 창출 방식이다. 조홍제 사장은 이때 투자, 지분제 개념을 명백히 하지 않음으로 후일 이병철 사장과 결별할 때 난관에 봉착하게 되는 것이다.) 조홍제 사장은 이 과정을 통해 이미 빌려준 돈 800만원과 200만원을 더 보탠 1,000만원을 투자, 이병철 사장의 투자분 700만원을 합쳐서 삼성물산공사의 자본금을 삼도록 했다. 조홍제 사장이 출자한 1,000만원은 당시 화폐가치로도 눈에 띄는 거금이었다.

조홍제 사장은 그때부터 자신의 사업구상보다는 삼성물산사업 내용에 대해 더 적극적으로 관심을 갖게 되었다. 삼성물산이 본업이 되었다. 이병철 사장은 투자한 지 한달쯤이 지났는데도 역시 사업이 뜻과 같지 않게 되어간다는 것이었다. 조사장은 이 말을 듣고 "무엇이 어떻게 잘 안되는지, 무역 원리에 입각해서 나도 좀 연구하여 잘 되어 나가게 해보겠으니 관계서류를 보여 줄 수 없는가?"고 말했다. 조홍제 사장은 이때까지도 이병철 사장의 구두설명과 요구를 받아 드렸을뿐 회사 실황에 대해서는 전혀 아는 바가 없었다. 이병철 사장은 그 말을 듣고 쾌히 제반서류를 보여주었다. 조홍제 사장은 며칠 동안 그 서류를 훑어 보면서 느낀 점도 이야기하고 이사장에게 서류에 나와 있지 않은 상황도 듣고 좋은 대책을 모색하기도 했다.

사장직 고사하고 부사장으로

조홍제 사장이 투자한지 수개월이 지나가 이병철 사장은 혼자 없무를 감당해 나가기가 힘드니 회사에 출근해서 함께 일을 보아주었으면 좋겠다는 제의를 했다. 삼성물산공사 사무실은 종로2가 영보빌딩 2층에 자리잡고 있었다. 그러나 조홍제 사장은 선뜻 나서지 않았다. "내가 회사에 나가본들 지금 이상의 도움이 되겠느냐?"고 먼저 사양했으나 이병철 사장은 계속 출근을 권하는 것이었다. 조홍제 사장은 결국 회사에 나가게 되었는데 이병철 사장의 의도는 조홍제 씨를 사장 자리에 앉히려는 것이었다. 이병철 사장은 조홍제 사장이 형님의 친구이고 나이도 4살이나 위이기 때문에 그렇게 생각했던 것으로 보였다. 조홍제 사장은 사업에 대한 실무경험이 그다지 많지 않았음으로 고사했다. 그렇게 해서 이병철씨가 사장직을 맡고 조홍제씨는 부사장을 맡아 회사 일을 보도록 결정되었다.

삼성의 이·조 체제가 시작되었다. 조홍제 사장은 회사에 출근해 일을 보니 새로운 지식과 경험을 얻게 되어 보람 있는 나날이 계속되었다. 조홍제 부사장은 출근 4개월쯤 해외시장을 모르고서는 제대로 무역을 할 수 없다는 것을 알게 되었다. 그때 우리나라 무역은 주로 홍콩(Hong Kong 香港)을 상대로 하였기 때문에 우선 그곳에 나가서 거래처 사람들도 접촉하고 국제상거래 실태도 알아보는 것이 좋겠다 싶어 그해 11월 홍콩으로 떠났다. 홍콩은 무역의 중계지로서 미국, 유럽, 일본 등 주요선진국의 경제 상황에 밀접하게 연결되어 있었고 우리나라의 초기 수출 무역기지로도 각광 받았다.

조홍제 부사장은 홍콩으로 떠나기는 했으나 현지인들과 대화가 걱정스러웠다. 삼성물산의 거래처 중에는 화상(華商, 중국상인)이 많은데 중국어는 전혀 하지 못하는 처지였으니… 물론 중학교 때는 영어를 대학 때는 독일어를 배우기는 했으나, 시골에 박혀 근 10년을 외국어와 멀리하고 지냈던 탓으로 외국에 나간다고 해서 갑작스럽게 외국어가 제대로 될 까닭이 없었기 때문이다. 당시만해도 해외여행을 하기가 하늘의 별따기 만큼 어려웠던 시기여서 혼자 나가기도 힘든데 통역을 동행해 나간다는 것은 생각할 수도 없는 일이었다. 조홍제 사장은 "어떻든 홍콩에 가서 직접 부딪쳐 보고, 정 안 되면 필담이라도 해야지…" 하는 배짱으로 부산에서 홍콩행 화객선에 몸을 실었다. 항공편이라면 2~3시간이면 갈 수 있는 거리지만 8일 동안이나 출렁대는 물결에 시달리면서 도착했다. 이것 하나만 보아도 요즘 세상이 얼마나 편리하게 되었는지 알 수 있고 한국의 세일즈맨들이 온 세계를 훨훨 날아다니는 것을 보면 감회가 깊다.

홍콩에 닿자 조홍제 사장은 곧장 거래선인 "찬넬양행"을 찾아갔다. "양행(洋行)"은 원래 서양에서 수입한 물건을 취급하던 무역상점이나 회사를 의미했으나 서양과의 무역이 활발해지면서 세계로 나아가는 기업이미지를 갖게 되었다. 이 양행은 중국계상사로서 당시에는 우리나라 천우사(天友社, 1945년 미군정청의 제과장을 맡았던 전택보(全澤珤)씨가 설립)를 비롯한 우리나라의 무역업자 거의가 거래를 하고 있었다. 조홍제 사장은 국내에서는 모르고 있었던 일인데 홍콩에 와서 보니 우리 교포 서너 사람도 무역회사를 가지고 있었으며 그중에서도 임창복(林昌福)이라는 분이 가장 활발하게 움직이고 있었다. 조홍제 사장은 반갑기도 하고 또 잘하면 그와도 무슨 좋은 거래가 이루어질 수도 있을 것 같아 그를 찾아갔다. 임창복씨는 반갑게 대해주면서 홍콩 무역업계 사정을 친절하게 일러주었다. 이래서 임창복씨와도 거래를 가지게 되었고 좀 더 시일이 지나고 보니 이 두 거래처 중 같은 동포라고 해서 그런지 찬넬양행 보다는 임씨가 성실하게 거래를 하는 것 같은 느낌을 받았다.

조홍제 사장은 홍콩에서 돌아온 다음부터는 줄곧 임창복씨하고만 거래를 했다. 조홍제 사장은 홍콩에 갔을 무렵의 한국의 외환 보유액은 보잘것없어 "달러"를 바로 주고 물건을 살 형편이 아니었고 외상거래(D/P (Document Against Payment) 또한 하기가 어려운때여서 수입자금, 즉 달러 대신 그 당시 홍콩의 인기품목이었던 국산 오징어 3백 피쿨(3만근)을 가지고 나갔다. 그런데 이것을 매각하려고 하니 중국계의 수입상과 도매상들이 "남북양행"이라는 비공식단체를 만들어서 서로 정보 교환과 담합을 해 비단 조사장의 경우뿐 아니라 우리나라의 물품들이 홍콩에 도착하기만 하면 가격을 뚝 떨어뜨리는 이른바 가격조작을 하는 바람에 울며 겨자 먹기로 헐값에 팔 수밖에 없도록 했다.

조홍제 사장은 그들이 내세우는 값으로는 팔지 않았다. 이때부터 조사장 특유의 끈기의 상술이 나타났다. 조홍제 사장은 임창복씨에게 "내가 임선생을 믿고서 이 물건을 맡기고 갈 테니 값이 적당하다 싶은 때 팔아주십시오. 임선생도 알다시피 우리나라는 달러가 부족해 한 푼도 못 가져온 처지이지만 그렇다고 여기까지 왔다가 빈손으로 돌아갈 수 없으니 이 오징어를 담보로 면사(綿絲)를 D/P(외상거래)로 가져갈 수 있도록 해주시오." 조홍제 사장은 어려운 제안을 했다. 임창복씨는 담보물이 든든했기 때문에 면사 50곤(梱)을 주겠다고 했고 찬넬양행에서도 오징어를 담보로 면사 50곤을 내놓았다. 갑자기 면사 100곤이 확보되었다.

이런 경로를 통해 우리나라에서는 최초로 홍콩 외상 무역 즉, D/P 무역이 이루어지게 되었다. 조홍제 사장이 임창복씨와 여러 수입 가능 품목 중에서 면사를 고른 까닭은 홍콩을 떠나오기 얼마 전에 삼성물산에서 면사 6곤을 수입한 적이 있는데 그것이 그 자리에서 두 배가 넘는 값으로 팔렸던 일이 생각났기 때문이었다. 당시 우리나라는 일제 강점기때 대형 면방 공장이 있었고 이를 불하받아 면직물을 생산하고 있었으나 목화산업이 발달하지 못해 면사 구하기가 대단히 어려운 상황이었다. 따라서 그 당시 면사 100곤은 대단한 물량이었다. 하기야 면사뿐 아니라 욕심이 나는 물품이 많았지만 가진 "달러"가 없으니 D/P로(외상거래) 이 정도의 물량이라도 확보한 것은 다행으로 생각하고 조사장은 귀국길에 올랐다. 하여튼 홍콩 출장에 가지고 갔던 오징어도 제 값을 받고 팔았고 D/P의 길도 열렸다는 것은 큰 성과였다.

조홍제 사장은 홍콩 출장으로 무역의 본질 같은 것을 깨닫게 되었다. 조사장은 무슨 물건이든 우리나라에 없는 물건을 그 물건을 가지고 있는 다른 나라 사람과 바로 부딪쳐 사기만 하면 큰 이득이 생겨난다는 것을 알게 된 것이다. 그러기 위해서는 언어다 경험이다.

따위를 따지지 말고 외국 사람을 초청하든가 아니면 내가 찾아가야 한다는 것이다. 어렵게 생각했거나 불가능하리라 예상했던 일들이 당사자와 직접 이야기함으로써 뜻밖에도 쉽게 풀리는 경우가 허다하다는 것이다. 조홍제 사장의 이런 깨달음은 그 후 제일제당 건설, 제일모직 창업 그리고 그가 삼성을 떠나 독자적으로 기업을 일으킬 때에도 큰 도움이 되었다. 이 100곤의 면사가 홍콩으로부터 들어오니 미처 창고에 들어가기도 전에 배 이상의 좋은 값으로 팔려나가 버렸다. 이리하여 1950년 2월에 결산하니 삼성물산공사의 총 재산은 무려 1억 3,500여 만원이나 되었다. 회사가 1,700만원의 자본금으로 출발한지 불과 9개월 만에 그 재산이 8배에 이르게 되었다. 이익률이 몇 퍼센트라고 따지는 것도 무의미했으니 출자자 두 사람, 조홍제, 이병철씨가 놀란 것은 당연한 일이었다. 그때의 이익배당은 출자자의 자산에 대해서 70%, 운영자가 30%를 가지게 되어 있었는데 여기서 말하는 운영자라는 것은 사원까지를 포함해서 말하는 것이고 사원이라 해 보아야 중역을 합쳐도 6~7명에 불과한 것이었다. 그러면 이들 사원에게 돌아간 배당금은 얼마나 되었을까? 그 때 받은 배당금으로 서울의 살기 좋은 곳에 쓸만한 살림집을 마련 할 수 있었으니 대단한 것이었다. 회사에서 겨우 2년 남짓 근무하고 쓸만한 내 집을 마련했으니 꿈같은 이야기다.

3

면실박(綿實粕, cottonseed meal) 수출과 6.25동란

면실박이란 면을 뽑고 남은 면 씨앗으로부터 식용 또는 다른 목적으로 기름을 짜고 남은 것을 분쇄·가공함에 따라 생겨나는 깻묵을 말한다. 조홍제 사장은 홍콩에서 돌아오고부터는 "달러"를 구하는 방안만 생각하게 되었고 수출할만한 것이 없을까 하고 이것저것 조사도 하고 정보도 수집했다.

어느 날 조홍제 사장은 전남 목포(木浦)의 면실유(綿實油) 공장에 1만 3,000여 톤이나 되는 다량의 면실박이 노적된 채 방치되어 있다는 것을 알게 되었다. 목포항은 1897년에 개항하여 100년이 넘는 역사를 가지고 있으며 다도해 섬을 연결하는 해상로의 중심이자 호남 지방의 해상관문이다. 일제 강점기 때는 쌀과 면화를 일본으로 수출하는 창구였으며 면화 관련 산업이 발달해 있었다. 조홍제 사장은 그 정보를 입수하고 곧바로 목포 현지로 내려가 면실박 전량을 매입할 수 있는지를 확인한 다음, 홍콩의 임창복씨에게 면실박이 수출되겠는지 그 가능성을 알아봐주도록 부탁하는 편지를 보냈다. 그무렵 임창복씨는 중국계 뿐만아니라 영국계 무역회사들과도 좋은 관계를 가지고 있었기 때문에 이 면실박의 바이어(Buyer)를 찾아낼 수 있을 것 같았음으로 그런 부탁을 했다.

한동안이 지나자 임창복씨가 영국의 어느 상사가 수입을 희망한다는 연락을 했다. 그래서 한국에서 선편을 알아보니 도무지 마땅한 것이 없어 영국의 그 바이어에게 "우리는 CIF(Cost, Insurance and Freight 수출자가 물품을 선적하고 목적항까지 운송하는데 필요한 운임과 보험료를 부담하는 조건)로 팔 수가 없고 FOB(Free On Board, 선박지정권과 운송계약체결권은 매수인에게 있으며 매수인이 갑판상 물건이 인도된 이후의 운임과 보험 등 모든 비용과 위험 의무를 지는 조건)라면 팔겠으니 당신네들이 선편을 마련해가지고 와서 실어가시오."라는 조건을 걸었다. 그런데 영국측도 만만치는 않았다. "FOB로도 좋으나 우리들이 선편을 목포(木浦)로 보내는 대신 물품이 우리 손에 들어온 다음에 대금을 받아가는 조건이라면 가능하다."는 회신이 왔다.

당시 우리나라는 영국과 국교가 열려있기는 했으나 아직 통상에 관해서는 아무런 협정도 체결해 있지 않았기 때문에 영국의 바이어가 우리나라와 그런 베이스로 거래하는데 난색을 표명하고 이런 회신을 보내온 것이다. 이런 사정으로 각 거래방식, 즉 홍콩의 임창복씨가 영국 바이어의 L/C를 받고 그가 다시 우리나라에 L/C를 열어주는 형식을 취함으로써 가까스로 선적을 완료한 것이 1950년 6월 초였다. 6.25동란이 나기 20여 일 전이었다. 이 거래 자체가 정산 L/C 베이스가 아니여서 면실박의 수출대금은 미수 상태였다. 이선적을 끝내자 모두 거짓말같은 이 수출을 자축하고 한국같이 물산(物産)이 없는 나라에서도 찾다 보면 수출할 것이 없지는 않으니 앞으로 수출이 가능한 품목을 찾아낼 수 있겠다고 조홍제 사장은 새로운 결심을 했다.

삼성물산의 무역 활동이 바야흐로 본궤도에 오르려고 하던 때에

6.25사변이 발발했다. 그날은 마침 일요일이어서 밖에 나가 있었기 때문에 조사장이 이 사실을 알게 된 것은 오후 3시쯤이었다. 불안한 하루를 보내고 26일이 되자 아무래도 사태가 심상치 않은 듯해 일부 사람들은 피난한다고 서울을 떠나기도 했다. 그러나 조홍제 사장은 노모(老母)께서 병세가 위독한 상태였기 때문에 피난 같은 것은 생각조차 할 수 없었고 만약 우리의 세가 불리하여 북괴군이 서울을 점령하는 한이 있어도 중환자인 자친(慈親)을 두고 서울을 떠날 수는 없는 처치였다.

6월 28일부터는 꼼짝없이 저들의 치하에 들어가게 되었다. 많은 사람들이 여러 가지 이유로 붙잡혀 들어가 혹은 죽고 혹은 다치고 또 북으로 끌려가는 살얼음판에서 조사장은 그들 기관에 두서너번 불려가 조사를 받는데 그치고 더이상 괴로움을 당하지 않았던 것은 다행이었다. 당시 조사장은 정치와는 인연이 멀었고 신문에도 이름이 오르내지 않았던 탓일게다.

하지만 아무런 사업 활동도 할 수 없었고 마치 새장에 갇힌 새처럼 자유로운 활동을 잃어버린 답답한 세월을 보냈다. 전세(戰勢)가 어떻게 돌아가는지 아는 길은 오직 그들에게 들키지 않도록 조심하면서 라디오(Radio)를 듣는길 뿐이었다. 물론 북괴측도 방송을 하였지만 하도 전세를 과장해서 보도하는지라 그것으로는 사태를 짐작하기가 어려웠다. 마침 집에 성능이 좋은 제니스(Zenith) 라디오가 있어서 이리저리 방송 다이얼을 돌려 보니 일본의 어떤 방송국에서 한국전의 현황을 알리는 뉴스를 붙잡게 되었다. 당시 제니스 라디오는 부유층만이 갖고 있는 최첨단 고급 전자제품이었다. 일본 방송을 들어보니 전세가 역전 될 가능성도 있어보였다. 조홍제 사장은 이 뉴스를 당시 서울대학교 문리대 학장이 먼 친척인 조윤재(趙潤

潒) 박사에게 알려주고 앞으로는 서로 믿을 수 있는 사람끼리 이틀에 한 번 정도로 모여 그동안에 청취한 정보를 서로 교환하기로 했다. 조박사 외에 또 한 분이 늘어 세 사람은 전쟁에 대해 자주 의견도 교환하고 하여 이 뉴스를 유일한 정보원으로 삼았다.

북괴는 서울의 여기저기 가정에서 일본의 방송이 청취 되고 있다는 것을 알게 되자 소위 인민위원회와 내무 부서에서는 방송의 청취자를 찾기 시작했다. 성능이 좋은 라디오는 저들도 필요했던 모양으로 적발되면 그들은 반동한다고 야단을 치고 라디오를 압수해 간다는 소문이 났다. 그래도 조사장은 그 방송을 듣지 않고서는 견딜 수가 없었다. 정보(Information)라는 것이 얼마나 중요한 것인지를 조사장은 새삼 깨닫게 되었다. 적발이나 밀고가 두려워 밖에 내놓고 들을 수 없었음으로 삼복더위를 무릅쓰고 솜이불을 덮어 쓴 채 귀를 기울일 수밖에 없었다. 이런 고생에도 불구하고 멀리 바다를 건너 태백산맥을 넘어 간신히 들려오는 일본 방송의 전파를 청취하는 것은 매우 힘이 들었다. 그래도 이 토막 소식으로 8월 말쯤에는 한국군과 UN군이 전열을 정비하여 전세를 호전시키고 있어 오래지 않아 서울이 수복될 것임을 짐작하게 되어 답답한 마음도 한결 가벼워지는 것이었다.

이 난 중에 노모께서는 8월 4일 기어이 타계하셨다. 온갖 성의를 다하였지만, 워낙 중환이시라 백약이 무효였다. 상(喪)을 당하였서도 적 치하에다 전선은 낙동강 일대에서 일진일퇴를 거듭하고 있는 참이라 길이 막혀 선산에 모실 도리가 없었음으로 부득이 미아리의 산중에 모시는 수 밖에 없었다. 조흥제 사장은 후일 부모님께서 천리가 떨어진 곳의 유택에 있는 것이 못내 죄스럽고 불효로 여겨져 함안 향리에 있는 선친의 산소에 자친을 쌍분으로 모셨다.

수복 후 수입품(輸入品, Imported goods)을 찾아서

　서울 수복이 되자 잔류했던 삼성물산공사의 임직원이 사무실에 모여들었다. 모두들 생존을 확인하면서 반갑게 인사를 나누었다. 조홍제 사장은 김생기(金生基) 전무에게 "아무래도 내 짐작에는 6.25 직전 인천세관에 들여왔던 수입품 중에서 무엇이든 좀 남아 있을 것만 같으니 찾아보도록 하자"고 했다. 사변 직전에 삼성물산이 수입했던 상품은 설탕, 알루미늄, 인곳트(Ingot, 금속덩어리), 재봉사(裁縫絲), 한약재, 염료, 향로 등으로 상당한 물량이었으며 설탕은 인천세관창고에, 기타 물품은 서울시내의 세관창고에 있었다. 특히 설탕은 그 물량이 수십만근에 이르는 당시로는 대단히 많은 양이었다. 실은 이 설탕중 상당한 분량을 6월 24일, 도매상이던 이양구(李洋球, 추후 동양제과 창업)씨에게 매도하였지만, 그 날이 토요일이어서 설탕을 출고하지 않았기 때문에 수입한 전량이 인천 세관 창고에 보관된 채로 사변을 맞게 되었던 것이다. 과연 남아 있을까하는 불안감이 들기도 하였으나 그 당시로서는 오로지 수입품에만 의존하던 귀중품이라 불과 3개월 동안에 그 많은 양을 모두 처분하지는 못했으리라고 조홍제 사장은 추측했다.

　민간인의 인천 내왕이 허용되자마자 곧 인천세관으로 내려갔다. 인천은 UN군이 반격의 거점으로 삼은 곳이라 시가지는 함포사격으로 그 피해가 매우 컸다. 서울서 생각했던 것보다 너무도 큰 차이로 인천이 파괴되었기 때문에 "자 이런 지경에서 정말 설탕을 찾을 수 있을 것인가?" 이렇게 불안한 생각이 들어 동승한 김생기 전무에게 시선을 돌려보니 그도 인천의 전재에 놀라고 있었다. 그렇다고 여기까지 와서 답사를 포기할 수는 없었다. 좌우간 내친 걸음이니 최선을 다 해보는 수밖에 없었다. 수소문을 해보니 예상 했던대로 북괴군이 설탕전량을 징발하여 청량음료와 제과 공장에 넘겨 군수물자를 만들게 했다는 것을 확인하게 되었다. 그길로 조홍제 사장은 인천세관헌병대로 가서 관계 서류를 보이면서 전후의 이야기를 하면서 "인천에는 사이다 공장이나 과자 공장이 많지도 않고 또 규모가 작다. 그러니 3개월 동안에 그 많은 양을 처리할 능력이 없다고 본다. 반드시 어딘가에 남아 있을 듯하니 찾도록 해달라."고 말했다. 인천세관으로서도 물품 보관에 대한 책임이 있기 때문에 군·세관 합동 조사대를 편성·조사에 나서주었다.

인천의 "합동사이다"라는 공장의 원료 재고량 조사에서 추측한대로 상당한 양의 설탕이 남아 있음이 확인되었다. 하지만 그것이 곧바로 삼성물산에 인도되지 않았다. 인천세관도 선발대 몇 사람이 겨우 현장에 도착한 형편이며 또 군의 작전권이 UN군에게 있어서 이런 경우의 물품 회수 절차가 매우 복잡했기 때문이었다. 그러나 조사장은 서울과 인천을 짚프차(Jeep)로 덜컹대면서 오르내려 온갖 노력을 기울인 끝에 거의 현품인도 단계에 이르렀다.

그러나 중공군(中共軍)의 뜻하지 않은 참전으로 1951년 1월 3일 민간인의 철수령이 내려져 하는 수 없이 대구까지 내려가고 말았다. 개인의 힘으로는 어쩔 수 없는 전쟁이란 거대한 힘에 몰려 끝내 이 설탕을 찾지는 못하고 말았지만, 이 사건을 통해 조사장은 많은 것을 깨달았다. "사람은 무슨 일이나 하고자 하는 일에 대해서는 집념을 가지고 이를 끝까지 추구해야 한다. 처음부터 불가능하다고 속단하지 않고 온갖 노력을 기울여 최선을 다하면 실마리가 하나하나 풀려 마침내 목표에 도달하게 된다. 그래서 진인사대천명(盡人事待天命, 사람의 일을 다하고 하늘의 명을 기다린다.)은 진리라는 것이다.

4

부산 피난 시절의 삼성물산

조홍제 사장은 1.4 후퇴 때 대구를 거쳐 마산(馬山)에 정착, 여기서 형세를 관망하기로 마음을 정하고 가족들도 이곳으로 옮겼다. 마산에는 해방직후 철물을 다루면서 마련해둔 집이 한 채 있었기 때문에 그렇게 된 것이다. 전세(戰勢)가 우리에게 유리하게 전개되기 시작한 1951년 4월. 정부가 민간무역을 재개시킨다는 반가운 소식이 들렸다.

이 소식이 알려지자 이내 이병철 사장이 마산으로 찾아왔다. "조 사장, 우리 부산으로 갑시다. 부산은 임시수도이고 모든 행정력이 이곳에 있으니 남보다 먼저 무역업을 재개합시다."고 했다. 이사장과의 이야기가 사업자금에 이르게 되자 이병철 사장은 그의 사업연고지인 대구의 조선양조(朝鮮釀造)주식회사가 그동안 2억 정도 돈을 벌어놓은 것이 있는데 이자를 조금주고 빌려쓸 수 있다는 말을 했다. 무역을 다시 시작한다는 데는 모두 같은 의견이라 두 사람은 곧 부산으로 나가서 동대신동에 10평 남짓한 사무실을 얻어 다시 회사의 임직원들을 불러모아 무역업무를 재개했다.

마중물이된 면실박대금

(독자들이어, 우리는 조홍제 사장이 목포에 있는 면실박을 홍콩의 임창복씨와 영국의 바이어 사이에 3각 무역형식으로 수출했으나 6.25 발발로 수출대금을 미처 받지 못했던 사실을 기억할 수 있을 것이다.) 조홍제 사장은 사무실을 열자마자 곧 홍콩의 임창복씨에게 무역 재개의 소식을 알리고 6.25 직전에 영국으로 수출한 면실박대금에 대해 속히 알려주도록 부탁을 했다. 임창복씨도 무역 재개 소식을 기다리고 있었던 모양으로 즉각 답을 보내왔다. 그 면실박대금은 수개월 전에 이미 도착되어 있다는 것이었다. 홍콩에 와 있는 그 대금의 액수는 약 16만 5,000 홍콩달러. 미본토 달러로 환산하면 약 3만 달러였다. 국내의 톱 클래스 몇 개의 무역회사를 제외하고는 그때 대부분의 무역 회사가 개설하는 L/C는 500~700달러 짜리가 고작이었던 것을 생각하면 3만달러의 무역 자금은 거금이었던 것이다.

생산 공장의 많은 부분을 파괴당한 6.25 직후의 한국경제, 그 혼란상을 겪어보지 않은 사람은 이해하기 어려울 것이다. 생활필수품의 결핍은 곧 물가의 폭발적인 상승을 의미하는 것이었다. 우리 회사가 수입, 통관 시켜 도매상에게 넘긴 물품이 불과 2~3일 사이에 몇배의 값으로 치솟는 경우가 예사였으니 가히 "물가 폭등시대"라 할만했다. 생필품을 비롯 우리나라에서 생산되지 않는 모든 물품이 부족한 상태였고 그 중에서도 가장 부족한 것이 설탕과 비료(肥料, fertilizer)였다. 그러니 홍콩에서 선적하였다는 선적서류만 입수되면 그 물건이 부산항에 도착하기도 전에 현금을 싸들고 대기 중인 도매상에게 매진이 되곤했다. 그 당시 대부분의 무역회사가 천달러정도의 수입자금으로 움직일 때 삼성물산(三星物産)은 면실박대금

약 3만달러와 조홍제사장이 무역재개에 대비하여 구해둔 돈 3000달러 도합 3만3000달러로 수입했으니 무역업계에서 단연 두각을 나타내게 되었다.

또한 한국은행에서 수입자금을 조금씩 대부받기도하여 활력이 더해졌다. 즉 우리가 면실박대금으로 활발하게 움직이자 처음 대부에서 3만달러. 이것을 회전시켜 원화로 상환했더니 다음에는 5만 달러. 나중에는 8만 달러까지 빌려 쓸 수가 있었다. 이렇게 해서 무역을 재개한 지 6개월 만에 이익금만도 대략 10억원 이상에 이를 정도로 호황을 누렸다. 1952년 3월의 결산에서는 최소한으로 20억원 이상의 이익금을 올릴 수 있었으며 대성공이라고 할 수 있었다. 그리고 삼성물산의 지분에는 투자할 금액을 1년간 사내에 예치시켜 두어야 투자자본으로 인정될 수 있으니까 1952년 3월의 결산에서 나오는 배당금을 투자로 돌리면 상당한 자본금이 되는 것이었다.

그 당시 달러를 구하기가 얼마나 힘들었던가에 대해서는 그때 무역업에 종사한 사람이면 누구나 한번 쯤은 웃지 못할 넌센스나 에피소드가 있겠지만 삼성물산도 예외가 아니어서 더러는 어처구니없는 고배를 마신 적이 없지 않았다. 모처럼 몇 천달러짜리 미국 모 은행의 수표를 사서 수입대금으로 보냈더니 조회결과 그 수표는 분실신고가 되어 있어 무효라는 것이었다. 그 수표를 팔아넘긴 사람은 찾을 길이 없으니 고스란히 손해를 감수할 수밖에 없었다. 그 당시 이런 유사한 사기행각이 기승을 부렸다. 미군이 많은 탓으로 군표(軍票)는 흔하게 돌아다녔지만 이 군표는 한국이외 지역에서는 통용이 안되는 보조화폐였고 또 그것으로는 본토 미달러로 교환이 안되었음으로 이것은 무역에 도움이 되지 않았다.

그 당시 한국무역 회사가 무역에 이용할 수 있는 미화는 중석 달러(重石弗), 종교 달러(宗敎弗), 그리고 암(暗)달러라고 불려지던 시중불(市中弗) 세 가지였다. 중석달러는 대한중석(大韓重石)에서 중석을 수출해서 보유한 외화로 극히 제한된 일부 무역업자에게만 혜택을 주는 정부가 관리하는 외화였다. 삼성물산에서도 일찍부터 중석 수출에 관심을 가졌으며 6.25사변이 발발하기 직전 당시의 대한광업협회 회장이 경영하던 옥방광산(玉房鑛山)과 40톤의 중석 매입계약을 체결했으나 사정이 여의치 않아 실현되지 못해 수출을 못 하는 등 중석 달러와는 인연을 맺지 못했다.

종교 달러의 경우도 인연이 없었다. 조홍제 사장은 유학을 숭상하는 집안에서 태어났고 기독교와는 거리가 멀어서 교회를 중심으로 거래되는 종교 달러를 매입하는 소위 루트(root)가 없었다. 사실 그 때에는 미국 등지에서 보내오는 종교 달러를 풍족하게 얻어쓰고 있던 기독교 계통과 가까운 무역회사, 그리고 중석 달러를 이용할 수 있는 무역회사나 힘을 쓸 수 있을 뿐 그쪽으로 연줄이 닿지 않는 무역회사는 아무런 일도 할 수가 없었던 것이다.

이런 까닭으로 홍콩에서 들여와 쓸 수 있었던 면실박대금은 삼성물산을 재건하고 이후의 사업확장에 결정적인 기초가 되었던 것이다. 그때 우리가 무역을 재개하면서 6.25 직전에 수입하여 징발을 면한 한약재, 염료, 향료 등을 매각한 대금 7천만원과 이병철 사장이 조선양조에서 월 10% 이자로 1억 7천만원을 차입해 조달한 자금 등 어느 정도의 원화 자금을 가지고 있었지만 달러 사정은 여의치 않아 그것을 무역자금으로 유용하게 활용하지 못한 것은 다른 무역회사의 경우나 마찬가지였다.

이병철 사장, 경리책임자에게 결산지시

　이병철 사장은 무역 재개 후 자주 일본을 내왕했다. 이사장은 1951년 9월 일본에서 돌아오더니 경리책임자인 서문규(徐文圭)씨를 불러 1951년 9월말 현재로 결산을 하도록 지시했다. 서문규씨는 일제 강점기에 일본 천대전은행(千代田銀行) 대구지점의 지배인을 지냈던 사람으로 이병철 사장이 회사에 입사시킨 사람이었다. 서문규씨는 결산서를 작성하더니 이병철 사장의 지분율이 약 2/3, 조홍제 사장의 지분율이 1/3선으로 나왔다고 알려 왔다. 서문규씨의 지분율 계산 방식에는 조홍제 사장이 납득할 수 없는 것도 더러 있었으나 동업을 하는 처지에서 어찌 그것을 일일이 따질 수 있겠나 싶어 더 거론하지 않았다.

　(독자들이어, 이 부분을 기억해둘 필요가 있다는 것을 말해두는 바이다)

일본으로 고철(古鐵) 수출길 열어

　전쟁에는 온갖 부산물이 따르는 법. 전화로 온갖 시설과 군사 장비가 파괴되어 남은 것은 고철뿐이나 달러가 없는 우리 형편으로는 고철도 외화를 벌어들이는 수출품의 하나가 될 수 있었다. 그러나 이승만 대통령은 배일정책으로 고철의 일본 수출을 허용하지 않았고 수출하려면 미국으로 하라는 정책을 폈다. 이 때문에 고철 수출은 빛을 보지 못했다. 당시 고철의 국제 시세는 톤당 20달러였는데 한국에서 이것을 미국까지 운송하려면 수집비, 운송비, 양육비를 합쳐 25달러나 경비가 들어 도리어 5달러의 결손이 나는 것이었으나 일본으로 수출하면 제 비용을 합쳐도 5달러에 지나지 않아 수출을 중계해 주는 미국상사의 커미션을 제하고도 10달러 이상의 이익을 낼 수 있었다. 또한 일본의 입장에서도 미국에서 보다는 가까운 우리나라에서 고철을 수입하기를 바라고 있었다.

이러한 사정을 잘 알고 있던 당시 주일(駐日)공사 김용주(金龍周) 씨가 이대통령에게 자세한 설명을 드려 일본으로의 고철 금수조치를 풀어 수출이 가능하도록 했다. 이에 따라 1951년 9월부터 미국상사를 통해 대일수출이 가능하게 되었다. 이 시점부터 고철무역은 활기를 띠기 시작했고 삼성물산으로서도 서둘러 고철을 수집하게 되었다. 그때 부산지방은 전화를 면했기 때문에 고철이 있을 수 없었고 전화를 많이 입은 서울 일대와 격전지였던 곳에는 고철이 대량으로 있었다. 처음 고철 수출 한도에서 정부가 삼성물산에 할당해준 수출 허용량은 5만톤이었는데 고철의 수집에는 특별한 기술이 필요 없고 오로지 강인한 체력과 인내력으로 타사보다 먼저 수집해서 선적하는 것이 왕도였다.

조홍제 사장은 고철 수출에 대해서는 다음과 같은 기준을 제시해 추진해나가기로 했다. ①아무리 전쟁을 치르고 있는 나라라 할지라도 고철이 무한정으로 있지 않다 ②고철 수출은 조만간 극심한 경쟁 상태로 들어갈 것이니 남보다 먼저 선적단위가 되는 물량을 확보, 기득권을 굳혀야 한다 ③타사보다 후한 가격으로 수집하고 행동반경을 최대한 넓힌다 ④수집된 국내 수송에는 최선의 기동력을 확보한다.

조홍제 사장은 이 분야를 지원한 사원들만으로 고철수집 선발대를 편성했다. 조 사장은 그들을 현지로 떠나보내기에 앞서 "행운은 용기있게 일을 추진하는 사람에게만 돌아온다"는 것을 거듭 강조했다. 또 고철 수출을 위해서 정부 당국에서도 은행 융자를 해주도록 조치하는 등 여러 가지 편의를 제공해 주었다. 귀한 외화(달러)를 버는 일이었기 때문이다.

그런데 당시 기본으로 쓰이는 통화가 10원짜리 지폐여서 수집 자금의 부피가 엄청나 이를 가지고 가는 일이 큰 문제였다. 여러 가지 아이디어가 많았으나 지폐로 베개를 만들자는 아이디어가 채택되었다. 이것을 차 안에서 베고 자거나 좌석 주변 또는 시렁에 쌓아놓기도 하면서 서울까지 운반했다. 당시까지만 해도 금융기관이 수복지구에서 업무를 보지 않았기 때문에 송금도 할 수 없었고 오직 현찰만을 사용할 수 있었다. 서울에는 어디 보관할 만한 공간이 없었고 그때만 해도 미아리 북방에서는 이따금 총성이 들려오곤 했다.

이 수집 선발대의 책임을 조 사장의 친동생 조성재씨가 맡았는데 그는 허름한 작업복 차림에 고물상주인보다 더한 고생 끝에 그해 연말까지 수천 톤의 고철을 수집해왔다. 고철의 무게를 계량하는 일이 가장 힘들었다. 계량에 시간이 오래 걸릴 뿐만 아니라 수집해온 고철이 잡다해 눈어림으로 100톤이라 흥정하여 샀다가 다시 정밀하게 달아보면 40톤 밖에 안되는 경우도 있었던 것이다. 사정이 이러하니 비단 책임자 뿐만 아니라 대원으로 간 사원들도 수집업무가 얼마나 고단했던지 "그게 어디 고철(古鐵)입니까? 고철(苦鐵)이지" 이런 농담을 주고 받을 정도였다. 그렇지만 그것을 즉시 수출하면 당장에 수만 달러의 귀한 외화(外貨)가 들어오는데 어찌 피할 수 있으랴! 이 달러로 국내에 필요한 물자를 외국에서 사올 수 있는데 이점이 절대적이었다. 그때까지만 해도 국내에서는 물자가 부족하여 적어도 두 배가 아니면 장사가 안될 정도로 수입품은 무엇이나 인기가 있어 들어오기만 하면 잘 팔려 "수입을 많이 하는 것"이 성공의 열쇠였다.

확실히 6.25 동란 후의 수년간은 "행운은 용기있게 일을 추진하

는 자의 것"이라는 표현이 알맞는 시절이었고 그때 수입무역의 일선
에서 일했던 사람들이야말로 전부 우리 생활을 윤택하게 하는데 기
여했다고 할 수 있다. 오는 날과 같이 전문가가 흔치 않은 때라 무슨
일이든 의논할 사람도 마땅히 없었고 오로지 혼자 생각하여 결단을
내려야했던 경영자들의 고심은 벅찬 일이 아닐 수 없었다. 시중에서
흔히 "돈이 돈을 벌어준다", "운이 좋았다"는 말이 떠돌았으나 그것
은 너무 안이하게 생각한 일면이 있다고 하겠다.

1년 10개월 만에 48억 원의 이익 발생

그때 수입 무역을 하는 사람들은 적어도 100종류 이상의 수입상
품에 대하여 시세, 산지, 이익률, 선편 등등을 훤하게 알고 있어야
하는, 말하자면 최신지식으로 가득 찬 백과사전적 지식소유자가 아
니고서는 업무를 성공적으로 이끌어 나갈 수가 없었다. 오늘날의
"종합무역상사"가 머릿속에 들어있어야 했다. 이런 상황 속에서 노
력과 행운이 겹쳐 "삼성물산"은 급성장을 거듭, 부산에서 무역업을
재개한 지 1년 10개월만인 1953년 2월에 와서는 48억 원이란 이익
금을 내게 되었다. 전후 인플레이션 경기로 약간의 거품이 있는 성
장이지만 이 정도의 이익금을 낸 것은 놀라운 일이었다. 아무리 행
운이 눈앞을 지날지라도 그것을 붙잡고자 하는 의욕 그리고 그것을
나에게 유리하게 만드는 지혜와 용기가 없다면 아무런 도움도 주지
않을 것이다. 삼성물산에게는 행운도 있었다.

1953년 2월에 이승만 대통령 정부는 화폐개혁을 단행했는데 이
때가 마침 음력 설이라 조홍제 사장은 고향에 내려가서 차례를 모신
다음 함안을 떠나 부산 인근의 김해(金海)에 이르니 벌써 화폐개혁

에 대한 소식이 파다하게 퍼져 있었고 평가절하의 비율은 100대 1
즉 구화폐 100원이 신화폐 1환과 교환되도록 되어 있었다. 조 사장
은 서둘러 사무실로 직행해서 회사 자금 형편을 알아보니까 예금은
모두 동결이 되어 당장 임직원의 생활비가 문제될 형편이었다. 이런
비상조치는 천재지변이나 다를 바 없기 때문에 상당기간 상거래가
중단되는 것을 감수할 수밖에 없었다. 조홍제 사장은 무슨 대책을
세워야겠다고 생각하고 삼성물산이 가지고 있는 수입품을 점검하도
록 했다.

수입품을 점검해보니 상당한 물량의 페니실린(penicillin)이 남
아 있음을 알게 되었다. 그때만 해도 항생제인 페니실린은 일반인이
나 의료인 할 것없이 만병통치약으로 알고 있어 약방이나 병원에서
찾는 사람이 많아 현금을 내고 사가는 귀중품이었으니 삼성물산의
입장에서는 현금화 할 수 있는 귀중한 자산이었다. 거의 사업자들이
운영자금의 동결로 고생했지만 이 만병통치약 때문에 삼성물산의
임직원들은 생활에 별 지장없이 지낼 수 있었다.

1951년 여름부터 시작한 고철의 수출도 1952년 말까지 수십 차
에 걸쳐 배정량 5만 톤을 소화하고 나니 1953년부터는 고철 붐도
내리막길을 걷기 시작했다. 고철 수출 경기가 얼마나 뜨거웠는가는
고철 수집 책임자인 조성제 부장이 고철수출 유공자로 1951년 연말
에 7,000만 원의 상여금을 받은 것으로도 알 수 있다.

생산업(제조업)으로 전환 모색 시작

이렇게 화폐개혁의 어려운 고비도 넘겼고 무역업도 큰 성공을 거
두게 되자 앞으로는 생산업을 시작하는 것이 좋지 않겠나하는 논의

가 시작되었다. 수입무역업이란 외국의 물품을 사다가 파는 것이 본질이기 때문에 이에 의존한다는 것은 국내산업을 일으키는 것과는 거리가 있는 것이다. 수입 무역은 남의 나라가 돈만 벌게 해주는 것이다. 어느 날 조홍제 사장과 이병철 사장은 "이제 우리도 국내에 생산업을 일으켜 공장도 짓고 고용도 창출하고 더 나아가 수출도 하는 일을 시작해 봅시다"라고 의견의 일치를 보았다. 이 논의는 한국 경제 성장의 신호탄 같은 것이었고 한국 재계에 일대 전환의 계기를 만들었다.

이 논의가 구체화 된 때는 1953년 봄이었다. 생산업의 업종을 정하기 위해서는 우선 우리보다 앞서가고 있는 일본 산업을 둘러보는 것이 좋겠다 하여 이병철 사장이 먼저 떠나고 조홍제 사장도 뒤따라 일본으로 건너갔다. 물론 일본으로 떠나기 전에 국내에서 수입대체 효과가 높은 품목을 조사해 보았던 만큼 떠나기 전에 설탕, 페니실린, 그리고 아연도철판의 생산에 관한 것을 구체적으로 알아보았다.

그 무렵 국내에서는 이 세 가지 품목이 사업성이 가장 좋았다. 페니실린은 이미 앞에서 이야기한 바와 같고 특히 설탕은 전량을 수입품에 의존하고 있었고 연간 200만 달러의 외화가 소요되고 있었다. 수입총액은 200만 달러지만 그것이 국내 시장 유통과정에서 눈사람처럼 불어나 실거래액은 적어도 이것의 4배쯤이나 되는 깃이었디.

실제로 설탕이 어느 정도 인기품목이었나를 말해주는 좋은 예를 하나 들어보자. 6.25 사변이 난 다음 삼성물산이 부산에서 설탕을 수입하였는데 현품이 도착하기도 전에 도매상에게 넘기는 값을 kg당 3,800원으로 정하고 그 대금을 미리 받은 적이 있다. 그랬던 것이 한 달도 못 된 사이에 도매시세는 kg당 1만 500원 선으로 폭등해버려서 현품이 도착하면 삼성물산이 가격을 새로 정하거나 계약을 취소할 것이라고 업계에서는 예상하고 있었다. 이런 경우에는 도매상이 터무니없는 이익을 보게 되니까 수입원 측이 그 같은 조치를 취하는 경우가 그 당시에는 허다했다.

그러나 삼성물산은 아무런 조건도 내세우지 않았다. 한번 약속을 했으면 그만이지 어찌 다시 바꾸자 할 것인가? 구두계약도 서로 믿는 사이에서는 약속이자 정식 계약이나 다름없지 않는가! 조홍제 사장은 이렇게 생각하고 동업계의 소리를 전적으로 무시하고 아무 말 없이 약속한 전량을 kg당 3,800원에 넘겨주었다.

그 도매상은 조 사장의 처리가 너무 뜻밖이었는지 감사의 표시로 그 귀한 설탕을 1,500근이나 회사로 보내왔고 기회 있을 때마다 하나의 미담으로 전해졌다. 동서고금을 통해 "장사란 한 푼의 이익을 위해 10리 길을 간다"고들 하지만 그렇다고 인간의 신의를 저버리면서까지 이익에 매달려야 하는가? 조홍제 사장이 이런 명제를 놓고 설탕 계약의 경우 많은 이익을 잃으면서도 그래도 계약을 이행한 것은 "돈보다는 신의가 앞선다"는 철학에 의한 것이었다.

5

제당산업(製糖産業 Sugar Industry) 출범

조홍제 사장은 일본에서 이것저것 조사를 해보니 아연도철판(亞鉛鍍鐵板, galvanized sheet metal)을 제조하는 공장을 세우는 것이 좋겠다는 생각이 들었다. 조 사장이 아연도철판에 착안한 것은 그 당시 미국이 우리나라의 전재복구를 위해 여러 가지 물자를 원조하고 있었는데 그중에 상당량의 흑철판이 들어있었기 때문이었다. 미국은 우리나라 농촌에서 양철지붕을 많이 보았던 탓인지 이것을 대단히 많이 원조해 주었지만 아연도금이 되어 있지 않은 흑철판이어서 이것으로는 지붕을 이을 수도 없었는데 국내에서는 그때까지도 아연도금을 하는 공장이 없는 것을 알고 있었으므로 이런 생각을 한 것이다.

4년 가까이 끌던 전쟁이 1953년 7월의 휴전 성립으로 끝나게 되자 그때부터 휴전선 이남의 도시나 농촌 할 것 없이 미국의 원조에 힘입어 복구공사가 조금씩 활기를 보이기 시작하게 되었고 지붕을 이는 건재로서는 비교적 값이 싸고 시공비가 적게 드는 아연도철판의 인기가 높았다. 우리나라는 일본에서 이것을 수입해 팔고 있었기 때문에 국내에 아연을 도금할 수 있는 시설만 갖춘다면 사업이 되겠구나 하던 차에 거래처인 일본상사의 소개로 일본의 아연도 공장을 찾아가 보니 공정도 그다지 어려운 데가 없어 고도의 기술이나 숙련공이 필요할 것 같지도 않았다. 조 사장은 숙소에 돌아와 종합적으로 검토해보니 가동 후 3개월이면 시설비를 모두 회수하고 이익률 또한 매우 높다는 것을 알게 되었다. 이것이면 우선 첫 생산업으로는 무난하다는 생각이 들자 조 사장은 곧 귀국하였고 뒤따라 온 이병철 사장과 그동안의 시찰에서 얻은 여러 가지 정보와 자료를 놓고 검토에 들어갔다.

페니실린은 일본의 중외제약과 협의를 하였는데 이야기를 진행시켜보니 아직도 국내여건으로는 일본의 중외제약이 제시하는 조건을 충족시킬 수 없었다. "이사장, 내 생각으로는 아연도철판 사업이 유망할 것 같은데 어떻습니까?" 조홍제 사장은 자신의 의견을 내보였다. "아연도철판 사업도 사업성이 나쁜 것은 아니지만 제당 산업이 더 나을 것 같습니다. 설탕은 삼성물산 창업 이래 주종 수입품이고 국내시장의 움직임도 소상히 알고 있는 분야입니다" 공장을 건설하는데 기술 수준이나 소요되는 내·외자를 확보하는데 어려움이 예상되나 장래성 면에서는 제당 산업이 더 유망했다.

이날 두 사장의 회의는 매우 의미심장했다. 상업자본이 산업자본으로 전환해 국내 고유산업 시설을 갖게 되는 의미도 있었고 삼성그룹이라는 대기업그룹이 탄생하는 계기도 되는 것이었다. 조홍제 사장은 이병철 사장의 의견에 동의했다. 우리나라에 설탕 제조 공장이 생겨나는 것이었다.

조홍제 사장은 아는 것을 다루는 것이 모르는 것을 다루는 것보다 쉽다고 생각했다. 본래 사업은 어떤 것이든 위험이 따르기 마련이며 위험률이 높을수록 그만큼 이익률이 높은 것으로 되어있지만 이 경우에는 높은 실패율이 있는 것도 생각해야 한다고 생각했다.

우리가 설탕 업계의 사정을 잘 안다고 했지만 설탕에 대한 지식도 한계가 있는 것도 사실이었다. 말하자면 유통구조는 잘 알고 있었으나 제조기술에 대해서는 모두가 백지에 가까웠다. 어떻든 설탕공장 생산시설을 갖추어야 하니까 필요한 설비를 발주하고자 일본 미쓰이(三井)그룹의 견적을 받아보았더니 일산(日産) 35톤의 규모를 갖추는데 대략 16만 달러가 소요된다는 것이었다. 당시의 국내 외화보유고 기준 16만 달러는 거금이었다. 그런데 이 무렵은 한국의 경제 부흥을 위한 계획이 확정되기 이전이어서 외화를 확보하는 것이 난제였다. 우리 원화를 주고 정식으로 달러를 살 수도 없고 또 쉽게 구할 방법도 없어 결국 공정환율보다 몇 배나 비싼 시중 달러(암달러)에 의존할 수밖에 없어 무척 비싼 돈을 들여 공장을 지어야 할 판이었다.

삼성물산이 가지고 있는 자금을 총동원하다시피해 외화를 마련해 놓고 보니 이번에는 공장건설에 필요한 내자(內資)가 부족하게 되었다. 상공(商工)은행에서 3천만원을 융자해주었지만 그것으로도 모자라 진주의 사채업자에게서 거액을 월 13%의 높은 이자로 차입하여 충당하는 애로를 겪었다.

부산의 변두리 전포동에 공장 부지를 확보하고 1953년 6월에는 제일제당공업주식회사가 정식으로 발족되고 공장건설에 들어가게 되었다. 초창기의 제일제당 중역진은 사장에 이병철, 부사장에 조홍제, 전무에 구영회(具英會), 상무에 허정구(許鼎九, 진주 만석지주(萬石地主) 허만정씨의 장남), 취재역에 김생기(金生基), 여상원(呂相源), 취재역 공장장에 김재명(金再明, 추후 삼성그룹 부회장)씨였다. 공장건설 기술에 대해서는 모두가 똑같은 백지상태여서 하나하나 공부해나갈 수밖에 없었다. 당시 국내에는 제당공장을 세울만한 전문기술자가 한 사람도 없었다.

우리기술로 대성공을 거둔 제당 공장

확보된 외화로 설비 발주는 이럭저럭 끝냈으나 풀어야 할 두 가지 문제가 아직도 앞을 가로막고 있었다. 하나는 기계 설치와 시운전을 담당할 기술자를 구하는 문제였고 다른 하나는 설탕의 원료인 원당(原糖)을 구입하는 달러 확보였다.

그 무렵 이승만대통령은 어떠한 명목으로든지 일본인의 입국을 허가해주지 않는 정책을 고수하고 있는 때여서 수주한 기계 메이커가 관례적으로 보내는 기술 책임자 한 사람마저 국내에 들어올 수 없었다. 일본인 기술자가 못 들어오니까 대신 우리 기술자를 보내서 기술을 익혀오는 방식을 택하려고 했다. 이번에는 외무당국에서 외화가 없다는 이유로 기술책임자급의 인사는 보내줄 수 없다는 것이었다. 하는 수없이 일본에 건너가 있는 우리나라 사람 중에 적당하다고 생각되는 사람을 골라 현지 훈련을 시킴으로써 다소 마음을 놓을 수 있었다. 물론 이 사람도 벼락공부를 한 셈이라 실제 공장건설 때 일을 시원하게 처리하지는 못했고 특히 핵심설비인 고속필터 프레스가 시운전 때 굉음을 내면서 돌아가니까 겁이 나서 구석으로 피하는 것을 보고 야단을 친 일도 있었다.

임원, 기술자 할 것 없이 모두가 있는 지혜를 짜서 설계도를 검토하고 노력한 보람으로 그래도 공장건설 공사를 착수한 지 4개월 만에 공장이 가동되게끔 하였으니 모두들 배우고자 하는 의욕이 얼마나 대단했던가를 알 수 있겠다. 가장 큰 소득은 우리도 하면 안될 것이 없다는 자신(自信感)을 얻게 되었던 것이다. 실제로 기업가 특히 경영책임자에게 이 자신감이란 때로는 결정적인 요소로 작용할 수 있다는 것을 생각할 때 매우 값진 것이었다. 이렇게 고생은 많았으나 제당 공장을 우리 손으로 건설해냄으로써 이후 여러 업종에 걸친 공장의 신설이나 증설에 있어 자주성을 가지는 계기를 만들었고 외국인 기술자의 도움을 최소한으로 줄일 수가 있었던 것이다.

조홍제 사장은 이 일을 통해 ”사람이 유능하고 의욕이 있으면 아무리 절망적인 상황에 놓인다 해도 그것을 뚫고 나갈 길을 모색하게 된다“는 것을 알게 되었다. 공장건설이 완공을 앞두게 되자 걱정이 되는 것은 원료인 원당확보 문제였다.

그 무렵 정부는 달러론(dollar loan)이라 하여 수시로 무역업자에게 달러를 불하해주고 있었는데 수입품목에 제한이 많아 이것으로는 원당을 살 수가 없었다. 조홍제 사장은 혹시나 하고 제일제당 부산공장의 시운전 용으로 원당 500톤을 사는데 필요한 자금 약 5만 8000천 달러를 신청해보았다. 그때의 원당 500톤이 어느 정도였느냐 하면 제일제당을 세우기 위해 투자한 모든 비용과 맞먹는 것이었다. 달러 불하를 담당한 실무자들 사이에 액수에 대해 논란이 있었으나 조 사장은 그 필요성에 대해 수차례 역설함으로써 신청한 전액을 배정받았다. 그래도 이것으로는 1개월분의 원료도 안되어 조 사장은 유력인사에게 국산 설탕이 외화 절약에 꼭 필요하다는 것을 말했더니 그다음부터는 20만 달러를 배정받았다. 이로써 정상 가동에 당분간 지장을 받지 않을 정도의 원당을 수입하여 이 문제도 해결이 되었다.

1953년 11월 9일 마침내 해방 후 처음으로 우리나라 사람이 만든 설탕이 시장에 나오게 된 것이다. 제일제당은 그 당시의 생산원가가 kg당 45환 정도였는데 비해 수입 설탕은 kg당 150환 수준이어서 공장도 가격을 120환 선으로 해도 괜찮을 것이었지만 소비자의 입장을 고려해서 출고가가 생산원가의 배를 넘지 않는 선인 kg당 80환으로 정해서 대리점에 출고했다. 대리점에서 5환만 더 붙여서 팔아도 타상품에 비하면 마진이 높은 편이어서 큰 이익을 볼 수 있었다. 당시 수입설탕이 워낙 고가이던 때라 대리점에서 15환 때로는 20환씩이나 더 붙여서 팔아도 수요는 계속 늘어만 갔다. 그래서 제일제당 사람들은 대리점이 값을 제멋대로 올려받지 못하도록 권고를 하러 돌아다니기도 했다.

이렇게 해 공장을 가동한 지 2년만인 1955년에는 그동안 거듭된 증설로 생산 규모가 일산(日産) 100톤에 이르는 대규모 공장으로 확장되었다. 회사로서도 큰 이익을 본 것은 말할 것도 없고 국가적으로도 수입대체를 이룩함으로써 외화 절약에 큰 기여를 했다. 공장가동 다음 해인 1954년에는 국내 총 수요량의 25%, 1955년에는 50%를 제일제당이 공급하였으니 적어도 연간 100만 달러 이상의 외화를 절약시켰다.

6

모직(毛織, wool) 산업 진출

모직물은 동물의 털. 특히 양모(羊毛)를 주원료로 하여 만든 직물을 말한다. 제당업에서 대성공을 거둔 삼성은 생산업(제조업)도 할 수 있고 특히 대체산업으로 해볼 만한 분야는 얼마든지 있으니 자신을 가지고 다음 사업을 착수하기로 했다. 전후(戰後) 산업 분야가 모두 파괴되어 전산업이 황무지였다. 삼성물산은 이사회를 열어 업종 선택에 나서게 된 것이 1954년 초였다.

이사회에서 여러 여건으로 보아 면방(綿紡)이 선택되었다. 섬유 수요가 늘어날 수밖에 없어 섬유 산업은 유망한 분야였다. 면방은 면화를 원료로 하여 실을 만들고 천을 짜는 산업이다. 면방 공장 신설은 정부 허가 사항이어서 상공 당국에 허가를 신청하였더니 상공 당국은 "면방은 여러 사람이 이미 공장을 건설 중에 있고 또 기존 시설도 대부분 복구되어 가동 중에 있는만큼 더 이상 면방 공장 신설을 허가할 수 없고 그 대신 현재 산업 규모가 영세하여 많은 양의 모직을 비정상적인 방법으로 외국산에 의존하고 있는 모직 분야로 나가는 것이 좋지 않겠느냐"는 것이었다. 당시 모직물은 마카오나 홍콩에서 영국산 모직물을 비정상적 밀수에 의해 수입하고 있었다.

“마카오신사”라는 유행어는 이시기에 생겨났다.

삼성은 정부허가 당국과 여러 차례에 걸친 협의 끝내 정부 방침대로 모직공장을 세우기로 결정을 내렸다. 제일모직이 생겨난 배경이다. 당시 우리나라에는 마산과 밀양 등지에서 소규모 모직 시설이 있을 뿐이었고 그나마도 양복지와 같은 고급모직물은 생산할 수 없었다. 우리의 손으로 현대적인 대규모 공장을 세워 가동시킬 수만 있다면 수입대체 산업으로서도 큰 공헌을 할 수 있었다. 이렇게 모직 공장을 세울 생각을 굳히도록 해준 것은 국내업계 여건의 성숙과 더불어 1954년부터 미국이 한국경제 부흥을 위해 원조한 2억 달러의 FOA(미국의 대외 원조 계획 관할 행정기관) 자금이 무엽 업체와 생산업체에게 배정되어 불하를 해주고 있어 이것의 활용이 기대되어서였다. 미 FOA가 대일무역역조(對日貿易逆調)를 시정하기 위해 일본 이외의 지역에서만 생산설비를 구매할 수 있고 불하일로부터 3개월 이내에 사용하도록 제한규정을 두었기 때문에 일반 달러보다 유리한 조건인데도 그다지 인기가 없었다.

그러나 조홍제 사장은 FOA 자금의 불하에 대해서는 좀 다른 판단을 하고 있었다. 즉 무역이 잘 된다 하니까 너도나도 무역회사를 차리게 되어 경쟁이 자꾸만 심하게 되니 무역은 머지않아 그 이익률이 한계점에 도달하게 될 것이다. 그렇기 때문에 무역은 그대로 계속하면서 수입을 대체할 수 있는 생산업체를 계속해서 갖는 것이 유리하며 또 미국이 우리나라의 경제 부흥을 위하여 원조를 하고 있지만 국내의 소요물자 전부를 충당시킬 수는 없을 것이니 생산업(제조업)의 전망이야말로 모든 업종 중에서 가장 밝다는 판단이었다. 사실 그 무렵의 미국원조라는 것이 전쟁 중에 늘어날 대로 늘어난 군수 산업을 일시에 축소할 수 없어 생필품을 공급하기위해 무상으로 주는 소비재 중심의 원조였던 것이다. 그래서 일본이나 영국같은 전화를 극심하게 입었던 나라들조차 이 원조를 거절했다. 자국의 경제 부흥이 늦어지게 되는 부작용을 염려했던 것이다. 미국이 원조해 주는 그것만 믿고 우리의 생산시설을 갖추지 않다가는 결국 그 물자를 미국에 돈을 주고 사오든지 다른 나라에서라도 사와야 될 것 아닌가? 그러므로 우리도 생산시설을 위한 원조자금을 최대한으로 효과있게 써서 생산시설을 늘려야 한다. 조홍제 사장은 이런 생각으로 FOA의 원조달러 불하가 있을 때마다 모직 설비의 도입을 위한 60만 달러를 비롯 상당액의 특수비를 확보해 나갔다.

이 무렵의 달러 불하에서 잊지못할 일이 하나 있었다. 1954년 여름 조홍제 사장이 일본 동경에 있는데 우리가 모직 공장을 세우게 된다는 것을 알아낸 미국의 한 상사가 "미국의 어떤 모직 회사가 그들의 중고시설을 염가로 매각하려 하니 그것을 사지 않겠는가"라는 오퍼를 보내온 것이다. 우리 지사에서는 "그 상사의 사장이 이 문제로 조홍제 사장과 직접 상의하고자 곧 동경으로 오게 된다"는 연락을 해왔다. 미국의 공업은 북동부에서 더 발달했고 남부에서는 농업과 목축업이 우세했는데 그것이 1956년대에 들어와서는 인건비의 압력에 밀려 점차 남부로 공장이 옮겨가고 있었다. 이 모직공장 또한 남부에 최신식 시설의 새 공장이 섰으니까 북부의 기존 시설은 헐값에 팔려고 한 것이어서 이 상사가 중간에 들어 우리더러 사라고 권한 것이었다.

조홍제 사장은 그 상사의 사장에게 "말씀의 내용은 잘 알겠소만 우리는 아직 기종 선택단계에 가있지도 않으며 지금은 시설설치에 필요한 외화마저 확보되어 있지 않는 상황이어서 앞으로 있을 달러 공매에 응찰할 계획입니다"고 하였더니 그 사장은 그럼에도 불구하고 꼭 황소같은 용모에 어울리게 "지금 당장 공항에 나가 서울행 여객기를 함께 타고 가자"고 나서는 것이었다. 마음 속으로는 그의 적극성에 감탄하면서도 "이 친구가 너무 덤벙대는군"하는 생각이 들어 그의 동행 요청을 거절하고 나니 출국시간이 얼마남지 않았다.

공항으로 서둘러 나가니 조 사장이 예약한 비행기는 동해 상공의 기류가 나빠져서 뜰지 말지 한다는 것이었다. 공항의 아나운스먼트가 "기상 상태가 매우 좋지 않으니 급하시지 않으신 분은 내일 편을 이용하십시오" 하는 것이었다. 그런 소리를 듣고 기분이 좋을 수는 없었다. 기내에 들어가 보니 여기저기 자리가 많이 비어 있었다. 조홍제 사장으로서는 다음 날 오전 중에 달러 불하가 실시되기 때문에 "이 기회를 놓치면 또 달러 불하가 언제 있을지 모르지 않는가, 꼭 받도록 해야지" 조 사장은 생사의 운을 하늘에 맡기고 잠을 청했다.

날씨는 일본의 기상대가 예보한 것보다 훨씬 나빴던 모양으로 한 시간쯤 날더니 기체가 상하로 마치 물결을 타고가듯 오르내리고 그런가 하면 몇 분동안 꼼작도 않고 서 있는 것 같은 느낌을 주기도 했다. 그래도 몇시간의 고투 끝에 이 여객기는 서울에 닿아 주었다.

1954년 9월에 들어와서는 모직 공장 건설계획이 상당히 구체화되었고 설비 구입의 조사 차 해외로 출장 가게 된 조홍제 사장은 생산시설을 직접 눈으로 보고 검토해 보려고 했다. 기계의 이름만 가지고서는 무엇이 무엇인지 알수가 없는 것 아니겠는가… 그때 상식적으로는 모직하면 영국이었지만 먼저 미국으로 건너가 보스턴시에 있는 모직 공장 두 곳을 시찰하여 여기서 얻은 예비지식을 토대로 영국의 리버풀시에 있는 모직 회사를 본격적으로 시찰하기로 했다. 조홍제 사장은 단순히 예비지식을 얻기 위한 목적으로만 미국에 들른 것은 아니었다. 우리가 FOA에서 불하받은 달러는 불하일로부터

3개월 이내에 쓰도록 되어 있었음으로 우선 미국의 상사 앞으로 가변 L/C를 열어두었다가 기한이 다 되어가면 그것을 수정하도록하고 우리가 정식으로 발주할 곳을 확정하면 곧 그쪽으로 L/C를 넘겨 주도록 할 계획이었다.

서독 스핀바우(spinbow)사 기계로 결정

조홍제 사장이 미·영 두 나라 모직 공장의 사찰을 마치고 얻은 소감은 기계가 매우 훌륭하다는 것이었으나 기계의 설치 연도가 오래되어 그런지 성능과 능률이 그다지 좋지 않아 보였다. 그러니까 우리나라와 같이 모직에 대한 축적된 기술도 없고 숙련도도 얕은 나라의 입장으로서는 되도록 기계가 최신형이고 능률이 좋아야 되겠다는 것을 느끼게 되었다. 그래서 미·영의 기계 발주는 보류하고 그 다음으로는 프랑스의 기계 메이커를 찾아보았다. 기계의 성능이 그럴 듯하기에 가격을 절충하여보니 가격은 그다지 높은 편은 아니었으나 떠나올 때 듣던 것보다는 성능면이 좀 떨어진다는 느낌을 받았다. 그래서 이태리로 가보았다. 이곳에서도 프랑스와 대동소이한 형편이었음으로 당초 목적지인 서독(西獨)에 가게 되었다.

조홍제 사장은 서독의 여러 곳의 공장을 둘러보는 동안 모직 관계 기계에 대해서 어느 정도 나름대로의 윤곽을 파악하게 되었다. 서독 기계공업 도시의 하나인 함부르크시에 닿자 조 사장은 기계무역상인 C. 일러스사를 찾아갔다. 조 사장이 미국으로 떠나기 전에 일본 출장에서 일본의 모직계가 어느 회사의 기계를 많이 쓰고 있는가를 조사해본 적이 있는데 그때 C. 일리스사가 일본에 모직 관계 설비와 부품 등을 가장 많이 공급하고 있다는 사실을 알았다. 조홍제 사장은 서독으로 떠나기 앞서 C. 일러스사 상무이사인 프란츠 그롬베크씨 앞으로 서독에 가게 된다는 것을 알려주었고 이제 그를 만나게 되는 것이다. 독일은 조 사장이 일본 호세이 대학 학창시절부터 늘 동경하던 나라였고 또 그네들의 민족적 성격이랄까 일반적인 기질이 자신의 성격과 비슷하다는 느낌에 호감을 가지고 있었는데 책에서 보고 말로만 듣던 이 나라에 와서 그들과 거래를 한다고 생각하니 진심으로 기뻤다.(조 사장은 대학에서 독일 경제학을 전공했었다.) 조사장은 모직이 면방보다 다소 어렵기는 하나 기본적인 생산공정은 대동소이하고 우리 나라에 있어서는 그다지 큰 문제가 없을 것이라는 확신을 가지고 있었다. 값만 적당하면 가장 수준이 높은 최신형의 기계를 서독에서 발주하리라고 마음을 굳히고 있었다.

80만 달러냐 60만 달러냐의 줄다리기

C. 일리스사의 그롬베크 상무는 조 사장의 서독방문을 반기면서 서독 전역에 흩어져 있는 모직 관계 기계 메이커에 대해서 자기가 아는대로 현황을 말해주었고 조 사장은 그의 소개에 따라 웬만한 공장은 거의 다 둘러보았다. 이때 조 사장이 서독 국내를 자동차로 여행한 거리만도 족히 1만km는 되었다. 아무튼 서독 북서부 끝에 위치한 함부르크시에서 동남쪽 끝에 있는 뮌헨시까지 오르내렸으니 서독의 끝에서 끝까지 강행군을 한 셈이었다. 이와 같은 서독 전역의 여행에서 얻은 지식과 자료를 산더미같이 쌓아놓고 비교 검토하면서 모든 조건을 따져보니 서독 스핀바우사의 제품이 성능 면에서는 가장 유리하다는 결론에 도달했다.

조홍제 사장은 C. 일리스사의 그롬베크 상무를 다시 만나 자신의 의견을 말하고 스핀바우사에 발주하는 것이 좋겠다고 말했더니 그도 조 사장의 결정이 참으로 잘된 것이라고 말해주었다. 이때부터 스핀바우사의 사장과 가격을 놓고 끈질긴 줄다리기가 시작되었다. 처음 스핀바우사가 제시한 견적가격은 80만 달러 선을 넘고 있어 가격절충은 매우 큰 난관이 예상되었다. 이 회사의 사장실에 매일 출근하다시피하면서 되느니 안되느니하고 있던 어느 날 전에 들렸던 프랑스의 메이커에게서 장거리 전화가 걸려와 가격 인하 용의가 있으니 다시 만나 절충할 수 있는가를 물어왔다. 또 얼마 후에는 이태리의 메이커에게서도 가격을 다시 조정할 용의가 있다는 연락이 왔다. 조 사장은 스핀바우 사장에게 "프랑스와 이태리의 두 메이커가 이런 교섭을 해왔는데 당신네들이라고 가격을 조정해주지 못할 것은 없지 않은가"고 했더니 그는 웃으면서 "그 메이커의 기계와 우리 것하고는 비교가 안되지요. 그들의 기계보다 우리 것이 지금까지 평균 300%정도 비싸게 팔렸으니까요" 조 사장은 좀 더 어세를 높여 "내가 누누이 말씀드렸지만 내가 준비한 달러는 60만 달러라 하지 않았소! 우리나라는 달러 구하기가 하늘의 별 따기만큼이나 힘든 나라이니 잘 좀 보아주시구려"하고 말했다.

이 스핀바우 사장은 매우 성실하고 직선적인 사람이어서 사교가 능란하다고 할 수 없으나 마음이 움직이면 온 정력을 기울여 일을 성사시키는 좋은 성격의 소유자여서 조사장의 입장을 이해는 하면서도 그때까지 자신의 고집을 꺾으려 하지 않았다. 그는 조 사장의 말을 듣고는 한동안 잠자코 있더니 기계 값에 대해서는 아무 말도 하지 않고 기계 자체의 성능이 우수하다는 것만을 극구 강조했다. 조 사장은 모르는 척 듣고 있다가 "성능이 좋기만하면 무얼 합니까 나에게는 당신네들이 제시한 가격만큼의 자금준비가 되어 있지 않소. 나는 가난한 나라에서 왔습니다 지금은 60만 달러 뿐이지만 얼마 안가서 몇배로 증설할 계획도 가지고 있습니다. 그러니 값은 내가 제시한 선에 맞춰 주시기 바랍니다." 조 사장은 이렇게 떼를 썼다.

며칠 후 아침 일찍 C .일리스사의 그롬베크 상무가 호텔로 전화를 걸어왔다. 그는 대뜸 "헤르, 헤르 조, 축하합니다. 오늘 새벽 3시까지 계속된 스핀바우사의 이사회에서 승인을 했어요. 물론 헤르 조가 제시한 값으로는 손해를 보지만 그대신 '코리아'라는 새로운 시장을 하나 개척하게 되니 장기적으로는 회사의 이익이라고 사장이 극구 주장해서 통과가 되었다는군요. 진심으로 축하합니다. 그곳 호텔로 스핀바우사의 사장이 갈테니 어디 나가지 마시고 기다리십시오" 그 순간 조 사장의 뇌리에는 무슨 주장을 할 때마다 블룩블룩 운동을 해대던 스핀바우 사장의 술통같은 배며 부리부리한 그의 눈매가 떠올랐다. 조 사장은 "여기 이역만리에서도 고마운 친구를 사귀게 되었구나" 생각하면서 "감사합니다. 이 은혜를 어떻게…" 그롬베크 상무에게 할 수 있는 말은 이것뿐이었다. 그를 만나서 설비발주의 알선을 의뢰했을 때에도 자기네에 대한 커미션을 달라고 한 적이 없었으며 조 사장이 커미션을 내겠다고 제의를 해도 우리나라의 달러 사정을 이해하고서는 간곡히 이를 거절하였기에 고마움은 한결 더 컸다. 계약을 끝내자 조 사장은 그롬베크 상무를 만나 "이것은 내 마음의 표시일 뿐입니다 받아주시오"하고 5만 마르크가 든 봉투를 내미니까 그것조차도 기어코 받지 않으려 했다. 그는 금전 거래를 떠나 우정으로 일관하려는 신사였다. 뒷날 그가 타계하였다는 부고가 왔을 때 사람을 시켜 그의 무덤에 꽃다발을 보내 마음을 전했다.

이런 과정을 거쳐 오로지 끈기 하나로 당시로써는 최신식의 모직 설비 5천 추 1식을 파격적인 가격 60만 달러에 구입하는 행운을 안았다. 뒷날 제일모직이 모직공장을 완성하고 난 다음 조 사장은 다시 독일에 들릴 기회가 있어 인사를 하려고 스핀바우사로 그 사장을 예방하였더니 그는 제일모직의 조기성공을 자기의 성공이나 다름없이 기뻐하면서 "그렇지만 헤르조, 자그마치 15만 5000달러의 결손이 났으니 알아두기나 하시구려"하면서 당시의 서류를 끄집어내어 보여주는 것이었다. 제일 모직이 창설 이래 오늘에 이르기까지 제품의 품질면에서 단연 앞설 수 있었고 원가 면에서도 타사보다 유리하였던 것은 당시의 최신 기종인 스핀바우사의 설비를 썼기 때문이라고 할 수 있을 것이다.

7

독일에서 배우고 느낀 일들
(위대한 독일 정신의 승리)

조홍제 사장은 첫 번째 독일 여행에서 많은 추억 거리를 가졌다. 그들은 2차 대전의 그 아픈 상처를 불과 10년 만에 말끔히 씻고 명랑하고 솔직한 태도로 상담을 진행시킬 뿐 아니라 공장 건설에 관해서도 거래를 떠나 관심과 이해를 가지려 애써, 조 사장이 바라던 이상으로 발주 업무가 좋은 결실을 가져왔고 처음에는 불가능하리라 보였던 거래도 그들의 이해 관계를 떠난 따뜻한 인정 덕으로 가능하게 되었음을 볼 때 한마디로 선의의 사람들이라는 인상을 강하게 받았다. 세계 제2차 대전의 전쟁국 중에서 독일의 전후 부흥을 높이 평가하는 글이나 말을 많이 보고 듣고 하였지만 정작 그 본고장에 와서 보니 부러운 것이 너무 많았다.

급속한 부흥을 이룩하게 한 그 저력이 무엇인가를 조사장도 짐작할 수 있었으니 그 첫째는 수 세기 동안에 걸쳐 쌓아 올린 거대한 기술지식의 축적이고 둘째는 그들이 근면하며 소박한 생활에 만족한다는 것. 셋째는 그 성격이 맑고 애국심과 협동심이 매우 강한데서 나오는 힘이 아닐까 여겨졌다. 조홍제 사장은 이 먼 여행에서 보고 듣고 한 일로써 기억에 남아 있는 몇 가지 일을 떠올려 보았다. 조

사장은 그롬베크 상무에게 무슨이야기 끝에 "내일은 일요일이라 어떻겠습니까, 나는 별다른 계획이 없으니 무엇하면 내 호텔로 와서 함께 이야기라도 나누었으면 좋겠는데요…" 이런 청을 해본 것이다. 그와는 업무상으로도 친해두어야 할 필요가 있었지만 워낙 사람이 성실하여 호감을 가지게 되었기 때문에 그와는 격의없는 친구가 되고 싶었고 또 그에게 여러 가지 묻고 싶은 것도 많았다.

다음 날 그는 자기 집 정원에 핀 한 송이 붉고 큰 장미꽃을 품 속에 감싸 가지고 와서는 말없이 꽃병에 꽂아 여수(旅愁)를 달래 주는 것이었다. 그의 따뜻한 마음씨가 고마웠다. 그에게 "전쟁이 끝난지도 10년이 다 되어 가는데 생산 시설들이 훌륭히 복구된데 비해서는 주택사정이 좋지 않은 것 같군요" 이렇게 말머리를 끄집어 내니까 "네 그런사정이 있습니다. 우리는 전쟁으로 생산 시설을 거의 못쓰게 파괴 당했지요. 그러나 전쟁이 끝나자 종업원들은 모두 공장으로 몰려들었어요. 그들은 먹고 자는 것으로 족하고 보수는 나중에 공장이 복구되어 회사가 잘되면 받겠다는 것입니다. 공장 뜰에 타다 남은 천을 모아 텐트를 만들어서 치고 집단으로 자고 음식을 끓여 먹고 했지요. 그 때 우리들의 방침은 복구순위를 공장→공장합숙소→사무실 이런 순위로 정했기 때문에 주택은 뒤로 밀려나 버려 아직도 일반 주택 사정은 좋다고 할 수가 없습니나" 이렇게 말하는 것이었다.

이 설명을 들으니 가슴이 뜨끔했고 우리 처지가 부끄럽게 여겨졌다. 우리와는 정반대의 복구 순서이고 그 효과 면에서 너무나 많은 차이를 가져오고 있지 않는가 싶었기 때문이다. 또 그에게 "독일에 오니 미국과는 달리 시간에 구애됨이 없이 열심히 일하고 있던데요, 미국 사람들은 회의를 하다가도 퇴근시간이 되면 모두 일어서고 휴일에는 절대로 상담을 하려 들지 않던데…”

“우리도 전쟁 전에는 그런 경향이 있었지요, 그러나 당장 우리 모두가 전재 복구에 나선 판국에 퇴근 시간이 어디 있으며 공휴일은 또 무슨 소용이 있었겠습니까, 오직 일, 그것 뿐이지요 그러니 시간에 대해서 이러고 저러고 할 틈도 없었지요, 그 때 습관이 몸에 배어서 이렇게 된 거랍니다.”

그때 조홍제 사장은 서독의 국내 여행에서 도무지 미군(美軍)을 볼 수 없던 것이 생각나서 “헤르 그롬베크 어느 도시에 가도 미군이 보이지 않으니 어떻게 되어서 그런가요?” 물었더니 “우리 국민들의 미군에 대한 감정은 아직도 풀렸다고는 볼 수 없지요. 지금까지도 많은 사람들이 정신적으로는 미국에 결코 지지 않았다고 생각할 정도니까요”

그의 설명에 의하면 미국이 독일의 무서운 기술 지식을 두려워하여 점령 후 독일의 산업 경쟁력을 약화시키기 위한 여러 가지 제한을 가하였기 때문에 국민들의 감정을 몹시 자극하였고 이것이 독일인의 애국심에 불을 질러 “오냐, 우리가 밤잠을 못자는 한이 있어도 우리의 손으로 너희들 도움없이 우리의 공장들을 복구하여 너희를 앞서리라” 이런 마음가짐에서 나온 노력이 결국 다른 어느 나라보다도 먼저 전쟁 피해의 복구를 이룩하게 만든 원동력의 하나가 되었노라고 말해주는 것이었다. 그런 사정이었기 때문에 미군은 주둔 당초부터 도시의 교외에다 캠프를 마련하여 들어 앉았으며 휴가를 나오는 미군들도 군복 대신 관광객으로 보이도록 평복으로 차려 입어 독일인과의 마찰을 극력 피하려했다는 것도 이해가 되었다.

독일에서 굳힌 새로운 결심

물론 이런 정신력 이외에도 콘라드 아데나워(Konrad Adenauer. 독일연방공화국 초대수상) 같은 유능한 지도자가 있었고 또 마셜 플랜(Marshall Plan)에 의한 전화 복구 원조의 효과적인 사용 등 모두가 우리나라에서는 찾아볼 수가 없거나 있어도 불충분한 것들이었고 천연자원 또한 우리와 비할 바가 아니게 풍족하다는 것도 알게 되었다. 천혜의 자원은 어쩔 수가 없다손 치더라도 인위적으로 이룩한 그들의 자산은 참으로 부러웠다. 그들에게는 근로가 자랑스럽고 당연한데 우리는 되도록 일하지 아니하고 편하게만 돈을 벌려고 하니 모든 점에서 독일인과 그 높은 민도(民度)는 너무나 아프게 조 사장의 가슴에 파고 드는 것이었다.

"우리도 이래서 안되겠다, 내가 둘러본 서독의 어느 기계 메이커도 자사의 제품에 대해서는 절대적인 자신감을 갖고 있지 않는가 또 그들은 부단히 연구를 계속하여 나날이 새로운 기술과 기계를 개발해나가고 있으니 우리가 지금 아무리 어려운 여건에 처해 있더라도 우리로써 할 수 있는 일에 최선을 다해야겠다"

조 사장은 이런 의욕과 조급한 마음들이 생기는 것을 금할 길이 없었다. 그러니 우리나라도 기업인들 스스로가 성장 잠재력이 큰 산업을 일으켜 나가면 될 것 아닌가. 그리고는 우리나라 사람들이 독일인들처럼 근면하고 성실하게 일하도록 이끌어 나가는 문제는 기업에 종사하는 임직원으로 하여금 그렇게 일하는 자세가 생활화되도록 교육하고 훈련하면 되겠지, 그러기 위해서는 경영자 자신이 솔선수범으로 검소, 성실, 근면해야 하리라. 우리에게는 독일이 가진 만큼의 자원이 없어 비록 독일처럼은 할 수 없을지언정 생산시설을 갖추어 원료만 들여온다면 수입 대체 효과만이라도 충분히 거둘 수가 있으리라. 조흥제 사장은 생각이 이렇게 정의되자 앞으로 자신이 우리나라에서 무엇을 해야 되겠느냐 하는 것이 더욱 뚜렷해지는 것을 느꼈다. 남의 나라에서 와서 내 모습을 그들의 거울에 비추어 보고 나 자신을 더 똑똑하게 알게 되었다고나 할까

"확실히 독일 민족은 위대하다. 그러나 위대하다고 우러러 보고만 있을 것이 아니라 우리도 해보자. 우리는 지금 생존의 기본 요건인 의식주에 따른 생필품의 생산조차도 제대로 해내지 못해 수입의 의존도가 너무나 높지 않은가, 그러니 한국의 기업가가 할 일은 생필품에 관련되는 산업부터 우선 건설되어야 한다. 이를 위해서 근본적으로 필요한 것이 자본인데 지금같이 이렇게 수입의 비중이 커가지고서야 어느 세월에 민족 자본이 축적될 것인가? 우리로서는 우선 우리가 계획한 모직공장부터 성사를 시켜 수입을 대체시키고 또 다음의 기간산업을 일으키기 위해 자본을 축척하자"

조흥제 사장은 이렇게 결심하고 앞으로 우리가 전개할 사업에 대해 끝모를 상상의 날개를 펼치곤 했다. 그럭저럭 독일에 온 지도 거의 3개월이 다 되어 연말이 가까워지니 그동안 기계 발주 업무 관계로너무 신경을 많이 쓰고 과로했던 모양으로 좀 쉬었으면 하는 느낌이 들 정도로 피로를 느끼게 되었다. 처음 여행계획은 1954년 12월 하순에 귀국하게 되어 있었다. 그러나 일정이 이렇게 지연된 것은 서독 기술자의 파견 문제를 놓고 스핀바우사와의 조정이 제대로 되지 않았기 때문이며 결국 해를 넘겨서야 귀국할 수가 있었던 것이다. 시설 발주가 매듭을 짓게 되자 스핀바우사측은 성능보장이 공장 건설의 핵심이니만치 자기네 기술자가 나가서 기계를 조립하고 시운전을 해야된다고 했다. "그러면 귀사에서 기술자를 몇 사람이나

보낼 계획인가?" 나의 이 질문에 대해 사장실로 불려 온 기사장은 "60명 정도이며 이들이 일년쯤 일해야 제대로 될 것입니다. 이만한 인원과 시일은 공업수준이 낮은 나라에서의 공장 건설에 있어 하나의 관례같이 되어있습니다"라고 대답하는 것이었다.

조 사장은 공업 수준이 낮은 나라라는 말에 기분이 몹시 상했지만 그 많은 인원에 대한 걱정이 앞섰다. "60명이 1년간이라…, 그들의 일당을 하루 평균 60달러라 하더라도 어디서 이런 거액의 달러를 구한단 말인가? 그 뿐이랴 그들의 항공료는 어떻게 하며 호텔 하나 변변한 것이 없는 대구(大邱)에서 그들을 어디에다 재울 것인가? 또 한식을 먹일 수도 없을 것이니 서양 요리사는 또 어디서 구하노…" 다음 날 다시 이야기를 나누어보니 그들이 우리를 어느 열대 지방에 있는 저수준 민족의 하나쯤으로 알고 있는 것이 아닌가하는 인상을 받았다.

하기야 그들이 코리아(Korea)가 어디쯤 있는 나라인지 세계지도를 보고도 찾지 못할 정도였으니까. 그들의 사고방식은 "가난한 나라 사람들은 게으르다, 게으른 사람들은 열대 지방에 많다, 코리아는 저수준국이다, 그러므로 동양의 어디 무더운 지방에 있을 것이다…" 어느 날 조 사장은 그곳 영화관을 간 적이 있는데 본 영화가 시작되기 전에 나오는 뉴스에서 한국의 실정이라고 소개한디는 것이 어쩌면 저토록 얼굴이 뜨거워지는 것만 골라서 찍었나 싶을 정도로 어두운 면만 골라 찍은 것들이었다. 전쟁고아들의 집단 수용소인 듯 나오는 아이들의 머리카락은 불에 그을렸고 덕지덕지 누더기를 걸치고 새카만 손으로 미군들이 나누어 주는 구호물자를 타려고 아우성치는 그런 것이었다. 조 사장은 어두운 영화관 속이라 자신을 한국인이라 누가 알랴마는, 분노가 치밀고 부끄러워서 더 이상 자리에 앉아있지 못하고 나와버렸다. 나중에 알고보니 한국의 모 구호재단에서 구호기금을 거두기 위해 이런 필름을 일부러 만들어서 여러 나라에 보내 돌리게 하고 있다는 것이었다.

"아무리 돈이 어렵지만 그래도 믿음을 가지고 자선 사업을 한다는 사람들이 이럴 수가 있는가? 남의 나라에서까지 치부를 드러내 보이고 돈을 구걸하다니! 이런 일들이 예사로 진행되고 있는 형편이어서 독일인들이 우리나라에는 볼트, 너트 하나 제대로 조이는 기술자도 없을 것이라 생각한다 해서 그것을 탓할 수도 없는 일이었다. 이렇게 되면 믿을 것은 '우리 기술자들의 실력과 성의 뿐' 조홍제 사장은 "물론 여러분들의 저의도 일리는 있습니다. 그러나 우리 회사는 외국 기술자의 도움 없이 제당(製糖)시설을 우리 손으로 만들어 가동하고 있고, 주정 공장을 세운 기술자도 있으며 면방 공장도 여러 개가 활발히 생산을 하고 있습니다. 그러니 우리 회사의 기술진을 믿고 각 부분의 기술 책임자만 보내는 선으로 합시다"

조 사장은 이렇게 강경하게 밀고 나갔다. 서독측은 우리 기술진의 능력을 반신반의 했으나 그들의 기술진이 지휘, 감독하고 필수 파견 인원을 5명으로 한다는데 합의를 보았다. 그러나 기계를 제대로 가동시켜 원하는 제품이 나오게 되었다는 것을 보증하는 성능보장 문제에서는 일보도 양보하지 않은 것이었다. 그들은 기계의 성능이 제대로 발휘되지 못하면 스핀바우사의 신용 저하와 불명예일 뿐만 아니라 한국에는 앞으로 자기네의 기계는 팔 수 없게 된다는 것을 염려하는 듯 보였다.

조 사장은 "여러분의 좋은 기계와 기술인데 왜 성능이 보장되지 않겠습니까, 유능한 젊은 기사 몇 사람을 귀사에 보낼 것이니 잘 지도해서 공장건설에 도움이 되게 해주십시오" 그야말로 생떼에 가까운 제안이었다. 그들의 강경한 주장에도 불구하고 이런 고집을 관철할 수 있었던 것은 우리 회사의 유능한 젊은 공학도가 다수 있다는 믿음에서 나온 것이었다. 그 무렵 삼성(三星)은 삼성물산, 제일제당의 성공으로 중간관리층에 당대 최고 수준의 인재가 모여 있을 뿐 아니라 관리계통이나 기술자 계통을 막론하고 대학에서 제대로 정규과정을 이수한 인재들을 입사 시키고 있어 그들은 아무리 어려운 일을 맡겨도 이를 능히 해낼 수 있다는 것을 조 사장은 믿고 있었다. 과연 우리의 젊은 공학도들은 당시로서는 대형 공장인 이 공장(제일모직)을 단 5명의 외국기사 도움만으로 그들이 예정한 공장건설 기간인 1년을 절반이나 앞당긴 6개월 만에 완성 시켰으니 우리보다 독일 측이 더욱 놀라움이 컸을 것이다.

여기에서 조 사장이 말하는 인재(人才)라는 것은 두뇌가 명석하다거나 단순히 학교성적이 우수한 사람을 말하는 것이 아니라 성실성, 근면성, 그리고 강한 책임감이 있어야 한다는 것이었다. 아무리 두뇌가 좋아도 성실성이 결여 되면 적당주의로 업무를 처리하기 쉽고 이익에만 밝아 타사의 유혹에 약하며 심한 경우 조직내의 융화를 깨트리는 트러블 메이커(Trouble Maker)가 되기 쉽다. (독자들이어, 제일모직 공장건설은 조홍제 사장의 서독 현지에서 스핀바우사와 장장 2개월에 걸친 끈질긴 밀고 당기는 상담 끝에 최신기계가 확보되어 가능한 것은 사실이다. 그러나 이병철 사장의 제일모직 공장 건설에 관한 회고(삼성 오디세이아 참고, 백인호 저)는 사뭇 다르다. 이병철 사장의 회고는 단지 대구 공장 현지에서의 일화만을 다루고 있다.)

8

병명도 모르는 중병으로 사경(死境) 헤매다

　조홍제 사장은 1956년 초 안정된 제일모직의 설비에서 소모사(梳毛絲, worsted yarn)가 나오고 모든 것이 순조로워 6월 초에는 복지(服地) 시판에 들어가게 되자 그동안 공장 건설 때문에 미루어 오던 제 2차 유럽여행을 떠나게 되었다. 조홍제 사장은 이사회에서 꼭 조 사장이 유럽에 가는 것이 좋겠다는 결정을 하고 이를 수락하기는 했지만 한가지 마음 속으로 걸리는 일이 있었다.

　마음에 걸리는 일이란 수개월 전부터 이렇다하게 아픈 데는 없지만 어쩐지 몸이 그전보다 눈에 띄게 쇠약해간다는 사실이었다. 사실 자신의 몸이 그 전같이 맑지는 않아 조금 걱정이 되었으나 모직 공장의 건설에 분주한 나날을 보내느라고 그다지 신경을 쓰지 못했다. 그렇다고 그런 사실을 가족에게나 회사에 섣불리 알릴 수도 없었다. 그런 사실이 알려지는 경우 어느 쪽에서나 해외여행을 극구 만류할 것이 아닌가! 이번 여행의 목적은 제과 기계 및 제분 기계 메이커의 시찰과 스핀바우사에 들러 제일 모직의 보완시설 일부를 발주하는 것이었다. 당시 삼성은 국내 제당 산업이 과당 경쟁상태로 설탕 소비를 촉진할 수 있는 대안으로 제과 산업에 진출하려고 했고 제과

강국인 독일에서 제과 기계를 들여오는 방안을 연구했다. 삼성의 이 계획은 국내의 수백개 중소 제과 업체들이 반대해 무산되고 말았다. 제분 설비 분야도 이사회에서 신규사업의 하나로 제분업을 선택하고자 하는 논의가 있었기 때문이었다. 그때 이사회의 분위기로는 기왕에 제분 공장을 신설할 바에는 성능이 좋고 내구성이 강한 서독제 기계를 설치하자는 쪽으로 흐르고 있었다. 신규사업으로 제분업이 결정되었을 때를 대비한 기종(機種)조사였다.

여행 준비로 분주한 나날을 보내고 마지막으로 제일모직 대구 공장으로 가서 공장장을 만나 설비 보강에 따르는 발주기술을 점검, 그 리스트를 받고 나니 시간이 없어 병원에는 가보지도 못한 채 비행기에 오르고 말았다. 비행기가 이륙한 후에야 비로소 조금 후회가 되었다. "이거 내가 과연 할 일을 하고 있는지, 해서는 안되는 일을 하고 있는지…" 일본 하네다공항에 내리자마자 동경 시내의 눈에 띄는 어떤 개인병원을 찾아 진찰을 받았다. 의사는 "뭐 별 것은 아닙니다."고 대수롭지 않게 말했다. 조 사장은 마음을 놓고 함부르크시에 내려 C. 일리스사의 그롬베크 상무와 재회의 반가움을 나누면서 그와 함께 체독 스케줄을 짰다. 어느 날 C. 일리스사의 헬스부장 안내로 함부르크시에서 100km 떨어진 곳에 있는 한 제분 공장을 시찰하게 되었는데 6층 공장 건물 중 다 둘러보지두 못하고 4층인가에서 정신이 아찔해지면서 심한 구토를 일으켜 더는 시찰을 못하고 호텔로 돌아오고 말았다. 호텔에서 의사 왕진을 청하니 의사는 소화불량이라 말하면서 소다만 잔뜩 주고 가버리고 말았다. 조 사장은 이런 처방만으로는 불안이 가시지 않아 병원을 찾아가서 진단을 받았다. 의사는 "지금 단계로서는 이렇다 꼬집어서 병명을 말씀드릴 수가 없으며 확실한 것은 정밀검사를 해봐야 하겠지만 각 내장기관의 기능이 현저하게 저하된 것은 사실이니 정양(靜養)이 필요합니다."
고 했다.

조 사장은 "과로한 탓이겠지. 아니면 물을 갈아 먹어서인가. 어쨌든 좀 정양하고 있으면 나아지겠지" 하고 생각했다. 그러나 이런 낙관은 허용되지 않았다. 좌우간 무엇을 조금이라도 먹을 수 있어야 기운을 차릴 수 있겠는데 도무지 서양 음식은 넘어가주지 않았다. 흰죽이나 미음같은 것을 먹고 싶은데 외국인 이곳에서 그런 것을 먹을 수도 없었다. 생각다 못해 호텔의 보이(Hotel Boy)장을 불러 20달러를 그의 손에 쥐여주면서 흰죽을 좀 쑤어달라고 부탁했더니 설명이 부족했던지 호텔의 요리인이 그런 음식을 몰랐던지 쌀가루를 어딘가에서 구해 그것으로 풀을 쑤어서 가지고 온 바람에 그만 실소를 터트리고 말았다. 며칠이 지나서야 겨우 무른 음식을 조금씩 먹을 수 있게 되긴 하였지만, 조 사장은 더 무리하게 움직이다가는 건강에 큰 피해가 올 것같아서 그롬베크 상무에게 보고자 하는 기계의 조사를 그에게 의뢰하고 휴양할 수밖에 없었다. 날이 갈수록 얼굴빛이 검어지고 의사가 아니더라도 증세가 악화되고 있다는 것을 알 수 있었다. 그롬베크 상무의 도움으로 대충 일이 끝나자 객지에서 입원이라도 하게 되면 큰일이다 싶어 당초 1개월 반 정도로 잡았던 일정을 한달 안으로 줄여 서독 체재를 끝내고 영국 런던으로 갔다.

원당 구입에 농간 부리는 미국 업자

조 사장이 바로 귀국하지 않고 영국으로 간 까닭은 우리가 제당업(제일제당)을 시작하고부터 늘 시달려 온 원당구입에 관해 좀 더 공부해보려고 해서였다. 그때도 우리의 달러 사정이 좋지 않아 또 언제 유럽에 올 기회가 주어질지 막연하였기에 몸 컨디션상 무리인 줄 알면서 그렇게 했다.

강행군을 한 보람이 있어 조 사장은 뜻밖의 성과를 거두게 되었다. 조사장이 평소 영국의 제당 업계를 중시해왔던 것은 우리와 같이 국내에 사탕수수나 사탕무우를 재배할 조건을 갖추지 못해 쿠바(Cuba)에서 원당을 구입하는 처지였기 때문이다. 쿠바는 소련에 이어 세계에서 두 번째로 원당을 많이 수출하는 원당 대국이다. 영국은 우리보다 수 세기나 앞서 설탕을 만든 나라라 원당 수입에 있어서도 가장 합리적인 방법을 택하고 있으리라 여겨져 영국에 갔고 영국제당협회에 연락하니 회장은 외국에 나가 부재중이었고 상무 두 사람이 반갑게 맞아 주었다.

조 사장은 두 나라 제당업계에 관해 이야기를 나누다가 원당 수입 문제가 화제가 되었다. 그들과 이야기를 나누다보니 그들은 우리보다 훨씬 저렴한 가격으로 수입한다는 것이었다. 조 사장은 "그것 참 이상한 일이다. 국제 시세면 하나뿐이고 공통일텐데 왜 이들은 저렴한 가격으로 수입할 수 있다는 건가? 조 사장은 그들에게 우리는 미국 '오리엔트상사'를 통해 원당을 수입하고 있으며 값은 국제 시세대로 주고 있노라 하면서 톤당 가격을 말해주었더니 좀 더 싸게 살 수 있을 것인데 무언가 잘못된 것 아니냐"는 것이었다. 조 사장은 그래서 국제 시세의 원당 가격 내용을 세목별로 알아볼 수 있는 자료를 구입할 수 없을까 부탁했더니 다음날 그런 자료를 찾았다는 연락을 받았다. 그 자료에 의하면 오리엔트사가 국제 시세대로 팔고 있다는 그 가격에 우리가 모르고 있던 큰 함정이 있음을 알게 되었다.

즉, 그들은 원당을 쿠바의 아바나 항(港, port)에서 실어 뉴욕의 자사 창고에 쌓아 두었다가 우리가 주문을 하면 뉴욕 항에서 다시 선적하여 한국으로 보내는 것으로 서류를 꾸며 쿠바에서 뉴욕의 선임(船賃)을 가산하여 받으면서 실제로는 쿠바에서 선적하여 한국으로 직송하고 있다는 사실을 알게 되었다. 그동안 속아온 것이 분하고 오리엔트사의 처사가 괘씸해서 조 사장은 신병을 무릅쓰고 미국 뉴욕으로 날아갔다. 오리엔트사의 사장을 만나 이것을 따지고 드니 "귀사에서 국제 시세대로 주겠다 해서 굳이 따지지 않고 그런 가격으로 해드린 것입니다. 대단히 미안하게 되었습니다."고 했다. 그러면서도 그동안 더 받은 것을 되돌려 주겠다든가 앞으로 그 운임만큼 내려주겠다는 말도 없이 그저 "쏘리, 아이엠 쏘리"만 되풀이했다. 그는 점심시간이 되자 함께 무슨 고급 레스토랑으로 점심하러 가지 않겠냐고 했다. 조 사장은 그의 얼버무리는 태도가 더욱 아니꼽고 화가 치밀어 "사장! 거래라는 것은 동서양을 막론하고 처음에는 비싸게 거래했다가도 거래 기간이 오래되고 서로 신용을 하게 되면 차차 값을 내려받는 것이 상식인데 정상 가격보다 올려 받았단 말이요?" 하면서 "앞으로는 귀사와 거래를 하지 않는 게 좋겠다."고 쏘아 붙이고 사무실을 나오고 말았다.

그날 저녁 오리엔트사의 사장은 중역을 시켜 최고급 쿠바산 연송연(시가, cigar)한 상자를 보내면서 앞으로는 가격을 다시 조정하겠다는 용의가 있다고 전해왔다. 조 사장은 이번 미국여행으로 원당 수입가격을 낮추는 수확을 거둬 제당의 가격 경쟁력을 높이는 성과를 거뒀다. 조 사장은 다음 날 미국을 떠나 일본에 내렸다. 여기까지만 와도 "살았구나"하는 생각이 들었다. 공항에 마중 나온 석래(錫來, 장남)와 함께 미리 수배하여 둔 병원으로 직행, 약을 받고 다음 날 귀국길에 올랐다. 조 사장은 기내에서 이중으로 계산되는 선임 문제를 어떻게 처리할까 고심을 거듭했다. 조 사장은 "담당 상무가 연구가 부족했다고 야단을 칠 수도 있겠지만 모르기는 국내 제당 업계가 모두 마찬가지 였을테니 유독 그만 가지고 나무래 보았자 문제만 더 커질 것이다. 그보다는 어디서 다른 국내 수입 상사에서 쿠바-부산 직행의 선적으로 원당을 팔아줄 것인지 교섭해보도록 하자는 결론을 내렸다.

조 사장은 회사에 나가자마자 전무와 상무를 불러 "내가 이번에 영국제당협회에 가보니 어쩌면 쿠바에서 부산으로 원당을 바로 싣고 올 수도 있을 것 같다는 생각이 들더군, 그러니 일본의 원당수입 상사를 알아내어 그들에게 한번 교섭을 해보시오" 이렇게 일러 주었다. 며칠 후 담당 상무는 미처 거기까지는 생각 못하고 그간 국제 시세만 너무 믿어 손해를 보았다고 말하고 일본 수입상사에 교섭하였더니 그렇게 해주겠다는 확답을 받았다면서 좋아하는 것이었다. 달러 구하기가 힘들었던 우리의 처지로서는 연간 80만 달러의 외화 절약은 큰 도움이 되었고 원가 절감에도 매우 큰 구실을 하게 되었다는 것은 새삼 말할 것도 없었다.

조 사장의 병세는 서울에 돌아와서도 조금도 호전되지 않았다. 좌우간 어디에서 정확한 진단을 받아 볼 수 없을까하고 여기저기 수소문했더니 6.25 때 스웨덴이 보낸 병원선(病院船)이 인연이 되어 부산에서 의료 활동을 벌이고 있던 스웨덴 병원과 서독병원이 좋겠다 하여 거기서 정밀진단을 받게 되었다. 그러나 여기 두 병원에서도 간기능 부전 정도의 결과밖에 없어 동래에 요양처를 정해 본격적인 치료에 들어갔다. 여기에서 2개월여를 보냈다. 이 동안에 서울대학교의 한심석(韓沁錫) 박사를 비롯 다섯 분의 의료계 중진을 모시고 와서 합동진단을 받는 등 병인(病因)의 규명에 애를 썼다. 진단한 다섯 분이 모여 내린 결론은 네분은 간암같다는 것이고 한심석 박사만

이 "간암은 아닌 것 같으나 간 기능이 부전하다"고 해서 여기에서도 뚜렷한 병명을 가리지 못하고 말았다. 조 사장은 이 진단 결과를 듣고 부산을 떠나 서울 여의도 공항에 내리자마자 그 길로 회사에 들렸다.

조 사장은 계속 장기 치료를 해야할 것 같다는 사실을 알리고 대강의 사무 정리를 하고 집으로 돌아왔다.

잊을 수 없는 장기려(張起呂) 박사의 인술

조홍제 사장은 다음날 서울대학병원에서 장기려 박사팀의 진단을 다시 받게되었다. 장 박사도 "우리 나라에서는 매우 드문 증후이며 이런 경우 병명을 가려 약으로 다스리기에는 증세가 너무 진행된 듯하니 수술을 하여 의심이 가는 장기를 육안으로 직접 보면서 병원(病原)을 찾는 것이 생명을 건질 수 있는 유일한 수단입니다."라고 말했다. 지금까지 병명도 확실히 모른채 2년여의 세월을 보냈으니 장박사의 판단이 옳으리라 여겨졌다. 자, 수술을 하여 개복을 하여 놓고 병소를 찾는다니 그 사실만으로도 걱정인데 그 결과가 부산의 합동진단에서 거론 되었던대로 간암이고 그것이 수술로서도 처리할 수 없을 정도로 진행되었다면 재생할 가망은 거의 기대할 수 없는 것 아닌가! 한가닥 희망을 걸어본다면 주치의 장 박사 진단에서 "간암"이란 판정이 내려지지 않고 있다는 것뿐이었다.

해야 할 일이 태산같은데 이름조차 알 수 없는 병마가 덮치다니… 어쨌든 수술 준비를 총괄하던 장 박사가 최선을 다해주어서 준비는 쉽게 끝날 수가 있었다. 원래는 서울대학의 부속병원에서 수술해야 될 것을 병원 내부의 사정으로 "백병원"에서 하도록 되었다. 백병원은 백인제 박사가 1946년 우리나라 최초의 민립병원으로 설립한 유서깊은 병원이다. 조홍제 사장은 내일이면 수술을 위하여 백병원에 입원하게 되는 날 저녁 혼자 서재에 앉아있으니 지나간 일들이 하나씩 둘씩 찾아왔다가 사라지곤 했다. 천수를 온전히 다하지 못하고 저 세상으로 떠난다고 생각하니 지금까지 고생만 시킨 아내에게 송구스럽고 아직 일가를 이루지도 못한 채 외국과 국내에서 면학중에 있는 세 아들의 모습이 차례로 앞에 다가서는 것이었다. 지금까지 고락을 같이한 회사 사람들, 지기(知己) 그리고 친척들의 모습도 다가왔다. 어쨋든 지금 집안의 모든 상황과 재산 관계의 일을 정리해서 장남인 석래(錫來, 후일 그룹회장)에게만은 소상히 알려 주어야 하지 않을까 하는데 생각이 미치게 되고서야 산란했던 마음을 진정시킬 수가 있었다.

조홍제 사장은 조석래 장남에게 장문의 편지를 써 두었다. 혹시 수술이 잘못되는 경우를 대비해서 작성한 문건이었다. 다음 날 백병원에 도착. 대기실에서 좀 쉬고 있자니 수술에 필요한 모든 준비가 갖추어 졌음으로 안심하고 수술실로 들어와 달라고 전갈이 왔다. 장 박사의 극진한 배려가 고마웠다.

입원실에서 의식을 되찾고 보니 안도의 표정으로 조용한 미소를 띠운 그러면서 기쁨의 눈물에 젖은 아내의 얼굴이 보였다. "아무튼 수술은 끝난 모양이군…" 나중에 안 일이지만 조 사장의 병은 간암이 아니고 담석증이었다. 담석증이란 담낭에 돌이 쌓인 증상을 말한다. 조 사장이 마취에서 깨어나 안정을 되찾자 주치의인 장기려 박사가 웃음을 띤 얼굴로 다른 의사들과 함께 병실에 들어왔다. "조 사장님 참 다행한 일이었습니다. 이제 곧 건강하게 일하실 수 있게 되니 안심하셔도 됩니다. 하지만 담석증도 참 희한한 담석증이었습니다. 이걸 한번 봐주십시오" 장 박사가 내미는 그릇 속을 보니 엄지손가락만 한 큰 돌덩어리가 얼렁거리고 있었다. 보통은 염주알만한 것이 포도송이처럼 엉켜있는데 하나가 이렇게 큰 것은 처음 본다는 것이었다. 하여간 6시간여의 대수술이었고 가족과 친지들의 궁금함을 덜어주기 위해 매시간마다 중간 브리핑을 해주기도 했다. 이렇게 위험한 고비를 넘긴 후에도 서너 번 입원 했으나 한심석, 장기려 두 박사를 비롯한 의료진의 보살핌으로 사경을 벗어났다.

1958년을 맞이하면서 대수술의 충격적인 일을 겪고 나니 생명의 소중함을 새삼 깨달았다. 조 사장 52세 때의 일이다. 특히 주치의 장기려 박사에 대한 고마움은 평생 동안 잊혀지지 않을 것이다. 후일 장 박사는 서울 대학을 사직하고 부산으로 내려가 복음 병원을 열고 가난한 사람들에게 자신의 소득 대부분을 바쳐 인술을 베풀었다. 한국의 슈바이처 박사로 존경을 받았다.

장남(석래)의 장래에 대한 시각차

조홍제 사장은 대수술을 겪고 예전처럼 전력을 다하여 기업 성장에 몰두하기 위해서도 자신의 사업 후계자가 될 장남 석래의 장래 문제에 대한 생각이 많아졌다. 석래가 아직 일본에 대학(와세다)에 다니고 있으니 그의 장래 문제에 대해 한 번 더 그의 의사를 들어보리라…. 조 사장이 이런 생각을 하게 된 것은 수년 전 그의 대학진학에 대한 의향을 물었을 때 "아버님께서는 상대(商大)를 희망하고 계시지만 저는 이공(理工) 계통으로 나갔으면 좋지 않을까 생각하고 있습니다. 저의 취미에도 맞고 또 학교의 성적도 그 계통이 월등 나으니까요." 이렇게 부자간에 정반대 의견임을 알았기 때문이었다.

그때 조 사장은 자신의 젊은 날과 꼭 같은 말을 하는구나 싶어 "내 뒤를 이어 실업계에 투신하려면 상경계통이 더 좋을텐데…" 이런 조 사장의 의사 표시에 "아닙니다. 동생들이 둘이나 있으니 아버님의 사업은 그들이 이어 나가도록 하고 저는 대학의 연구실에 남아 연구 활동을 계속했으면 합니다만…." 어쨌든 조 사장으로서는 장남이 뒤를 이어 기업에 투신하든, 연구실에 남아 대학의 교수가 되든 그가 마음 놓고 활동할 수 있는 기반을 마련해 주어야 한다는 생각에는 변함이 없었지만 자신의 대학 시절의 경험도 있고 해 기왕이면 그가 기업 방면을 택하도록 권할 생각이었다.

9

조홍제 회장의 가문

(독자들이어, 조홍제 효성그룹 창업 회장을 좀 더 깊이 이해하기 위해서는 그의 가계(家系)가 어떤 역사였나를 잠시 살펴보는 것이 필요할 것이다.)

조홍제 회장은 경상남도 함안군 군북면(郡北面) 동촌리(東村里) 신창 부락에서 1906년 5월 20일 태어났다. 함안은 조선 초에서는 함주(咸州)라 불리던 지방으로 멀리는 아라가야((阿羅伽倻)가 발상한 곳인 만큼 역사의 고장이라 할 만하다. 이곳은 우리나라 전형적인 농촌의 하나이지만 600년 전부터 함안 조씨(咸安 趙氏)가 터전을 닦아 내려온 곳이어서 군내 도처에 함안 조씨의 유적과 유물을 찾아볼 수가 있다.

생육신(生六臣) 조려(趙旅, 호는 어계(漁溪))가 터를 잡아

이곳은 조홍제 회장 17대조인 생육신 중 한 분인 조려가 터를 잡았다. 이조사(李朝史)에서 생육신이란 단종을 위해 수절한 문신들을 말하는데 조려는 세종, 문종, 단종 때의 문신이다. 수양대군 세조가 왕권을 찬탈하자 그 무렵 진사가 되어 태학관(太學官)에서 학문을 닦던 어계 조려는 불의로 왕이 된 사람 아래서 벼슬을 할 수 없다 하여 청운의 뜻을 펴보지도 못하고 한양을 버리고 이곳으로 낙향한 것이다. 한양과 이곳은 1천 리가 넘는 오지였다. 세조는 어린 조카 단종에게서 왕위를 찬탈하였으나 세상의 이목이 두려워 처음 1년간은 단종을 상왕(上王)이라 하며 우대를 하는 척하다가 성삼문(成三問) 등 사육신(死六臣)의 단종 복위 운동을 겪자 단종을 노산군(魯山君)으로 강봉, 오지 강원도 영월의 청령포(淸泠浦)에 유배하고 말았다. 청령포는 육지의 절해고도라 할 첩첩산중의 험지이고 더구나 삼면이 남한강의 상류에 둘러싸여 이곳으로 들어가려면 오직 청령포나루 한 곳에 배를 댈 수 있는 곳이었다. 어계공 조려는 자주 이 적소(謫所)로 나가 문안을 드리려 했으나 뜻을 이루지 못했다. 조려는 멀리 적소가 보이는 강 맞은편 야산에 초막(草幕)을 세워 멀리서나마 신하로서 임금을 모시는 절의를 다했다. 세조 2년 단종의 다섯째 삼촌인 금성대군(錦城大君)이 순흥부사 이보흠(李甫欽) 등과 기도한 단종 복위 운동이 발각되어 관련자가 모두 극형을 당하는 사건이 일어나자 조정에서는 단종을 없애야만 이런 모의가 종식될 것이라는 쪽으로 기울었다.

그해 10월의 어느 날 어계 공의 지우(知友) 한 사람이 한양에서 일부러 내려와 이 사건으로 한양의 민심이 흉흉하고 심상치 않아 조만간 금부도사가 영월로 내려가리라는 소식을 전했다. 어계공 조려는 단종이 승하하시기 전에 용안을 뵈올 일념으로 행장을 수습하여 주야겸행으로 남한강 상류 청령포에 도착했다. 조려는 깊은 밤에 나룻배조차 보이지 않아 어떻게 해야 강을 건널까 궁리 중에 문득 대호(大虎, 큰호랑이) 한 마리가 나타나 슬슬 꼬리를 흔들었다. 호담한 어계공 조려는 "산중대왕이여, 듣거라 내가 우리 임금님을 뵈오려 길

을 서두르는데 오늘 승하하셨다는 부음을 도중에서 듣고 망극일념
으로 여기에 이르니 도강할 방책이 없어 이렇게 앙천태식(仰天太息:
하늘을 보고 크게 탄식함)이거늘 영물로 자처하는 그대가 어찌 충의를
해하려고 하는고!" 그러자 이 호랑이는 등을 돌려대고 연신 꼬리로
제 등을 두드리며 올라타라는 형용을 하는 것이었다. 어계공 조려는
그 뜻을 알아차리고 호랑이 등에 올라 귀를 잡으니 순식간에 강을
건너 적소에 닿았다. (이 부분은 함안 조씨 가문에 내려오는 설화로 이 책에
서는 조홍제 회장의 "나의 회고(回顧)"에서 인용했음을 밝힌다.)

세조(世祖)도 만년에 이르러 권력과 인생의 덧없음을 깨닫고 너
무나 많은 충신과 의인을 살해한 데 대해 뉘우치고 초야에 묻혀 사
는 선비들을 널리 찾아 조정에 출사(出仕)하도록 권하게 되었다. 그
래서 어계공 조려에 대해서도 그 인품과 충절 그리고 출중한 자질
을 아깝게 여겨 조정에서는 사자(使者)를 놓아 호조참의(戶曹參議)로
출사하도록 권하기에 이르렀다. 그 후에도 여러 번 부름이 있었으나
끝내 고절을 지켜 초야에서 생을 마쳤던 것이다. 숙종 초에 이르러
단종이 복위되니 어계공 조려도 가선대부, 이조참판 겸지의 금부사,
오위도 총부로 총관을 추증받았다. 여기에 대해 정절(貞節)이란 시
호(諡號) 그리고 공을 배향한 서산서원에는 재문을 내려 그 열열했
던 충혼이 추앙되기에 이르렀다.

12대조 충의공 조종도 (趙宗道)

조홍제 사장은 12대조인 충의공인 대소헌(大笑軒) 조종의 할아버
지로부터 깊은 감화를 받았다고 했다. 임진(壬辰), 정유(丁酉)의 7년
왜란(倭亂)에는 함안 조씨의 문중에서도 유명·무명의 열사들이 전열

에 참가하여 순국했는데 그중에서도 충의공의 활약은 후손들이 마땅히 본받아야 할 것이다. "충의"라는 라는 시호를 받기 전의 그의 아호는 대소헌(大笑軒)인데, 공이 평소 지우들과 어울리다가 흡족한 일이라도 있으면 큰 잔으로 술을 들고 마셔 무장(武將)처럼 대소 하곤하여 이런 아호를 얻었다고 전해진다. 천품이 영매해 약관에 당대의 거두 조남명(曺南冥), 노옥계(盧玉溪) 두 분에게 사사하였고 청장시절에는 서애 유성룡 (西厓 柳成龍), 김학봉(金鶴峰) 등 사직의 동량들, 율곡, 퇴계의 고자재들과 교우하여 학식과 덕행이 출중했다.

임란을 당하자 56세의 나이에도 한양으로 달려갔으나 한양에 닿자 이내 왜군이 한수(漢水)를 건넜음으로 영의정인 서애 유성룡만 찾아보고 하향했다. 하향 도중 지기 이노(魯) 공을 만나 그 자리에서 의병(義兵)을 일으키기로 합의 두 사람은 함양으로 내려갔다. 때마침 이곳에는 영남초유사(嶺南招諭使)가 되어 의군을 모으고 있던 학봉 김성일(金誠一)공을 만나게 되었고 의령군수의 자격으로 이 지방에서 의병을 모집하고자 했다. 대소헌 조종도가 의령 땅에 당도하니 이 고장에서는 이미 망우당(忘憂堂) 곽재우(郭再祐)공이 의병장이 되어 그 세가 매우 커서 대소헌(大笑軒)은 크게 기뻐했다. 두 의병장이 군사로 바쁜 나날을 보내는데 어느 날 함안군수가 왜군에 쫓겨 변변히 싸우지도 못하고 정암나루를 건너 도주 중 홍의장군(紅衣將軍) 곽(郭)공의 군영을 지나게 되었다. 이미 함안군의 패전 소식을 듣고 있던 곽재우 장군은 군수를 대하자 대노하여 그를 각궁으로 쏘려 하였고 군수 또한 사도(使道)라는 체면을 세워 한낱 의병장이 무례하다 하여 그 또한 화살을 재는지라 공기가 매우 험악해졌는데 이를 본 대소헌 조종도 공이 저 유명한 홍소(哄笑, 떠들썩하게 크게 웃는 것)로써 두 장수를 무마시켰다. 양장이 화해하여 오해는 이내 풀렸고 곽공의 인물됨이 훌륭함을 보게 되었음으로 군수직도 그에게 넘기고 진주로 들어가 창의대장으로 의병을 지휘, 진주의 제 1차 공방전에서 큰 공을 세웠다. 왜군이 진주로 몰려드니 정작 수성장인 진주목사는 지리 산중으로 숨어버리고 성은 왜군에 의해 4중 5중으로 포위 되었지만 초유사 김성일(金誠一)장군의 탁월한 지휘와 군사의 용맹으로 관민이 일체가 되어 끝내 왜군을 물리쳤던 것이다.

왜적과의 이 싸움에서 종횡무진한 활약을 보인 세 장수를 가리켜 관민이 "촉석루 중 3장사"라 불렀는데 이 중 한사람이 조홍제 회장의 제12대 조인 충의공 조종도(趙宗道)였다. 충의공은 정유재란 때 함양군수였다. 그는 전년부터 왜의 동태가 심상치 않다고 판단, 체찰사 이원익에게 서장을 내어 임진왜란에서의 교훈으로 미루어 전라도의 방어를 위해서는 그 길목인 안음현(현재의 안의면) 황석산성을 시급히 중수해야 함을 역설했고 조정에서도 이 헌책을 받아드려 수축을 서두르게 되었다. 그러나 원균(元均)이 해전에서 대패하는 바람에 황석산성이 제대로 수축되기도 전에 왜군은 경상도의 서부지역으로 쳐들어 오게 되었다. 이 때 충의공 조종도는 연로하여 군수직을 물러나 있었지만 후임이 도착하기 전에 길이 막혀 버리자 "공은 내 비록 차관은 하였으나 왕 신임에는 변함이 없으니 어찌 죽음으로서 나라에 보답하지 않을손가"하고 일족과 함께 황석산성으로 나가 싸울 뜻을 말하니 많은 군민이 의병으로 혹은 피난을 위해 따라 나섰다.

정유년 음력 8월 16일. 안흠현감 곽준(郭趙)공은 왜군들이 그들의 장기인 야습을 시작하였지만 임란의 역전의 장수답게 조금도 두려움이 없이 싸웠고 충의공의 일지군도 합세 항전했다. 이때 충의공은 무등산 고북문에서 분전했다. 중과부적. 충의공과 곽공은 왜군의 포위를 뚫고 산중턱의 큰 바위 아래 이르고 보니 거기까지 따라온 군사는 겨우 10여 명, 충의공은 조용히 주장 곽공을 불렀다. "사도(使道)…" 이심전심 두 장수는 일어서서 북향하여 재배(再拜)를 드렸다. 두 사람은 순국하였다. 이 때 충의공의 두 아들과 부인에게 성밖으로 피난하도록 권하니 "노첩(老妾)은 마땅히 부군을 따라 죽음이 있을 뿐입니다." 성이 함몰하자 두 아들을 불러 "나는 너의 아버지를 따라 갈 것인즉 너희들은 마땅히 조씨(趙氏)로 하여금 절사(絶祀)가 되게 하지 말라"는 말을 남기고 회검(懷劍)으로 자결했다. 후세 사람들이 이곳을 피바위(血巖)이라 부르게 되었고 조정에서는 여기서 순국한 두 장수를 왜란유공 13충(忠)에 올려 그 충의지절을 길이 빛나게 하였다. 왜란이 끝나자 조정에서는 난중의 공적을 논하게 되었는데 선조(宣祖)는 충의공 부처의 순국 경위를 듣자 크게 감탄하여 예조좌랑을 산청군 단성명소 남리에 있는 공의 산소로 보내 사제(賜祭)하였고 이어 광해 9년에는 부인의 순절을 잊지 않게 하기 위해 장려와 복호(復戶, 면세 특권)을 내렸다.

이것이 곧 현재 군북면 원복리(조홍제 회장 향리)에 있는 쌍절각(雙節閣)이다. 조홍제 회장은 어릴 때 선조들의 일화나 행적에 대해는 귀가 아프게 들어왔다. 조홍제 회장은 그의 "나의 회고"에서 "대의(大義)를 먼저 생각하고 옳은 일은 그 신념을 굽히지 말고 끝까지 밀고 나가야 한다."고 쓰고 있다.

10

일곱(7세)에 독(獨)선생의 한학공부

조홍제 소년은 조금 철이 들고보니 조부모와 부모님을 모시는 층층시하의 "도령(道令, 남자를 높여 부르는 말)이 되어 있었다. 조홍제 소년은 어릴 때 특별한 기억은 없지만 자신의 집이 무척 컸다는 것과 일곱 살이 되던 해에 독선생(한집 아이만을 맡아서 가르치는 선생)이 오셨다는 것은 기억했다. 조 회장이 태어나 자란 집은 대지가 1,200여 평에 건평이 80평이 넘었으니 큰집이었다. 독선생은 재미가 없었다. 독 선생님은 다름 아닌 종조 서천(西川) 선생의 수제자였으니 말끝마다 서천 선생을 들먹였다. 할아버지의 형님인 서천 조전규 종조 할아버지는 함안 고을은 말할 것도 없고 영남 일원에서 당대의 대학자로 인정 받고 있는 분이었다. 그는 학문뿐만 아니라 나라의 앞날을 진심으로 염려하는 지사적 품격과 호연한 인물이어서 수백 리 밖에서도 젊은이들이 선생의 문하로 모여 들었다. 이런 종조부께서 수제자를 독선생으로 보냈던 것같다. 조홍제 회장이 다섯 살 때인 1910년 한·일 합방이란 비보가 함안 고을에까지 들려오자 종조부께서는 "마침내 올 것이 오고야 말았다" 하시며 여러 날 밤을 뜬 눈으로 새우시면서 무언가를 깊이 생각하시는 듯 하더니 제자들을 한 자리에 모으시고 "마침내 망국(亡國)의 한을 당하였으니 유생의 한사람으로 자괴하는 바가 크다. 그러나 나라가 망하였다고 비탄에만 젖어 있다면 어느 세월에 국권을 회복할 수 있을 것인가. 오로지 우리 백성이 스스로의 힘을 길러 나라를 되찾는 길밖에 없으리라." 하시며 "민족자강"의 길이야말로 나라를 다시 찾는 길임을 말씀하셨다. 그날부터 종조부께서는 영남 일원의 이름있는 유생들에게 서찰로, 또는 방문으로 당신께서 세우신 자강(自彊)의 방책을 밝히고 동지들을 모으기 시작했다. 그 자강책이란 곧 왜관헌(倭官憲)의 손길이 미치지 않는 외지 즉 중국 땅 심양으로 가서 "고려촌"을 세워 여기서 힘을 길러 독립운동의 근거지로 삼자는 것으로 그 방책이 정도이고 온건한지라 큰 호응을 얻었다. 상당한 오랜 시간을 두고 인선을 비롯한 철저한 준비를 하신 다음 심양(瀋陽)으로 떠나시게 되었는데 그때 조홍제 회장 나이 여덟(8살)이어서 온 동네 사람들이 다 나와 종조부 일행을 전송하던 광경을 기억할 수 있었다.

종조부는 아예 고향을 등질 생각이었으니까 새마을 하나를 이룩하는데 부족함이 없도록 철저한 준비를 했다. 심양에 도착한 종조부 일행은 이지 반호록으로 있는 공자(孔子)의 후손을 찾아 필담(筆談)으로 망명의 경위를 말하고 여기에 정착할 뜻을 말하니 그들도 크게 환영하며 협조를 아끼지 않았다. "고려촌"의 건설은 순조로웠다. 당시의 중국 법은 외국인이 토지를 가질 수 없도록 되어 있었지만 이 문제도 공씨 일문의 도움으로 해결이 되었다. 황소 한 마리가 80일을 갈 수 있는 땅, 대략 8만 평의 농지를 사서 영농에 들어갔다. 이역만리, 불굴의 집년으로 이제는 제법 농촌으로서 기틀이 잡혀 갈 무렵 대폭우로 인한 심양 강의 범람이 7년간의 노고를 하루 아침에 휩쓸어 가버렸던 것이다. 종조부의 낙담이 오죽했으랴! 노심초사는 결국 종조부에게 병마를 몰고 왔다. 수구초심, 사람이 죽으려하면 고향이 그리워진다. 종조부님은 8년 간 가꾼 고려촌을 눈물로 떠나 함안 향리에서 일생을 마쳤다.

후세의 사가(史家)들이 서천 선생을 두고 어떻게 평할지 모르지만 그 웅지와 투지만은 정당하게 평가하리라. 서천 선생의 타계로 고려촌은 얼마 못가 결국 해체되고 말았지만 한국인의 나라를 되찾으려 했던 기개만은 크게 높였고 훗날 독립군의 활동에 끼친 유덕이 적지 않았다. 서천 선생의 적손(謫孫)들이 향리에 '천상재(川上齋)'를 세워 그 유덕을 기리고 있으며 이곳에 수장 되어있는 '서천 선생문집'은 구한 말의 문장을 대표한다 하여 오늘날에도 뜻있는 후학들의 발길이 끊이지 않고 있다.

치산(治産)의 도를 가르친 조부

치산은 재산을 불리는 것을 말한다. 서천 선생의 바로 밑 동생이 조홍제 회장의 조부 조중규(趙中奎)시다. 아호는 소암(素庵). 조 회장의 조부 또한 서천 선생과 함께 중국 심양에 가고자 했다. 그러나 서천 선생은 "내 비록 망명의 길에 오르나 나라를 영영 버리고자 함이 아니고 오로지 외지에서 힘을 길러 조국의 광복에 이바지하고자 함이니라. 아우마저 이 고장을 떠난다면 누가 지키겠는가. 뿐만 아니라 충의로 일관해 온 열혈 선조의 제사는 누가 한단 말인가? 아우만은 안되네"

"그러면 저는 형님께 응하기 위해 무엇을 해야 하겠습니까?"

"우선 힘을 길러야지, 국력은 민력(民力)에 근원하는 것. 아우는 격물치지(格物致知, 사물의 이치를 연구해 완전한 지식을 얻는 것)의 도가 출중하니 치산(治産)에 힘써야지. 왜세가 창궐하니 아무리 치산에 힘써도 그것으로도 능히 족하다 할 수 있겠는가?”

이렇게 되어 조홍제 회장의 조부는 형님의 뜻을 받들어 더욱 힘쓴 보람이 있어 가농(家農)을 천석(千石)의 수준으로 끌어 올렸던 것이다. 천석이란 연간 1,000석의 곡식을 수확할 수 있는 대규모 농토를 가리킨다. 원래 함안 ‘조’씨는 경골(硬骨)이라는 평을 듣지만 임진왜란이나 고려촌의 일에서 볼 수 있는 바와 같이 문중에 항시 배일사상(排日思想)이 감돌고 있었던 것은 조금도 이상할 것이 없고 한일합방을 계기로 서천 선생이 여기에 불을 붙인 것만은 확실하다.

그렇기 때문에 3.1 독립운동이 전국적으로 퍼져나가자 “함안(咸安)” 일대의 만세 시위가 가장 격렬했던 것은 당연한 귀결이며 옥사(獄死, 감옥살이 하다가 감옥에서 죽음)한 문중 인사말고 시위 도중에서만도 60여 명이 일시에 왜군 헌병의 흉탄에 쓰러졌으니 전국을 통틀어 보아도 한 문중에서 이렇게 많은 순국자를 낸 예는 없을 것이다. 그 시절에는 함안 고을의 인구의 절반가량이 조씨였다고 하는데 그 많은 인구가 반일로 돌아섰으니 왜(倭) 관헌의 입장에서보면 함안은 “요(要)경계지구”여서 사소한 일에도 꼬투리를 잡아 투옥되기가 다반사였다.

조홍제 회장이 보통학교에 가도 좋을 적령인 10세가 되었는데도 조부께서는 도무지 그런 기색을 보이시는 일이 없었다. 누가 손자를 입학시키도록 권할라치면 “내 손자를 소위 신식인가 하는 학교에 보내 왜놈 글을 배우게 하다니 안되네, 뭐 신학문이라? 그럼 자네 유학(儒學)은 구학문이란 말이지, 이 사람아 만고불역(萬古不易, 오랫동안 변하지 않는)의 진리가 그 속에 있는데 무슨 말을 그렇게 하는가. 내 손자가 신식학교에 들어가는 날이 내가 출가하여 사문(沙門, 출가하여 수행하는 사람)이 되는 날이니 그 일은 다시 거론 말게나” 였다.

그 대신 조홍제 회장은 독선생과 기초 공부하던 것을 면하고 인근의 문창제(文昌齊)에 차린 서당의 학동이 되어 허리께까지 치렁치렁 머리를 땋고 동학들과 어울려 “중용(中庸)”의 책장을 뒤적거리고 있을 수밖에 없었다. 그 무렵 집안에 불과 4년 연상의 숙부님이 계셨는데 이 숙부는 형이 없는 조 회장에게는 때때로 친형이라는 느낌이 들 정도로 무슨 일이든 보살펴 주었다. 신학문에 대한 고집만 빼면 조부님은 참으로 훌륭한 분이셨다.

비록 종조분님과 같이 대학자란 세평은 얻지 못하였으나 과거라도 보았더라면 능히 장원이 어렵지 않은 석학(碩學)이셨다. 시우(詩友)들은 “천성이 고결하고 형검이 단정하며 기산(起産)에 현명하다.”고 했다.

이 무렵 조 회장의 아버님께서는 조부님을 위해 본채 바로 옆에 양심정(養心停)이란 별당을 지어드렸다. 이 정자에는 서천 선생의 구우와 조부님의 문우, 영남 지역에서 찾아오는 유생들로 하여 시문에 대한 강담이 끊일 날이 없었다. 조부님은 새벽에 일어나 그날의 일과를 정한 다음 자손들의 아침 문안을 이곳에서 받으시는데 그날 말씀해주실 화제의 요점이 묵적(墨跡)도 뚜렷하게 걸려 있었다. 그 요점은 “타인을 멸시하지 말라, 근검과 성실을 위주로 하라”였다. 이 양심정에는 현재도 현판이 하나 걸려 있다. 그 현판에는

祖父訓 　　　　　　(조부 훈)
惟勤險 能維約陟 　　(유근험 능유약득)
祖母訓 　　　　　　(조모 훈)
不莊斯辱 不義斯亡 　(부장 사욕 불의 사망)

이 교훈을 풀이하자면

"오로지 부지런하고 힘써 일하면, 지탱하여 얻음이 있으리라"

"삼가지 못하면 욕됨이 있고 옳지 않으면 곧 망함이 있으리라"

이다. 조부훈에서는 생활면에서, 조모훈에서는 인간의 근본 도리를 보여주고 있다. 조홍제 회장은 후일 기업을 경영하면서 이 교훈이 치산과 인재 활용에 큰 도움이 되어 선조들께 고마움이 앞설 뿐이었다.

초립동 조홍제 사인교(四人轎)타고 장가가다

조홍제 회장은 어렸을 때는 조부의 가르침을 잘 이해하지 못했으나 가친(家親, 아버님)이 따로 불러 알아듣도록 풀이해 주시곤 했던 것을 기억하고 있다. 조 회장의 아버님의 함자는 조용돈(趙鏞惇, 아호는 약제(約齊)이었다. 그분은 묵중하심이 지나쳐 별로 말씀을 하시지 않았으나 사물을 보는데 있어 언제나 정통을 벗어나는 일이 없었다. 조 회장의 가친 주위에는 소장층의 내왕이 끊임없었다. 그들은 학문에 관한 것뿐만 아니라 집안에 어려운 일이 생기면 가친에게 그 처리를 의논하러 오곤 했는데 가친의 판단과 권유가 문제처리의 지침이 되었다. 장남인 조홍제 회장이 열세 살이 되자 할아버님은 한가지 소원을 입 밖에 내시게 되었다.

증손자를 품에 안아보시고 돌아가시겠다는 소원인데 조부모님은 수년 전부터 손부(孫婦)감을 물색해 두셨던 모양으로 조 회장이 나이가 차기를 기다린 듯 했다. 증조부의 문하생도 많았고 조부의 교우권(交友圈)도 영남 일원이었으니 손부감을 선택하는데는 그다지 힘이 들지는 않았을 것이다. 열다섯(15세)이 되던 정월 어느날 조 회장 집으로 사립장(斜笠匠) 노인이 한 분 오셔서 조 회장의 머리 둘레를 재어갔다. 조 회장은 영문을 몰라 어떤 선배더러 "오늘 말이야, 어떤 노인이 와서 내 머리를 재고 갔는데 왜 그러지?" 이미 장가를 든 그 선배는 무릎을 탁 치면서,

"오호라, 네가 장가를 갈 모양이로구나, 그건 말이야 망건을 만들려고 그러는거야. 그래야만 그 위에 초립(草笠)을 쓰지 않겠어."

"내가 초립을 써?"

"그렇다니까…"

그 날부터 집안의 공기가 한결 밝아진 듯했다. 어머님은 자주 조 회장을 안방으로 불러 장가를 들면 처가에서는 어떻게 처신해야 하는가를 상세하게 일러 주었다. 조 회장 아버님은 처가의 가문에 대해서 자세하게 말해주었다. 신부가 될 규수는 진주(晉州)의 명문 호족인 하세진(河世鎭)공의 차녀 정옥(貞玉) 소저이며 방년 16세로 조회장보다 1년 연상이라는 것이었다. 아버님은 "그 규수는 너보다는 진일보야, 우리보다는 개화한 집안이라 보통학교에서 신학문도 닦았고 한학도 한발 앞서 있을 것이니 앞으론 더욱 학문에 힘써야 하리라"고 말씀했다. 이윽고 2월에 접어들자 택일이 되어 6월에는 조회장은 초립을 쓰고 사인교에 올라 앉아 진주로 장가를 가는 몸이되었다. 이 행렬은 장관이었다. 두틀의 사인교에는 신랑과 후행으로 나오신 조부님, 그 뒤에는 예물을 실은 마필이 따르고 그 뒤에는 하인들이 등에 무엇인가를 한 짐씩 짊어지고 늘어서 가는데 함안에서 진주까지는 150리 길이었다. 도중 마을에 들어 서기만 하면 소문이나 유생들이 조부께 수인사를 하는 바람에 행렬은 지체되었고 교군들은 지체된 시간을 보충하려고 들뛰니 신랑은 멀미가 날 지경이었다. 처가에 당도하니 과연 2,000석 갑부의 집안답게 그 규모가 대단했다. 초례청에 들어 상견례를 마치고 가만히 신부를 보았는데 참

예쁘구나하는 느낌이 들었다.

첫날 밤 신부를 뜬 눈으로 새우게 하고

해가 저물어서야 신방에 드니 온몸에 짙은 피로가 엄습해 왔다. 이틀 동안을 가마에 시달린 데다 처가 하씨 문중 인사들과 상면, 처음으로 겪는 가지가지 일에 자꾸만 눈이 아래로 감겨 신부가 쓰고 있는 족두리를 벗겨주고 잠을 잤으면 좋겠는데 방문에는 어느새 수십 개도 더 되는 구멍이 뚫려 웃고 소곤대는 바람에 신부 곁으로 갈 수가 없었다. 신랑은 안간 힘을 쓰다가 자신도 모르게 잠에 곯아 떨어졌던 모양으로 깨어보니 어느새 먼 동이 훤하게 텄는데 곁에 있어야 할 신부는 온데간데 없었다.

결국 신부는 뜬 눈으로 첫날 밤을 고스란히 새우고 갔을 것이니 미련한 신랑이 얼마나 원망스러웠을까… 다음 날 저녁에는 실수를 안 해야지… 그러나 신랑에게는 또 하나의 고행이 기다리고 있었다. 남의 집 귀한 막내 규수를 훔치러 온 도둑이라 하여 그 많은 하씨 문중의 젊은 취객들이 신랑을 다루려고 잔뜩 벼르고 있었던 것이다. "여보게들, 신랑은 아직 초립동이가 아닌가, 심하게 다루지는 말게나" 이렇게 신랑을 감싸주는 손위 처남 덕분에 초례청의 대들보에 매달리는 것만은 면했으나 장작개비에 발바닥을 숱하게 얻어맞았다. 손위 처남은 하영진(河永珍)이라 하는 분으로 일찍부터 신문물에 접하여 견문이 넓고 중앙고보 교주(추후 부통령) 인촌(仁村) 김성수(金性洙)선생과는 막역지간이어서 당대의 뛰어난 지식인이라는 평판을 받고 있었다. 그래서 이 처남은 조 회장의 젊은 날의 스승이자 좋은 형이 되어 주었다. (독자들이어, 우리는 하영진씨를 꼭 기억해둘 필요가 있다.)

저녁이 되어 신방에 드니 문 앞의 형편은 어제보다 훨씬 더했다. 어제보다 더 많은 구경꾼들이 모여들었기 때문이다. 불을 꺼버렸지만 사창으로 스며드는 달빛으로 방안의 움직임이 들어나는지라 그 많은 눈총에 질려 신부의 옷깃에 손을 댈 수가 없었다. 그러다가 어느새 또 잠에 곯아 떨어졌다. "이틀 씩이나 신부를 뜬눈으로 밤을 새우게 하다니, 이 무슨 망신인가…"

조 회장은 7월에 접어들어 처가에 다니러 가는 재행(再行)이 은근히 기다려졌다. 조부께서 어느 날 처가에 다니러 가도 좋다는 허락이 내렸다. 발걸음도 가볍게 진주로 향발한 것까지는 좋았으나 호사다마, 도중에 그만 마마(천연두)에 걸려 버렸다. 서먹서먹 하기만한 처가에서 꼼짝없이 한달동안이나 병석에 눕게 되었다. 하지만 전화위복, 예부터 "장가를 들면 장모사랑"이란 말과 같이 장모님은 어린 사위를 위하여 약시중에서 미음에 이르기까지 어머님과 조금도 다를 바 없이 알뜰히 보살펴 주셨다. 그런데 한가지 이상한 것은 한 달 동안 정작 병석에 찾아와서 구환을 해야 마땅할 신부가 한번도 나타나 주지 않았다는 사실이었다. 나중에 안 일이지만 장인께서는 늘 "젊은이는 범방(犯房, 남녀간의 방사)을 자주하면 못쓴다. 주색은 절도가 최선인즉 이 두 가지가 문란하면 모름지기 단명한다."는 것이 신념이었음으로 앓고 있는 어린 사위에게 신부를 보여줄 리가 만무했던 것이다.

신학문 꿈을 안고 서울 구경

조홍제 회장은 한 달 만에 마마도 완치되고 하여 재행을 마치고 집에 돌아왔다. 그 동안 처가에서의 견문이 한결 더 신학문에 대한 동경을 높여 준 탓으로 마음을 들뜨게 하였다. 조 회장이 10세를 넘고부터는 신학문을 닦지 못한데 대해 이를 가장 안타깝게 생각하신 분이 조 회장의 아버님이셨다. 조 회장 아버님은 말씀을 하시지는 않았으나 늘 젊은이들을 이해하려 하셨고 기회가 있으면 "앞으로 젊은이들은 신학문에도 유의해야지. 신학문을 한다고 조선사람이 왜 놈이야 되겠는가"고 무엇인가 암시해주었다.

그 무렵 조 회장 나이가 13세 전후였는데 어느 마을 아무개 자손 누구누구가 신학문을 배우러 진주에 갔느니 혹은 서울로 올라갔느니하고 바람결에 들려오는 소식은 어린 조 회장 마음에 부러움을 느끼게 하고도 남았다. 조홍제 회장은 생각 다 못해 골방에 들어가 문을 안으로 잠그고 할아버지가 보통학교에 보내주신다고 허락할 때까지 '단식'하기로 했다. 할아버지가 무척 귀여워 해주시니 단식을 하면 허락 하시겠지 생각했던 것이다. 결과는 딴판이었다. 할아버지는 단식한다는 말을 듣자 펄펄 뛰시고 야단을 치셨다. 조 회장의 숙부님 되시는 분이 "너 대뜸 신학문 하겠다 했으니 노여움을 살 수밖에, 그러지 말고 대처에 나가 세상 돌아가는 구경이라도 한번 해서 견문을 넓혀보고 오겠다고 해보렴" 하고 일러주었다.

단식 4일째가 되는 날 아버님은 문안에 오셔서 "얘야, 큰일에는 다 때라는 것이 있느니라. 일이 이루어진 다음에 내가 직접 할아버지께 말씀을 드려 볼 터이니 그만 나오너라" "그 일이 무슨 일이신데요?" "그 일은 지금 말할 수 없으니 차차 알게 될거야" 사실 단식 정도로는 할아버지의 고집을 꺾을 수는 없을 것 같아 나흘 동안의 단식은 끝나고 말았다. 하지만 한번 불붙기 시작한 신학문에의 동경은 그 농도가 짙어만 갔다. 그러던 어느날 숙부를 붙들고 "아재, 할어버지 또 펄펄 뛰실까봐 무서워 운을 뗄 수가 없고 신학문은 하고 싶기만 하니 무슨 좋은 방도가 없을까요?" 그러자 숙부는 "이제 너도 성례(결혼)하여 성인 대접을 받게 되었는데 학교에 보내주십사 하는 정도의 일을 가지고 먼저처럼 펄펄 뛰시지는 않을 거라, 그러지 말고 대처에 나가 젊은이들이 어떻게 신학문을 배우고 있는가 구경이나 하고 오겠다고 해라. 이 인근에도 몇몇 젊은이들이 유학하고 있으니 그들을 찾아 서울 구경이나 한번 하고 오겠다고 하렴"

이 암시 가득한 숙부의 조언은 조 회장의 가슴을 탁 트이게 했다. 이렇게 결심이 서자 말씀드리기 좋을 기회를 붙잡는 일에 온 신경을 쏟았다. 어느 날 할아버지께 이 뜻을 말씀드리니 뜻밖에도 "오냐" 하시는 것이었다. 기쁜 마음으로 줄달음을 치니까 역시 '조건'이 붙어 나왔다. "하지만 단발은 절대로 안 돼. 상투만 온전히 하고 구경하겠다면 좋을 대로 해봐라" "네 그렇게 하겠습니다" 아버님도 무척 기뻐하시며 "그래, 할아버지와의 약속은 꼭 지켜야 한다"고 다짐한 다음 노자를 내주셨다. 정확한 액수를 기억할 수 없었으나 한 달쯤 지내다 올 요량이었으니 상당한 액수였다.

처음 가는 서울인지라 모든 것이 신기하고 즐겁기만 하였다. 물어서 물어서 안국동의 친구 하숙을 찾아가니 친구는 머리를 깎고 금단추에 학생 양복 차림이고 조 회장은 두루마기에 갓 차림이라 볼만한 대조였다. 친구들은 서울 구경을 왔노라고 하니 여기저기를 틈나는 대로 안내 해주기도 하고 함께 하숙하고 있는 친구들을 소개해주기도 했다. 그들은 하숙집의 밥이 적어 고생한다는 이야기를 듣고 며칠 뒤 안국동에 있는 "장춘원(長春)"이라는 청요리 집에서 한턱내기로 했다. 거기까지는 좋았는데 누군가가 내 등 뒤로 다가와서 감추어 가지고 온 가위로 내 상투를 자르려 했다. 벌떡 일어나 두 손을 머리 위로 올려 상투를 만져보니 이미 몇 가닥은 잘려나간 다음이었다. "아뿔싸…" 언약을 천금같이 중히 여기는 우리 집안에서 조부님과 굳게 다짐하고 서울에 왔는데 단발이라니… 조 회장은 다음 날로 경부선 열차로 고향으로 향했다. 놀란 가슴을 진정 하면서, 고향 집으로 돌아가니 숙부님은 대뜸 "너 어떻게 왔니? 하고 묻는 것이었다. 그대로 서울에 눌러앉아 학교에 갔으면 될 것을 고지식하게 돌아온 것을 나무라는 기색이었다. 조 회장은 집안의 공기가 좀 더 부드러워진 것을 느꼈다.

단발(斷髮)을 단행하다

그럭저럭 한해가 지나니 조 회장의 나의 17세. 청년기에 접어들고 있었다. 이 무렵 자꾸만 식량이 늘어 하루에 아홉 그릇이나 비우고도 더 먹고 싶은 마음이었다. 그때 조 회장이 다니던 서당 "문창제"는 집 근처에 있었으며 조 회장도 경상도 일대에서 모여든 동학 등과 기거를 함께했다. 그런데 서당의 규약이 제일 늦게 밥을 먹는 사람이 밥상을 치우게 되어있어 한 끼에 세 그릇의 밥을 먹는 조 회장은 늘 꼴찌를 면하지 못해 상 치우기는 조 회장이 도맡다시피 했다. 이것이 싫었던 조 회장은 세 그릇을 다른 학동보다 더 빨리 먹게 되었다. 이렇게 되자 동학들은 "대식서생(大食書生)"이란 별명을 붙여 주었다.

봄이 되자 신부가 시가로 들어왔다. 신부는 집으로 들어왔지만 신혼생활은 없었다. 3대가 한 울타리 안에서 사는 만큼 어머님은 안방에, 할머니는 건너 방에, 그리고 새댁은 뜰 아래 별채 방에서 지내고 조 회장은 조부와 아버님이 기거하는 사랑채의 끝방에서 지냈다. 그런 처지이니 의복을 갈아입고 싶어도 신부를 부를 수조차 없었다. 그래서 하인에게 그 뜻을 전하게 하여 그 하인이 옷가지를 가지고 와 챙겨입었다. 그 후에도 이런 생활이 계속 되었다.

어느 날 장터에 나갔더니 한쪽 구석에 포장을 두르고 머리를 깎아주는 간이 이발소가 보였다. 조 회장은 가까이 가서 팔짱을 끼고 젊은이들의 상투가 잘려나가는 것을 당시 유행어로 "하이칼라" 머리로 바뀌는 과정을 한동안 구경하다가 집으로 돌아왔다.

조 회장은 "옳지, 나도 다음 장날에는 거기 가서 상투를 잘라내야겠구나"를 생각하면서도 무섭게 노하시어 집안에 들어서지도 못하게 하실 할아버지의 모습이 떠올랐다. 조 회장은 다음 장날에 나가 장터를 이리저리 거닐면서 생각에 잠겼다. 서울에 올라가 신학문을 했으면 하는 간절한 소원을 이루려면 완고하신 조부의 생각을 이 '단발'로써 돌이킬 수도 있지 않을까 하는 생각과 오히려 역효과를 내지 않을까 하는 두 생각에 망설이다가 한나절을 보내고 말았다. 개화기 때 한국 청년의 고뇌의 전형이었다. 어떻든 할아버지의 허락을 기다리다가는 일평생 단발은 가망이 없고 그렇게 되면 신학문의 길도 막히고 말리라! 어쩌면 이것이 내 운명의 기로가 될지도 모른다. 생각이 여기에 이르자 어디선지도 모르게 용기가 솟아나는 듯했다. 더 망설이고만 있을 수는 없지 않은가…"

상투는 순식간에 잘려 나갔다. "하이칼라" 머리는 시원했다. 하이칼라(High Color)는 머리털 밑의 가장자리만 깎고 위 부분은 남겨서 기르는 서양식 남자 머리스타일이다.

머리만 시원한 게 아니라 마음속까지 시원했다. 그렇지만 할아버지 앞에 나가 벼락 맞을 생각을 하니 오금이 저려서 곧바로 집에 들어갈 용기가 나지 않았다. 문창제 서당으로 가자니 동학들의 등쌀에 배겨날 것 같지도 않고 마을 안의 서당에서 잤다. 다음 날 아침에도 망설이고 있는데 집에서 나이 어린 식모 아이가 부르러 왔다. 조부님 방 앞에 서서 아무 말씀도 못 드리고 있는데 안에서는 아침을 들라는 독촉이 왔다. 아침을 먹고 나서 한동안 우물대다가 사랑채로 나가니 조부께서는 마침 친구분들과 마루에서 바둑을 두고 계셨는데 분명히 조 회장을 보시고도 아무 말씀이 없으셨다. 조부께서는 이미 세상이 바뀌고 있는 것을 아시고 자신의 장손에 대해서도 말씀은 없으셨지만 단발은 피할 수 없는 일로 이해하셨을 것이다. 이리하여 단발 문제는 뜻밖에 수월히 넘어가게 된 것이다.

11

드디어 허락된 서울 유학

유학의 원래 뜻은 외국에 가서 공부하는 것을 의미한다. 그러나 당시에는 시골에서 서울로 공부하는 것을 유학이라고 했다.

4가지 조건이 붙은 서울 유학

할아버지께서 시대의 흐름을 이해하여 주신다면 이번 기회에 신학문 이야기를 말씀드려 보면 어떨까? 작년같이 방문을 닫아걸고 "단식읍소(斷食泣訴)" 하여도 들어주시지 않았지만 혹시 뜻밖의 행운이 찾아오지는 않을까? 조 회장의 견해를 들으신 조부께서는 며칠을 두고 생각하시더니 드디어 다음과 같은 네 가지 조건 아래 유학을 승낙해 주셨다.

첫째, 신학문을 하더라도 한학(漢學)공부는 계속할 것

둘째, 잡기(雜技)를 가까이 하지말 것

셋째, 여색(女色)은 여하한 이유로도 근접해서는 아니되며

넷째, 졸업 후에는 필히 귀항하여 치산(治産)에 힘쓸 것

네 번째 조건이 조금 마음에 걸리긴 했으나 이 기적과도 같은 말

씀에 부복감읍(俯伏感泣), 머리 숙여 감격하여 목메어 옴이 있을 따름이었다.

나중에 알게 된 일이지만 조 회장 아버님께서는 서천 선생의 제자 중에서 개화(開化)를 이해하는 분을 초청하여 이 어려운 조부의 허락을 받아낸 것이었다. 그분은 조부께 "어르신, 신학문은 실학이라 각 분야의 이치를 배우는 것이지 일본 글을 배우는 것이 아닙니다. 세상은 개화하여 우리 젊은이들이 새로운 문물과 사조를 받아들이지 않고서는 어르신께서 늘 배척하려 하시는 외세를 이겨낼 민력(民力)을 배양하지 못할 것입니다. 우리나라의 지도급 인사들이 다투어 학교를 세우고자 하는 것도 이때문이 아니겠습니까?" 이렇게 설득을 한 것이 주효한 셈이었다.

3.1 운동을 계기로 우리의 선각자들이 세운 학교도 늘어나서 차츰 그 기초가 잡혀가고 있었기 때문에 이런 시대적 상황이 조부님의 생각을 돌리시게 하는데 큰 도움이 된 것도 사실이며 나아가 장손의 나이 17세여서 신학문을 시키려면 서둘러서 결정을 내려주셔야만 했다. 그런데 대망의 서울에 올라오긴 했으나 조 회장이 알고 있는 것은 서당에서 배운 '한학'이 지식의 전부였으니 별 도리없이 보통학교 1, 2, 3학년 과정인 중동(中東)학교의 초등 과에 들어가 이것을 6개월 만에 수료하였다. (이병철 삼성그룹 창업 회장도 이와 동일한 과정을 거쳤다. 이 회장도 11세 때까지 서당에서 공부하다 진주 수지초등학교를 다녔고 서울로 유학와 중동 중학속성과에 다녔다. 이때 지수 초등학교에는 구인회(具仁會) 락희화학(현 LG그룹) 창업 회장도 있었으며 추후 이 세 분은 우리나라 재계를 대표하는 창업 1세대가 되었다.)

신학문이라고 했자 오늘날의 초등학교 저학년에서 배우는 그런 수준이라 크게 대단할 것이 없는데도 조 회장에게는 신기한 것이었

다. 그때 조 회장의 당면 목표가 중학과정인 고등보통학교의 입학이
었으니까 또 어딘가에서 보통학교 4, 5, 6학년의 과정을 마치지 않
으면 안되어서 편입학 할만한 학교를 물색했으나 적당한 곳이 없었
다. 향리에서 10여 년 동안이나 배운 한학은 물론 신학문의 공부에
많은 도움이 되었지만 그것으로 고보 입학자격을 삼을 수는 없었다.
조 회장은 하는 수 없이 현재의 낙원동 협성실업학교(현 건국대 전신)
에 들어가서 1년 동안 4, 5, 6학년 과정을 마치기는 하였으나 이 학
교는 당시 보통학교(보고)로 인가가 되어있지 않아 고보 입학자격을
인정해 주지는 않는 것이었다. 그 무렵 중앙 고등 보통학교에서는
조 회장같은 학생들을 위해 전형 시험 같은 것을 보며 성적이 우수
하면 정식으로 '입학 시험'을 치르게 했는데 조홍제 회장은 두 시험
의 성적이 모두 좋아 그렇게 바라던 '고보 1년생'이 되었다. 조 회장
의 그때 나이 19세. 만학이었지만 기쁨은 무한정이었다.

중앙 고보입학 때까지 1년 반 동안 서울에서 살면서 제일 어려웠
던 일은 배고픔이었다. 천석(千石)이나 하는 함안의 집안 장손이 서
울에 유학을 왔는데 왜 배가 고팠을까 하는 생각도 할 수 있겠지만
그는 원래 대식서생(大食書生) 별명이 붙은 밥을 많이 먹는 사람인데
다가 서울 하숙 집밥은 항상 소량이었기 때문이다. 더구나 그는 하
숙집에서 주는 밥 이외에는 식당에서 밥을 사 먹을 생각은 못 했다.
그 시절에도 식당 앞을 지나노라면 설렁탕 끓는 냄새가 물씬 풍기곤
했는데 그것을 한 그릇 사서 먹으면 배가 부를 것이란 생각을 미처
못했고 밥 많이 준다고 소문난 하숙집만 찾아 다닌 것을 생각하면
그때는 참으로 순진했다.

조 회장은 매일 새로이 펼쳐지는 지식의 세계. 전국 각지에서 올
라온 급우들, 그리고 구름 위에 계시는 것 같은 훌륭한 선생님들…,

모두가 기쁜 일들뿐이었다. 입학성적이 좋았든지 아니면 급우를 보다 나이가 많아서였는지 급장(級長, 현재의 반회장)이 되었고 이후 4학년 때까지 줄곧 그 자리를 지켰다. 조 회장은 중앙고보를 결국 졸업하지 못하고 4학년 2학기 때 퇴학(退學)당하고 말았지만 그래도 조 회장에게는 젊음을 한껏 아름답게 수놓았던 4년간이었다.

중앙고보 명물 응원단장으로

어느 스쿨이나 그 학교의 응원단장은 가장 인기 있는 사람이다. 조 회장은 중앙고보 입학으로 진학 문제에 한시름 놓게 되자 신지식에 굶주렸던 그는 학교 수업만으로는 만족하지 못하고 닥치는 대로 책을 사거나 빌리거나 해서 밤이 으슥하도록 탐독했다. 독서광이 되었다. 그 무렵 문학으로는 춘원(春園) 이광수(李光洙)의 인기가 대단했는데 모두가 격찬을 하니까 조 회장도 읽어보니 도무지 싱거워서 아무런 재미를 느낄 수가 없었다. 그러다 보니 문학 방면의 고전보다는 과학이나 경제, 그리고 수학에 관한 책을 많이 읽게 되었다. 이렇게 그 방면의 독서광이 되어 그랬는지 학교의 학업 성적은 대개 1등, 2등, 4등 이하로 내려간 적이 딱 한 번뿐이었으니 이것도 한 가지 일에 열중했던 탓으로 여겨졌다. "사람들이 한 가지 일에만 정열을 기울인다면 그 사람이 발휘할 수 있는 능력은 무한이 아닐까"고 조 회장은 생각했다.

사회생활을 하는 내 성격을 잘 아는 분들 중에서는 설마 조홍제 그 사람이 재학시절에 중앙고보의 '응원단장'을 했을까? 하고 믿으려 하지 않겠지만 아무튼 그 무렵의 응원단장이었다. 구수한 경상도 사투리에 성격이 활달하고 제법 익살스러운 구석도 지닌 학생임에는 틀림없었다. 운동장에서 중앙고보의 선수가 출전하여 경기를 갖는 날이면 급우나 선배, 선생님들까지 "어이 조군!" 하고 소리높여 조 회장을 찾곤 했다. 예나 지금이나 학생들 사이에서는 '응원단장'은 그 학교를 대표하는 명물로 쳤으니 으레 중앙고보 학생들이 차지한 스탠드 앞에는 이상 야릇한 피에로(pierrot, 연극에서 광대) 옷을 걸치거나 몽당삼배 바지에 수건으로 머리를 질끈 동여매고 응원단장으로 온갖 제스처(gesture, 특이한 몸짓이나 손짓)를 부리면서 전교생을 웃겨가며 사기를 북돋우는 것이었다. 그날의 시합에서 이기기라도 하면 급우들은 말할 것도 없고 응원에 감사하는 출전 선수들까지 응원단장을 어깨에 메고 교가를 외치며 서울의 중심거리를 누비곤 했다. 그러니 응원단장은 발을 땅에 대어 보지도 못하고 운동장에서 교정에 닿는 것이 예사였다. 응원단장이 되고 보니 비단 운동 시합 때뿐만 아니라 단체 행동에서 무슨 어려운 일만 생기면 학우들은 조 회장을 떠밀어내어 앞장을 세우곤 했다.

중앙고보 3학년 때 일이었다. 경주로 전교생이 수학여행을 간 일이 있었는데 중앙고보생을 위해 따로 객차를 내지 않았기 때문에 한 칸에 모두 모여 가는 것이 더 좋지 않을까? 주변의 급우들도 찬성이라 조회장은 전 객차를 오르내리면서 우리 칸에 탄 손님과 학우들의 자리를 바꾸게 하여 결국 한 칸에 모두 모이게 한 일이 있었다. 지금 같아서는 돈을 준대도 못할 일. 조 회장은 손님 앞에 가서 모자를 벗고 공손히 인사하면서 "자리를 바꾸어 주십사"하고 오르내렸으니 무슨 넉살이 그다지도 좋았던가 싶다. 그래도 언짢은 말 한마디 듣지 않고 그 일을 처리한 것을 보면 조회장의 태도와 구변이 좋았던 때문일까, 아니면 우리 백성들의 성품이 순박해서였을까?

조 회장이 급우들 사이에서 인기가 있는 또 하나의 일은 쩔쩔매는 수학 숙제를 곧잘 시원히 풀어서 도와주는 것 때문이었다. 그때나 지금이나 학생 열사람 중에 아홉사람은 미리 겁을 먹고 싫어하는 수학과목이 조 회장의 장기 중의 장기여서 지도하는 선생님을 제하고는 단연 급우들의 추종을 불허하는 수준이었다. 흔히 고등 수학은 졸업과 동시에 잊어버리기 위해 배우는 것이라고 익살을 부리는 사람이 있다. 그러나 사회에 나와서 활동하는 사람은 그가 어떤 분야, 어떤 위치에 있든지 간에 그가 맡은 일에 대하여 정확한 판단을 내려야 하도록 되어 있다. 정확한 판단력을 내리기 위해서는 직관력도 중요하지만 그것이 곧 문제를 해결하도록 구체적인 방법까지 보여주는 경우는 흔치 않다. 사람마다 제 나름대로의 문제 파악 방식과 해결하는 방식을 가지고 있겠지만 그 문제에 어떤 연관을 가진 모든 인소(因素)를 일단 계수로 환치하거나 적어도 계수 중심으로 사물의 본질을 파악하는 일이 중요하다. 그런 해결 방법이 몸에 배려면 오랫동안 수업을 쌓아야 하겠지만 이 수업의 기초가 되는 것은 역시 중·고등학교 시절의 수학 공부 일 것이다.

6.10만세 운동의 주모자가 되어

조흥제 회장이 중앙고보 3학년 때 6.10만세운동이 일어났다. 이 운동은 1926년 6월 10일 순종(純宗) 황제의 국장일(國葬日)을 계기로 삼아 중앙고보가 주동이 되어 일으킨 학생독립운동의 하나로 급장이던 조 회장은 자연히 이 운동의 주모자 가운데 한사람으로 지목되어 종로 경찰서와 서대문 형무소에서 수 주일의 옥살이를 해야만 했다. 주모자로 난생 처음 왜경의 매를 맞고 옥고를 치르기를 했지만 실 주모자는 아니었고 단지 왜경이 주모자로 몰아 세운 것이다. 순종황제께서 승하하신 것은 그해 4월 25일이었는데 인산일(因山日, 대한제국에서 왕이나 황제 또는 그 직계 가족의 장례식)에 인산 행렬을 봉송하려고 속속 서울로 몰려들고 있었으며 서울 각 학교의 학생 지도자의 움직임도 심상치 않았다. 나라 잃은 민중이 비운의 마지막 황제를 봉도(奉導)하려는 심정도, 또 이 대군중을 독립운동과 연결시킨 지사들의 움직임도 모두 애국심의 자연스러운 발로였다. 순종은 대한제국 제2대 황제이며 고종과 명성황후의 둘째 아들이었다. 순종은 한국사(史)의 마지막 군주였다. 조 회장 개인으로는 남보다 뒤늦게 시작한 신학문의 공부가 이제 겨우 제 궤도에 올랐다고 여겨질 때여서 학생운동 등에는 여러 번의 참여 권유에도 눈을 감기도 하고 있던 차여서 별다른 생각을 가지고 있지도 않았던 것이다.

그랬는데 6월 9일 첫째 시간의 수업이 막 시작되려는 때에 누군가가 뒷자리에서 "선생님! 오늘 같은 날 무슨 공부가 되겠습니까?" "아니 왜? 어째서 공부가 안된다는 거야?" 그러자 그 급우는 내일이 대한제국의 마지막 황제를 보내는 날이니 오늘은 우리 민족과 조국에 대해 새로운 인식을 갖는 시간으로 해주었으면 좋겠다는 부탁을 드리는 것이었다. 그 시간의 수업에 들어오신 분은 화학과 수학을 담당한 백봉제(白鳳濟) 선생님으로, 이분은 을지로의 '백병원' 원장을 지내다 납북된 백인제(白麟齊) 박사의 백씨(伯氏, 맏형)인데, 백 선생의 애국 충정 또한 남다른 바가 있어 학생들의 존경을 받아 오던 터였다. 백인제 박사는 평북 정주 출신으로 오산학교 재학 4년 내내 수석을 놓치지 않았고 경성 의학전문학교를 수석으로 졸업하고 동경 제국 대학에서 의학박사 학위를 받은 수재였다.

"지금은 여러분들이 한 가지라도 더 선진문물을 익혀 실력을 배양할 때이지 혈기만 믿고 행동으로 모든 것을 해결하려들 때가 아니라”고 타일러 주시는 것이었다. 그래도 몇몇 학생들이 무어라 항변을 하자 선생님은 학생들의 울분도 이해하신다는 듯 “알았다.” 하고 교실을 나가버리셨다. 그러자 기다렸다는 듯이 처음 청을 넣은 급우가 급장인 조 회장에게 눈짓으로 양해를 구한 다음 성큼성큼 앞으로 나와 “조국과 민족의 앞날에 대하여” 열변을 토하고 그날은 그것으로 끝냈다.

다음 날 아침 조회시간이 되어 운동장에 나가보니 뒤에서 누가 조 회장을 툭 쳤다. 뒤돌아보니 전부터 안면이 있던 4학년생인 박용규(朴龍圭) 형이었다. 그는 오늘 있을 거사 계획을 빠른 말로 요점만 말해주고 두툼한 종이 뭉치를 전해주면서 만세를 외칠 때 재주껏 때를 보아 “이때다” 싶을 때 뿌려 달라는 것이었다. 조 회장은 거절하려다 박 선배의 진지한 눈빛을 보니 도저히 거절할 수가 없었다. 예부터 “사나이는 자기를 알아주는 사람을 위하여는 목숨조차 두려워하지 않았다는데 그 선배가 자신”을 믿고 이를 맡기려 하는데 어찌 그 믿음을 소홀히 할 수 있겠는가! 내용이 무엇인지도 모르고 그 뭉치를 받아 품속에 감추고는 급히 화장실로 뛰어들었다. 서둘러 펼쳐보니 놀랍게도 조선민족대표 세분의 이름이 먼저 눈에 들어왔다. “아, 이거 큰일이 벌어졌구나” 이런 생각이 든 순간 조 회장은 겁이 더럭 났다. “받지 않은 것으로 하고 여기에다 버리고 나갈까?” 그러나 그것은 양심이 허락하지 않았다. 남아로 태어나서 한평생 후회할 비겁한 행동은 할 수 없는 일이 아닌가! 조 회장은 두근거리는 가슴을 누르고 다시 전단의 내용을 훑어보았다.

조선 민중아, 우리의 철천지 원수는 자본주의 제국 일본이다!
2천만 동포야, 죽음을 결단하고 싸우자!

만세! 만세! 조선독립만세!

단기 4259년 6월 10일

조선민족대표 김성수(金性洙) 최남선(崔南善) 최린(崔麟)

몇 번을 읽어보아도 지당한 말이었다. 그때 중앙고보가 줄을 서도록 배정된 장소는 돈화문에서 을지로 네거리(당시에는 황금정) 었는데 오전 아홉시쯤에 어딘가에서 "조선 독립 만세" 함성이 터져 나오고 이어 여기저기에서 학생들이 길 한복판으로 달려 나와 전단을 뿌렸다. 그러자 기마 순경과 사복형사들이 나와 이들을 붙잡으려고 했다. 왜경들이 학생을 붙잡으면 "와아"하고 학생들이 훼방을 놓으며 기세를 올리니까 수많은 학생 수에 겁을 먹었던지 어디론가 쫓겨 들어가고 길거리는 학생들의 독무대가 되었다. 왜경이 수효를 늘려서 강제 해산을 시키려 했지만 허사였고 학생 모두가 어깨동무를 하고 무아지경이 되어 목이 터져라 만세를 불렀다. 조 회장도 집안 걱정도 뭐고 다 날려버리고 어느새 급장에다 응원단장의 위치로 돌아갔다. 급우들은 조 회장을 뒤따라 만세를 부르면서 길 가운데로 걸어나가니 누가 보아도 앞장을 선 것만은 틀림없었다.

만세 열풍이 지나가자 이번에는 왜경의 무대가 되었다. 학생들은 뿔뿔이 골목으로 쫓겨 들어갔으며 이리 밀리고 저리 밀리다 정신을 차려보니 하숙집 앞까지 와 있었다. 그날은 무사히 넘어갔다. 아니나 다를까. 왜경들의 눈초리는 날카로웠다. 조 회장은 하숙집에서 곧바로 종로서(鐘路署)에 연행되어 그들의 매서운 취조를 받았다. 왜경들에게는 중앙고보 3학년 조홍제가 만세를 불렀다는 사실 그 자체는 아무것도 아니고 이 운동을 조직하여 실천에 옮긴 배후인 독립운동세력을 색출하는데 초점을 두고 있었다. 그러나 이런 자리에 끌려와서 설사 이 운동의 주모자를 알고 있다고 하더라도 이름을 대서야 되겠는가. 조 회장은 시종 만세를 앞장서서 불렀으나 누가 이 운동을 주도했는지는 모른다는 대답으로 일관했다.

조 회장이 그들의 신문에도 묵비로 맞서자 왜경들은 독이 오를대로 올랐다. 처음 며칠 동안은 뺨을 때리고 구둣발로 아무 데나 사정없이 차며 목검으로 후려치는 정도더니 다음에는 취조실의 대들보에 거꾸로 발목을 매달고는 큰 주전자에 물을 가득 채워 코에다 들이붓는 것이었고 그래도 안되니까 발가벗기는 것이었다. 그리고 형틀에 묶고 기름 먹인 마닐라 로프로 등 짝을 후려치는데 처음에는 오른쪽, 다음에는 왼쪽으로 몇 대인가 만에 조 회장은 기절하고 말았다. 눈을 뜬 곳은 쇠창살의 유치장 바닥. 온몸에 피가 뒤엉켜 쑤시고 따가운데 정신은 몽롱했다. 얼마나 호되게 맞았는지 여기를 나온 다음에도 한동안 맑은 정신이 들지 않고 그전만큼 머리 회전이 되지 않는 것만 같았다.

지옥 같은 종로서에서의 2주일을 보내고 서대문 형무소로 넘어오니 그래도 살 것만 같았다. 이곳에서 한 달쯤 지나 재판을 받게 되었는데 왜경이 계속 주모자의 한사람으로 몰아 세웠기 때문에 적어도 2~3년형을 받으리라 체념하고 있었는데 뜻밖에 기소유예로 판결이 나 오히려 어리둥절 해졌다. 나중에 알게 된 일이지만 그동안의 수사를 통해 이 운동의 주모자가 판명되었기 때문에 그 날 열중에서 우발적으로 만세를 부른 학생들에게는 실형을 가하지 않도록 왜의 총독 당국이 그런 결정을 내렸기 때문이고 또 학교 당국의 학생 석방을 위한 노력과 아버님의 애써주심에 힘입은 바도 적지 않음을 알게 되었다. 조 회장은 사람이 세상을 살아가는 데 있어 어려운 역경

에 놓이게 되더라도 마음만 굳게 지키면 비겁자는 되지 않는다는 것
을 알게 되었다.

동맹 휴학 주모자로 퇴학 당하다

1920~30년대에는 청년들 사이에 좌익사상이 상당히 깊이 침투
되어 있었다. 좌익사상(left wing politics)은 사회의 불평등 해소와
평등을 추구하는 정치적 입장이지만 주로 사회주의, 공산주의자들
이 신봉하는 개념이다. 그래서 좌익 학생들은 그 사상운동의 일환으
로 걸핏하면 동맹 휴학을 택했으니 그들은 이렇게 하는 것이 곧 좌
익운동이요 독립운동이라고 생각했던 시대였다. 조 회장이 주동자
즉 리더(leader)가 되어 맹휴를 하기는 했으나 나중에 알고보니 그
들이 의도적으로 그 자리에 추대한 것이었다.

결국 4년 동안에 교우들에게서 얻은 신망 때문에 퇴학을 당하게
되었다. 퇴학 조치를 두고 학교 측과 3개월여나 다퉜으나 사태를 되
돌리지는 못했다. 당시 교장은 최두선(崔斗善)씨. 추후 대한민국 8대
국무총리를 지낸 거물이었다. 좌익계 학생들이 맹휴는 해야겠고 하
니 별로 대단치도 않은 일. 즉 교장의 사생활 문제를 들고나와 맹휴
운운하기에 처음에는 그들을 달래어 "그런 정도 같으면 한번 학교
측과 이야기라도 한번 해보자" 이렇게 가벼운 마음으로 나서게 된
것이었는데 학교 측이 그런 속사정은 모르고 조 회장의 의견을 무시
하고 나오는지라 "어디 그렇다면 한번 해보자" 하며 젊은 오기랄까
그만 문제가 심각하게 되었다.

동맹휴학(student strike)란 학생들이 교육적 또는 정치·사회적
목적을 달성하기 위해 집단적으로 수업을 거부하는 행위다. 하여간

맹휴로 학교가 3~4개월이나 문을 닫고 있자니 지방에서 유학 온 학생들은 하나둘씩 고향으로 내려가고 학생 수가 줄어든 데다 방학철이 되니 맹휴도 흐지부지해져서 조 회장은 시골집으로 내려가게 되었다. 방학 전에 맹휴의 책임을 진다는 뜻에서 교장 선생 이하 선생 전원이 사표를 냈는데 방학이 끝나 상경해보니 교주(校主) 측은 교장을 비롯한 교사 전원의 사표를 반려함과 동시에 맹휴 주동자인 조홍제 회장을 비롯한 16명의 주동 학생들에 대한 퇴학 조치를 개학 첫날에 발표했다. 이렇게 되니 맹휴 주동자라는 낙인이 찍혀 타교로 전학할 수도 없게 되어 하루아침에 국내에서는 학업을 계속할 수가 없게 되었다. 퇴학문제를 두고 옥신각신할 때 조 회장이 학교 측과 교섭을 했는데 최두선 교장께서 직접 나오시지 않았고 다른 선생님들도 책임자가 아니라고 나서지 않아 결국 교주이신 인촌 김성수 선생님을 찾아뵙고 말씀을 드리는 수밖에 없었다.

(독자들이어 조 회장이 인촌 김성수 선생님과 이때 이런 접촉이 있었다는 것을 기억해둘 필요가 있다.)

인촌 선생은 조 회장의 손위 처남인 하영진과 막역한 사이인데 이런 묘한 인연으로 가까이 접할 기회가 주어졌으니 기연이 아닐 수 없었다. (독자들이어 하영진씨가 조회장의 손위처남으로 결혼식 초례청에서 대칭친징에 매달리는 것을 먼히게 헤준 것을 기억하시리라 믿는다)

인촌 선생은 평소에 듣던 바와 같이 관후심덕(寬厚深德)한 분으로 처음부터 끝까지 담담한 표정으로 조 회장이 주장하는 바를 듣고만 계실 뿐 야단을 치거나 잘못된 주장이라는 말씀조차 하시는 일이 없었다.

그렇다고 학생들 편이 되어 학생들 주장을 받아주신다는 확약도 해주시지도 않았다. 그 시절에 인촌 선생과 같이 한층 더 높은 곳에서 냉철하게 사리를 판단하시는 그런 자세를 배울 수 있다는 것은 조 회장에게 큰 도움을 주는 일이었고 퇴학의 쓰라림도 지나고 보니 오히려 약이 되었다. 조 회장은 이 쓰라린 실패를 통해 "세상의 이치란 모든 것이 상대적일 뿐 절대적인 것이란 없다."는 것을 체득했다. 인생에는 반드시 크고 작은 기복이 따르며 불행한 일도 때로는 그것이 전화위복이 될 수 있다는 것도 깨닫게 된 것이다. 조 회장이 평생을 통해 정치와 인연을 멀리하게 된 것도 이 퇴학 사건의 전말이 자신의 기억 속에 잠재해 있다가 제동을 건 탓일 것이다.

12

일본 유학길에 오르다

조홍제 회장의 신학문에 대한 열정은 계속 끓어 올랐다. 조 회장은 우리나라에서 공부할 길이 막히고 보니 "차라리 잘됐다." 이제 더 넓은 곳으로 나가서 자신의 운을 시험해보고 학업도 계속 해보자. 이런 생각으로 일본으로 건너갔다. 그 시절 한 가지 다행스러웠던 일은 일본에 건너가서 공부하기가 수월했다는 것이다. 일본은 우리보다 먼저 개화되어 수준 높은 공부를 할 수 있는 매력있는 곳이기도 했다. 당시는 해외 유학 자격시험 같은 것도 없고 송금액에 제한이 있지도 않으며 여권을 내지 않아도 되었기 때문에 누구나 마음만 먹으면 일본으로 공부하러 갈 수 있었다. 조 회장은 이 무렵 함안 인근 의령 땅의 이병철씨도 중동고보를 다니다 일본 유학을 떠났다는 소식을 들었다.

조 회장은 일본 동경에 닿았다. 1928년 그의 나이 24세 때였다. 동경에서 고향 선배의 주선으로 하숙을 정하고 대학에 들어가려고 여기저기 형편을 알아보니 고등보통학교 4학년 2학기 중퇴생으로 중학교 졸업장이 없어 대학 입학시험 수험자격이 문제가 되었다. 대학들의 전년도 대학입학 시험문제들을 훑어보니 이 정도라면 합격은 무난하겠다 싶었는데 원서조차 낼 길이 없으니 어쩔 도리가 없었다. 중앙고보 시절 특히 수학 과목을 열심히 공부하였고 다른 과목도 성적이 좋았으므로 일본에 온 것인데 그 문턱에서부터 자격 문제로 난관에 부딪치고 만 것이다. 그래서 선배나 동료들을 만나 해결할 방도를 모색하고 있는 참인데 때마침 간도(間島, 중국 지린성 동부지역 조선인 거주지역) 용정 중학교의 졸업장과 성적 증명을 프린트하여 거기에 그 학교의 도장을 찍어서 파는 곳이 있다고 귀띔해 주었다. 그 당시 우리나라와 일본 사이에는 문교 행정상의 연결망이 잘 되어 있어서 이런 일이 용납될 수 없었으나 강 건너 만주는 연결망이 없었던지 이런 가짜 증명서가 통용되는 것 같았다. 더욱 재미있는 것은 이런 가짜 증명서들이 사후 조회하여 보기가 힘들게 되어 있어 이런 증명서를 받아 들이는 학교 측도 그저 그러려니 한다는 것이었다. 용정 중학교가 어떻게 생겼는지 그 문 앞에도 가본 적이 없는 조 회장은 그런 엉터리 졸업 증명서를 가지고 와세다 공업전문학교(早稻田工業專門學校) 라는데 시험을 쳤더니 대뜸 합격이 되었다. 그래서 이 학교에서 한 학기를 다녔는데 이곳 기계과라는 데는 어찌 된 영문인지 '제도법'만 가르쳐주는 것이었다.

그래서 어느 날 담당 교수에게 "다른 것은 가르쳐 주지 않습니까?" 물었더니 "기계를 아는데 있어서는 제도(製圖)가 그 기초이고 이것을 모르면 다른 것을 배워도 아무 소용이 없다."는 대답이었다. 그렇다면 다른 분야도 기초가 중요하기는 마찬가지가 아니겠나 싶어서 이 학교의 학적은 그대로 두고 이번에는 '일본대학' 야간 전문부의 정경과(政經科)에 들어갔다. 낮에는 공전(工專)학생, 밤에는 정경과 전문부 학생으로서 두 학교에 번갈아 나가서 하루 10시간씩이나 수업을 받다 보니 도저히 감당할 수가 없었다.

법정 대학(法政大學, 호세이 대학)에 입학

조 회장은 그래도 한 학기를 억지로 마치고 하계 방학이 되어 고향으로 돌아왔다. 긴장을 풀고 일본에서의 이일 저일을 생각해보니 "내가 본래 만학(晩學)으로서 남보다 공부를 늦게 시작했는데 그럼에도 불구하고 공부하는 일에 전혀 싫증이 안 나는 것을 보면 공부를 계속할 수 있는 기질을 타고났음이 확실하다. 일본으로 건너갈 때의 내 결심은 유명대학의 학부를 정식으로 졸업하겠다는 것이 아니었던가? 그런데 중간에서 한해쯤 늦어졌다고 편법(便法, 법망을 빠져나가는)을 쓰다니 대학도 대학 나름이고 또 공전(工專)도 정경과의 전문부도 결국 대학의 학부는 아니지 않은가? 우선 들어가 놓고 보자는 식으로 가짜 졸업장을 내고 들어간 것부터가 양심에 부끄러운 일이다.

"이래서는 안 되겠다. 기왕 남보다 늦게 학업을 할 바에야 철저하게 하는 것이 옳지. 중학과정도 제대로 완수하지 않고 대뜸 전문부라…" 이러다간 내 앞으로의 인생이 편법투성이가 되겠구나. 좋다. 설사 6년쯤 늦게 대학 학부를 졸업하는 한이 있더라도 다시 정상 코스를 밟자. 조 회장은 자신의 행동에 대한 비판을 하게 되었다.

조 회장은 이런 결심을 하고 나니 마음이 후련해졌다. 방학을 마치고 다시 일본에 건너갔을 때는 새로운 각오 아래 길렀던 머리도 깎아버리고 정식으로 중학교를 졸업하기 위해 다시 겸창중학교(鎌倉中學校)의 4학년에 보결생으로 들어갔다. 이듬해 봄 이 학교를 졸업하자 곧 와세다 대학의 이공학부에 응시했는데 그만 불합격되고 말았다. 이공계와는 이래저래 인연이 닿지 않는구나 생각하고 있는 참에 한 집에서 하숙하던 친척 한 분이 "지금 내가 다니고 있는 법정

대학(法政大學, ほうせいだいがく, 도쿄도 지요다구 후지미에 본부를 두고 있는 일본의 명문사립대) 경제학부는 독일의 경제학 이론을 정통으로 공부할 수 있는, 일본에서는 최상위라는 평가를 받고 있는 독일 경제학과도 있으니만큼 이공계도 좋지만 여기에 응시해 봄이 어떤가?" 하고 권해주었다. 가만히 생각해보니 경제학도 좋겠다 싶어 응시했고 합격이 되어 비로소 정상적인 대학 생활로 들어가게 되었다. (독자들이어, 조 회장의 이런 전환은 그의 인생의 방향이 새롭게 전개되도록 했으며 오늘날 우리 재계 일각을 차지하고 있는 '효성그룹'이 탄생하는 계기를 마련해준 것이다. 조 회장이 제일모직 창설 때 독일 스핀바우사 기계를 선택한 것도 독일 경제학을 전공한 것과 맥을 같이 하고 있다.)

자취생활 동성사(東星舍)의 추억

(조 회장이 시골 서당에 다닐 때 꾹꾹 눌러 담은 밥 세 그릇을 게 눈 감추듯 했던 대식(大食)가였는데 일본 객지에 나가 배고픔을 어떻게 견디었을까를 알아보는 것도 흥미 있는 일이다.)

그해 가을 조 회장은 동경으로 건너가서 일본사람 집 2층에 하숙하게 되었다. 쌀에 팥을 섞어서 그런대로 밥을 맛있게 해주는데 그 양이 적어 몇 숟갈 뜨지도 않아도 바닥이 나니 먹는 둥 마는 둥 이었다. 그나마도 사흘쯤 지나니까 입에 맞지도 않는 일본식 반찬에 질려 김치, 조개젓, 멸치젓, 고추장 등 우리 고유의 음식이 먹고 싶어서 견디기가 어려웠다. 견디다 못한 조 회장은 집에다 편지를 내어 "젓 단지를 보내라." "고추장을 보내라." 했으니 외지에서 이런 경험을 한 분들이 적지 않으리라.

어쨌든 대학에 들어가서부터는 하숙 생활에 진력이 나서 무슨 대책을 세워야겠다고 생각하다가 중앙고보에서 와세다대학에 진학한 친구를 생각해냈다. 그 친구는 형편이 어려워 와세다대를 갈 때 몇 몇 친구들이 얼마간의 학비를 마련해주고 매월 보조를 해주고 있었다. 어차피 그가 졸업할 때까지 계속 도울 바에는 철저하게 도울 수 있고 조 회장 자신도 왜식(하숙)을 면할 수 있도록 함께 자취하는 방안을 생각해냈다.

그때 조 회장에게 매달 송금되어 오는 액수가 60원이었으니 둘이서 자취를 하면 이 친구의 등록금까지도 수월하게 마련할 수 있을 것 같은데, 대충 따져봐도 두 사람의 자취비가 13원. 한 사람의 자취비만으로도 그것을 감당하고 오히려 30원이 남지 않는가! 조 회장은 당장 집 한 채를 전세 내어 그 친구와 둘이서 들어갔는데 집이 두 사람이 쓰기에는 너무 넓어서 다시 고향 친구 세 사람을 더 불러 다섯 사람이 자취생활을 시작했다. 고향에서 보내온 된장, 고추장에 서투른 솜씨로 담근 김치를 곁들이니 모두 이제야 살 것 같다고 좋아들 했다. 며칠이 지나자 사호(舍號, 자취방 이름)를 어떻게 짓느냐로 의견이 분분해졌다. 조 회장은 "우리가 동방예의지국에서 온 젊은이들이고 공부를 마치고 조국으로 돌아가면 뜻있는 인재가 되어야 할 것이니 가히 동방의 별, 즉 동방명성(東方明星)이란 이름이 좋겠지. 이 동방명성을 줄여 동성(東星)으로 하면 어떨까…" 좌장격인 조 회장이 이런 의견을 내니 모두가 찬성해서 이 독신료는 '동성사(東星舍)'로 명명되었고 이때 모인 친구들은 뜻이 잘 맞아 졸업할 때까지 4년간을 줄곧 이 '동성사'에서 지냈다. 서부 경남 일대 출신의 동경 유학생들은 무슨 일이 있을 때마다 여기서 모임을 갖고 하여 서부 경남 유학생회 본부 격이 되기도 했다. 또 처음 동경으로 유학 온 학생들도 자리가 잡혀질 때까지 며칠씩 묵어가곤 하여 그들에게 적지 않은 도움을 주기도 했다.

당시 일본에 유학 온 학생들은 대체로 4가지 유형으로 나눌 수가 있는데 첫째는 지사(志士)형으로 조선 독립운동이 그들의 주 과제였고 개중에는 좌익계열의 활동가도 있었다. 둘째가 낭만파(浪漫派)로 경제적 여유가 있는 집안의 자제들이 많았는데 모이기만 하면 예술과 문학이 어떻고 토론을 하며 이상과 창작 의욕에 불타있는 학생들이었다. 셋째는 공부밖에 모르는 면학파, 넷째는 고학파(苦學派)로 타국이라 이들은 고생이 많았다. 결국 동성사에는 면학파와 고학파 학생들의 본산이라 할만했는데 조 회장 그룹은 오로지 공부밖에 모르고 지냈다.

6년 동안 극장이라고는 딱 한 번. 다점(茶店, 현 다방, 카페)도 한번 가봤고 그것도 일본의 그런 곳은 어떤가 하고 견문 삼아 가보았을 뿐이다. 하기야 한 사람의 학비로 두 사람이 쪼개어서 공부하니 무슨 여유가 있어 유흥에 눈을 뜰 수 있겠는가. 그렇지만 이런 고생 속에서도 조홍제 회장에게 낙은 있었다. 조 회장은 이 생활을 통하여 많은 것을 배웠다. "젊었을 때 고생은 사서라도 한다." 했듯이 이런 세계를 모르고 편안히 하숙만 하고 있었더라면 고생이 무엇인지, 근검절약과 규칙 생활이 얼마나 중요한지 모르고 인간으로서의 체험도 그 깊이가 매우 얕아졌을 것이다.

학자가 되기에는 자신 없고…

1935년 봄 조 회장이 대학을 졸업하니 벌써 30세가 되어 있었다. 1930년대의 일본은 바야흐로 노동조합(勞動組合)의 세력이 강해져서 노동운동이 그 절정에 도달해 있었다. 연일 신문지상에 노동쟁의가 대서특필되곤 하여 조 회장이 고향에 올리는 상서(上書)에 "앞으로는 농산 이외의 분야에 눈길을 돌려보시도록" 하는 의견을 보내곤 했다. (독자들이어, 조 회장이 일본의 노동운동에 관심을 가졌다는 것을 기억해 둘 필요가 있다.) 그렇다고 대학을 나오면서 이러이러한 산업 분야를 택해보겠다고 하는 결심이 서 있는 것도 아니었다. 그 당시만 해도 아직 상공분야에 종사하는 것을 탐탁하게 생각하지 않는 조선 시대의 풍조가 남아 있었고 대학을 나오면 판검사, 변호사 아니면 관리, 교직자가 되는 것이 예사여서 공업이나 상업계통에 나가려 하는 사람은 드물었다.

조 회장은 대학부의 3학년이 되니까 대학 시절 특히 아껴 주시던 아베(阿部)교수께서 대학원에 진학하여 학교에 남아 있으라고 기회 있을 때마다 권하는 바람에 한때 교수가 되어 볼까 하는 생각도 해봤다. 졸업할 무렵이 되니까 경제학의 이론도 대략 짐작이 갔고 전문 서적을 읽는 재미도 알게 되었고 집안 형편도 당장 생활전선에 뛰어들어야 할 처지도 아니어서 대학교수직에 전혀 생각이 없는 것도 아니었다. 졸업을 앞두고 "지금 우리나라는 공장다운 공장이 드무니 공업 분야에 나가 볼까?" 이런 생각도 해봤으나 그 당시 우리나라 사람이 공장, 즉 제조업 분야에 진출하려면 여러 가지 제약을 받게 되어 쉽게 나갈 수가 없었나. 일제는 조신 띵에서 모든 산업을 완전히 장악해 있었고 조선 사람에게는 제조업을 허가해주지 않는 정책을 고수하고 있는 때였다.

그러나 막상 대학의 연구실에 남을 생각을 하니 자신을 내세울 만한 자신감이 없었다. 학자가 되려면 여러 석학(碩學)의 논문을 읽고 "누구누구는 이렇게 분석하고 있는데 나는 이렇게 생각한다."라고 자기 이론 체계를 전개시켜 나가야 하는데 도무지 자신이 서지 않는 것이었다. 사실 내게 학자가 되기를 권하시는 아베 교수는 나보다 겨우 4살 연상인데 내가 앞으로 4년 더 공부한다고 해서 아베 교수의 수준에 도저히 오를 수가 없었다. 그뿐만 아니라 학자가 되는 것도 쉽지 않겠다 여겨져 아베 교수의 권유를 받아들일 수가 없었다. 이렇게 되니 경제학을 배운 내가 나갈 길은 실업계밖에 없을 것 같았다. 실업계라 해서 수월할까마는 종조부 서천 선생의 말씀이 떠올랐다. "부지런히 치산(治産)에 힘쓰다 보면 어느 날엔가 무슨 큰일을 하고자 할 때 그 일을 해내는 데 있어 큰 도움이 되리라" 조 회장은 학자가 될 생각은 깨끗이 버리고 실업계로 나가자고 나갈 방향을 정했다. (독자들이어, 이 순간 이 방향선택은 대단한 의미를 갖고있다. 조 회장 자신의 인생만이 아니라 한국 재계에도 큰 영향을 미쳤기 때문이다.) 더구나 조홍제 회장은 가문의 장손이니만큼 졸업을 하고 나면 더 이상 객지에서 지낼 수 없을 것 같았다.

이 무렵 조 회장의 가친이 집안일을 모두 맡아서 해나가고 계셨는데, 가친의 의견인즉 조 회장의 생활 근거지가 향리에서 가까운 부산쯤이면 몰라도 서울같이 먼 곳이면 안된다고 하시는 것이었다. 향리인 함안에서 서울로 가려면 당시 교통편은 우선 군북(郡北)역에서 기차를 타고 마산(馬山)까지 와서 다시 기차를 바꾸어 타고 삼랑진(三浪津)으로, 여기서 경부선 열차로 바꾸어 타야 했으니 집안 어른들의 생각도 결코 무리라고는 볼 수 없었다. 세상의 부모들은 자식들이 어른이 다 되어도 여전히 어리다고만 생각되어 가까이 두고 싶어 하는 것이 상정이기 때문에 조 회장 역시 어른들의 그런 배려를 당연한 것으로 받아들였다.

13

협력 거부로 일관한 일제(日帝)하 10년

조홍제 회장은 졸업 후 일본의 실업계에 대해 좀 더 알아보고 난 다음에 할 만한 사업을 찾는 것이 좋지 않겠나 하는 생각이 들어 그 무렵 우리나라의 흥남(興南)시에 질소 비료 공장을 세워 가동을 시작한 지 얼마 되지 않은 흥남 질소 비료 공장의 비료 판매 대리점을 해보는 것이 좋겠다 싶어 형편을 알아보았더니 벌써 일본인들이 우리나라 안에 세 군데나 대리점 계약을 끝내고 있었다. 흥남 질소 비료 공장은 일본 노구치(野口) 재벌 그룹이 1927년에 세운 것이다. 노구치 재벌 총수 노구치씨는 이태리로부터 당시 거금인 100만 달러를 주고 질소 비료 공장 특허를 사들여 이 공장을 세웠다. 당시 우리나라 산업구조는 농업이 90% 이상을 차지하여 농민에게는 비료가 사활이 걸린 인기 상품이었다.

대학 졸업 후 첫 사업 계획은 이렇게 해 이루어지지 않았으나 내친 걸음이라 싶어 역시 비료 생산업체인 만주 화학의 동경 본사를 찾아가서 대리점을 해보겠다는 뜻을 말했더니 "천천히 고려해봅시다." 하는 정도의 소극적인 반응을 보였다. 조 회장은 대리점 교섭도 진행 시킬 겸 또 일본에서 꽤 오랜 세월을 보냈으나 일본 사정 특히 일본 지방 사정에는 어두웠으므로 한 1년쯤 일본 각 지방을 다니면서 견문을 넓히는 것이 좋겠다 싶어 가친에게 그 뜻을 전했다. 그런데 뜻밖에도 "즉시 귀국하라"는 회신이 왔다. 서둘러 고향으로 돌아와 보니 큰 근심거리가 기다리고 있었다. 생후 8개월이 채 안 된 장남 복래(福來)가 급성 폐렴에 걸려 매우 위독한 상태였다. 집안 장손으로 애지중지하시던 어른들에게는 큰 걱정이었다. 당시 급성 폐렴은 중병으로 이 병에 좋은 약도 없었다. 향리 군북에는 이 병을 치료할 병원이 없어 가까운 큰 도시인 마산의 도립병원(道立病院)에 입원시켜야 할 처지였다. 도립병원이라고는 하지만 앰블런스도 없고 환자가 너무 어려서 엄마가 꼭 따라가야 할 처지였으나 그 당시로서는 젊은 부인이 객지에 나가 있기가 매우 어려웠다. 그래서 마산의 도립병원 원장을 집으로 모셔다가 진료하고 원장이 매일 오기가 어려워 일본인 간호원 한 사람을 집에 유숙시켜 환자를 보게 했다. 간호원이 수시로 원장에게 연락하면서 간병에 갖은 애를 썼지만 끝내 잃어버리고 말았다. 조 회장은 장남을 잃어버리고 나니 가까운 혈육의 죽음을 모르던 그로서는 생애 처음 큰 충격이었지만 직접 아기를 키웠던 엄마. 첫 손자를 잃은 조부모님은 얼마나 쓰라릴까 싶어 마음 놓고 슬퍼할 수도 없었다. 조 회장은 대학 졸업 후 해방이 되기까지 10년간을 향리에 머물면서 사업의 실마리를 잡아보려고 마산, 부산, 진주, 대구 등지로 내왕했는데 그 무렵 부산에는 일본의 거상 중의 하나인 '미쓰이(三井)'가 경남일대에 지점을 개설하고 있어서 이 대리점에 관심을 갖게 되었다. 그때는 교통도 불편하고 미쓰이의 대리점 규모도 작아 기껏 부산을 중심으로 동래, 김해, 양산 등 동부 경남에 치중하고 있을 뿐이었다.

그래서 지점장을 만나 마산 서쪽, 즉 서부 경남을 상권으로 삼는 경남 서부 대리점을 해보겠노라고 했더니 의논이 잘 되어 그렇게 하도록 합의를 보게 되었다. 부푼 꿈을 안고 집으로 돌아와 가친께 이 계획을 말씀드리니 뜻밖에도 첫 마디로 "안 돼"하시는 것이었다.

그 시절에는 주식회사를 '신사업'이라고 불렀는데 대리점도 신사업이라 허락할 수 없다고 말씀하시는 것이었다. 가친께서는 그동안 조 회장에게 이야기를 해줄 기회를 찾고 있었다며 다음과 같은 말씀을 해주셨다. "신사업 한다는 친구들의 권유로 몇 군데 회사의 주식을 샀더니 얼마 안가서 이 회사들이 무슨 약속이라도 한 듯이 차례로 도산해 버리더라."고 하셨다. 당시 우리나라에서 회사를 할 만한 재력이 있는 사람들이 회사 경영에 대한 경험, 깊은 지식도 없으면서 일본인들이 하고 있는 회사가 잘되니까 또 개중에는 질이 나쁜 일본인들이 감언이설로 회사를 세우기만 하면 온갖 편의를 제공해 준다고 하니까 무턱대고 시작했다가 실패하는 경우가 허다했다. 말하자면 조 회장의 가친께서도 그런 회사에 투자하셨다가 낭패를 본 것이었다.

가친 타계로 가농(家農)에 전념하다

가친이 미쓰이 서부 경남 대리점 계약을 불허한 이유는 앞서 말한 것이었지만 결정적인 뜻은 가사(家事)의 인계였다. 가친은 "나도 나이가 들고 몸도 불편하니 집안일은 아범(조 회장)이 전수 맡아라. 그래야 나도 노래(老來)에 친구들과 어울려 산천 구경도 하면서 몸 휴양 할 수 있지 않겠나"고 간곡히 말씀하셨다. 가친의 말씀을 거역할 여지가 없었다. 더구나 가친은 수년 전부터 고혈압이어서 복잡한 치산 문제에서 떠나 정양하시도록 해드리는 것이 마땅했다. 가친의 친구분들도 "자녀는 객지에 오래 있다 왔으니 또 객지에 나갈 생각 말고 집을 지키게. 대리점인가 미쓰이(三井)인가 그것도 사무실을 이 시골에 둘 수야 없지. 그래서 또 진주다 마산이다 할 것인즉 아버님을 가까이 모시지 못하기는 매한가지 아니겠나" 이렇게 권하니 조 회장은 도저히 집을 떠날 수가 없었다. 이렇게 해서 조 회장이 일본에서 귀국한 후부터는 집안의 일거리가 모두 넘어오게 되었다.

당시는 자손들이 부모로 하여금 금강산을 구경하도록 하는 것이 큰 효도의 한가지로 생각했으므로 누구나 생전에 금강산을 한번 구경하기를 바랐던 것이다. 조 회장의 가친 또한 친구분들과 함께 금강산 구경을 가을에 떠나시게 되었다. 가친 일행은 금강산 구경을 마치고 난 다음 서울에 올라와 사는 친척댁들을 두루 찾아보시고 다음 여정으로 인천(仁川)을 택해 기차를 타시게 되었는데 그만 그 차중에서 뇌일혈로 졸도하고 말았다. 조 회장은 이런 전보를 받고 집을 나서 군북역으로 달려갔으나 저녁차는 놓쳐버리고 다음 날 새벽 7시 기차를 탔는데 마음이 급해 대구역에 들어가자 곧바로 역장실로 달려갔다. 역장에게 인천역장에게 전화를 걸어 가친의 용태를 살펴 그 내용을 대전역장에게 알려주도록 부탁했다. 당시 철도역 전화 시설이 잘되어 있어 이런 편의를 도와줄 수 있었다. 대전역에 도착해 알아보니 가친의 용태가 중태인 것만은 확실한 것 같다고 했다. 초조한 마음속에 인천에 도착하니 천만다행으로 어려운 고비는 넘기긴 했으나 바로 고향으로 내려오시지 못하고 인천에서 한 달 서울에서 한 달쯤 정양하신 후에 고향으로 돌아올 수 있었다.

집안사람들의 극진한 간호 속에 회복이 되어 마음을 놓았는데 얼마 후에 재발되어 끝내 타계하시고 말았다.

향년 50세였으니 비탄에 잠기신 조부모님, 그리고 자친(慈親, 어머니)에게 얼굴을 들 수가 없었고 고희를 넘기시면서 조 회장을 이끌어 주실 것을 기대했는데 수포로 돌아가고 말았다.

32세에 상주가 되었으니 적어도 앞으로 3년 동안은 집에서 외지로 나갈 생각은 전혀 할 수가 없게 되었고 집안의 대소사가 조 회장의 지시를 기다리고 있으니 완전한 시골 사람으로 돌아올 수밖에 없는 처지가 되고 말았다. 그렇다고 가업에만 전념하기에는 다소 시간이 남아 금융 조합장과 아이들이 다니는 학교의 후원회장을 맡기도 했다. 3년 탈상한 다음에는 전쟁으로 시국이 점점 사나워져 도시에 나가서 사업을 해보려던 의욕은 꾹 눌러둘 수밖에 없었다. 일본은 자꾸만 중·일 전쟁에 이어 동남아 여러 나라를 침공해 전선이 확대되고 있어 좌우간 무슨 결말이 나야 할 만한 사업도 찾을 수 있지 않겠나 해서 그 시기를 기다릴 수 밖에 없었다.

그래도 이 시기가 비교적 안일하게 보낼 수 있었던 세월이었다.

금융 조합장으로 자작농 육성

조 회장이 향리에서 공직 활동을 한 것은 임기 3년의 군북 금융조합장 (郡北金融組合長)에 연 3선 되어 9년간 재직한 것이 전부다. 일제 시대의 금융 조합은 표면상으로는 농민의 금융 기관으로서 영농 자금의 저리 대출등 농업인에게 혜택을 주는 것으로 되어있으나 이런 기관의 이용방법을 잘 모르면 크게 손해를 보는 경우가 많았다. 군북금융조합의 운영 실태도 사정이 이와 크게 다를 바 없어 농민들 특히 이 조합을 많이 이용하고 있는 자작농들은 금융업무에 밝지 못한 자신들의 편에서서 권익을 보호해 줄 조합장을 찾고 있었으며 되도록 일본인이 조합에 끼어들지 않기를 바라고 있었다. 군북 농민들에게는 대학에서 경제학을 전공한 엘리트 청년이 조합장을 맡아준 것은 행운이기도 했다. 군북 농민들은 자연히 조 회장을 신뢰하게 되었고 무슨 까다로운 일이라도 생기면 관계 서류를 들고 와서 자문을 청하곤 하여 어느새 조 회장은 그들의 무료 고문 변호사격이 되었다. 소문이 소문을 낳아 이윽고는 "금융 조합일이라면 신창부락의 조 조합장에게로 가라" 할 정도가 되었다.

조 회장은 그들의 일을 도와주다보니 금융조합의 본질을 알기 위해 관계 법령이나 규칙, 실태 등을 연구하게 되었다. 지방의 단위 금융 조합은 관할 감독 관청에서 임명받은 이사가 업무 집행의 실질적 책임자이고 조합장은 조합원이 선출하며 평의회의 의장으로서 조합원의 대변역할이 크다는 것을 알게 되었다. 그러므로 조합장이 조합원의 의사를 잘 반영하고 협력한다면 조합원들에게 많은 혜택을 줄 수 있었다. 더구나 일본인들이 동양척식(東洋拓殖) 등의 비호 아래 야금야금 우리 농민들의 문전옥답을 잠식해 들어오고 있어 유능하고 열성적인 조합장이 농민들의 편에 서서 금융조합 본래의 목적을 살려야겠다고 생각했다. 조홍제 회장은 조합장으로 피선되자 다음의 두 가지를 기본으로 삼자고 다짐했다.

①자작농을 중점적으로 육성한다 ②소작농 중에서 성실하고 유망한 청장년을 자작농으로 전환 시킨다 ③어떠한 일이 있어도 조합원의 농지는 일본인의 손에 넘기지 않는다. 조 회장은 그런대로 무난히 첫 임기 3년을 마쳤는데 조합원들이 다시 조합장으로 선출했다.

두 번째 임기 중에 잊을 수 없는 것은 17만 평의 자작농 창설이다. 그의 임기 중에 서울에 살고 있는 모 지주가 면내에 있는 자기 소유 농지 17만 평을 팔려고 매물로 내놓은 일이 있었다. 그런데 이 땅에서 소작을 해오던 농민들은 차제에 금융 조합이 힘을 써서 자작농으로 만들어 달라고 조 회장을 찾아와 졸랐다. 조 회장은 이 일만은 어떻게 해서든지 이루어 놓아야겠다고 결심했다. 그렇게 하자면 매입대금 마련이 문제였다. 조 회장이 이 안건을 평의회에 넘겼더니 모두 찬성이었고 이사들도 보람있는 일이라하여 적극적으로 나서 주었다. 조 회장은 이에 대해 지방 유지의 후원도 얻어야겠다고 생각해 마산에 있는 택시회사에서 승용차 한 대를 대절해 면내의 유지를 차례로 순방하여 "지금 군북 조합이 대출 할수 있는 금액으로는 이 땅을 사는데 충분하지 못한 형편이니 되도록 많은 예금을 부탁드립니다"고 했더니 좋은 일을 한다고 격려하면서 예금뿐 아니라 달리 도울 일이 있으면 돕겠다는 약속까지 해주었다. 조 회장은 더욱 자신감을 굳히고 지주(地主)를 상대로 매입가 절충에 들어갔다. 그런데 워낙 넓은 땅이라 조합 기금만으로는 감당할 수가 없어 감독기관인 경상남도 이재과에서 자작농 창설을 위한 대부 승인을 받고 금융조합연합회 경남지부에서 부족한 자금을 받아내어 매입 자금을 마련하게 되었다. 담보물건 등 어려운 문제가 많았지만 조합장이 모든 책임을 지기로하여 모든 절차가 완료 되었다. 매입 예정지를 돌아보니 박토(薄土)가 많아 공정 가격에 미치지 못해 하는 면적도 상당했으나 평균해서 공정 가격으로 매입, 이를 소작농들에게 골고루 분양하여 그들을 자작농으로 전환시켰다. 소작농을 벗이니고자 했던 그들의 한을 풀어 준 것이다. 이같은 성공으로 어깨에서 무거운 짐을 내려놓은 듯 했고 재선 임기를 끝으로 물러나려 했으나 그것만은 뜻대로 되지 않아 결국 해방이 될 때까지 그 자리에 머물러야만 했다.

14

해방과 더불어 서울로 활동무대 옮겨

인촌(仁村) 김성수(金性洙)선생님의 권고

1945년 8월 15일 일제의 패전으로 우리 민족은 해방을 맞이했다. 36년간 숨막히는 압제를 받아 오던 우리 민족은 글자 그대로 대전환기를 맞이한 것이다. 조홍제 회장에게도 대학 졸업 후 10년간 잠복기를 지나 바야흐로 새로운 기운을 타고 나름대로 자유로운 활동을 펼쳐 볼 수 있는 전환점이 되었다. "자! 이제는 여기 좁은 시골에 박혀 안주의 꿈에 젖어 있을게 아니라 활동무대를 서울로 옮기자"고 조 회장은 결심했다. 왜인들이 이땅에서 물러가면 당장 우리는 독립 국가로서 우리의 정부를 세우게 될 것이고 정치, 경제, 문화의 중심지인 서울로 올라가서 대학졸업 당시의 포부대로 새로운 '기업'을 일으키자, 이런 생각을 하니 마음은 벌써 서울로 서울로 치달는 것이었다. 조 회장은 우선 '군북산업'을 다른 사람에게 넘겨주고 서울에서 기업을 일으키기 위한 준비에 들어갔다.

기업을 일으키려면 자금이 필요하기 때문에 자금을 마련하기 위하여 농토의 일부를 매각하도록 일러두고 그해 11월에 서울의 형편을 살펴보고자 상경했다. 이 즈음이 우리나라 대지주들이 토지 자본을 상업자본으로 전환하는 초기였다. 이병철 삼성그룹 창업 회장도 물려받은 토지를 팔아 마산에서 사업을 시작한 것이다. 구인회 LG그룹 창업회장도 백만석의 토지를 팔아 부산으로 나가 사업을 시작한 것이다. 조 회장이 서울에 와보니 모든 분야에서 혼란이 극에 달해 있었다. 건준(建準, 건국 준비 위원회)을 비롯한 온갖 정당, 사회단체, 군사단체, 심지어 폭력조직까지도 난립해 있었고 좌·우 대립도 싹이 트기 시작하여 안국동 네거리 같은 곳에는 무시무시한 문구를 큰 글씨로 쓴 벽보가 잔뜩 나붙어 있었다.

간간이 모리배(謀利輩, 옳지 못한 방법으로 이익이나 이로움만을 꾀하는 무리)가 어떻고 하면서 기업인을 악덕 모리배로 몰아 붙이는 글도 보았다.

일본인 기술자가 물러난 생산 공장은 원료, 자금, 기술 등의 부족으로 휴업상태인 곳이 많았다. 그래서 자고 나면 물가가 폭등하는 실태였으니 기업인들이 이런 비난을 받을 소지가 있었다. 기업을 해보겠다고 큰 뜻을 품고 서울에 올라온 조 회장에게는 큰 충격이기도 했다.

기업가와 모리배가 구별이 되지 않는 혼란기여서 정치인들의 대중연설 장에서도 또는 신문지상에서도 연일 모리배를 성토하기 때문에 모리배라는 말은 항간에서 유행어가 될 정도였다. 조홍제 회장은 이런 상황에서 과연 기업이 될 것인가 설혹된다 해도 무엇을 어떻게 해야 제대로 될 것인지 갈피조차 잡을 수 없어 보였다. 조 회장은 "우리나라가 독립이 된 이 마당에 굳이 모리배란 소리를 들어가면서 기업을 꼭 해야 하는가?" 며칠을 두고 생각한 끝에 "아직도 그 시기가 오지 않은 것 같다. 그렇다면 좀 더 시기를 기다리기로 하고 때가 올 때까지 조용히 시간을 보내는 것이 상책이다. 기다리는 동안 무엇을 하면 좋을까, 바야흐로 40대에 든 나 아닌가 황금같은 시기에 허송 세월로 시간을 보낼 수 없지 않은가"고 조 회장은 자문자답했다.

조 회장은 기업계보다는 교육계의 형편이 궁금하고 그쪽을 알아보게 되었다. 때마침 자신이 중앙고보를 다닐 때 교주이시던 인촌 김성수 선생님께서 '미군정(美軍政)의 교육고문'을 하고 계신다는 것을 알게 되어 선생님을 찾아보기로 했다.

"선생님, 제가 사업을 해보겠다고 서울에 올라왔으나 정국과 사회가 너무 혼란하여 안정이 될 때를 기다릴 수 밖에 없습니다. 이런 시국에서는 사업을 한답시고 욕을 듣는 것보다 육영사업을 하는 것이 좋을 듯 하오니 적당한 데가 있으면 중학교를 하나 운영해 보도록 알선해 주셨으면 합니다."

인촌 선생께서는 조 회장이 동맹파업 주모자로 몰려 퇴학문제를 놓고 단독으로 면담할 때나 다름없이 차분한 어조로

"이사람아, 자네가 맡는다면 더할나위 없이 좋겠지만 지금 해방이 된 우리나라에 시급히 필요한 것은 생산(生産, production, 사람의 욕구를 충족하는 재화를 만드는 일)을 하는 기업일세, 더구나 자네는 대학에서 경제학을 전공했으니 국가에 유익한 사업을 일으킬 역군인데 어찌 교육계에 묻어둔단 말인가 교육계에는 교육계 활동에 적합한 사람이 따로 있을 것일세. 그러니 자네는 안돼!"

딱 잘라 거절하시는 것이었다. (조 회장의 인생의 방향을 전환시키는 결정적인 순간이었다.) 조 회장은 인촌 선생의 말씀을 듣고 다시 생각해 보니 교육계에서도 '좌우의 대립'이 대두되기 시작하여 혈기에 넘치는 학생들을 다스리기도 힘들 것 같거니와 교육계에는 경험이 없어

인촌 선생에게 더 떼를 써보지도 못하고 자리를 물러났다.

마땅한 업종을 찾지 못하고 고향으로 내려와

어쨌든 서울에서 무슨 사업을 시작하려면 우선 생활 근거지를 마련해야 하니까 조 회장은 서울에 온 후 얼마 되지 않아 명륜동(明倫洞) 1가의 주택가에 살 집을 한 채 마련했다. 명륜동은 역사적으로 오래 된 곳이다. 이조시대인 1398년 국립교육기관인 성균관을 세울 때 이곳에 학사를 건립했던 곳이다. (조 회장이 이곳에 주택을 마련한 것은 운명적이기도 하다. 후일 이병철 회장이 서울에서 주택을 마련한 곳은 혜화동으로 도보로 2분거리여서 두 분이 자주 만나 사업을 의논하게 되는 것이다.) 조 회장은 무슨 일을 시작할 때 "우선 저질러 놓고 보자"하는 이른바 저돌형이 아니여서 여러 각도로 분석을 해보고 또 각 인소(因素)들을 종합하여 좋은 결론이 얻어져야 비로소 착수하는 스타일이다.

그래서 조 회장은 이런 성격 탓으로 해방 후 정치 유행어 "모리배" 소리에 놀라 기업 착수에 주춤하였고 인촌 선생의 만류에 이끌려 학원 경영에도 나서지 못했다. 조 회장은 이런 사정으로 명륜동에 마련한 집은 그대로 둔 채 일단 고향으로 돌아와 형세를 더 관망키로 했다.

2년이 지난 1949년. 아직도 사회 혼란이 가시지 않고 있었지만 그렇다고 함안에서만 머물러 있을 수도 없고 해서 농지를 처분한 사업 자금을 가지고 다시 서울로 올라왔다. "자, 무엇을 시작할 것인가?" 특별한 기술이 없어도 가능한 사업, 원자재의 구득난과 기술자의 구인난을 겪지 않는 업종. 이렇게 좁혀 들어가니 토건(土建) 분야가 무난할 것 같아 보였다. 이 분야를 착수해 보리라 작정을 해놓고 이 업계의 실태를 알아보니 토건 사업은 수익성이나 장래성 등은 매우 좋았지만 공사비의 지불이 늦어 상당한 장기 투자 즉 자본의 회임기간이 길다는 것을 알게 되었다. 이즈음은 정주영 현대그룹 창업주가 건설업에 진출한 시기였다. 조 회장은 토목 분야를 단념하게 되자 그다음으로 생산업을 생각해 보았지만 생산업은 일단 시작하면 도중에서 다른 업종으로 전환하기가 힘들 것인 만큼 사회 혼란 속에서 정상적인 조업을 해나갈 수 있을까? 이것 또한 자신을 가질 수가 없었다.

마산(馬山)에서 첫 사업

(당시 마산은 특별한 곳이다. 조홍제 회장의 첫 사업 출발지이기도 하고 이병철 회장의 첫 사업 출발지이기도 하기 때문이다.)

조홍제 회장이 세 번째로 시작한 것은 철물(鐵物, iron) 즉 쇠붙이를 다루어 보자는 것이었다. 조 회장이 철물을 생각하게 된 것은 해방이 된 다음 함안 시골에 있을 때 마산에 나가 철물 1,000톤을 산 적이 있었기 때문이다.

어느 날 마산 완월동에 살고있는 대학 동기를 찾아갔는데 이 완월동은 무학산 기슭 높은 곳에 있어 친구 집 마당에서 무심코 바라보니 부두에 무쇠 같은 덩어리가 차곡차곡 무더기로 놓여있는 것이 보였다. 친구에게 무엇인가 하고 물어보니 그것은 선철괴(銑鐵塊)를 쌓아둔 것인데 이 선철은 일제 말기 만주의 안산 철광(鞍山鐵鑛)에서 만들어 일본의 규슈에 있는 야마하(山葉) 제철소로 가져 가려던 것이었지만 미 공군과 잠수함 공격으로 수송선이 끊겨 그대로 쌓여 있다는 것이었다. 미군이 자기네들의 전리품으로 이를 관리하면서 매각 중에 있다는 것이다. 조 회장은 저 선철괴는 모든 철 관련 제품의 원료가 될 수 있을 것이니 저것을 녹여 쓰는 시설만 갖춘다면 간단한 철물 같은 것은 무엇이든지 만들어 낼 수 있을 것 같은 생각이 들었다. 그런데 선철괴로 무엇을 만들려면 먼저 필요한 것이 용광로(鎔鑛爐, Blast Furnace)인데 마산 인근에서 용광로를 설계, 제작할만한 기술자도 구하기가 어렵고 기존 시설을 둘러보아도 규모가 너무 작아 제품을 제대로 만들어 낼 수 없을 것 같았다. 마산의 철물 공장을 두루 살펴 보다 육일공작소(陸一工作所)의 경영자를 만나게 되어 선철괴의 사업에 대한 의견을 교환해보니 조 회장의 투자를 환영한다는 것이었다. 그래서 이 회사의 자산평가를 하여 자본금의 20%에 해당하는 210만원을 현금으로 출자하고 부두에 있는 그 철괴를 확보하기로 했다.

미군의 물자 관리처를 찾다가 철괴를 매입하겠다고 말하자 미군은 환영했고 그 자리에서 1,000톤 전량을 매입키로 하고 계약서와 반출 티켓을 받았다. 1,000톤의 철괴. 그것은 대단히 큰 물량이었다. 물량이 많아 공장 구내에 옮기지도 못하고 근처의 공지를 빌려 노적해 두었더니 밤마다 조금씩 도난을 당하여 그대로 두었다가는 모르는 사이 조금씩 조금씩 다 없어질 지경이었다. 이 많은 물량을 소화하기에는 몇 년이 걸릴 것 같고 신제품 개발도 어려워 어떤 대책을 세우지 않으면 안되었다. 그런데 일이 잘 풀리느라고 서울의 어떤 주물 공장에서 전량을 구입하겠다는 것이어서 시세대로 매각하여 선철괴 사업은 일단락되었다.

정산을 해보니 토지의 매각대금을 비롯한 그동안의 제수입을 합하여 조 회장이 사업에 쓸 수 있는 금액은 1,500만 원에 이르렀다. 당시 구매력으로 보아 대단한 거금이었다. 조홍제 회장은 이런 연고로 서울에서도 고철에 관심을 갖게 되었다. 한동안 정부의 철도 당국이 일본과 물물교환으로 기관차를 비롯한 기자재를 들여오고 그 대가로 고철을 주었기 때문에 국내 고철가가 매우 높았다. 조 회장이 고철에 대해 기초 조사를 하여보니 수집된 고철이 영등포와 청량리 두 역 부근에 많이 남아 있었으며 이것을 전문으로 취급하는 업자들과 소규모의 수집상들이 을지로, 남대문 일대, 염천교, 서소문 일대에 있었다. 서울에 와서 할만한 사업을 찾느라고 1년 가까운 세월을 보냈는데 한 가지 안타까운 것은 인플레로 화폐가치가 계속 떨어진다는 사실이었다. 아무리 인플레가 심하다 해도 서울 장안의 고철을 전량 살 수 있는 재력이면 무슨 사업인들 착수하지 못할 리가 없었다. 그러면서도 조 회장이 선뜻 아무것에나 손댈 수 없었던 것은 그 당시 시대적 상황이 도저히 정상적인 기업활동을 전개할 수 없도록 되어 있기 때문이었다. 미 군정이 우리나라의 실정을 잘 모르는 맹점을 악용해 많은 업자들이 사방에서 폭리를 취하던 그 시절에 정당한 방법으로 사업을 하려 했으니 사실상 아무것도 손 댈만한 것이 없었던 것도 무리는 아니었다.

면장(面長)직 제의 거절

1937년 7월. 일본 군벌의 폭주는 마침내 중·일 전쟁을 일으키게 되었고 1941년에 와서는 소위 그들이 말하는 대동아(大東亞)전쟁에 휩쓸려 들어가게 되었다.

세계의 여론은 말할 것도 없고 양심 있는 일본인들마저 일본의 불법적인 중국침공은 명분 없는 침략 행위일 뿐 아니라 중국대륙이 너무 넓어 일본의 국력으로서는 감당하기 어려운 판국에 전단(戰端)을 열었으니 일본의 승리는 어느 모로 보나 가망이 없어 보였는데 일본 군벌의 계산에서는 그것이 보이지 않는 모양이었다. 더구나 일본인 들은 본래가 섬나라 근성 탓인지 격정적이고 격렬하기만 하여 관대 하지 못한 사람이 많고 식민지 정책도 서구 식민제국의 수준을 따라 가지 못하고 악랄한 수법만 가려서 배워 피지배 민족을 너무 약탈하 는 경향이 있었다.

그래서 이들의 통치 36년간은 큰 희생을 강요당한 우리민족의 수 난기였다. 조 회장은 일본에서 대학 공부를 한터라 일본인 중에 아 는 사람도 많고 또 자신의 재력도 있고 해 마음만 먹으면 그들의 편 에 서서 얼마든지 출세할 길이 있었다. 하지만 일본이 우리나라를 강제로 점령한 이상 그 힘이 없어지면 자연히 우리나라는 그들의 손 에서 벗어나게 될 것이고 그 시기가 평생에는 오지 않는다 하더라도 그럴 가능성이 있고 다음 세대들로 하여금 깨닫게 하면서 참아 나갈 생각뿐 그들과 함께 일할 생각은 추호도 없었다. 더구나 일본인들의 통치 방식은 우리나라 사람을 그들의 앞잡이로 내세워 우리 민족을 괴롭히는 수법을 썼으며 때로는 이 앞잡이들이 일본인보다 한술 더 뜨기도 했다.

그런 환경 속에서도 군북면이 속해있는 함안군에서는 그러한 무 리들의 못된 짓이 허용되지 않았던 것은 함안군 모두가 항일 정신이 강했던 때문이다. 함안의 자랑인 것이다. 일본은 전시체제로 들어가 면서 이 전쟁에서 이기기 위해 전쟁 수행의 협력을 노리는 단체를 무수히 만들기 시작했다. 이렇게 되자 함안군에서도 일본 지방 관헌 은 조 회장이 군북 금융조합장으로서 지니고 있는 신망과 이 고장 에서 수백 년간 살아온 혈연적, 지연적 연고 관계를 이용하려 들었 다. 일본 관헌들은 조 회장을 일본에 협력하게 만든다면 비단 군북면 뿐 아니라 함안 일대의 전쟁 협력체제는 문제없다고 생각했던 모양으로 조 회장의 동의도 받지 않고 회의다 무엇이다 하면서 출석을 강권했다. 조 회장은 그들이 전쟁에 이긴다고 하더라도 그들에게 가담해 우리 고장 백성을 귀찮게 할 생각이 없었으므로 그들의 요구를 모두 거절 해버렸다.

개전 후 일본이 연달아 패전하고 공세가 주춤해지자 그들은 총력전을 선전하면서도 조 회장에게 귀가 따갑게 면장(面長)이 되어 달라고 조르기 시작했다. 그들의 말인즉 조 회장이 가장 신망이 높으니 면장으로 나서 주기만 하면 상부에서 요구하는 공출(供出, 국가에서 국민들에게 강제로 식량이나 물자를 거두어들이는 것) 등이 척척 제대로 나갈 것이라는 것이었다. 조 회장은 "일본인이 하는 일에 협력할 수 없소"라고 정면 반박할 수도 없고 무슨 말꼬리라도 잡히면 곤욕을 치르기 마련이어서 "금융 조합 일과 집안일을 보기도 벅찬데 상근인 면장을 어떻게 할 수 있겠느냐"고 그때마다 좋은 말로 거절했다. 그들은 그러면 비상근인 경방단장직이라도 맡아 달라고 애원했다. 경방단이란 현재의 의용소방대와 같은 것이다. 경방단은 계급장도 있어 감투를 좋아하는 사람들은 단원이 되어 우쭐대고 다니기도 했다. 조 회장이 그것마저 거절해서 그들은 매우 못마땅한 얼굴을 하고 돌아갔다.

요시찰인(要視察人)으로 몰려

요시찰인이란 사상이나 보안 문제 따위와 관련하여 행정당국이나 경찰이 감시하는 사람을 말한다. 군북 시골에서 조 회장에 대한 설득과 강요는 날로 심해 갔으나 그들의 하는 짓을 탐탁하게 여기지도 않았고 관청에 출입하는 것도 피했다. 조 회장은 일본에서 학창 시절에 일본의 대 실업가 귀족이나 고위관리의 자제들과 동창생으로 접촉했기에 그들의 생활양식이나 행동 양식을 알고 있어서 더 이상 지방의 일본인 관리와 사귈 필요도 느끼지 않았다. 그들이 아무리 간청을 하여도 응하지 않으니까 그들은 이윽고 일본인 특유의 논리로 보복에 나섰다.

조 회장이 그들의 협력을 거부하는 데는 무슨 사상적 이유가 있는 것으로 속단하고 고등경찰 당국에 보고를 낸 모양이었다. 그들은 음으로, 양으로 보복 할 뿐만 아니라 심지어는 중국에 있는 임시정부와 내통하면서 독립운동을 하고 있다는 혐의를 씌워 박해를 가하는 시대였으니 조 회장에게도 드디어 그런 시련이 닥쳐온 것이다.

결국 조 회장은 "요시찰인"이 되어 경남도 당국으로 옮겨지게 되었다. 그렇게 되니 고등계 형사들이 수시로 들이닥쳐 비협력에 대하여 꼬치꼬치 따지고 무슨 꼬투리라도 잡으려고 애쓰는 것이었다. 조 회장은 중앙고보 시절 6.10만세 운동에 연루되어 투옥된 일이 있었기 때문에 그들의 수법을 알고 있어 되도록 말꼬리를 잡히지 않으려고 조심하면서 그들이 툭 던지는 올가미를 피해 나갔다. 그들은 잊어버릴 만하면 나타나 "왜 경방단장을 맡아주지 않느냐?" "무엇 때문에 면장은 싫으냐?" 따위로 괴롭혔고 이처럼 이들에게 시달리다 보니 "무슨 방법을 찾아야지 그대로 있다가는 저들의 공세에 휘말려 들고 말겠다." 하는 생각이 들었다. 조 회장은 의도적으로 일본인들이 밉살스럽게 생각하는 외부인사와 접촉을 피했으며 일본의 강압 통치를 공개적으로 비판하지도 않으며 독립운동에 가담한 사실도 없었기 때문에 그들이 입건하지는 못했지만 어떤 확실한 거절 사유 같은 것이 필요하다고 생각했다. 조 회장은 '금융 조합장'만으로는 그들의 요구를 거절하는 구실이 될 수 없어 "내 사업을 시작하자. 그러면 초창기 사업에 전념한다는 핑계를 댈 수 있으리라"

"군북 산업 주식회사" 독자사업

조 회장은 이런 결론에 도달하자 고등계 형사들의 불시방문도 피할 겸 또 할만한 사업도 물색하고자 진주, 대구 등지로 나가보게 되었다. 그러나 일본이 경제통제를 강화해 나가던 전시 하에서 할만한 사업은 없었고 간신히 현상 유지라도 해나가는 업체는 팔려고 내놓지도 않았다. 그러던 차에 때마침 군북 산업조합이 경영난으로 허덕이던 끝에 인수할 사람을 찾고 있다는 소식이 들려왔다. 사람을 시켜 자세한 내막을 알아보니 사업성은 그다지 나쁘지 않은데 관리자들의 능력과 소유주의 재력부족으로 경영이 악화일로에 있다는 것이었다.

당시 산업 조합은 금융조합과 함께 협동조합의 일종으로 농업 분야에서 농민들의 경제 활동을 돕고 조직화하는 역할을 담당했다. 산업 조합은 농산물 생산판매, 농자재구매 등을 놓고 공동으로 처리하여 농민들의 경제적 자립을 도왔다. 금융조합이나 산업조합은 3.1운동 이후 조선 총독부가 문화정치를 한다는 때의 산물이다. 조홍제 회장은 이 조합을 인수한다는 단안을 내리고 그때 돈으로 3만 4,000여원을 들여 조 회장 명의로 하고 이름도 "군북산업주식회사"로 바꾸었다. 이로써 상근해야 하는 직장이 생겼고 경영책임자가 되었으니 지금까지 귀찮게 굴던 자들도 나타나지 않겠다는 생각이 드니 해방감에 당장 살이 찔 것만 같았다. 이 회사의 업종은 정미(精米)가 주종을 이루고 있었는데 면에서 거둔 공출미를 도정 하는 것이 일이라 이익을 기대할 수가 없었다. 당시의 도정업자 중에는 부조리한 수단을 써서 치부에 혈안이 된 자들도 있었고 농민들에게 가혹하게 하여 공출에 시달리는 농민을 괴롭히는 사례가 많았다. 조 회장은 처음부터 이 회사에서 생계를 유지할 생각으로 시작한 것이 아니었으므로 거래는 공정일변도로 처리해 나갔다. 조 회장이 이 회사의 경영을 통해 세상 물정의 미묘한 흐름과 사람을 어떻게 써야 하며 또 관리는 어떻게 해야 하는가 등 실제적인 경험을 쌓게 된 것은 그에게 큰 소득이었다.

결과적으로 이것으로 일본인들의 협력 요청을 거절할 수 있었고 일본인들의 주구 노릇을 피할 수 있었다. 만일 조 회장이 그때 흐지부지 면장직이나 맡았더라면 일제 협력자라는 낙인이 찍혀 해방 후의 활동에 많은 제약이 따랐을 것이다.

15

충격의 동업 청산 제안

(독자들이어, 우리 이야기는 그동안 조홍제 회장 가문의 이야기, 소년 시절 성장 이야기, 서울 유학, 일본 유학 이야기, 그리고 조 회장의 인격 형성의 배경 이야기 등으로 우회했고 조홍제 회장에 대해서 충분히 이해하는 시간을 가졌다. 그리고 이병철 회장과 동업하게 된 계기와 과정에 대해서도 소상하게 알게 되었다. 이 책은 지금부터 조홍제 회장의 독자적인 기업인으로서 사업을 펼쳐가는 과정과 내용을 따라가 볼 것이다)

1958년에 접어드니 제일모직의 제품 품질도 좋아지고 외국산에 비해 가격 면에서 월등 염가인데 힘입어 흑자를 내는 수준에 오르게 되었다. 당시 외국산 신사복 한 벌 값은 7만 원 수준이었으나 제일모직 골든텍스는 3만 원~3만 5천 원이었다. 이렇게 되자 조홍제 회장은 한숨 돌리게 되어 1960년 3월 초 일본 동경으로 출장을 떠났다. 조 회장보다 먼저 동경에 가 있던 이병철 회장과 업무 협의도 있고 일본 모직 산업계도 둘러보기 위해서였다.

며칠 후 이 회장을 만나 동경 교외의 골프장을 함께 갔는데 이 회장이 "내일 아침에 만나서 의논을 좀 할까 하니 숙소를 방문해도 좋은가"라고 물어왔다. 다음 날 이병철 회장은 자리에 앉자마자 불쑥

"이제 조 부사장하고 동업을 그만두기로 작정했는데 아직 모르고 있 겠지요." 하는 것이었다. 너무 뜻밖의 제의였다.

조 회장이 생명의 위협을 받은 만큼이나 중병을 앓고 난 다음이라 주변을 정리해 나가려던 참이었던 만큼 이런 마당에는 재산의 정리 도 큰 부분을 차지하는 것이니 그와의 동업을 정리하는 것도 한 방 법이다 싶어 그의 제의를 받아드려 동업을 청산해도 좋으리라 생각 했다. 이 사장은 한동안 다른 이야기를 하던 끝에 이번에는 각자 지 분율에 대한 이야기를 꺼내는 것이었다.

조 회장과 이 회장이 1948년에 삼성물산 공사를 동업으로 시작하 면서 적용키로 한 지분제는 회사가 이익이 나면 그 출자 비율에 따 라 이익금을 동업방식으로 배분하되 결산은 반드시 1년 만에 하도 록 되어있었다. 왜냐하면 당시 우리 경제 상황이 격심한 인플레 하 에 있었기 때문에 화폐가치가 저하되고 있었기 때문에 중간에서 투 자하는 것을 인정하면 먼저 투자된 것과 뒤에 투자된 것 사이에 실 질 가치상의 차이가 생기고 또 나중에 투자한 만큼 지분율이 높아지 게 되니까 이익이 많이 났을 경우 거기에 따른 이익 배당도 커지는 것을 막기 위한 조치였다. (지분제는 사실상 건설업계에서 선택하는 사업 형태이다. 일반적으로는 동업체는 상법에 의한 '주식회사' 형태를 택하는 것이 정도다. 동업자(주주)의 권리를 확실하게 보호받는 섯이나. 조홍제 회징과 이병 철 회장이 무역업을 하자는데 합의하면서 어느 분이 지분제로 하자는 제안을 했 는지는 공식기록이 없다. 지분제는 함정이 많은 회사형태다) 이병철 회장은 지분율에 대한 이야기를 꺼내면서 천만 뜻밖에도 지금까지 적용해 온 지분율이 잘못된 것 같다고 말했다. 이것은 대단히 민감하고 복 잡한 문제가 생길 수 있는 소지를 안고 있었다.

이 회장은 8년 반 전인 1951년 9월의 결산에서 이것저것 자기 지분으로 늘린 것이 있으니 지금 적용하고 있는 비율보다 자기의 지분이 더 많을 것이라 했다.

조홍제 회장은 크게 놀라지 않을 수 없었다. 1951년 결산 때부터 오늘에 이르기까지 8년 반이란 기간동안 이 회장이 추천해 입사한 경리 책임자(서문규씨. 일본지요타구 은행 대구지점장 출신)가 작성한 결산 내용에 따라 아무런 이의 없이 배당을 비롯한 회사의 모든 활동에 무수히 적용되어 왔으며 알만한 사람은 다 알고 있는 사실인데 하필이면 동업을 청산하자는 제의를 하면서 이런 이야기를 하는 걸까. 무슨 저의가 있어 보였다. 지분율에 대해서는 오히려 조홍제 회장이 할 말이 많은 처지인데 이 회장의 말을 이해할 수가 없었다.

"이 회장, 1951년 결산에서 나온 이 회장의 지분율은 당시 장부나 결산 서류에 산출근거가 상세히 나와 있으며 근거나 이유도 없이 어떻게 그런 지분율이 나올 수 있는가? 만일 이 회장의 말대로 이 회장의 지분율이 틀렸다면 어째서 틀리게 되었는지 거기에 대한 이유나 증거가 있어야 되지 않겠는가? 틀렸다는 무슨 증거라도 있다면 그것을 놓고 구체적으로 이야기하세. 더구나 이 회장이 오늘 동업을 그만두자고 하면서 이 사장의 지분율이 높을 것이라고 말하니 듣기에 매우 이상하지 않은가?"

조 회장이 이렇게 말을 해도 이 회장은 그 증거에 대해서는 일언반구도 없이 자신의 지분이 1951년 9월 결산에서 나온 것보다 많을 것이란 말만 되풀이했다. 조홍제 사장도 정색을 하면서

"그때 그 결산도 나하고는 아무런 상의도 없이 이 회장 혼자서 경리책임자 서문규씨에게 지시하여 작성했던 것 아닌가, 더구나 서문규씨는 일제 강점기에 일본 지요타구 은행 대구지점의 지배인을 지낸 사람이라 계산에는 일원 한 장 틀림없다고 하면서 이 회장이 추

천해 입사시켜 경리 책임을 맡긴 사람인데 그런 사람이 이 회장 지분을 낮추어 가면서 내 지분을 높였겠는가? 일원 한 장까지 철저히 챙기는 성격의 사람이 이 회장의 지분이 달라질 수 있는 중대한 근거를 빠트릴 일은 절대로 없을 걸세. 그리고 1951년 9월 결산에서 나온 지분율이 8년 반이 지난 오늘날까지 삼성물산, 제일제당, 제일모직에서 투자한 한국 타이어, 안국화재, 동양제당, 천일증권 등 회사의 지분 주식에서도 아무런 이의 없이 적용되어 오고 있지 않은가"

친할수록 돈거래는 증거를 남겨라

조홍제 회장은 그럼에도 이회장이 자신의 지분율이 높다는 말을 계속 하길래,

"이 회장, 지금 그런 말을 하니까 말이지만 1951년 9월의 결산은 결산을 6개월 만에 했다는 자체가 동업 당초의 약정을 위반했네. 전시 경제하에서 인플레가 매우 심했던 그때 1년 만에 하도록 되어있는 결산을 6개월 만에 그것도 자신의 이익만을 위해 일방적으로 강행하면서 이회장의 지분이 되도록 만들었지 않았던가?

1951년의 결산 후 1년만인 1952년 3월에 가서 정상직으로 결산을 했더라면 아무런 문제도 일어나지 않을 것을 6개월만인 1951년 9월에 결산을 했기 때문에 큰 문제가 생긴 것은 이 회장도 알고 있지 않는가. 결산기간 중에 이익이 나지 않았거나 매우 적었더라면 모르지만 1951년 9월 결산에서 10억 원이 넘는 이익을 올리고 있었으니 1952년 3월 결산까지는 이보다 더 큰 이익이 예상되고 있었는데 9월 결산을 강행했기 때문에 이 회장이 예치한 투자분이 6

개월 만에 이 회장의 지분에 보태어져서 이 회장의 지분율은 높아지고 상대적으로 내 지분율은 낮아져 버린 거지. 지난 8년 반 동안 엄청난 손해를 보고 있으나 동업하는 처지에서 호양 정신으로 일을 해 나가야지 일일이 따지기 싫고 해서 지나오고 있는데 이 사장은 서류상의 근거도 없이 자기 지분율이 높을 것이라고만 우기니 나도 하고 싶었던 말을 안 할 수가 없네. 우리 회사의 예금 실적에 기준하여 6.25동란 전에 대부해 준 210만원, 그때의 200만원은 거금이었지. 그 200만원과 부산에서 사업재개 후에 대부받은 1,000만원 이 두 가지 대부금을 이 회장은 어떻게 처리 했던가? 이 회장이 그것을 개인지분으로 돌려놨다면 그것은 사리에 어긋나는 일 아닌가. 나는 그것을 묵인해 왔어. 뿐만 아니라 대구의 조선 양조장에서 빌린 돈을 이사장의 지분으로 돌린 것도 원칙에서 벗어난 일 아니던가! 1951년 4월 이 회장이 마산으로 나를 찾아와서 '이제 무역업을 재개할 수 있게 되었으니 부산으로 나가 사업을 합시다. 필요한 자금은 조선양조에서 이자를 약간 주고 빌려 쓰면 됩니다.' 해서 2억 수천만원을 회사 명의로 차입, 매월 1할(10%)의 이자를 회사 돈으로 지불하지 않았던가. 차입금을 이사장의 지분으로 돌리면 이자로 받는 금액보다 몇 배의 이익 배당금을 받게 되니 그만큼 나는 손해를 보았지만 그것마저 묵인해버리고 말지 않았소. 더구나 이 회장이 6.25때 창고에 남아있던 수입품을 혼자서 임의 처분한 것이 얼마며 개인 사정으로 인출해 간 다음 정리하지 않은 상당한 금액을 제외한다면 이 회장의 지분율이 8년 반 전인 1951년 9월 결산에서 나온 것보다 어떻게 더 높아 질 수 있더란 말이오!"

이러자 이병철 회장은 "그러면 8년 반 전인 그때에 바로 그런 일들을 왜 말해주지 않았소?" 하고 휑하니 밖으로 나가버리는 것이었다. 그때 조 회장이 느낀 바는 "친하면 친할수록 금전 거래에는 꼭 증거를 남겨 뒷말이 나게 하거나 손해를 보는 일이 없도록 하라"는 것이었다. 일찍이 셰익스피어는 "친구에게 돈을 빌려주면 돈도 잃고 친구도 잃는다."라고 했다.

한 몸으로 맡게 된 부정축재 책임

조홍제 회장은 이병철 회장이 방을 나가버리자 형언하기 어려운 고독감에 휩싸였다.

"그런 방법이 아니더라도 얼마든지 청산할 길은 있을 것인데…"

이 사람이 이제는 혼자서라도 얼마든지 해나갈 수 있게 되었다 싶어서 그런 제의를 하는 모양이지만 오다가다 이해관계에 얽혀 동업을 시작한 것도 아니고 동향의 지우로서 또 사업의 동지로 10여 년이나 동업을 해온 처지인데 그 끝맺음을 꼭 이렇게 해야 하는가?

조홍제 회장은 마음을 굳히고 그와 동업 청산 문제를 구체적으로 매듭지으려 결심했다. 그런데 그 무렵 국내에서는 3.15 부정 선거로 소용돌이치던 정국이 마침내 전국적인 규탄 데모를 유발시키고 말았다. 동경에서 국내 사정을 보고 있자니 회사 일들이 마음에 걸렸다. 최고 경영자 두 사람이 모두 일본에 있으니 무슨 긴급 사태가 발생할 경우 누가 최종결단을 내려 처리할 것인가? 조 회장은 이병철 회장과 만나 이 문제를 협의 조 회장이 먼저 귀국하기로 했다.

자유당의 부정선거는 4.19혁명을 결과했고 학생과 일반 대중은 이내 그 화살을 부정 축재로 돌렸다. 어수선한 분위기 속에서 어떻게 동업 청산 문제를 들고 논의할 수 있겠는가. 내 온 정성을 쏟아 이룩한 회사가 그 존속이 문제가 되는 극한 상황에 부딪쳤는데 그

위급함을 보고 청산운운 심정이 되랴! 더구나 1960년 11월에는 삼성 산하 3개사 임원 개선이 있어 조홍제 회장이 제일제당의 사장으로 선임되어 사실상 삼성을 대표하여 부정축재 문제를 처리하지 않으면 안 되게 되었다. 그런데 부정축재 문제를 매듯 짓지도 못하고 있는 동안에 5.16혁명이 일어났다. 군사 혁명 정부는 부정축재 문제를 승계하여 처리하게 되었는데 이런 상황에서 이병철 회장의 귀국이 연기될 수밖에 없었다.

매스컴도 연일 부정 축재자의 대표 격인 양 이병철 회장의 개인적인 비위 사실까지 들추어 가며 공격의 화살을 퍼부어댔다. 삼성 산하 전 임직원은 풀이 죽어 고개를 들고 다니지 못할 상황이라 이런 때에 이병철 회장이 귀국한다면 민심을 더 자극하고 수습이 더 어렵게 될 것이 분명하고 혁명당국도 그를 소환하거나 구속 조치할 것임이 틀림없었다. 부정축재 환수를 위한 조사가 회사 사무실에서 진행되고 있으니 최고 책임자인 조홍제 회장은 평소보다 더 일찍 출근하고 늦게 퇴근했다. 그러던 어느 날 부정축재 처리 위원회에서 출두해달라는 연락이 왔다.

삼성을 조사하는 팀의 책임자인 하(河)모 대령과 수인사를 하고 대좌하니 "내일 정오까지 이병철 회장을 서울에 도착시켜 구속을 받게 하든가 아니면 조 사장이 수감 되든가 양자택일을 하는 도리밖에 없도록 되어 있습니다." 라고 말했다 그때의 국내 여론은 이병철 회장을 국내로 소환, 구속해야 한다는 강경론이 최고조에 달해 있던 때라 그를 감싸는 데도 한계가 있었고 그렇다고 외국에 있는 이 회장 더러 "당신이 내일 귀국 해서 구속을 당하지 않으면 그 대신 내가 수감되게 되어 있으니 빨리 나오시오." 이렇게 전화를 하란 말인가 조홍제 회장의 소싯적부터 지켜 오고 있는 교우관은 자기 일신의 이해를 초월하는 것이었다. 붕우유신(朋友有信). 그의 신조였다.

"알았습니다. 그러나 이병철 회장은 구속할 수 없습니다. 그는 지금 신병이 있어 치료 차 입원 중이니 기동은 무리일 것입니다. 지금 내가 집으로 가서 내일 수감 될 준비를 하지요."

조 회장은 이 말을 남기고 집으로 돌아오자 동경에 있는 이 회장에게 급전을 띄워 국내 정세를 대충 설명 한 다음 "여기 일은 내가 감당할 테니 그리 알고 있으시오" 그의 입국을 만류했다. 동업 청산의 갈등 속에서 발휘되는 아름다운 국면이었다.

다음날 하루종일 아무런 통지가 없더니 퇴근해 저녁 밥상을 받고 있는데, 검은 찝차가 들이닥쳤다. 저녁을 마친 다음 옥중 생활을 위해 대문을 나섰다. 마포 교도소의 처우는 일제 강점기에 만세를 부른 일로 들어갔던 서대문 형무소의 그것이나 크게 달라진 것은 없었다. 마포 교도소에서 1개 월여를 보내는 동안 삼성(三星)에 대한 부정축재 조사도 일단락되어 풀려 나오게 되었다.

벌과금은 59억환. 이 중에서 제일제당 앞으로 나온 것이 57억 5천만 환이었으니 모두가 아연해 질수 밖에 없었다. 회사에 나가 보니 사내 공기는 "이제 우리는 망했구나"였다. 조 회장은 사기부터 높여 놓고 대책을 강구키로 작정 하고 전 사원을 모아 놓고 자신의 소신을 밝혔다. "여러분 나는 1개 월여를 교도소에서 보냈습니다. 나는 기업인의 사회적 책임에 대하여 한층 신념이 굳어졌습니다. 여러분은 회사와 고락을 같이 해왔고 한 사람도 감원되지 않을 것입니다. 대우 또한 전보다 못해지지 않을 것입니다. 내 개인의 재산을 전부 내놓는 한이 있어도 회사만은 살려 놓고 볼 것입니다. 지난날과 같이 열심히 회사 일을 해 주십시오."

사원들 모두가 밝은 표정이 되었다. 회사가 어느 정도 안정을 되찾자 벌과금을 지불하기 위한 대책에 부심했다. 1957년 무렵부터 제일제당의 수지가 매우 악화 되어 있어 회사가 이를 타계하는 활로로서 제분업(製粉業)을 겸하지 않을 수 없었다. 제일제당이 불황을 만나게 된 이유는 1953년 10월에 부산에서 제당 공장을 완공시켜 호황을 누리게 되자 1955년 5월 서울에 동양 제당, 1956년 1월에는 울산에서 삼양사, 1956년 8월에는 한국정당과 금성제당이 가동에 들어갔기 때문이다. 제일제당의 시장 점유율이 날로 떨어져 특별한 대책이 필요해졌다. 1957년에는 다시 해태제과와 대동제당의 공장이 준공되어 더 기다릴 수 없다하여 새 활로를 찾고자 1957년 10월, 부산공장 구내의 제분공장을 착공 이듬해 4월에 준공을 보았다. 서독에 제분 설비를 발주하면 시일이 오래 걸리게 되므로 건설장비를 국산으로 마련하여 가동에 들어갔고 조 회장은 제분업에서 벌과금을 짜내려 했다.

조홍제 회장은 제분 부문에서 염출할 길이 없을까 하고 중역 회의를 소집했다. "지금 사원들의 사기를 진작시켜 생산성을 높이 끌어 올리고 판매 활동을 강화해 벌과금을 조속히 완납해야 하겠습니다. 여기에 대해 좋은 안이 있으면 말씀해 주시오" 그러나 57억 5천만 환이란 거금을 쉽사리 마련할 수 있겠는가. 제당 부문이 1년에 5억 환의 순익을 올려 그것을 전액 벌과금에 충당한다고 해도 1년이 걸리고 여기 저기의 사업 이익금을 염출해 10억환을 낸다고 해도 6년이 걸리지 않는가?

중역 회의에서도 이렇다 할 답을얻지 못한 조홍제 회장은 며칠을 생각하는 중에 문득 제분원료인 원맥(原麥, 밀, raw wheat)을 수입하기 위한 "정부달러의 공매"에 생각이 미쳤다. "됐다. 이것으로 한번 해볼 수밖에…" 당시 제분업자들은 폭등하는 밀가루 수요에도 불구하고 자금의 여유가 없어 정부가 공매하는 달러를 많이 살 수가 없었기 때문에 늘 원료난에 시달리고 있던 때라 달러를 많이 가진 사람이 그것을 직수입하여 직접 제분을 하면 더 많은 이익을 낼 수 있었다. 그래서 조 회장은 제일제당이 동원할 수 있는 모든 현금을 원맥수입용 달러 공매에 돌렸다.

이렇게 해서 그 무렵 실시한 정부의 공매 달러의 거의 절반을 낙찰 시키는데 성공했다. 원맥 다량확보는 이익증대 그 자체였다. 확보된 원료로 공장의 인원을 늘려 휴일조차 없는 완전 가동에 들어갔다. 그리고 계속해서 공매 달러를 구하는 대로 원맥을 구입, 자금의 회전 속도를 늘렸다. 벌과금은 분납도 허용하고 있었으므로 제1차분의 납입금을 마련하기 위해 회사 운영에 지장을 초래하지 않는 선에서 이익금 전부를 적립토록 했다. 이 같은 노력으로 1962년 5월 초에 1차 분납금 17억 환을 납입할 수 있었고 잔액에 대해서도 같은 해 완납할 수 있었다.

당시의 제일제당 형편으로는 57억 5,000만 환은 힘에 겨운 것이었지만 기지와 노력으로 이를 극복할 수 있었다. 부정축재 벌과금을 불과 2년 만에 완납한 것은 회사의 모든 임직원의 노력의 결과였다.

동업 청산 원칙에 합의는 보았으나

이렇게 부정축재 벌과금을 완납하게 되자 이병철 회장은 재무를 담당하고 있는 중역에게 삼성 산하 모든 회사의 고정자산 등을 시가에 준하여 평가하도록 지시했다. 얼마 후에 담당 중역이 평가한 내용을 정리한 서류를 가지고 왔는데 그것을 대충 훑어보니 평가 기준이 너무나 원칙을 벗어난 것이었다. 조 회장은 그 중역에게,

"여보게, 오늘날과 같이 인플레가 심한 때 고정자산을 평가 하는데 있어서는 그 값이 오르면 다 같이 오른 것으로 해야지 건설비가많이 든 제일모직의 공장은 당 초의 소요 건설비보다 과소평가하고모직 공장보다 훨씬 적게 든 제일제당 공장에 대해서는 크게 올려놓았으니 이것은 어인 까닭인가?"

"…"

"자네도 알지 않는가? 제일 모직과 제일제당은 그 구조부터가 다르며 제일 모직은 최고, 최량의 공장이고 제일제당이야 흙 벽으로쌓아 올린 것이 아닌가. 그러니 이런 평가는 말도 안 되네."

그 중역은 두 말도 못하고 물러갔다. 제당과 모직은 같은 공장이라도 단위 건설비에는 큰 차이가 있다. 또 제당은 모직보다 먼저 지었기 때문에 평가 면에서는 모직보다 낮아져야 할 것인데 두 공장건물의 평당가격을 엇비슷하게 해놓았으니 그 담당 중역이 그런 내용을 모르고서 평가 작업을 했으리라고는 생각할 수가 없었다. 벌과금 청산이란 무거운 짐을 어깨에서 내린 홀가분한 기분으로 1962년8월의 어느 날 저녁 이병철 회장은 그의 자택에서 재산분배를 논하자고 했다.

"동업 청산을 어떤 방식으로 했으면 좋겠습니까?" 고 이 회장은동업 청산 문제를 끄집어 냈다.

"현재의 내 지분이 전체의 3분의 1이니 삼성물산, 제일모직, 제일제당 3사 중 규모도 훨씬 크고 최신 시설에다가 경쟁업체도 적어 사업성이 좋은 제일모직은 삼성물산과 함께 이 회장이 갖도록 하고 제일제당을 내가 갖는 것이 좋겠소."

조 회장은 자신의 의견을 말했다. 언젠가 이병철 회장은 세 회사중 어느 것 하나는 조 회장이 가져야 한다는 말을 했지만 회사를 특정하지는 않았다.

이병철 회장은 "오늘날 삼성(三星)이 이렇게 성장하기까지는 조 회장의 공헌이 지대하였으니 3사 중 어느 사를 하나 가져도 오히려 모자람이 있겠지만 굳이 조 회장의 뜻이 그렇다면 그렇게 하는 것도 좋겠습니다."고 말했다. 아주 극적인 순간이었다.

이렇게 해서 조홍제 회장이 제일제당을 갖고 삼성물산과 제일모직은 이병철 회장이 갖는 것으로 확정되었다. 이날은 이 화장이 기분이 좋았던지 제일제당을 운영하게 되면 임·직원 중 누구누구를 가려 뽑아 어떤 직책을 맡기는 것이 좋을 것이라는데 까지 합의를 보았다. 그러나 이 분할 원칙에 대해 어떤 문서나 메모랜덤(Memorandum) 작성은 없었다.

4·19, 5·16 두 혁명의 소용돌이 속에서 회사의 안정 유지와 벌과금의 조기 완납을 위해 동업을 청산하자는 말이 이병철 회장에게서 나온 지 2년여의 세월이 흘러가 버리고 말았지만 이렇게 합의가 원만하게 이루어져 조 회장 자신이 15년간 심혈을 기울여 삼성을 키운 보람이 있다고 생각했다.

이 회장과 합의를 본지 2~3일이 지난 어느 날 회사의 모 중역이 일을 보러 조 회장의 방에 들렸다. 조 회장은 그에게 이 회장과의 재산분배 문제에 합의를 보았고 조 회장 자신이 제일제당, 이 회장이 제일모직과 삼성물산을 가지도록 했다고 말하자 그 중역은 고개를 갸우뚱하면서 "이병철 회장이 말씀한 내용과는 틀리는 것 같은데요…"라고 말했다.

"뭐가 틀리는데?"

"글쎄요, 저도 자세히는 모르겠습니다만…"

조홍제 회장도 고개가 갸우뚱해지고 말았다. 합의가 되었으니 틀림없이 제대로 지켜질 텐데 그 중역이 그런 말을 하는 것일까… 아니나 다를까. 그 중역이 조 회장에게 들려주는 말인즉 처음에는 그렇게 합의가 되었는지 몰라도 지금 이병철 회장의 생각이 달라져 또 다른 방도롤 강구하는 것같다는 것이었다.

"그렇다면 무엇이 어떻게 되었다는 것인가, 불과 2~3일 사이에 이 회장의 생각이 엉뚱한 것으로 바뀌어 버렸다니. 알다가도 모를 일이군"

조 회장 재산의 대부분을 포기토록 권고

며칠 후에는 다른 중역이 조 회장 방에 오더니 "조 사장님, 제일제당 그자체 하나만 가지시고 부대 투자자산을 포기하시면 결말이 빨리 날 것 같은데 의향이 어떠하신지요?" 하면서 조 회장의 의사를 타진해 보는 것이었다.

그 말은 꽤 여러 가지 함수를 가진 것이었다. 즉 그의 말뜻은 제일제당이 투자 인수한 구룡포(포항시 남구소재) 통조림 공장, 한국 타이어 주식 50%, 안국화재와 천일증권의 지분 주식, 부산 전포동 인근의 해변에 있는 5만 평의 공장용 대지를 비롯한 기타의 부동산과 여타의 자산을 포기하도록 권하는 것이었다. 1962년 6월에 화폐개혁을 하여 10대 1로 하였으나 그 시점을 기준 해 본다면 제일제당 자체와 부대 자산을 합치면 30억 원이 넘는 재산인데 일개 중역이 당돌하게 이런 말을 할 수 있을까 생각하니 어이가 없었다.

조 회장은 그 중역에게 "아니, 그 부대 자산이 어느 정도인지 알고서 나에게 그런 말을 할 수 있나? 원칙대로 하면 쉽게 될 일을 가지고 무엇이 그다지도 이유가 많은가?"

조 회장은 이병철 회장이 당연히 내어줄 것을 가지고 말이 많은 것에 불쾌감을 느꼈다. 조 회장이 부정축재 문제로 옥고를 치루고 그의 부재 중에 삼성의 기본이 흔들리지 않도록 관리하고 부정축재 문제를 마무리 지은 결과에 대해 "조 형! 조 형의 노고에 충심으로 깊은 감사를 드립니다."라고 했을 정도로 아무런 격의도 없던 사이었는데… 그런데 여러 가지 일들이 자꾸 이상하게 되어가기만 했다.

별의별 이상한 소문이 나돌더니 얼마 후에는 수명의 유명 법률 고문을 모셔 왔디는 것이었다. 재산을 평가하여 분배하는 일이라면 그런 일을 전문으로 하는 계리사(計理士)가 필요하지 무엇 때문에 법률 고문, 그것도 수 명씩이나 필요한가? 그것은 분명 재산 배분 문제를 처리하는 데에 대한 소송을 대비하는 것이었다.

조 회장은 재산분배를 놓고 법에 호소해서라도 찾겠다는 생각은 꿈에도 생각해본 일이 없었는데 나보다 유리한 위치에 있는 이 회장이 청구 소송에 대한 대응책까지 마련하다니…. 생각이 여기까지 오니 이 회장과 무슨 연관을 가지면 가질수록 손해가 온다는 것을 생각하지 않을 수 없고 지금까지 그를 좋게만 보려고 애쓴 성의는 수포로 돌아갔다는 느낌이 들었다. 조홍제 회장의 나이 56세, 옳다 그르다 하고 싸운다면 어떻게 자신의 사업을 제대로 할 수 있겠는가…

16

겨우 3억 원에 낙착된 재산분배

조홍제 회장과 이병철 회장의 재산분배에 관한 면담은 1964년 여름 일본에서 이루어졌다. 동경의 한 호텔에서 만나니 이 회장은 종전의 태도와 조금도 다름없이 조 회장이 받아야 할 금액의 10분의 1도 안 되는 3억 원 선으로 청산을 끝내자는 것이었다.

그가 2년여에 걸쳐 갖은 이유를 들어 재산분배를 늦추는 동안 조 회장이 밤잠을 설치면서 내린 결론은 이 회장과 재산분배로 계속 다툰다는 것은 그만큼 조 회장 자신에게 손해가 온다는 것이었다. 재산청구 소송을 제기해 보아야 결말을 보기까지에 투자되는 비용, 시간 그리고 정력을 어떻게 감당할 것인가? 아마도 자신의 여생이 여기에 소진되고 말리라.

이렇게 생각하니 평소에 "남과 시비를 하지 마라. 시비를 하여도 득 되는 일이 없느니라."고 가르치시던 조부의 말씀이 떠올랐다. 조부의 교훈을 따르는 것이 현명하리란 생각이 들었다. 실제로 조 회장의 향리에서 할 것이란 1,500석을 하던 어떤 집안이 송사로 인해 폐가한 사례도 보았으니 아직 기력이 쇠하지 않았을 때 재산분배에 매달리기보다는 내 독자 사업에 주력하는 것이 옳겠다 하는 결론을 얻은 것이다. 이런 결론을 내리고 있던 조홍제 회장은 어느 날 "이 회장, 이제는 더 이상 재산분배 문제로 다투고 싶지 않으니 그 문제는 이 회장의 처분에 맡기겠네" 이렇게 조용히 말해주었다. 그랬더니 그는 이런 대답이 의외였던 모양으로 갑자기 얼굴에 긴장이 풀리면서 "대단히 미안하게 되었소. 지금까지 내가 취한 처사에 대해서 할 말이 없군요." 하면서 그동안의 잘못을 사과하는 것이었다.

"이 회장, 지금의 사과가 진심에서 나온 것이라면 아직도 늦지 않소. 그래 3사의 지분은 이 사장의 의견대로 한다고 치고 아직 정리 안 된 여타의 재산에 대해서는 어떻게 할 셈인가?"

"그렇게 말씀하시니 무엇이라고 해야 좋을지… 정리하는데 대해서는 아무런 이의도 없으며 조 사장의 이야기대로 집행하겠습니다. 단지 그것을 당장 준비하기는 힘든 일이니 시간을 좀 주면 청산토록 하지요"

하면서 약속했다. 조 회장은 이 결정을 너무 오래 두면 좋지 않겠다 싶어 동경에 가서 이 회장을 만나자고 했다. 그러나 며칠이 지나도록 아무 연락이 없었다. 비서의 말은 "분명 조 회장님의 말씀은 전해드렸습니다. 아직 어떻게 하시겠다는 말씀은 없으셨습니다." 조 회장은 그가 또 한 번 말로써 그 자리를 모면한 것인가라고 생각했다. 지금까지 아무런 소식이 없다는 것은 무엇인가?

이리하여 이병철 회장과의 재산분배는 2년여에 걸쳐 파란만장의 우여곡절을 거쳐 분배받을 재산의 10분의 1 수준인 3억 원 정도를 받는 것으로 매듭지어졌다. 물론 잔여 재산을 찾는 일은 포기하고 말았다. 그리고 3억 원의 내용도 은행 관리의 부실기업인 한국타이어와 한일나일론의 삼성 지분이었다.

조홍제 회장은 당시 기준의 30억 원 선인 재산을 찾아 나오기 위해 매달리지 않고 선뜻 삼성 뜰 나섰고 비록 이 일 때문에 2년여에 걸쳐 고민은 했으나 3억 원만 받고 이 회장이 개인적으로 분배해주어야 할 재산을 포기한 그 결단은 오늘날까지 살아오는 동안 내리지 않을 수 없었던 수많은 어려운 결단 가운데에서도 가장 현명하게 내렸던 결단이 아니었나 생각했다.

그런데 결단을 내리지 못하고 분배받을 그 재산에만 연연했더라면 그의 독자적인 사업은 시작해보지도 못하고 재산은 재산대로 찾지 못한 채 끝나게 되었으리라.

효성(曉星)그룹 탄생

(독자들이어, 우리는 조홍제 회장이 독자 사업을 시작하게 된 배경을 들어다봤으며 조 회장의 탈 삼성의 고민을 보기도 했다. 이 책은 앞으로 조홍제 회장의 독자적인 경영수완과 능력 그리고 한국 재계에 새로운 거대 기업집단의 출현을 보게 될 것이다)

조홍제 회장은 독자 사업을 시작했다. 1962년 9월 그의 나이 56세였다.

당시 한국의 평균 수명은 60세 수준이어서 56세는 노년층으로 분류되었다. 출발이 늦어진 것이다. 조 회장이 삼성(三星)을 나와 기업 활동을 포기하지 않고 처음부터 시작하기까지에는 전혀 마음의 동요가 없었던 것은 아니었다. 그러나 조 회장이 대학에 입학하면서 세운 결심. 즉 남보다 늦게 출발하는 데 대해 신경을 쓰지 말자는 그 결의가 어제같이 떠오르곤 했다. 조 회장은 일본 사립 명문 법정대학(法政大學, 호세이다이각구)에 입학할 때 27세로 만학도였다. 조 회장은 "그렇다. 이제부터라도 뜻이 있는 사업을 세워 밀고 나가보자.

밀고 나가다가 자신의 명수(命數)가 다하여 못하게 된다 하더라도 그때는 내 자신의 뜻을 살리는 후계자가 나와 사업을 승계할 것 아 닌가!"

조 회장은 생각을 이렇게 가다듬으니 한동안 흐렸던 마음도 맑아 지고 새로운 사업을 해야 되겠다는 의욕이 되살아났다. "나이를 먹 었다고 그것을 걱정하여 일을 망설이는 것은 우리나라 사람의 병폐 인 조로(早老)현상이다. 나이를 잊고 일을 해나가자. 우선 당장 정해 놓은 사업이 없으니 국내 정세나 재계를 관망하면서 지금까지 자신 이 쌓아온 경험을 살릴 수 있는 무역업(貿易業, Trade industry)을 바탕으로 천천히 유망한 생산 업종을 찾아보자"

조 회장은 무역업에 관해서는 자신이 있었다. 삼성에서 삼성물산 공사를 이병철 회장과 함께 창업했고, 이후 삼성물산에서 15년이나 경험을 쌓은 것이다. 이렇게 해서 조 회장이 독자 사업의 모체로 "효 성물산주식회사(曉星物産株式會社)"를 탄생시켰다. 사람들은 사명이 어떻게 "효성"이냐고 물었다. 또 효성그룹 산하의 회사에는 동(東) 자나 성(星)자가 많은 것을 묻곤 하는데 이 같은 이름들은 조 회장의 대학 시절의 꿈과 포부에서 연원된 것이었다.

조 회장은 일본 유학 시절 집을 한 채 마련, 몇 사람의 대학 동료 들과 자취하면서 그 집의 이름을 동성사(東星舍, 東方明星의 준말)라고 짓고 "민족의 앞날을 밝게 비칠 동방의 별"로 했던 것이다. 조 회장 이 평생을 통해 도달해야 할 경지가 동방명성이었다. 조선이 해방이 되고 시대 또한 달라졌지만 평생의 목표로 삼아온 "동방명성"의 뜻 은 조금도 퇴색되지 않았다. 조 회장은 회사의 사명으로 "동성물산 주식회사"로 정하고 등기를 하려고 하다 보니 "동성"이란 사명을 가 진 무역회사가 이미 법원 등기부에 나와 있었다. 조 회장은 궁리 끝에 동방명성은 곧 샛별, 샛별은 계명성(啓明星) 또는 금성(金星)인데 계성과 금성은 여러 곳에서 쓰여 온 지 오래였고 따로 "효성"이란 말이 있으니 이것이 좋겠다 싶어 효성으로 정했다. 사실 효성물산은 조 회장이 삼성물산에 있을 때였던 1959년 자신이 대표자로 설립해서 정부의 달러 공매에 몇 번 참가한 실적이 있었다. 효성물산은 1962년 9월 하태(河泰) 전무를 비롯 임·직원 총 15명의 조촐한 무역회사로 출발한 것이다.

이렇게 새 출발은 했지만 1950년대와는 경제환경도 많이 달라졌고 5·16 군사정부가 경제개발 5개년 계획을 세우고 국가 경제정책이 시행되면서 무역업 또한 안정기에 들어간 탓으로 전시 경제하에서와 같은 이윤을 기대할 수가 없었다. 당시 우리나라 연간 수출액이 1억 달러도 안돼 적당한 수출 품목을 찾는 것도 힘들었다. 그런 여건하에서 시작하려는 무역업은 효성의 주력사업은 될 수 없었다.

무역업에서 생산업(제조업)으로

1962년 1월 13일 박정희 군사정부는 제1차 경제개발 5개년 계획의 내용을 발표하고 정부가 이를 경제정책의 핵심으로 강력하게 추진해 가던 무렵에 출발했던 만큼 효성도 이 가운데 발맞추어 사업의 핵심을 무역업에서 생산업으로 전환키로 하고 그럴만한 업종을 물색하기 시작했다. 조홍제 회장은 자신이 모르는 업종은 그 분야에 종사하고 있는 전문가, 기술자, 학자들을 기회 있는대로 만났고 그 업종의 장래성을 따져보기도 했는데 마땅한 업종은 그리 수월하게 선정되지 않았다.

1962년 쌀농사가 대흉작이어서 식량부족은 국가의 큰 과제였다.

이 때문에 정부는 분식을 장려했고 분식(밀가루)장려로 제분업(製粉業)이 각광을 받게 되었다. 미식(米食, 쌀밥)보다 분식이 국민건강 유지나 성장기에 있는 애들 발육 면에 좋다는 것을 2차 대전 이후 일본이 증명해 주고 있었다. 또한 1인당 국민 소득이 100달러 안팎이었던 우리 실정으로는 쌀보다 값이 싼 밀을 수입하여 분식을 주로 하는 것이 유리한 것은 분명했다.

조선제분(朝鮮製粉)을 정상 가동시켜

조 회장은 제분업에 대해서는 일가견을 가지고 있었다. 삼성 시절 제일제당이 격심한 동업 경쟁에서 오는 수지 악화를 막고자 1959년 10월에 제분 공장을 짓고 이듬해 4월부터 가동하였는데 때마침 찾아온 호경기에 힘입어 큰 성공을 거두었고 조 회장이 서독으로 두 번째 출장을 갔을 때에는 제분공장의 시찰에 이어 연구한 바 있어 효성이 신규사업으로 제분업을 선택한다면 가장 무난하다고 생각했다. 더욱 유리한 것은 제일제당의 제분공장을 설계에서부터 각종 기기에 이르기까지 외국산 기계 도입 없이 우리 기술진에 의해 국산 설비로만 완성 시켰기 때문에 효성이 공장을 신설한다 해도 타업종보다 쉽게 접근할 수 있다는 것이다.

조 회장이 제분 공장을 세우기 위한 준비를 진행하고 있었는데 부산에 있는 조선 제분(현 동아제분 부산공장)이 경영 악화에 의한 부채 누적으로 휴업상태에 있다는 정보를 얻게 되었다. 공장을 신설하려면 아무리 서둘러도 1년 이상의 시일이 소요되기 마련이어서 차라리 이 조선 제분을 효성이 인수하는 것이 유리하겠다 싶어 그 회사의 대주주 몇 사람을 만나보았더니 회사의 내부 사정으로 매각할 의

사는 없고 기왕 쉬고 있는 공장이니 임대료를 내고 빌려 쓰면 그렇게 해주겠다는 것이었다. 조 회장은 일단 공장을 둘러보고 결정을 내리겠다고 생각. 효성물산의 임원과 기술자 몇 사람을 데리고 부산으로 내려갔다. 오랫동안 가동을 하지 못했던 공장이라 시설 전반에 걸쳐 보수가 필요할 것같고 임차하여 가동시킬 경우 기존 종업원에 대한 대우문제 등 관리 면에서도 적잖은 문제가 있다는 것을 알게 되었지만 이로운 점도 많다는 것도 알아냈다.

임차보다는 아예 사버리는 것이 좋겠다 여겨졌다. 1962년 9월 이 공장을 1억 5천만원에 매수키로 하고 매매계약을 맺었다. 이 공장은 부산시 동래구 수정동에 있으며 대지 6,000평에 현대식 콘크리트 6층의 공장 건물과 곡물 싸일로(silo, 곡물 저장창고)를 가진 당시로써는 상당히 규모가 큰 제분 공장이었고 특히 공장이 대형 선박의 접안이 가능한 부두가에 위치하고 있었으므로 원맥의 하역이 편하게 되어있는 등 입지 조건이 양호했다. 시설도 36KW 디젤 발전기 2대를 포함. 하루에 4,900 바렐의 원맥을 처리할 수 있는 서독제(西獨製) 제분 시설과 이밖에도 정미·정맥 시설이 갖추어져 있어 새로 생산업을 시작하려는 효성에게는 유리한 조건이 갖추어져 있었다.

좋은 성과를 올린 제분업

이 공장의 매매 계약을 끝내고 등기를 이전하려니까 이 회사가 산업은행과 성업공사에 1억 1,000만 원의 채무를 지고 있어 이 회사의 대표이사 송탁성(宋鐸星) 씨와는 법적으로 인정받는 매매계약이 성립될 수 없음을 알게 되었다. 효성은 하루라도 속히 가동에 들어

가야 할 처지여서 조선 제분의 주식 소유권 청구 소송이 해결되는 대로 소유권이전등기를 하도록 하고 부산지방법원에 법정 관리인과의 임대차 계약서를 제출하여 허가를 받고 가동 준비에 들어갔다. 이것은 어디까지나 형식상 임대차 계약이고 실제로는 효성 물산이 공장을 매입한 것이니까 정해진 월 50만 원의 임대료를 시설 보수비로 쓰도록 법정 관리인과는 각서를 교환했다.

이 공장 내부는 누구의 소행인지 손쉽게 분해하여 분리 시킬 수 있는 부품은 거의 없어진 상태였다. 이것은 서독 등 선진국과는 전혀 다른 상태였다.

선진국에서는 노사쟁의에 들어갈 때라도 생산설비는 언제라도 정상가동할 수 있도록 한다는 것이다. 생산설비가 서독제이니 없어진 부품들을 어디에서 구한다는 것인가? 임연규(林演奎) 상무 이하 실무진 거의 전원을 투입 설비의 점검에 들어가는 한편 필요한 부품 리스트를 작성했다. 국내에서는 도저히 구할 수 없거나 제조할 수 없는 부품은 서둘러 서독으로 발주하고 서울 청계천을 비롯한 부품상을 뒤져 찾아내도록 했다.

다행히 조선 제분의 기존 종업원 중에는 공장의 재정비에 열성을 쏟아주는 사람이 많았다. 이렇게 공장의 가동 준비를 서두르는 한편으로는 가동에 들어갔을 때 지상이 없도록 원료인 원맥의 확보에도 주력하여 이 공장을 인수한 지 20일쯤 뒤에는 싸일로에 원맥이 들어가기 시작했다. 조홍제 회장은 공장이 재가동할 수 있다는 전망이 서게 되자 소맥분의 판매망을 확보하기 위해 대리점을 정비하는 작업에 들어갔다. 10월 하순부터는 정상 가동에 들어갔는데 마침 정부가 강력히 추진하는 분식 장려운동에 힘입어 소맥분(밀가루)은 생산이 미처 수요를 따르지 못할 정도의 호경기를 맞게 되었다. 당시 조선 제분은 종업원 400명으로 하루 일만 포대를 생산했으며 전국에서 제일 큰 대한제분 다음으로 많은 생산량을 내는 공장으로 탈바꿈되었고 매우 높은 이익을 올리게 되었다.

제분업의 호경기는 식을 줄 모르고 계속되어 1963년 3월 말 결산에는 1억 원 이상의 이익금을 냈다. 또 1962년 10월부터 매달 인수할 때 승계된 은행 차입금의 연체이자와 원금을 상환해 들어가니까 1963년 5월 3일 자로 정부가 다른 6개사와 AID 차관부실 기업체와 함께 부실기업이라는 굴레를 벗겨주어서 더욱 활기가 넘치게 되었다. 효성 물산은 이 제분업에서 나온 이익금을 주축으로 1963년 5월에는 자본금을 1,500만 원에서 1억 5,000만으로 10배나 늘릴 수 있었고 신규사업을 구상할 수 있는 자금 기반을 마련할 수 있게 되었다.

철저한 계수(計數)에 기반한 경영

이렇게 조홍제 회장이 조선 제분을 인수·가동하자마자 제분업계가 호황을 맞게 되니 여러사람들이 조 회장이 매우 사업 운이 좋은 사람이라고 말하게 되었다. 사업에 운이 따라야 한다는 것을 굳이 부정할 생각은 없지만 "진인사대천명(盡人事待天命)"이라고 사람으로서 마땅히 할 일을 해두는 것이 일의 순서라고 조 회장은 생각했다. 기업을 하는 사람에게 있어서 "진인사"는 사전 준비일 것이고 기업활동은 계수(計數)와 직결되어 있으니 계수에 대해 민감하지 못하면 일이 제대로 될 수 없는 것이다. 쉽게 말하면 경영에서 주먹구구는 허용되지 않는다는 것이다.

누가 보고하러 와서 "지금 잘되어가고 있습니다." 하면 그것은 보고하지 않은 것으로 생각한다. 조 회장이 원하는 보고는 구체적으로 계수를 들어 "먼저 보고 때에는 무엇이 얼마였는데 그때부터 얼마 동안이 지난 지금에는 또 얼마이니 이 수치만큼 잘되어 갑니다"이다. 이렇게 해야만 잘 되어가는 정도가 확연해짐으로 실태 파악이 제대로 되는 것이다.

예컨대 어느 기업체나 연초가 되면 연간 사업계획서를 작성하기 마련이지만 이것 하나도 수정 없이 시행되기는 어렵고 항상 변경이 따르기 마련이다. 이런 경우 조홍제 회장은 "이 계획의 어떤 부분이 이렇게 변했으니 그 결과 전체 계획에 있어서는 이러한 변화가 있을 것이다. 그러므로 여기에 대해서는 이렇게 대비하는 것이 좋겠습니다."는 수준의 보고를 바라는 것이다.

조 회장의 경영 스타일은 그 사업성을 검토하는데 있어 사전에 충분한 시간을 들여 계수적으로 철저하게 체크(check)하여 이만하면 틀림없겠다는 심증이 서면 비로소 착수하고 그 대신 추진은 전적으로 담당자나 전문가에게 일임해주는 것이었다. 이면에서는 이병철 회장과는 정반대다. 이병철 회장은 대강 개요만 점검할 뿐 구체적인 계수를 요구하지는 않는다.

조 회장은 때때로 아침 일찍 집을 나서면 밤늦게까지 사업성을 계수화하여 파악하고 숙고하느라고 정신이 거기에만 쏠려 짐심을 기르기가 예사였다. 조 회장은 우리가 경제적으로 선진국 대열로 들어설 수 있느냐 하는 척도의 하나로 기업가가 얼마만큼 계수에 밝으며 사전 준비를 철저하게 하는가를 기준한다. 조 회장은 적어도 경영자(CEO)만은 계수적으로 사물을 파악하여 방향을 옳게 제시해야 한다는 철학을 가지고 있다. 그래야만 국가적, 사회적 낭비를 막을 수 있다고 생각하는 것이다.

<h1 style="text-align:center">17</h1>

한국타이어(Tire) 경영 착수

조홍제 회장은 1962년 12월 한국타이어 제조주식회사 경영에 착수했다. 이 회사는 일제 강점기인 1914년 일본 브릿지스톤(Bridgestone) 타이어 회사의 자회사로서 '조선 다이야 제조 주식회사'라는 이름으로 설립되어 일제 시대에는 군수품을 생산·공급했고 일제의 패망과 더불어 우리정부의 재산으로 귀속된 기업체이다. 6.25동란으로 시설이 피해를 입고 운휴상태인 채 한동안은 미군의 군용 공장으로 징발되기도 했다.

1955년에 강경옥(康慶玉)씨가 인수. 시설을 복구해 사명도 한국타이어 제조 주식회사로 바꾸고 타이어 생산을 재개했다. 강 사장의 노력과 더불어 1957년 12월에는 ICA 자금 35만 달러를 들여 완전히 해방 전 수준으로 복구되어 국가의 기간 사업체의 하나로 기대가 걸려있는 업체였다. 그러나 당시 우리나라의 자동차 대수나 운송업 사정으로는 이 회사 제품을 전량 소화할 만큼 수요가 많지 않은 데다 최대 수요자인 미군이 타이어의 입찰을 일본에서 실시했기에 한국 타이어는 불리할 수밖에 없었다. 당시 우리나라 타이어 업체들의 경쟁력으로는 일본의 대 메이커들과 경쟁이 되지 못했다.

강 사장 다음으로 이 회사 책임을 맡은 배동환(裵東桓) 사장은 의욕이 넘치는 실업인으로서 이 회사의 재무 구조 정상화와 판로개척에 무진 애를 썼다. 그러나 군납의 부진, 자동차 산업 불모지 상태 등 여건이 성숙되지 않아 고생한 보람도 없이 1962년 말경에는 9억 원의 부채 압력으로 한일은행의 관리하에 들어가고 말았다.

조홍제 회장은 이 회사를 가능한 한 조속한 시일 내에 정상화해야겠다고 결심, 정상화 방안에 대한 실무진들의 의견을 정리해서 알려주도록 했다. 실무진들의 의견은 "재기불능 상태라 판단되나 적어도 10년쯤 고생할 각오로 최선을 다하면 부채를 청산할 수 있을 것이고 그런 다음 서서히 발전할 수 있을 것 같다"였다. 조 회장은 이 보고서에서 전혀 희망이 없는 것은 아니라는 데 주목했다.

오직 희망을 걸 곳이 있다면 앞으로 늘어날 수송력과 이에 따라 자동차 산업이 일어날 것이라는 것과 군납 및 수출증대였다. 사실 이 희망은 전혀 근거가 없는 것도 아니었다. 정부가 제1차 경제개발 5개년 계획을 의욕적으로 추진하고 있고 신진 자동차 등이 완전 국산화는 아니지만 조립형 자동차 공장을 세우고 있기도 했다. 이 즈음 정주영회장이 현대자동차 설립을 구체화하고 있기도 했다.

조홍제 회장은 이러한 판단 아래 이 회사 운영 정상화에 직접 나서기로 했다. 효성그룹 제2의 사업체를 추신하는 것이었다. 1963년 들어서면서 회사의 면모를 일신시키고자 부심했다. 필요한 인원을 선점하고 각자 맡은 일에 통달하도록 해 기술력을 키웠고 연구하지 않는 사람은 회사에 나와 있기가 어려울 정도로 자질 향상에 힘을 기울였다. 그러나 이 같은 노력에도 불구하고 큰 효과가 나타나지 않았다. 경리의 실권을 은행에서 파견된 관리책임자가 쥐고 있기 때문이었다. 그렇기 때문에 조 회장이 시행하고자 하는 경영방식을 그 관리자에게 이해시켜 마음에서 우러나오는 협조를 얻어내기까지 무진 애를 썼으며 승급과 지위 승진이 보장되어야 하는데 사내의 분위기가 그렇지 않기 때문에 창의적이고 자발적인 업무 활동은 거의 기대할 수 없었다.

조홍제 회장은 기회 있을 때마다 임직원들에게 타이어 제조업의 성장 가능성과 자신의 포부를 말해줌으로써 사기를 높이도록 했다. "지금도 한국 타이어는 국내에서는 제일 높은 수준의 생산설비와 기술을 가지고 있지만 앞으로 우리는 국내에서 제일 좋은 시설을 갖추기 위한 증설계획을 가지고 있다. 더 이상 군용 타이어의 유출이 허용되지도 않을 것이고 국내의 차량 대수도 급속한 증가 추세이고 정부의 수출 제일주의 여파는 반드시 타이어에도 미치게 되어 수출에서 활로를 찾게 될 것이다."

당시 국내 타이어 시장은 미군 부대를 통해 밀 수출되는 군용차 타이어가 7~80%를 차지하고 있었다. 사원들에 대한 대우가 조금씩 향상되자 회사에 대한 애정이 생겨나고 하루속히 은행의 부채를 청산함으로써 법정 관리를 벗어나야겠다는 열망이 고조되고 있었다. 조 회장은 기회 있을 때마다 "두고 보시오, 우리나라는 반드시 자동차 산업이 일어나게 되고 지금의 고생이 큰 열매를 맺게 될 것입니다." 고 강조하면서 사내의 공기가 희망이 가득 차게 만들었다.

나일론 생산설비 1식(한 셋트) 경매 입찰에서 고배

1963년 들어서도 조선제분이 계속 호황을 누리게 되고 한국타이어의 정비도 어느 정도 끝나게 되자 조 회장은 효성물산의 상무직을 맡고있는 임연구씨로 하여금 착수할만한 생산 업종이 있는지 알아보도록 했다. 한편 하태 전무와 신규사업에 대해 다각도로 검토해 나갔다. 그런데 이보다 앞서 정부는 제1차 경제개발 5개년 계획을 수행하기 위한 정부 투자액 1조 8,000천억 원을 조달하기 위한 방책의 하나로 국유 귀속재산, 부정 축재 환수재산 등을 대폭 불하할 것을 결정하고 1962년 하반기부터는 이를 활발히 실시하였기 때문에 임원들로 하여금 공매되는 생산시설에 특히 관심을 가져달라고 부탁했다.

1962년 말에 공매될 환수재산 중에는 부산 세관 창고에 들어있는 나일론 생산설비 1식도 있어 이것이 당시 섬유업계의 비상한 관심을 끌고 있었다. 임연규 상무가 조사한 바로는 그해 6월에 화폐개혁이 있어 낙찰 예정가격이 1억 원 정도이며 입찰일은 4월 초순이라는 것이었다. 조 회장은 그때까지는 화학 섬유에 대해서는 그다지 깊은 지식을 가지고 있지는 않았으나 섬유제품의 원료를 대부분 해외에 의존하고 있는 국내 여건으로 보아 나일론 원사(原絲)생산은 매우 전망이 좋다고 판단되었기 때문에 응찰을 결심하고 준비에 들어갔다. 그러나 뜻밖의 복병을 만나게 되었다. 뒤늦게 응찰을 결정한 "한국소모방협회"가 효성보다 훨씬 높은 액수를 써넣었기 때문에 결국 이 시설의 확보는 실패로 돌아가고 말았다. 이렇게 실패의 고배를 들기는 했지만 조 회장은 이 입찰을 계기로 우리나라의 회섬(化纖)업계에 대한 깊은 관심을 갖게 되었다. (독자들이어 우리는 조 회장이 화학 섬유에 관심을 가지게 되었고 이것이 후일 "동양나일론"의 탄생의 기초가 된다는 것을 기억해 둘 필요가 있다)

당시 국내섬유업계는 면방(綿紡)이 절대적인 비중을 차지하고 있었다. 면방은 우리 민족의 고유 섬유로 우리의 의생활을 전적으로 담당해왔다. 면방은 자연 섬유이고 화섬은 화학 섬유이다. 화섬은 석유에서 원료를 얻어 원사를 생산하는 것이다.

효성 기획실 탄생

조홍제 회장은 화섬 산업에 대해 적극적인 조사와 연구를 하게 되었다. 생산업 전반에 걸친 연구와 조사는 역시 그 방면에 전문적인 지식을 가지고 있거나 기초적인 소양을 가지고 있는 사람이 맡아야 하기 때문에 자연히 젊고 유능한 공학도들을 효성물산으로 불러들이게 되었다.

1963년은 우리나라에서는 처음으로 시도해보는 계획 경제, 즉 정부 주도의 경제 체제가 들어서게 되어 무엇인가 새로운 기운이 감돌고 있었다. 그렇지만 자본축적이 없고 기술 수준이 낮았으므로 새로운 공장을 세운다고 해도 수출은 생각할 수 없고 우선은 외화를 많이 들여 수입하고 있는 물품을 우리 손으로 만들어 수입품과 대체시켜 보자는 범위를 벗어나지 못하고 있었다. 더구나 독자 사업 출발이 늦은 조홍제 회장은 자신이 직접 나서서 개업할 수 있는 시간이 그렇게 길지도 않을 것 같고 해서 수입 대체 효과를 높이는 일을 한 가지라도 찾아야겠다는 생각이 굳어져 가고 있었다. 이런 업종을 선택하려 하니 연구와 조사가 뒤따라야만 하고 그것을 맡아서 해낼 인재가 필요하게 되었다. 조 회장은 일찍 삼성에서 젊은 일꾼들을 많이 접촉해왔고 그들의 재능과 성품을 더 다듬어 주려고 애를 써본 터여서 젊은이들에 대한 큰 기대를 가지고 있었다.

조 회장은 효성 초창기부터 인재를 모으는데 힘을 기울였다. 1963년부터는 효성물산, 조선제분, 한국타이어의 업무량이 늘어나 기획을 전담할 인원을 충원할 수가 없게 되어 외부에서 더 많은 인재를 맞아 들여야 했다. 그리고 해 볼 만한 가치가 있는 분야를 조직적이고 과학적으로 찾아내기 위해서는 이를 감당할 조직체 즉 프로젝트팀(Project team)을 만들 시기가 된 것이다. 이 팀의 책임자는 성실성과 패기, 탁월한 재능을 갖춘 사람이어야 한다. 이 어려운 자리를 임연규 상무가 맡아주었다. 사람을 모으는 일은 그렇게 수월한 일은 아니었다. 국내 유수의 대기업에서 입사경쟁을 이겨내 입사, 이제 일머리도 알게 된 그들이 신설회사로 자리를 옮긴다는 것은 상당한 용기가 필요한 일이었다.

임연구 상무를 필두로 이종근(李鐘根). 배기은(裵基殷), 송재달(悚在達) 과장을 주축으로 하여 10여 명의 엘리트가 활약하는 효성물산의 기획부, 이만한 진용은 당시 대단위 현대식 공장도 세울 수 있는 팀이라고 자부할 수 있었다. 기획팀 못지않게 효성물산의 현업쪽도 여러 가지 어려움을 극복하고 효성물산, 조선제분, 한국타이어 3사를 정상수준에 올려놓았다. 장한익(章漢翊), 허병철(許秉哲), 두 상무를 중심으로 박원태(朴元泰) 부장, 권병규(權炳奎), 신향만(辛恒滿), 조철래(趙哲來), 김영완(金永脘) 과장 등 10여 명의 실무팀의 물불을 가리지 않던 노력은 기록될 만한 것이었다.

당장 수익도 올리지도 못하는 10여 명의 일류 실무경험자로 구성된 기획팀을 들였다니까 저음 한동안은 염려를 해주는 사람도 많았다. 조 회장은 주변의 염려는 아랑곳하지 않고 이 부서에 신규사업 발굴의 전권을 맡겼고 이들은 조 회장의 기대보다 몇 배로 훌륭한 일을 해냈다. 오늘날 효성이 국내 유수의 대기업 그룹, 세계적인 대기업으로 성장할 수 있었던 연원이 이 같은 훌륭한 인재를 확보한 데 있었던 것이다. 조홍제 회장은 "우리가 무엇을 했으면 좋을지 다 함께 찾아보자"며 다음과 같은 원칙을 제시했다.

① 수입 대체 효과가 크고 기간사업 분야일 것.

② 경제성이 높고 사업전망이 좋은 업종을 선택할 것.

③ 차관을 도입한다는 전제하에 대단위의 현대적 공장을 구상할 것.

④ 우수한 외국 기술을 도입하되 계속 그 기술에 의존해야 되는 분야는 피할 것.

⑤ 차입 등 무리한 내자 동원으로 재무 구조가 나빠지지 않도록 능력 범위 내에서 계획을 세울 것.

⑥ 정책적 고려로 제약이 많은 업종은 피할 것.

이런 원칙을 기준으로 신규사업의 업종을 찾아내기 위한 준비에 들어갔다.

조 회장은 각 분야의 전문가, 학자, 외국인들까지 만나며 그들의 의견을 듣고 또 효성의 기획팀의 조사를 들으며 그때마다 노트에 메모했더니 20여 건의 업종이 떠올랐다. 조 회장은 "참으로 할 일이 많은 나라. 할 일이 많은 시기에 태어났구나"를 절감했다.

무한한 활동 분야가 있건만 효성에게 아쉬운 것은 더 많은 자금과 기술 지식이 충분하지 않다는 것이었다. 이 많은 업종 중에 효성의 힘으로서는 겨우 하나밖에 선택할 수 있을 뿐이었다. 눈에 띄는 업종은 의생활을 위한 섬유공업 분야, 식생활의 원천인 농산물을 위한 비료 및 농약 분야, 주 생활영역인 시멘트 등 건자재 분야였다. 금속, 기계 분야는 아직 생각할 수 있는 단계가 아니었다.

기초 화학 분야 비닐론(Vinylon)연구

비닐론은 무연탄과 석회석을 변형 없이 그대로 이용하여 폴리

바이닐 알코올과 폼알데하이드의 반응에서 얻어내는 합성 섬유로 1935년에 개발되어 1938년에 발표한 나일론에 자극받아 나일론 발표 1년 만에 개발되었고 가볍고 질기고 화학약품에 강하면서 천연 섬유에 가까운 특성을 가지고 있다. 1939년 리승기 박사와 사쿠라다 이치로(桜田 一郎), 가와가미 히로시(川上博) 등 일본 교토제국대학 화학 연구소에서 만든 세계 두 번째 합성 섬유다.

당시 대규모 공장을 세울 경우 가장 문제가 되는 것은 원료(原料) 확보였다. 원료가 국내에서 조달되지 않을 경우 외국에 의존할 수밖에 없는데 외화가 부족한 우리나라로서는 외국에 의존하기에는 너무나 어려운 사정이었다. 1963년 우리나라 연간 수출액은 8,400만 달러밖에 되지 않아 외화를 얻기가 어려워 원료를 수입해야 하는 생산 업종에 손쉽게 접근할 수는 없었다. 원료를 국내 조달로 한정하고 보니 화섬의 일종인 비닐론이 물망에 올랐다. 물론 섬유의 질이나 소비자의 인기 면에서 비닐론은 나일론이나 폴리에스터 레이온을 당할 수는 없지만 비닐론은 기초원료부터 전부 국산 소재를 사용할 수 있기 때문에 큰 매력을 지니고 있었다.

당시의 국내 여건을 알아보니 '미진 화학(주)'이 일산 2.5톤의 공장을 가동하기는 하나 원료인 PVA분(紛)은 수입에 의존하고 있었다. 일산 2.5톤은 국내 수요량에 비해 미미한 양이었고 PVA분을 만드는 원료공장도 우리 능력으로 세울 수가 있으니 효성이 후발 메이커로서 진출하더라도 유리한 입장을 확보할 수 있게 되며 원료확보도 난관이 없다고 판단되었다. 효성은 외화 290만 달러를 들여 일산 6톤 규모의 공장을 마산에 세우는 계획을 수립했다. 그러나 시일을 두고 검토 해보니 비닐론은 이미 세계적으로 보급되고 있는 나일론, 아크릴, 폴리에스터에 비해 열세를 면할 길이 없고 기초원료가 석탄이나 석회석에서 석유화학 분야의 기초 원료로 넘어가는 추세를 보이고 있어 장기적으로 볼 때 비닐론의 성장 전망은 불투명하여 유보하고 말았다.

윤활유(潤滑油, lubricant)에서 다시 화섬(化纖)으로

조홍제 회장은 섬유와 관련 있는 업종으로 할만한 것은 윤활유라고 생각되어 조사·연구의 초점을 여기에 집중시켰다. 흔히 '모빌유'라고 불리는 정제유의 하나인 윤활유는 당시 국내에서는 소량이 생산되고는 있지만 품질이 나빠 거의 전량을 수입에 의존하고 있었기 때문에 수입대체 효과도 기대할 수 있고 원료도 국내 정유공장에서 공급받을 수 있기 때문에 매우 유리했다.

조 회장은 1964년 초 일본의 윤활유 공장을 시찰하고 미국 5대 석유회사의 하나인 소코니 모빌(Socony Mobile)사와 합작 투자 계약을 체결하는 등 상세한 부분에 이르기까지 이 사업을 준비했다. 실무진은 기술문제, 설비 발주문제, 공장건설을 위한 기초준비를 거의 마무리 지을 단계까지 이르게 되었다. 조홍제 회장은 윤활유 공장 준비가 거의 끝나게 된 1964년 8월 과연 이 사업이 효성의 주력기업으로 그 사업성이 어떤지 다시 한번 검토해봤다. 당시 윤활유를 사용할 공장 수, 보유 차량 대수와 선박(船舶, ship)의 척수 등을 생각할 때 시장이 너무 협소하였고 동남아의 여러 나라도 우리와 비슷한 처지여서 수출전망도 밝지 않다는 견해가 나오기도 했다. 조 회장 역시 숙고해 보아도 이 업종을 주력사업으로 삼기에는 망설여졌다. 윤활유 사업을 기반으로 하여 정유 분야까지 뻗어 나가려 했던 조 회장의 구상은 후일을 기약하지 않으면 안되었다.

조 회장은 이렇게 주력사업이 될만한 신규사업이 쉽사리 정해지지 않고 시간만 흐르게 되자 마음이 초조해졌다. "이래서는 안되겠다, 해외로 나가 좀 더 넓은 각도에서 업종을 찾아보자!" 조 회장은 이런 생각에 임연규 상무를 비롯한 간부들을 일본과 서독 등지에 보내 시장조사를 하도록 하고 조 회장 자신도 외국으로 나가 조사도 하고 그 나라 기업인들을 만나 의견을 듣기도 했다. 다행히 비닐론 사업을 담당했던 기획부 섬유팀이 1963년부터 화학 섬유에 대한 연구를 계속 해왔으므로 이 팀에게 적극적인 활동을 부탁하는 한편 조 회장 자신도 일본 각지의 화섬 공장을 꾸준히 시찰했다. 당시 일본의 화학 섬유 산업은 세계 최고 수준이었다.

효성의 연구대상은 결국 나일론, 아크릴, 폴리에스터 세가지 였다. 주력 사업의 업종을 다시 화학 섬유에서 찾고자 방향을 바꾼 것은 1964년에 이르자 우리나라도 고속경제 성장의 무드(Mood)를 타서인지 섬유의 수요가 빠른 속도로 증가하는 추세를 보이고 있었고 화학 섬유의 소비량이 두드러지게 증가하고 있었기 때문이다.

이 무렵 정부는 섬유 수요량의 증가에 관해 인구 증가율을 연간 3%, 섬유 소비 증가율을 연 6%로 잡아 1968년에 가면 화섬유 수요량은 연간 10만 톤에 도달할 것으로 전망했다. 일본의 화섬 업계를 시찰해보니 그들은 이미 내수시장은 말할 것도 없고 자유 진영의 모든 나라에 화섬 시장을 확보하고 있었으며 화섬의 원료도 전량 자국에서 생산하고 있었다. 특히 조 회장과 교분이 있는 나까야스(中安開一)사장은 자신이 소속되어 있는 회사가 바로 나일론의 원료인 카프로락탐(caprolactam)의 생산 업체인 만큼 영국, 이태리 등 선진 공업국의 예를 들면서 "어느 나라든지 공업화는 경공업인 섬유 산업의 단계를 거쳐 발전하는 것이 통례이니 귀국의 현재의 처지로서는 섬유 산업이 매우 유망할 것입니다."고 말해주었다.

조 회장은 나까마스 사장 의견에 전적으로 동감하면서 화섬 중에서 한 가지를 선택하는 것이 필수라고 생각했다. 화섬 산업이 유망하다는 것이 뚜렷해지면서 1964년은 섬유 생산시설의 신·증설 붐을 이룬 해이기도 했다. 면방보다는 모방이, 모방보다는 화섬이 더욱 장래성이 있다고 보여졌으며 화섬 분야는 레이온, 비닐론, 아크릴, 나일론, 폴리에스터로 나누어져 있었다.

이 중에서 한 종류만을 택한다면 어느 것으로 해야 할까? 1969년을 기준으로 할 때 아크릴 섬유의 국내 수요량은 연간 4,000여 톤으로 이 부문에서 한일합섬, 동양합섬, 흥한화섬 3사가 시장을 점유하고 있고 3사는 공장 증설을 계획하고 있어 증설이 끝나면 연간 9,000여 톤의 아크릴 섬유가 생산될 것임으로 효성이 착수하기에는 뒤늦어 있었다.

폴리에스터 섬유는 대한화섬(주)이 연간 2,000톤의 공장건설을 추진하고 있었지만 시장성이 매우 좋아 더 많은 공장을 세울 여지가 있었다. 그러나 당시 우리나라 실정으로 보아서는 단지 섬유의 질적 우수성만을 따져 대규모 공장을 세우기에는 문제가 있지 않을까 하는 생각이 들었다.

18

나일론(Nylon)사업에 운명을 걸고

나일론은 1935년 미국인 월러스 캐러더스가 발명한 폴리아마이드 계열의 합성섬유이다. 나일론은 발명자 캐러더스의 소속사인 듀폰사에서 출시한 제품의 등록 상표인데 현재는 일반명으로 사용되고 있다. 20세기 최고의 발명품 중 하나였다는 평가를 받고 있다. 나일론은 실크같이 우아하고 거미줄보다 가늘면서 강철보다 강한 '꿈의 섬유'이다.

효성이 나일론 원사의 생산 공장을 세우려고 조사·연구에 착수한 1964년에는 한국 나일론이 연간 약 900톤, 한일 나일론이 약 500톤을 국내에 공급하고 부족한 물량은 수입에 의존하고 있는 실정이었다. 기존 공장의 규모가 작아 공급량이 부족하니까 한국 니일론은 1964년 현재의 일산(日産) 2.5톤에서 일거에 7.4톤의 증설계획을 세우고 있었고 한일 나일론 또한 일산 1.3톤에서 2.7톤으로 증설하려고 했다. 이 같은 증설계획의 추진은 그만큼 나일론의 수요가 급속히 늘어나고 있다는 것을 증명하고 있었다. 이 두 회사가 계획대로 증설한다 해도 일산 14톤으로써는 수요를 충당시킬 수 없고 따라서 '제3의 원사 공장'을 세울만한 필요가 있다고 판단되었다. 조홍제 회장은 효성이 화섬 분야의 생산 공장을 가동할 경우 최신의 설비를 선택하고 최고 수준의 기술을 도입. 선진국에서 나오는 제품의 품질에 조금도 손색이 없는 제품을 생산하리라고 결심했다.

‘품질’에 관해서는 공업을 하는 사람이면 한번 깊이 생각해 볼 문제였다. 국산품이 국민으로부터 외면당하고 수입품의 값이 몇 배나 비싼 데도 없어서 팔지 못하는 것은 왜인가? 품질이 보증되는 공산품을 만들어 낸다는 것. 이것은 기업가의 양심문제이며 그 기업의 성패를 결정하는 핵심인 것이다. 어느 기업체가 좋은 품질의 제품을 생산해 내고 있다면 그것은 양심적인 기업인이 주관하고 있다는 증거인 것이다.

조홍제 회장은 ‘품질 제일주의 신념’ 위에 서서 신규사업을 추진하고 있는데 실무진들의 품질에 대한 인식은 어느 수준인가 궁금했다. 조 회장은 기획실에 들러서 이 문제에 관해 여러 가지 질문을 해 보았다. 실무진들의 의견은 “품질은 기술의 우수성에서 좌우됩니다만 기술은 끊임없이 발전을 계속하면서 고도화하는 것인 만큼 시발점부터 가장 우수한 기술을 채택해야 합니다. 효성은 나일론 원사의 생산에 관해서는 아직 아무런 기술도 축적하지 못한 상태인 만큼 품질의 보장을 위해서는 경비를 아끼지 말고 최신의 기술을 도입할 필요가 있습니다. 최고의 기술이 어느 것인지 찾아내기 위해서는 우리가 직접 그 기술을 비교·연구하고 우리 눈으로 확인할 수밖에 없습니다.”였다.

조 회장은 실무진들이 기술에 대해 그만한 인식을 가지고 있으면 됐다 싶어 “그것이 전부는 아니야, 좋은 제품을 생산하겠다는 마음가짐에서 출발한 ‘노력’이 기술에 더해져야 하는 걸세”라고 말해 주었다.

최신의 설비와 최고의 기술을 지향하여

국내 나일론 원사를 생산하고 있는 기존 양사가 채택한 기술은 어느 계열이며 제품 수준은 어떤가? 기존의 두 메이커가 채택하고 있는 기술은 미국의 켐텍스(chemtex)와 스위스의 인벤타(Inventa)였다. 효성의 실무진과 간부들은 양사의 기술체계를 검토한 다음 국산 나일론 원사와 수입되는 나일론 원사를 비교하면서 그 품질의 차이를 파악하려 힘썼다.

효성의 실무진이 파악한 자료에 의하면 국산(國産)나일론 원사는 수입 원사에 비해 여러 가지 면에서 열세를 면할 수 없으며 효성이 새로운 원사 공장을 세울 경우 기존 양사의 공장보다 최신의 설비와 고도화된 기술을 도입해야 한다는 것이었다. 기존 양사는 생산 규모가 크지 않아서인지 생산된 원사는 의료용(衣料用)으로만 국한되어 있고 타이어 코드(Tire code)용 원사, 타이어 코드지, 어망사(漁網絲)등 산업용사의 생산이나 새로운 제품개발에는 힘이 미치지 못하고 있으니 효성이 산업용사를 의료용사와 다 함께 생산하면 신규 수요를 개발할 여지가 많을 것으로 판단되었다.

특히 나일론 원사의 원료인 카프로락탐은 현재 전량을 수입에 의존하고 있으니 이 원료를 생산하는 공장을 세우면 수입대체 효과뿐만 아니라 석유 화학의 기간 산업 하나를 이룩하게 된다는 점에서 국가적으로도 큰 의미가 있으며 바야흐로 나일론 원사 생산 증설 등으로 활기를 띠고 있는 시점이어서 원료공장을 세우는 적기인 것으로 보였다.

조홍제 회장은 기획팀의 간부들에게 "이제 신규사업은 나일론으로 확정되었으니 모두 선진국으로 나가 나일론 업계를 두루 시찰하도록 준비를 서둘러 달라”고 주문했다. 이렇게 해서 1964년 여름부터는 차관교섭과 기술 검토에 들어갈 수 있게 되었다. 나일론의 세계적 대메이커인 이탈리아의 스니어 비스코사(Snia Viscosa), 일본의 쿠레하(Kureha)사와 일본 레이온(Nihon Rayon) 양사, 나일론 기술 용역회사인 서독의 칼피셔(Karl Fisher), 빅커스 짐머(Vickers Zimmer)양사, 나일론 원료 메이커인 우배(宇部興産), 서독의 바스프(BASF)사 등 선진국의 공장과 기술내용을 다각적으로 검토했다.

나일론 섬유는 미국의 듀퐁사가 개발한 것이지만 이 회사가 나일론 제조법에 대한 특허를 얻은 지 30년이 흘렀기 때문에 미국을 비롯한 영국, 스위스, 프랑스, 서독, 이탈리아, 일본 등 선진 화섬 공업국의 여러 기업이 제각기 독특한 원료, 원사의 제조기술과 원천 노하우 및 2차 가공기술의 체계를 확립하고 있었다. 이에 따라 설비를 제작하는 회사도 모두가 독자적인 설비를 개발하고 있었음으로 효성 실무진으로서는 ‘최신의 설비와 최고의 기술’을 가려내는 것은 큰일이 아닐 수 없었다.

‘기술 검토’, 말은 수월 하지만 실제 조사에 임하는 사람입장에서는 지극히 난해한 일이었다. 기술과 설비의 선택이 품질을 좌우하고 나아가 사운(社運)을 좌우하기 때문이다. 효성의 실무 간부들은 대단위 공장건설에 참여한 경력은 있지만, 나일론 관계 공장을 건설하거나 가동해 본 경험이 없으니 그야말로 암중모색일 수밖에 없었다. 심지어 서독 바스프사의 기술 책임자는 효성의 실무 간부가 그들의 공장을 견학한 다음 공장을 세우는데 도움이 될 조언을 바란다고 했더니 “내가 말할 수 있는 가장 좋은 조언이라면 코리아(Korea)에서 온 여러분들이 나일론 공장을 세우지 말라는 것”이라고 했다.

조홍제 회장은 서독에 간 배기은(裵基殷) 상무의 이야기를 듣고는 "이 사람들아, 그래도 내가 처음 서독에 가서 모직 기계 흥정을 할 때는 불과 10년 전이기는 하지만 우리나라가 볼트, 너트 하나 조일 줄 모르는 나라로 여기더라니까! 그런 미개국 취급에 비하면 그래도 나은 편이야."

이런 일이 있은 지 수년이 지난 1968년 가을, 서독 바스프사의 그 기술부장이 한국 카프로락탐(주)의 초청으로 온 적이 있었다. 그는 울산에 동양나일론 공장이 있다는 말을 듣고 자청하여 공장을 방문하게 되었는데 배기은 공장장의 친절한 설명과 노하우를 듣고는 "참으로 훌륭한 공장이며 독자적인 노하우 확립에 경의를 표합니다. 그때 여러분이 우리 공장을 들렸을 때에는 내가 사람을 몰라보고 말을 함부로 했지만, 너그러이 용서해 주십시오" 하면서 정중히 사과했다.

당국을 놀라게 한 카프로락탐 공장신청

조홍제 회장은 새로 얻은 지식과 관련자료 등을 검토해 보니 국내의 기존 두 회사가 증설을 서두르지 않으면 안 되는 이유를 알았다. 기존의 두 생산 업체는 증설계획을 세워놓고 당국과 절충 중이니만큼 효성이 나일론 원사 공장을 세울 경우 규모가 10돈을 넘이설 경우 난색을 표할 가능성이 높았다. 그러므로 나일론 원사는 일산 6톤 정도 수준에서 머물도록 하고 그 대신 나일론 원료인 카프로락탐을 일산 20톤 규모로 하여 기존 양사와 효성이 세우게 될 경우 이들 3사에 원료를 전량 공급하도록 하는 것이 합리적이라고 조 회장은 생각했다.

조 회장은 이 선에서 더 구체적인 계획을 세워 진행시키도록 했다. 이렇게 해서 1964년 11월 초에는 이 신규사업의 계획이 세워졌다. 이 계획은 외자(外資) 1,900만 달러, 내자(內資) 7억 원으로 울산에 공장을 세워 연산 6,600톤의 카프로락탐 생산 코스트를 낮추는데 도움을 줄 수 있었다. 1964년 11월 5일 효성은 이 계획서를 경제 기획원(EPB)에 제출, 허가를 기다렸다.

조홍제 회장은 이 공장의 장래성에 대해 많은 생각을 했다. "나일론 원료와 원사 공장을 세우려고 하지만 여러 제약이 따라서 시발용량(始發容量)은 국제 수준에 비해 너무 적다. 하지만 처음부터 국제수준에 이르는 대단위 공장을 바랄 수 없지만 가까운 장래에 국제규모에 도달하는 것은 어려운 일이 아니다. 우리의 안목은 세계시장을 상대로 하는 만큼 조속히 국제규모에 도달할 수 있다."

그런데 효성이 나일론의 원료와 원사를 동시에 생산하겠다는 계획서를 관계 당국에 제출하자 놀라움과 우려가 동시에 일어났다. 놀란 것은 관계 당국이고 우려를 표명한 곳은 기존의 두 메이커였다. 나일론 원사를 생산하는 양사는 그때까지 미처 생각하지 못한 카프로락탐 즉 원료를 생산하는데 놀랐고 계획서대로 정부가 허가를 해준다면 효성이 원료 생산을 독점하게 되므로 불리한 입장에 서게 된다는 것이었다. 원사생산에 대해서도 기존 양사의 우려는 매우 컸다. 기존 양사가 증설계획을 완료하게 되면 1966년부터는 일산 14톤으로 연간 생산량이 5,000톤이 되어 효성의 신청분인 일산 6톤의 공장건설을 허가하면 3사의 연간 생산량이 7,000톤에 이르게 되어결국에는 3사가 도산하고 말 것이라며 정부가 측정한 1969년의 국내 추정량을 내세워 허가에 반대하고 나섰다.

이런 사정 때문에 1964년은 그대로 넘어갔고 1965년이 되어도 효성이 제출한 허가신청은 아무런 진전을 보지 못했다. 3사가 펼치는 신경전에 휘말려든 관계 당국은 어떤 방향으로든 조정을 하지 않을 수 없게 되었다. 관계 당국은 효성에 대하여 나일론 원사 공장 신설 타당성에 대해 다시 의견서 작성을 요구해 왔으며 당시에 시설 용량문제는 우리나라 전체 섬유 업계의 관심을 집중시켰다.

관계 당국의 요청에 따른 효성의 의견서는 다음과 같았다. ① 원료의 국산화는 수입대체 효과가 따르는 외화 절약은 물론이고 국제 경쟁력을 기르게 된다. ② 1969년의 국내 생산능력이 추정 수요량을 상회하는 것은 사실이나 나일론 섬유가 빠른 속도로 타 섬유와 대체되고 있어 향후 수년 내에 수요가 급증하게 될 것임으로 3사가 발전해 나갈 수 있다. ③ 나일론 섬유는 산업용으로서도 수요량이 증가 되고 있어 신규 수요를 창출할 수 있고 특히 타이어코드, 어망사 등 산업용사의 개발은 관련 산업 발전에 기여하게 된다. ④ 국내에서 양질의 나일론 원사가 생산되면 이를 원료로 하는 2, 3차 가공 분야가 발전한다는 것이었다. (후일 화섬 관련 제품이 우리나라 수출 상품의 대중을 이루어 수출 10억 달러 달성에 큰 기여를 하게 된다.)

8개월여에 걸친 상호 절충과 의견 조정 끝에 효성의 견해가 결코 근거 없이 나온 바가 아니라는 것과 나일론 섬유의 장래성이 매우 밝아 수요가 급증할 것이라고 내다 본 관계 당국은 1971년 나일론 수요량을 1만 1,000톤으로 수정·공표함으로써 문제 해결의 실마리를 풀었다. 그러나 나일론의 원료인 카프로락탐의 생산 공장은 '효성'이 단독으로 독점한다는 우려는 사라지지 않았으니 당국은 3사가 공동으로 출자하여 공장을 건설하라고 권고를 해오는 것이었다. 조 회장은 "나일론 원료공장이 우리나라에 세워지는 것이 유리하다고 판단했기 때문에 하려고 했을 뿐 원료 공급자로서 이윤을 취득하려는 의도는 애초에 없었다."면서 관계 당국의 권유에 따라 3사가 공동으로 원료 공장을 건설하는데 동의했다.

일산(日算) 7.5톤과 12톤의 갈림길

나일론 원사의 시설 용량에 대해서도 카프로락탐 이상으로 말이 많았지만 3사의 원료공장 공동운영 합의를 계기로 관계 당국의 권유와 조정에 힘입어 3사의 증·신설 용량에도 타결을 보았다. 즉 신·증설이 끝나 정상 가동에 들어가게 될 그 시점에서 한국 나일론이 일산 15톤, 한일 나일론과 효성이 일산 7.5 합계 30톤이 적절하다는 타협점에 도달해 가고 있었다. 그렇지만 효성이 시발 단계의 설계 용량을 일산 12톤으로 한데는 그럴만한 이유가 있었다.

그 이유란 경쟁 상대가 시설 용량을 늘리니까 우리도 그렇게 하겠다는 것이 아니라 기획팀의 면밀한 검토 끝에 도출된 결론이었다. 일본, 유럽 등지의 나일론 생산 공장과 기술 용역 회사를 돌아보고 온 효성 기획팀의 임연규 상무, 배기은, 송재달 과장 등의 관계 자료 분석 결과 일산 12톤은 필수라는 결론이었다. 효성 기획팀은 해외 경쟁 여건의 강화를 위해서는 가까운 장래에 대규모로 증설하는데 알맞은 일산 12톤으로 하는 것이 좋다는 것이었다.

선발인 한국, 한일 양사가 산업용사(産業用絲)의 생산을 생각하지 않고 있던 시기에 '효성'이 산업용사의 생산은 물론 2차 가공제품인 타이어코드(Tire Code)지의 생산에 착안한 것은 타이어 코드지는 레이온과 나일론사를 병용하고 있었으며 그 비율은 7:3 정도로 레이온 원사의 사용량이 많았으나 선진국에서는 레이온 원사 사용 비율이 낮아지고 나일론 원사로의 대체 경향을 보이고 있었기 때문이었다.

내수시장에서도 점차 자동차 대수가 늘어나면서 타이어 소비량도 1965년 연간 27만 톤에서 1969년에는 32만 톤으로 늘어났으며 효성이 계획하는 원사 공장이 가동될 1968년에는 타이어의 수요가 늘어나 타이어코드지도 총생산량 1,300여 톤 가운데 적어도 800톤에 이를 것으로 보였다. 또 몇 가지 고무적인 것도 있었다. 정부의 강력한 조치로 군납 타이어의 물량이 크게 늘어난 것이었고, 1964년부터는 국산 타이어가 이라크, 싱가포르 등지로 수출되어 80여만 달러의 실적을 올렸으며 1968년에 이르면 200만 달러의 수출을 낙관할 수 있는 점이었다.

이와 같은 전망이 효성으로 하여금 타이어코드지의 자체개발을 더욱 절실히 느끼게 했다. 타이어코드지는 타이어 제조에 있어서는 콘크리트 건조물에서 철근과 같은 역할을 하는 보강제여서 타이어의 골격이 되는 중요한 재료이며 타이어의 생산 비중에서 타이어코드지가 3분의 1정도를 차지하기 때문에 단일 재료로는 가장 높은 비중을 차지한다.

조홍제 회장은 타이어코드지 공장이 당장에는 시장 규모가 작아 경제 단위에 이르지 못해 이익은 생각할 수 없지만, 장래성이 있다는 확신을 갖고 있었다. 좁은 국토인 우리나라는 앞으로 경제 발전에 따른 물동량이 증가하게 되면 철노 수송량도 늘이니게 되지만 철도보다 몇배 빠른 기동성을 가진 자동차에 의한 수송물량이 늘어나는 '자동차 운송시대'가 도래하면서 자동차 대수의 폭발적인 증가와 그에 따른 타이어코드지 수요도 증가될 것이 분명하고 나아가 타이어코드지 국산화가 되면 수입대체와 수출증대에 큰 기여를 하게될 것이라고 내다봤다.

신(神)의 한 수 타이어코드지 개발

'효성'이 나일론 원사 후발 메이커임에도 불구하고 산업용사를 개발하여 이것으로 타이어코드지를 개발·공급해야겠다고 착상하게 된 것은 '한국타이어(주)'를 경영하다 보니 자연 타이어 업계에 대한 국내의 동정과 기술·원료의 수급 상황을 소상하게 파악할 수가 있었기 때문이었다. 이 착상은 신(神)의 한 수였다.

1964년부터 국산 타이어가 중동과 동남아 지역에 수출되기 시작하였으나 당시 우리나라 타이어 제조기술이 선진국에 비하면 해결해야 할 많은 문제를 안고 있었다. 특히 소재 면에서 볼 때 외국의 타이어 수입상 측에서는 나일론 타이어코드지를 사용한 타이어를 강력히 희망하고 있는데도 국산 타이어는 70% 이상이 레이온 타이어크드지를 사용하고 있어 그들의 요구에 제대로 응할 수가 없었다. 또한 대형 차종이 많았던 국내 운수업계에서도 미군용 타이어와 같은 강도와 내구성이 우수하고 재생 가능한 타이어 출현을 희망하고 있던 때였다.

이런 상황이었는데도 국내 타이어 메이커들은 왜 과감하게 나일론코드지를 사용하지 못하고 있는가? 조사연구 실무 간부는 "나일론 코드지의 후처리 시설이 없어 판로 없는 원사 메이커는 만들지도 않으며 외국에서 완전히 후처리 공정을 마친 고가 타이어코드지를 수입해야하기 때문에 수지가 맞지 않아 특수한 용도의 고가품 이외에는 쓸 수가 없다."는 것이었다.

그러니 원사만 수입하여 연사제직(燃絲製織) 접착력 향상을 위한 후처리를 자체에서 할 수 있는 레이온 타이어코드지를 계속 사용할 수밖에 없었던 것이다. 미국에서는 1950년대 초부터 일본은 1950

년대 말부터 레이온을 나일론으로 대체하고 있는데 그 요인은 나일론코드지를 사용하면 생산 코스트가 현저하게 싸지고 수명도 길어지는데 있었다. 그때까지 우리나라에 나일론 타이어코드지 후처리 시설이 없다는 것을 알고 있는 선진국 타이어코드지 생산 메이커가 싼값으로 팔아줄 리 만무했다.

효성이 타이어 제조공장을 세우는데 있어서 핵심문제는 '제조기술'이었다. 결국 외국 기술을 도입해야 하는데 특히 후처리 공정, 즉 고무와의 접착을 촉진하고 외기조건에 영향을 받지 않도록 하기 위한 '특수 열처리 공법'은 선진국의 메이커들이 각자 독자적으로 개발한 기술 체계를 가지고 있어 많은 기술료를 지불해도 도입하기가 어려웠다. 이 후처리 공법을 독자적으로 개발하려면 많은 개발비 투자가 있어야 하고, 나일론 타이어코드지 생산설비를 갖추기 위해서는 막대한 투자가 필요했다. 당시 우리나라 기업 풍토와 기술 수준 등 모든 여건으로 보아 선뜻 나설 수도 없었다. 또 국내 타이어 메이커가 단독으로 착수하고자 해도 국내 소비량이 많지 않아 경제 단위가 되지 못해 사실상 불가능했다.

국내 실정이 이러했으니 '효성'이 나일론 타이어코드지를 개발·생산한다는 것은 단지 수입 대체 효과를 올릴 수 있다는 정도를 벗어나 우리나라의 나일론 타이어코드지가 선진공업국의 세품과 품질, 가격면에서 당당히 맞서는 국제 경쟁력을 갖출 수 있어야만 했다. 난해한 문제였다.

조홍제 회장은 고민에 고민을 거듭했다. "그렇다면 초기에는 고전을 할지 모르겠으나 기업하는 입장에서는 꼭 도전해볼만한 사업이겠다. 더구나 우리나라 타이어 제조산업의 발전에도 획기적인 기여를 할 수있지 않는가" 실무 간부진 조사결과 선진 공업국의 어느 나일론 타이어코드지 메이커도 우리에게 기술을 제공해주지 않을 것이라고 했다. 우리가 독자적으로 개발할 수밖에 없다. 그러나 그때까지 실무진이 연구한 성과에서 상당한 성공 가능성도 있어 보였다. 조홍제 회장은 마침내 나일론 타이어코드지 생산 계획에 OK 사인을 보냈고 효성은 국내 최초로 나일론 타이어코드지 생산업체의 영예를 차지했다.

19

동양나일론 울산 공장 완공
(서독 짐머사(Vickers Zimmer) 기술 선택)

조홍제 회장에게 독자 사업 4년째인 1965년은 바쁘면서도 보람 찬 한 해였다. 독자 사업을 시작한 이래 처음으로 사옥(社屋)을 갖게 되었다. 기업에 있어서 사옥의 의미는 크다. 회사업무를 위해 사용하는 근거지이기 때문이다. 조 회장은 소공동(小公洞)에 사옥을 마련했다, 이 일대는 한국은행이 있고 금융의 중심지였다. 그리고 조 회장이 15년 근무한 반도호텔 삼성 사무실과도 직선 200m내에 있다. '효성 제 1빌딩'이라는 이름으로 계열사들이 입주했는데 시내의 중심부에 자리잡았던 탓에 인근에 큰 빌딩이 많았지만 그 무렵에는 제일 높고 큰 빌딩의 하나였다.

조 회장은 이 시기에 2년 가까운 시일을 들여 검토해 온 니일론 제조기술의 선정문제를 매듭짓지 않으면 안되었다. 공업 분야에 있어서 가장 어렵고 중요한 문제가 '기술' 선정이었다. 사운이 결정되는 문제인 것이다. 동일업종에서 기술이 우위에 있다는 것은 곧 경쟁에 유리하다는 뜻이며 이문제는 신중을 가하지 않을 수 없었다. 그래서 가장 우수한 기술 체계를 갖추고 있는 나일론 원사 생산 업체와 용역 전문회사를 선정하는 문제에 들어갔다. 생산 업체로 일본의 레이온(Nicon Rayon)사, 용역 회사로 서독의 빅커스 짐머 (Vickers Zimmer)사로 압축되었다. 니혼 레이온사는 사업용사의 품질이 우수하고 오랜 경험을 통해 운전 노하우면에서 신뢰성이 높았다. 용역이 전문인 서독의 짐머사는 장기간에 걸친 생산 경험은 없으나 기술이 참신하고 높은 수준이었으며 특히 설계 아이디어 면에서는 기술혁신 요소가 많아 높은 생산성과 경제성을 발휘할 수 있는 장점이 있었다.

효성으로는 이 두 회사 중 어느 한쪽의 기술만을 택해야만 했어 이 두 기술을 놓고 비교·검토하게 되었다. 비교·검토의 기준으로서 기술 계약 조건 특히 기술료였고 둘째는 공장 건설에 소요되는 투자 규모였다. 설계 아이디어나 기술 체계에 있어 구식인 일본 것을 택할 경우 서독 짐머사보다는 시설투자 규모가 작아도 되고 노하우도 그대로 쓸 수 있어 개발을 위한 비용을 따로 계산하지 않아도 된다는 이점이 있었다. 회사의 임원진에서는 서독보다는 일본 것을 택하자는 사람이 많았고 조 회장도 그쪽으로 기울고 있었다.

이런 의견을 기술진에 알렸더니 다른 의견이 나왔다. 효성이 핵심적인 기술만 도입하고 운전 노하우 등은 효성 자체 기술진에서 개발해 나갈 것을 전제한다면 짐머사가 제안한 기술 계약 조건이 더 유리하다는 것이었다. 또한 일본 기술은 생산 업체가 경험을 토대로 세운 것인 만큼 장차 이들과 경쟁 상대가 되었을 때 기술의 모체가 상대방이니 이로울 것이 없다는 점도 고려해야 한다는 것이었다.

조홍제 회장은 결정하기 어려웠던 기술 선택 문제에 대해 기술진의 의견을 받아들여 독일 짐머사의 기술 체계를 택하는 것으로 단안을 내렸다. (독자들이어, 조 회장은 학부시절 독일 경제학을 전공했고 제일 모직기계를 도입할 때 직접 서독 스핀바우사의 것을 선택했고 당시 짐머사도 접촉

이 있었던 것을 감안하면 친 서독파라고 할 수 있다)

난항을 거듭했던 차관(借款, Credit)

나일론 원사생산에 대한 기술문제가 매듭되자 다음에 해결해야 할 문제가 차관이었다. 이 차관선의 물색은 효성이 나일론을 신규사업으로 정하고 조사·연구에 들어간 1964년부터 임연규 상무가 중심이 되어 진행 시켜 왔다. 되도록 유리한 조건의 차관을 얻기 위해 교섭을 다각도로 전개해 왔기 때문에 1965년 들어와서도 확정 짓지는 못하고 있었다.

유리한 조건이란 "이자가 싸고 거치 기간과 상환 기간이 길며 그 차관으로 효성이 원하는 설비를 공여자의 간섭없이 구입할 수 있고 용도에 대해서도 일체의 간섭을 말라"는 것이었다. 당시 우리나라가 도입하는 차관은 그것이 공장건설을 위한 것일 경우 대부분이 차관을 공여하는 상대방에게 "우리는 설비에 대하여 아는 바가 많지 않으니 필요한 설비를 알아서 구입, 좋은 공장이 건설되도록 잘 부탁합니다." 식으로 차관을 들여왔다. 우리나라가 경제개발 초기에 외자 도입 붐일 때 대개 이런 식이었기 때문에 바가지도 많이 썼다. 효성은 이런 사정을 알고 있었기 때문에 이런 소선을 내세웠다.

1965년 9월 한·일 국교 정상화로 차관선을 일본에서도 물색할 수 있게 되어 선택 폭이 넓어졌다. 조 회장은 여러 차례 일본 산업계를 시찰해 일본에서의 차관이 구미지역의 것보다 유리한 조건이 많다는 것을 알고 있었다. 조 회장은 서독의 짐머사가 제공하는 설계도로 기계를 일본의 메이커에게 발주한다면 설비의 성능을 보장받을 수 있어 그런 방법을 택했다. 그러므로 짐머사에 지불할 기술료와 서독 발주분 설비의 구매대금을 합친 208만 달러는 서독에서 차관을 일으킬 수밖에 없었다. 그런데 서독 정부가 우리나라에 제공할 수 있는 장기차관은 거의 바닥이 난 지경이어서 효성이 원하는 208만 달러는 매우 어려운 처지였다. 효성은 이 차관교섭을 위해 경제기획원(EPB)에 주재하고 있는 주한 서독경제고문단과 빈번히 접촉하는 한편 장기영(張基營)경제 기획원 장관이 서독을 공식방문하게 되어 이를 부탁해 간신히 이문제를 해결했다.

1966년 7월 초, 일본의 이토츄(伊藤忠) 상사가 제공키로 한 641만 달러, 그리고 서독 정부가 주관하는 208만 달러에 대한 차관 계약이 정식으로 체결되었다. 당시 대일차관(對日借款)은 양국 간에 합의된 액수보다 우리나라 기업들이 신청한 액수가 많아 일본 정부 측에서 우리 정부로 하여금 차관의 우선순위를 정해주도록 요청했고 따라서 차관들의 경쟁이 매우 치열했다. 이때부터 하태 효성 전무는 주무 당국인 경제 기획원과 국회 등에 부지런히 다니면서 효성이 도입키로 한 차관을 승인해 주도록 설득하며 나날을 보냈다. 그러나 효성이 신청한 차관이 1966년에 열린 국회의 최종심에서 그만 보류가 되고 말았다. 1960년대 초에는 우리의 국력이 약해 정부 자체의 공신력이 높지 않았던 때라 차관을 일으키는 데에 있어서도 국회의 지불보증 동의를 필요로 했을 뿐 아니라 차관선(일본정부)의 승인까지 받아야 했으니 민간기업의 국제적 신용을 기초로 한 차관이나 상거래는 대단히 어려운 처지였다.

효성은 2년여에 걸쳐 심혈을 기울여 추진해 온 '나일론사업'을 국회의 지불 보증에 대한 동의가 유보되었다고 해서 포기할 수는 없었다. 효성은 한국은행에서의 지불 보증만으로 사업을 계속 추진해가기로 하고 관계 당국의 승인을 얻고자 바쁜 나날을 보냈다. 이 무렵 어느 날 조홍제 회장이 차관에 대해 협의차 일본으로 가는데 우연히 주무장관인 장기영 경제 기획원 장관을 기내에서 만나게 되었다. 장 장관과는 오래전부터 지면이 깊은 사이라 인사를 나누다가 "조사장! 제발 귀사의 그 하태 전무 좀 나에게 보내 주시지 말아주십시오" 하고 농을 걸어왔다. "아, 장 장관이 우리 사업이 되도록 허가만 해주어 보십시오. 하 전무가 장 장관이 예뻐서 찾아다니겠습니까?" 짧지만 이 대화에서 효성의 노력이 얼마나 치열했는지를 짐작할 수 있다.

좋은 입지 조건을 갖춘 용지(用地)확보

제조공장을 세우는 경우 공장입지는 사업 성공의 사활을 좌우한다. 효성은 나일론 공장을 세울 부지를 1964년 봄에 이미 확보하고 있었다. 동양 나일론과 동양 폴리에스터의 울산 공장이 들어서 있는 울산시 매암동 일대 12만 평은 처음 윤활유 공장을 세울 목적으로 정부에서 승인을 받은 것이지만 이 일대의 조건이 공장부지로 매우 적합하다는 조사결과가 나왔다. 즉 ①울산 공업 단지의 심장부에 위치하고 있으므로 항만·전기·교통 등 사회 간접자본 혜택이 크다. ② 정유 공장에 인접해 장차 나일론 원료가 국내에서 생산될 경우 원료 공급이 수월하다. ③ 장차 대규모 국제단위 공장으로의 증설을 고려하면 부지의 면적이 적어도 10만 평 정도라야 하는데 이 조건도 충족시키고 있다. ④ 지반이 튼튼해 중기계 설치가 합당하다. ⑤ 3,000톤 급 화물선이 공장에 접안할 수 있어 원료 수입, 제품반출, 기재의 반입 등 해상수송에 매우 유리하다는 것이었다.

조홍제 회장은 이 부지를 여러 번 둘러보고 마음에 들어 이 부지에 나일론 공장을 세우기로 마음먹었다. 조 회장은 공장의 입지 조건 여하가 그 기업의 발전 속도를 좌우한다고 생각했다. 예부터 산소를 두고 명당 운운하지만 공장부지 선정 과정에서 과학적 근거를 따지는 것이야말로 현대적인 의미의 명당찾기인 것이다. 동양 나일론이 설계 용량 일산 12톤 규모에서 불과 십수 년 만에 동양 폴리에스터의 설비와 타이어코드 후처리 시설을 동일 캠퍼스에 수용하면서 나일론 원사 250톤, 타이어코드지 60톤에 이르는 세계적 규모를 갖춘 대규모 공장으로 급성장할 수 있었던 것은 이같이 훌륭한 입지 조건에 힘입은 바가 컸다.

공장 조기완성을 위한 비상책

조홍제 회장은 차관 계약이 체결되지도 않은 시점에서 공장건설 토목공사를 추진하고 정지 공사에 들어가도록 했다. 또한 차관 계약이 성립된 다음에도 정부의 허가와 국회의 차관에 대한 지불 보증 동의를 기다리지 않고 공장의 설계, 기계 발주를 위한 전문메이커들과의 교섭, 수배전 설비의 조기 착공, 제작 기간이 긴 일부 설비의 발주 등 본격적인 공장건설을 진행 시켜 나간 것은 공장의 조기 완성을 위한 것이었다.

그렇지만 정부의 승인 절차가 끝나지 않은 시점에서 공장건설을 계속 추진한다는 것은 큰 위험부담을 안고 있었다. 당국의 차관에 대한 지불 보증을 끝내 얻어내지 못한다면 2년여에 걸쳐 심혈을 기울여 온 막대한 시간과 정력 그리고 투하된 경비는 완전히 허비로 끝나버리는 것이다. 조 회장은 당국의 승인이 어떻게 나올 것인지 초조한 나날을 보냈다. 조 회장은 이 사업 자체가 기업인으로서는 꼭 해볼 만한 사업이고 국가적으로도 큰 이익을 줄 수 있는 뜻 있는 일이라 판단되었기 때문에 조기 건설을 서두른 것이다.

조 회장의 이런 신념은 아주 좋은 결과를 가져왔다. 결과적으로 나일론 원사 수요 급증기에 맞도록 제품을 낼 수 있었던 것이다. 이것이 동양 나일론의 급성장에 큰 공헌을 하게 되었으며 추후 효성의 나일론 사업이 잘되니까 "조 사장에게는 행운이 붙어 다니는 모양이야"라는 말이 나왔다. 조 회장은 이런 말을 들을 때마다 그것은 단순한 행운이 아니라 행운에 접할 수 있는 노력과 신념을 바탕으로 한 사전 준비가 철저하여 얻어진 결과라고 생각했다.

하여튼 까다로운 국회의 지불 동의가 국회에서 다시 심의되어 1966년 11월 말에 통과되었다는 것은 역시 '행운'도 있었다고 할 것이다. 조홍제 사장은 이 공장건설의 실무책임자로 당시 과장급이던 배기은(추후 동양 나일론 사장)에게 맡겼다. 배기은 과장은 사실 효성 물산 기획부 초창기부터 생산·기술 분야의 실무책임자로서 오늘날 동양 나일론을 세계 유수의 대 나일론 메이커로 급성장시키고 효성 산하의 화섬 분야 전반에 걸쳐 발전의 기초를 반석 위에 세우는 데 있어 가장 공로가 컸다. 그는 선택과 발주, 공장의 효율적인 레이아웃(Layout) 및 설계, 타이어코드지 후처리 공법과 나일론 원사 생산운전 노하우의 독자적인 개발과 2차 세획의 획립에 주도적 역할을 수행해 조 회장이 기대했던 것보다 훨씬 높은 수준의 업적을 이루었다.

기업을 하는 사람으로서 자기의 분신과 같은 경영 책임자를 만나는 것은 기업의 성패가 달리는 문제인데 조 회장은 비록 독자 사업을 늦게 시작하였지만, 무엇과도 바꿀 수 없는 배기은 과장 같은 사람을 만났기에 가장 행복한 기업인의 한 사람이라고 자부했다. 어떤 기자가 조 회장을 찾아와 "책임자를 어떤 기준으로 정하느냐?"는 질문을 했는데 "만나서 여러 가지 이야기를 하다 보면 대략 그 사람의 능력과 품성을 알 수 있고 그렇기 때문에 처음 사람을 뽑을 때 면접 시간을 가능한 한 길게 잡고 이야기를 해본다. 예컨대 효성 물산 기획부에서 일하던 사람들이 지금 모두 그룹 회사의 중요한 직책을 맡고 있는데 대표적인 책임자 선정 기준은 내 나름의 기준이 있다. 그때 그 젊은이들을 보았더라면 기자인 당신도 느끼는 무엇이 있었을 것이다."라고 말해 주었다.

이래서 "기업은 사람이 하는 것이다."라는 말이 하나의 진리로 그 뜻의 무게를 더하는 것이다.

마음 든든한 장남 (석래, 錫來)의 경영 참여

한국은행의 자본 보증 절차를 마치자 효성은 차관의 본격적인 수용태세를 갖추고 나일론 사업의 추진을 위해 효성 물산과는 별개의 회사를 세워도 좋을 만한 단계에 이르렀다. 새로 세우는 회사의 본사는 소공동 효성 제1빌딩 안에 두기로 하고 실무진도 효성 물산 기획부를 그대로 옮겨와서 이를 주축으로 새 인원을 편성했다. 사명(社名)은 기존 나일론 두 메이커가 모두 '한국'과 '한일'을 쓰고 있으니 좀 더 넓은 범위인 '동양(東洋)'으로 정하자는 의견이 많아 그대로 정했다. 1966년 11월 3일에는 법원에 회사의 등기를 마치게 되었다.

새 회사 설립에 바쁜 중에서도 집안에 큰 기쁨이 하나 있었다. 미국 워시번 대학과 앨라배마대에서 경제학을 전공하고 1965년에 귀국, 효성 물산에서 일하고 있던 차남 양래(洋來)가 1966년 초 결혼을 한 것이다. 신부는 대전에서 변호사로 계시는 홍긍식(洪兢植)씨 영애로서 이대(梨大) 졸업반이었다. 차남이 곁에 있고 자부를 맞이하게 되고 보니 세 아들이 슬하로 돌아와 서로 의논하면서 사업을 이끌어가면 얼마나 좋을까 하는 생각이 들었다. 3남 욱래(旭來)는 아직 어리니까 더 기다려야 하지만 장남 석래의 도움은 무척 아쉽게 느껴졌다. 그가 일본 와세다 대학의 이공학부를 마친 다음 미국으로 건너가 일리노이(Illinois) 대학원에서 석사 과정을 밟고 있었는데 1966년이면 석사학위를 받게 되어있었다.

조홍제 회장은 1965년 말 "이제 신규사업으로 나일론 공장을 세우게 되었으니 박사 과정까지 마치고 모교의 교수가 되겠노라는 심정을 모르는 바 아니지만 내가 이미 회갑을 맞는 해가 되었으니 신규사업을 일으키는 시기에 실무부터 익히고 업무 전반에 걸쳐 나를 도와주었으면 하는데 의사는 어떤지?" 하고 물어보았다. 그랬더니 그도 독자 사업을 시작한 이래 지금이 가장 어려운 시기라고 판단하고 그렇지 않아도 1966년 2월 석사학위를 받으면 곧 귀국하여 돕겠다는 결심을 하고 있다고 했다. 그래서 석래는 그해 4월에 귀국. 효성 물산의 관리부장직을 맡아주었고 '동양 나일론'이 창설되자 감사를 거쳐 1967년 초부터는 상무이사로 울산 공장건설 지원은 물론 본사의 업무 전반을 관장하게 되었다. (독자들이여, 이 책에서는 조석래 회장이 그룹 회장으로 정식 취임하는 사실은 추후 별도 장(章)를 만들어 다룰 것이다.) 입사 1년도 되지 않아 '상무이사'로 일을 보게 되는 것은 좀 이른 감이 있었으나 미국 유학 동안 그가 보여준 성실성과 사내에서 그가 발휘한 역량을 보아 온 하태 사장을 비롯한 임원들의 건의도 있어 그에게 무거운 짐을 지운 것이다. 그의 미국 유학은 고생의 연속이었다고 했다. 정부가 허용하는 학자금의 송금 한도는 겨우 생활이나 꾸려 갈 수 있는 최저선이었고 달리 도움을 받을 곳도 없으니 그럴 수밖에 없었다.

아무튼 석래가 회사에 출근하고 부터 회사의 분위기가 한결 밝고 활기에 넘치는 것 같았다. 그런데 대학 과정부터 줄곧 외지에서 공부하다 보니 32세가 된 그때까지 반려(伴侶, 인생을 함께하는 동반자)를 찾지 못했고 귀국하고서도 도무지 그런 기색을 보이지 않았다. 그러다가 마침 송인상(宋仁相, 전 재무장관) 씨의 셋째 규수(송원자)를 중매한 분이 있어 1967년 4월에 결혼이 이루어졌다. 송인상 장관은 1세대 경제개발의 주역이었고 유능한 경제관료로 명망이 높았다. 조홍제 회장은 더러 며느리를 잘 고르는 비결이 무엇인지 질문을 받는데 "남의 집에 며느리로 들어오는 사람은 언젠가 그 집의 주인이 되는 것이니 친정이 가난하든 부자든 또 지체가 높든 낮든 그런 것은 그다지 문제가 되는 것은 아니고, 오직 한국적인 부도(婦道)를 대할 수 있는 규수를 택하시오. 그 규수가 어려운 일이 닥쳤을 때 참을성 있게 그것을 잘 처리하고 집안의 화목을 도모할 줄 알아야지 지나친 현대식이니 자주성이니 하는 것을 내세워 자기중심적인 생각만 하여서는 곤란하지 않을까? 남에게 잘해주려 노력해야지 남이 잘해주기만 바라는 사람이 집안에 들어오면 그 집안은 번영이 안돼. 옛날부터 새집 짓고 3년, 새사람 들어와서 3년 이란 말이 있는 데 의미가 있는 것입니다."라고 대답하곤 한다.

20

독자적 기술 체계의 확립

조홍제 회장은 나일론 공장 건설 준비를 활발하게 진행 시켰다. 효성은 소요 경비의 주요 약품을 외화 즉 차관으로 구입해야만 했던 만큼 설계의 잘못이나 성능이 나쁜 기계를 선택하는 따위는 전혀 용납될 여지가 없었다. 그러니 최대한으로 외화를 절약하면서 완전 무결한 공장을 세워야 했던 기술 실무진에 대한 부탁은 무거운 것이었다. 기술제공사인 짐머사 측에는 나일론 원사 공장의 핵심 부분을 담당시켜 기술 지원을 최소한으로 줄이고 상세 설계는 효성 실무진의 의견을 반영하고 설계의 내용을 배우며 소화할 수 있도록 했다.

방법은 매우 효과적이었다. 효성의 실무진 간부나 요원이 공장에 설치될 어떤 기계이든 설계단계에서 성능과 득성을 이해할 수 있게 해주었다. 그리고 부대시설(facility) 전반과 건물의 설계 등은 효성의 실무진이 전담했다. 당시 기술이 부족해 나일론 원사생산의 기본 기술은 외국의 것을 사지 않을 수 없었지만, 그 같은 상황에서도 하루빨리 이 기술마저도 자체적으로 완전히 소화함으로써 기술의 독립을 성취해야겠다는 목표 아래 기본 기술의 각 분야에 실무진을 참여시켜 이를 단시일 내에 완전히 소화토록 했던 것은 매우 자랑스럽고 뛰어난 구상이었다.

기계를 설치할 때 시운전을 거치지 않고 바로 정상 가동을 한다는 구상은 다른 곳에서는 찾아볼 수조차 없던 일이었다. 조홍제 회장의 기술 독립에 대한 철학이 잘 나타나는 국면이었다. 이때 기본 기술을 완전히 소화하여 독자적인 기술 체계를 확립할 수 있었기 때문에 1차 증설 이후의 모든 증설에서 남의 힘을 빌리지 않고 공장을 세울 수 있었으며 나아가서 독창적인 신제품을 개발할 수 있는 기술력을 축적하게 되었다.

당시의 우리나라 공장건설은 대부분 차관이나 기술도입에 의존했고 차관 또는 기술공여자에게 설비의 일괄 구매를 의뢰하는 이른바 '패키지(Package)' 구입이나 '턴키(Turn Key)' 방식의 건설이 대세여서 효성에게도 많은 제안과 차관 공여 측의 상권적(商權的) 요구가 있었지만 그런 것은 처음부터 도외시 되었다. '효성'은 개개의 기계별로 전문메이커를 조사하여 직접 그들의 견적을 받아냈고 믿을 수 있는 메이커 중에서 가격과 선적기일이 유리한 회사에 선택적으로 발주했다는 것은 매우 의미 있는 일이었다. 이렇게 발주 업무는 진전되어 갔으나, 1966년 11월 무렵까지 이토츄 상사가 제공하는 차관에 대해 한·일 양국 정부의 승인이 나오지 않아 기계 수주를 하고서도 제작에 들어가기를 꺼리는 회사가 많아 이들을 설득하려고 실무자들이 하나하나 직접 방문하면서 애를 쓴 일도 있었다. 동양 나일론이 세계 굴지의 대 메이커로 성장한 오늘날에는 실무 간부가 구두로 주문을 해도 대뜸 제작에 착수하지만, 당시로써는 국제적 신용이 낮았던 만큼 말로만 "네, 곧 착수합니다." 해놓고 그대로 있었던 회사가 많았다.

그런 분위기 속에서 울산 공장건설에 있어서 가장 먼저 완성되어야 할 수배전(受配電) 및 발전(發電)시설의 제작을 맡은 일본의 명전사(明電舍)의 제작 기간이 길어 조기 발주 제작이 불가피했던 방사설비 부분을 수주한 일본의 나카무라 (村田) 기계, 공기 조절 설비를 수주한 대기사(大起社)는 효성을 믿고 그들 자비로 중역 한 사람을 서독에 파견하여 짐머사(Zimmer)의 설계에 참여하는 성의를 보이기까지 하면서 선뜻 조기 제작에 착수해 주었으며 이것이 울산 공장의 조기 준공에 큰 도움을 주었다.

타이어코드 후처리(Post Processing) 공법 개발 성공

1967년에 들어서자 차관의 승인도 끝나 본격적인 설비 제작을 진행 시키게 되었는데 공기를 단축하기 위해 완성된 각종 기계의 설계도면을 릴레이식으로 독일, 스위스, 영국, 미국, 일본 등지의 수주 회사에 전달하고 동시에 울산의 현장에도 보내어 건설 공사에 반영시키는 방법을 택했다. 이렇게 나일론 원사 공장에 필요한 설비는 제작에 들어갈 수 있었고 또 각 수주 회사에 효성의 실무진이나 간부들을 파견하여 기계의 성능연구제작 감독을 시킬 수 있었다.

그러나 효성이 설계에서 후처리 공정에 이르기까지 독자적으로 개발해야만 했던 타이어코드(Tire Code) 공장은 뜻같이 따라주지 않았다. 타이어코드지 생산 공장의 세부 계획에 들어가자 여러 가지 난제가 가로막고 있었다. 나일론 타이어코드지의 생산은 그 당시 선진공업국에 국한되어 있었고 생산기술은 하나의 체계로 단일화되어 있는 것이 아니라 원사 제조와 후처리로 양분된 실정이었다. 즉 화섬 메이커는 원사생산의 기술만 가졌을 뿐 그다음 공정인 연사(撚絲) 제직(製織), 특히 후처리 공정의 하나인 열처리는 타이어 제조업자들이 대체로 좋은 기술을 가지고 있었다. 따라서 효성에게 원사 생산기술을 제공하도록 되어있는 짐머사도 여기에 대한 아무런 기술도 갖지 못하고 있었던 것이었다. 그러므로 미국이나 일본 등지의 타이어메이커의 기술을 도입해야겠는데, 몇 군데 회사에 의사를 타진해 보았더니 모두 소극적이었고 요구하는 기술료도 엄청나게 고가였다. 그들이 요구하는 기술료 150만 달러는 그때 효성의 형편으로서는 도저히 생각할 수 없는 큰 액수였다.

사실 타이어코드지의 후처리 공법은 타이어 메이커들이 거액을 들여서 독자적으로 개발한 것이어서 비싼 기술료의 요구도 무리한 것은 아니었다. 그러니 함부로 견학조차 시켜주지 않으려는 경향이어서 독자 개발을 위한 조사는 문헌을 더듬어 알게 된 해외 연구기관, 화공약품 제조회사, 기계제작 회사 등의 루트를 통한 간접적인 방법을 택할 수밖에 없었다. 배기은 과장과 오웅복(吳雄福, 추후 동양나일론 상무) 사원은 주로 일본에서 이런 방법을 통해서 얻은 단편, 부분적인 기초 원리에 입각하여 종합, 재구성하는 독자적인 공법을 창출하려는 노력을 계속해 나갔다. 다행히 자매회사인 한국타이어에서 후처리 공정의 초보적 단계의 설비라고 볼 수 있는 간이식 열처리 시설을 가지고 있었기 때문에 이 시설을 이용하여 연구의 진행에 상당한 도움을 얻을 수가 있었다.

하지만 후처리 시설 개발팀은 시간에 쫓기고 있었다. 그것은 나일론 원사 공장의 시운전이 1968년 6월로 예정되어 있었기 때문에 최소한 이보다 6개월 이전, 즉 1967년 말까지는 타이어코드지 후처리 공장과 제조 공법을 완성하지 않을 수가 없었던 것이다. 6개월의 시간밖에 없었다. 타이어코드용 원사생산의 기술은 도입되었지만, 원사를 그대로 국내 타이어 메이커에 팔 수는 없었다. 6개월 이

내에 개발을 완료, 대량 생산체제를 갖추지 않으면 산업용사는 수요처가 없어 재고만 누적될 처지였다. 효성팀은 시운전용 원사수입 교섭, 후처리 공장의 건설, 요원의 확보, 기초 교육 등을 1967년 여름에 끝내고 일본의 전문회사에서 자작한 기계의 설치에 들어갈 수 있었다. 그런데 국내에서 제작키로한 기계는 납기를 못 지켜 효성 실무팀이 직접 조립을 해야만 했다. 1967년 10월 일본에서 제작된 열처리기는 많은 문제를 안고 있었다. 설계대로 설치를 완료하고 보니 나일론 타이어코드지가 요구하는 물성(物性) 수준에 이르지 못해 기술진을 당황하게 만들었다. 일본 납품회사의 설계 주임도 무엇이 원인인지 찾아내지 못했다. 기계 설계 전문가가 아닌 효성 실무팀으로서는 속수무책이었다. 하는 수 없이 열처리기의 중요 부분을 분해, 설계도면과 대조하면서 재조립을 해도 원인이 규명되지 않았다.

일주일 동안 검토에 검토를 거듭한 끝에 각 부품의 기능결함(機能缺陷)을 찾는 쪽으로 방향을 바꾸어보니 드디어 해답이 나왔다. 중요한 기능을 발휘해야 할 몇 가지 부품이 제 기능을 다하지 못하거나 빠져있다는 사실을 알아냈다. 수주 메이커 측과 효성 실무팀은 부족한 부품의 전문 메이커를 수소문한 결과 일본과 국내에서는 찾아지지 않았고 미국의 '마운트홈'사의 제품이라야 제대로 기능을 발휘하게 된다는 것을 알아냈다. 이 부품을 마운트홈사에서 구입, 비행기로 공수(空輸)하여 열처리 기능을 정상화하고 시제품을 만들어낸 것이 1968년 봄. 이 시제품은 물성시험에서 국내 타이어 메이커가 사용하는 데는 아무 결함이 없다는 결과를 얻게 되었다. 마침내 개발에 일차적인 성공을 거둔 것이다.

돌관작업으로 밀고간 원사 공장건설

울산 원사공장의 설비 발주가 끝나자 1967년 3월 기술팀의 간부 중에서 배기은(추후 동양나일론 사장) 송재달(추후 동양나일론 부사장), 두 부장과 정갑종(鄭甲種, 금호 화학 전무) 구창남(具昌男, 추후 동양나일론 공장장) 사원 등을 해외로 파견 운전기술을 습득하도록 했다. 실습 대상 공장은 짐머사가 용역을 맡아 건설한 서독 및 이탈리아에 있는 나일론 공장이었다. 네 사람은 나일론 제조법이라는 자가교재를 만들었고 아직 의문이 풀리지 않은 많은 문제점에 대해서는 '질문표'를 만들어 가지고 떠났다. 그런데 외국의 나일론 공장에 도착하여 실습을 하려고 보니 공장의 간부들은 후진국에서 기초공부도 없이 온 친구들이거니 생각하고 나일론의 가나다부터 가르치려 들었다. 그래서 실습하러 온 네 사람은 "그런 것은 다 알고 있으니 우리가 제시하는 질문에 답하여 주시기 바랍니다."고 하면서 질문표를 건네주니 그들의 안색이 달라지면서 "여러분 대단히 죄송합니다, 다만 여기 적힌 질문들은 너무 전문적인 것들이어서 우리가 연구·정리한 다음 답변을 드리겠습니다."고 했다. 그들은 자기네 회사의 최고 권위자를 모시고 나와 답변 해주는 것이 한두 번이 아니었다. 우리 기술진이 그동안 얼마나 열심히 공부하였는가를 보여주는 극적인 장면이었다.

한편 울산 공장의 건설 현장 또한 이들에 못지 않은 열기 속에서 부대시설과 주 공장의 건설 작업이 돌관작업으로 진행되었다. 돌관작업(Crash Work)이란 예정된 시간 안에 작업을 완료하기 위해 인력 자원을 집중 투입하여 작업을 서둘러 하는 것을 말한다. 현장의 건설 공사는 효성물산 동경 사무소장을 지낸 권병규(權炳奎) 관리부

장이 1966년 8월부터 총책임을 맡았는데 어려움을 극복하면서 쾌
속도로 공사를 밀고 나갔다.

　외국에 발주한 기계의 제작은 대체로 순조로운 편이었으나 나일
론 원사생산의 핵심설비인 중합탑(重合塔)의 완성에는 곡절이 많았
다. 1967년 여름 어느 날 조홍제 회장이 중합탑 제작을 맡은 고베
(神戸)제강을 가보니 예정대로라면 성능 테스트가 끝나 선적 완료
단계에 있어야 할텐데 테스트조차 해보지 못한 상태에 있는 것을 알
게 되었다. 조 회장은 일본 지역 발주 기계의 점검 업무를 담당하고
있는 송재달 부장과 동경 사무소장인 조양래(조 회장 차남)를 불러 이
렇게 중합탑 제작이 지연된 사정을 알아보았다.

　그들 설명에 따르면 성능보장이 필수인 서독 메이커에 발주했던
주요 부품이 늦어져 그런 상태가 되어있다는 것이었다. 서독의 수주
메이커가 계약대로 제작했어도 선편을 만나지 못하면 지연되는 일
이 흔히 있던 때라 이 경우에는 누구에게도 책임을 물을 수 없으니
까 신속한 대책 마련을 위해 즉각 서울에 있는 임연규 전무를 동경
으로 불렀다. 조 회장은 "임전무 그 부품이 선편으로 오게 되었다면
지금 선적이 되었다고 해도 일본에서 테스트를 마치고 울산 현장까
지 도착하려면 두 달이 걸릴 수밖에 없는데 이래가지고는 도저히 안
돼. 곧 서독으로 가서 비상수단을 강구하세."라고 지시했다. 임 전무
는 서독으로 가서 선적되어 오고 있는 그 부품을 선상에서 찾아 민
간 전세기로 일본 오사카(大阪)에 도착시켰는데 오사카 공항에서는
수입 면장이 없어 우리나라 산은(産銀) 오사카 지점장의 도움으로
간신히 고베제강에 넘기는 등의 우여곡절을 거쳐 2개월 정도의 시
일을 단축시킬 수 있었다.

　1969년부터는 해외에 발주한 설비들이 속속 도착했고 가을에

는 타이어코드 공장건설을 완공시켰다. 나일론 원사 주 공장의 건
설도 완성에 가까운 1967년 말 서독 짐머사에서 파견한 아카만
(Ackermann)기사장 일행이 울산 현장에서 일하게 되자 이를 계기
로 본격적인 기계조립, 설치 공사에 들어갔다. 짐머사에서 설치 책
임 기사로 파견된 사람은 빗텐하겐이라는 사람이었는데 이 기사는
원리 원칙만 따지고 한 치의 양보도 하지 않는 전형적인 독일 기술
자라 그를 가리켜 '삐딱하겐'이라는 별명을 붙여 주었다. 그들은 정
시 출근에 정시 퇴근, 공휴일은 무조건 쉬려고 해 하루가 급한 효성
실무진은 안타까워했다. 효성 실무진들은 짐머사 기사들이 가지고
온 설계도를 정확히 해독할 수 있는 실력을 갖추고 있어 철야를 하
면서 2~3일 동안의 작업량을 해치우곤 했는데, 이 '삐딱하겐' 씨는
몹시 화를 내곤 했다.

　어느 날 밤 사이에 완성된 철 구조물을 보고는 "이 천장을 가로지
르는 철골은 10m가 앞으로 나왔으니 '줄'로 깎아내시오!" 하면서
현장을 나가버렸다. 줄로 폭 10m, 길이 3m가 넘는 철골을 어떻게
하루 만에 깎아낸단 말인가! 삐딱하겐씨는 자신의 권위만 내세우고
야간 작업을 하지 못하도록 이런 억지에 가까운 고집을 피운 것이
다. 효성의 실무진들은 밤사이에 산소 용접기로 그것을 곱게 잘라낸
다음 줄로 잘 다듬어 그가 요구하는 데로 해놓았다.

　이 사건으로 그토록 까다롭던 삐딱하겐씨도 효성 실무진의 순수
한 열정에 이끌려 효성 실무진과 뜻을 함께하게 되었다. 1968년 2
월 마침내 나일론 원사 공장이 완성 단계에 들어가고 타이어코드 후
처리 공장도 시운전을 거쳐 타이어 메이커에 납품할 수 있는 수준에
이르렀다. 조 회장은 다가오는 가동에 대비하여 본사와 울산공장의
임원진을 새로 편성했는데 본사의 임원진에는 오정환(吳正煥) 부사

장, 조석래 상무를 중심으로 간부를 보강했다. 울산 공장에는 권병규 부장을 주재 상무로, 공장장 겸 기술부장에 배기은, 생산부장에 송재달, 대구영업소장에 김병실(金炳實)을 임명했다.

이 무렵 조홍제 회장은 한 가지 염려가 마음을 짓누르고 있었다. 나일론 원사의 생산공정은 워낙 까다로워 만약 무슨 하자가 발생하면 어떻게 대처해 나가야 하는 것이었다. 기존 메이커 중에는 시운전 단계에서 하자가 생계 1년 남짓 고생한 사례도 있었다. 조 회장은 1개월 남짓 심사숙고한 끝에 1967년 봄 현 KAL(대한항공) 빌딩이 선 자리의 대지(垈地)를 매각, 비상자금 2억여 원을 마련했다. 매각한 대지는 중구 소공동 요지의 금싸라기 땅이었다. 1968년 3월 초. 조홍제 회장이 울산 공장의 정문에 들어가니 공장의 모습은 다 갖추어져 있었다. 그런데 과연 원사가 제대로 나와줄 것인가? 이런 걱정이 물려오는 것은 어쩔 수 없는 일이었다. 조 회장은 현장의 모든 기술 요원을 임시 사무실로 집합시켰다. 지금까지 없었던 일이었다. 모두 무슨 말이 회장으로부터 나올까 숨죽이고 있었다. 조 회장이 한 질문은 오직 두 가지었다. "언제 공장이 움직이는가?" "원료를 넣으면 틀림없이 원사가 제대로 나올 것인가?" 였다.

배기은 공장장은 확신에 찬 목소리로 "네. 공장은 4월 20일에서 25일 사이에 꼭 움직이게 하겠습니다"

"회장님, 염려하지 마십시오. 반드시 기대에 어긋나지 않도록 최선을 다하겠습니다."

완벽한 성공으로 보답되다

드디어 4월 20일 오후가 되었다. 조홍제 회장은 사무실에 앉아

울산 공장에서 오는 전화만 기다리고 있었다.

"회장님 다 되었습니다. 원료를 넣어도 되겠습니까?"

배기은 공장장의 목소리가 수화기를 통해 들려왔다.

"그런가? 수고했네. 그러나 한 번 더 총점검하고 난 다음에 원료를 넣는 것이 좋지 않을까?"

돌다리도 두들겨보는 조 회장 특유의 신중함이었다.

3일 밤 3일 낮에 걸친 최종 점검이 끝난 1968년 4월 23일. 운명의 날이 닥쳐왔다. 목욕재계하고 새 작업복으로 갈아입은 요원들은 각자의 정위치로 돌아갔다. 중합 공정의 폴리마 압출구(押出口)와 방사 공정의 노즐(nozzle,유체를 분출시키는 끝의 작은 구멍) 앞에는 현장의 전 임원과 기술 간부, 짐머사의 기술진, 기계 납품사의 기술 책임자들이 공장 간부와 사원들의 부인들이 정성을 다하여 마련한 제물을 차린 고사상 앞에서 차례로 절을 했다. 누가 이것을 미신이라 하겠는가. 지성이면 감천인 것을! 독일 사람들은 무릎이 길어 엉거주춤한 자세로 한국식 큰절을 했다. 일본사람들은 불교 신자가 많았는지 합장을 하면서 성공을 빈다는 축원의 말을 되풀이했다. 드디어 중합탑의 스위치가 눌러지고 원료인 카프로락탐이, 방사 공정에는 미리 수입해온 시험용 칩이 투입되었다. 초조하게 서 있는 관계자들 앞에 이윽고 노즐을 통해 명주실보다 더 하얗게 빛을 뿜으며 마치 살아서 인사라도 하듯 쏟아져 나오는 은백색의 가는 선들! 소요시간이 긴 중합 공정도 완벽하게 진행되었다. 압출구에서 긴 국수가락처럼 뽑혀 나와 냉각수로 들어가는 순백색의 행렬, 행렬, 행렬.

"아 나왔다. 하얗구나"

절규, 환성, 탄성, 대성공이었다. 정상 가동까지 적어도 100일 정도는 걸릴 것이라는 짐작으로 주문한 제품 박스(Box)가 납품되지 않아 제품을 포장하지 못해 곤란을 겪으면서도 누구 하나 탓하는 사람은 없었다. 효성그룹은 이제 동양나일론이라는 도약대가 마련되어 비약적인 발전을 약속받게 되었다. 한국 재계는 성장 잠재력이 무궁한 새로운 기대주를 맞이하게 되었다. (독자들이여, 조홍제 회장은 이로써 우리 재계에서 모직(毛織)과 화섬(化纖) 두 분야를 개척한 유일한 오너가 되었다.)

<h1 style="text-align:center">21</h1>

대전피혁(Leathr)과 한국타이어 소생

조홍제 회장은 대전피혁의 경영에 참여하게 되었다. 조 회장이 대전피혁에 참여하게 된 경위는 별로 복잡하지 않다. 조 회장보다 먼저 삼성에서 나온 조 회장의 동생 성제씨는 1960년 무역회사인 광성물산을 설립, 3년여의 확실한 운영으로 1963년에 들어와서는 생산 업체로의 전환을 모색할 단계에 이르러 있었다. 그래서 당시 산업(産業)은행 관리하에 있던 대전피혁을 불하받아 이를 정상화하려고 했다.

대전피혁은 일제하인 1917년 일본인 자본에 의해 설립되었으며 당시 일본군 군화 등을 주로 제조하고 피혁, 의류 등을 생산했다. 성제씨는 당시 효성물산의 이사직도 맡고 있어 자주 조 회장에게 사업에 대한 자문을 구하기도 했는데 1963년 여름 어느 날 조 회장에게 "대전피혁을 불하받기는 하였으나 혼자서 운영하기에는 힘에 벅차니 효성물산이 참여하여 주었으면 좋겠습니다."라는 제안을 했다.

조 회장은 제의를 받고 처음에는 "왜 하필이면 가장 부진한 업종을 택해 사서 고생을 할까?" 하는 생각이 들어 별로 탐탁하게 여기지 않았지만, 동생이 어려운 처지에 있다면 이 회사의 경영에 참여

해줄 수밖에 없다고 생각하게 되었다. 이 회사의 내력을 들어보니 일제 강점기에 일본군대의 군화를 만들기 위해 일본인들이 세운 회사로 해방이 되자 우리 정부의 귀속재산이 되었으며 처음에는 홍봉표(洪鳳杓)라는 사람이 관리를 맡았다는 것이었다. 1956년 국방부가 점차 줄어드는 미국의 군사원조의 보완책의 하나로 국군용 군화를 전량 국산화할 계획을 세운 적이 있었다. 그때 이 회사를 불하받아 운영하고 있던 홍봉표씨는 "우리가 일본에서 수입하고 있는 것과 못지 않은 좋은 군화를 생산하려면 최신 시설을 도입해야 한다"고 주장. 국방부의 주선으로 미국의 ICA 자금 22만 5,000달러를 얻어 이 회사 대전 공장의 시설을 일신했다고 했다.

그러나 운영자금 부족과 도입된 생산설비를 제대로 다룰 수 있는 숙련공 부족, 관리 부실 등으로 1961년에 와서는 부채누증에 몰려 산업은행의 관리로 넘어가게 되었다. 산업은행은 1962년부터 이 회사의 경영을 직접 맡았고 자본금을 5,000만원으로 증자하고 사명(社名)도 '대전피혁공업주식회사'로 바꾸는 등 의욕적으로 정상화에 노력했으나 활로를 찾지 못하고 말았다. 산업은행은 1년 만에 다시 민간에게 불하할 수밖에 없었다. 조성제씨는 불하 소식을 듣고 산은의 대전피혁 담당 이사를 만나 회사 상황 설명을 듣고 경쟁 입찰에 응했다. 결과는 5,000만원을 써낸 것이 최고액수기 되어 조성제씨가 낙찰자가 되었다.

그런데 막상 대전에 내려가 실사를 해보니 산은(産銀)이 공개했던 장부와 숫자가 전혀 맞지 않는 것이었다. 또한 공장에 비치된 숫자와 현물과는 차이가 많았던 것이다. 이런 상황에서 조성제씨가 3개월여에 걸친 정밀 실사를 해보니 실 재산은 3,000만원 수준이어서 조성제씨는 인수단계에서부터 2,000만원의 부담을 안고 인수하게 되었다. 그런데 설상가상으로 조성제씨는 실사를 마치고 서울에 올라오자마자 이내 고혈압으로 병상의 몸이 되어 회사의 일을 보지 못하게 되었다.

조홍제 회장은 이런 형편을 그대로 방치할 수가 없어 효성물산의 조제기 과장을 대전 공장에 상주시켜 실무를 보게 하고 하태 전무로 하여금 대전피혁의 전반적인 운영을 돌보게 했다. 그렇게 하였지만, 대전피혁은 시일이 흐를수록 적자가 쌓여가는 것이었다. 더구나 60년대 초에는 피혁 제품의 국내 시장이 좁아 의욕적으로 새로운 제품을 개발할 수 없어 군화를 군납하는 것이 매출의 전부였다. 그나마도 10여 개의 업체가 한 곳뿐인 국방부의 군납처를 놓고 경쟁을 벌여 그 무렵 대전피혁 서울 사무소 책임자는 국방부에 들어가 살다시피 했다.

당시 대전 공장에는 200여 명의 직원이 일하고 있었는데 제화기술 수준이 낮아 ICA 자금으로 들여온 서독제 최신식 자동 제화기는 사용해볼 엄두조차 못 내고 있었다. 수제화(手製靴)도 불량품이 많아 육군 병참학교의 교관을 모셔와서 기술지도를 받기도 했다. 이렇게 해서도 합격품이 모자라 납기를 제대로 지키지 못하는 때가 많았고 대금결제도 제 때에 안되는 등 투입된 운영자금조차 회수가 늦어지곤 했다. 효성에서는 귀찮은 존재가 되어 "이럴 바에야 차라리 소유 주식을 정리하는 편이 낫겠다."라는 말이 나오기도 했다.

피혁 공업은 "절대 망하지 않는다"

조홍제 회장은 회사가 이 지경에 이르렀으니 과연 이 사업이 '살아나게 될 것인지' 판단을 내리기가 어렵게 되었다. 조 회장은 피혁

공업을 잘아는 분들을 만나 의논을 해보고 효성물산의 기획부에 부탁하여 이 분야에 대한 현황과 국제 동향도 조사해보도록 지시했다. '기획부'는 이때도 빛을 발하고 있었다. 조 회장은 자문받은 견해와 자료를 모아 나름대로 피혁 공업 장래성을 생각해보았다.

①미국의 대한(對韓)군사원조가 해마다 줄고 있으니 원피(原皮)의 공급량도 줄어들 것이 예상된다. 그렇게 되면 원피 수입은 불가피하고 수입으로 소재 공급이 원활해지면 민수가 늘어나게 될 것이니 전망은 나쁘지 않다. ② 이 업계 기업체들이 소규모여서 군납 이외의 제품 생산으로 활로를 찾을 수 있다. 피혁 제품은 노동집약 업종으로 우리 노동력이 풍부해 수출도 가능하다. ③ 제품 생산의 기계화와 원자재 대체 가능성이 있다. 기계화로 생산성을 높이고 합성 피혁 비닐 등 값싼 소재의 제품 시장이 넓어진다.

조 회장은 이 부문의 전망이 밝고 자신감이 생기자 공장을 한 번 살펴보는 것이 좋겠다 싶어 효성물산 정택조 과장을 데리고 대전 공장에 가보았다. 조 회장은 모든 것이 질서가 없이 혼란스럽게 되어 있어 우선 환경을 깨끗이 할 것과 사용하지 않고 있는 기계들은 조작법을 익혀서라도 써보라는 지시를 했다. 조 회장은 유성(儒城)의 어느 여관에서 밤을 보내게 되었다. 그 여관 안내 직원이 안내한 방은 구석지고 습기가 차 눅눅했다. 대전피혁에 대한 세평이 오죽했으면 '대전피혁'으로 예약한 방에 이런 구석방을 배정했을까? 당시 대전피혁의 종업원들은 대전에서 하숙을 구하기조차 어려웠다고 하니 그동안의 대전피혁 사정이 어떠했다는 것은 짐작이 되었다. 조 회장은 "설사 전망이 밝다 해도 수 년 안에 적자를 면할 수가 없다면 처분하는 길밖에 없겠는데…"

그러나 그렇게는 할 수 없었다. 기업을 한다는 사람이 좀 더 좋은 기업을 하기 위해 하던 사업을 정리할 수는 있겠으나 운영을 조금 해보다가 안 된다고 처분하는 것은 있을 수 없는 일인 것이다. 그것은 조 회장의 기업가 정신과 철학에 정반대되는 것이다. 조 회장은 이런 결심이 서자 대전피혁의 경영진 보강이 회생의 첫 번째 방안이라고 생각했다. 그 무렵 효성물산 경영에 참여한 오정환(吳正煥)씨로 하여금 기획, 관리 등 경영 전반에 책임을 지고 있는 조재기 상무의 자문에 응해주도록 부탁했다. 운영 자금을 어느 정도로 지원해주는 것이 문제였다. 이 범위를 알고자 하태 전무가 대전 공장에 내려가 경리 업무 전부를 조사해보았다. 대전 공장은 업무용 담배 한 갑을 사는데도 어음을 끊어주고 있는 상황이었다. 현금이 말라 있었다. 조 회장은 활로가 열릴 때까지는 계속 자금을 투하할 수밖에 없었으므로 수지와 관계없이 매월 일정한 자금을 지원하도록 했다.

그런데 1964년 가을 일본의 유명한 농학자 한 분이 우리나라를 방문하게 되었는데, 조홍제 회장은 그분이 '피혁에 관한 연구'로써 박사학위를 받았다는 이야기를 듣고 그에게 면회를 청해 피혁 공업의 장래성에 대한 견해를 들었다. "피혁 공업은 절대로 망하지 않는다. 가죽이란 이를테면 식육(食肉)을 얻고 난 부산물이라 피혁 대체 소재가 개발되면 개발될수록 원피의 가격은 상대적으로 내려간다. 그리고 일본 등 선진국에서는 이제 종업원을 구할 수 없을 정도가 되었으니 인력이 풍부한 한국으로서는 절대적으로 유리하다."고 말해주었다. 조 회장은 이 말에 용기를 얻었다. "그렇다면 수출이 된다는 뜻이 아닌가? 바로 이것이다. 수출에서 활로를 찾아야겠다. 좁은 국내 시장에서 넓은 해외시장으로 눈길을 돌리자"라고 마음을 정하니까 지금까지 대전피혁을 휩싸고 있던 먹구름이 개고 밝은 햇살이 비쳐오는 느낌이었다.

새역군으로 재정비

해가 바뀌어 1965년에 들어서자 조홍제 회장은 대전피혁 소생책을 하나하나 실천해나갔다. 경영진과 실무진을 전면 새로 짰다. 오정환씨를 사장에, 상무에는 박원태(朴元泰), 실무책임자로 정택근 부장이었다. 조 회장은 "피혁은 결코 안 되는 업종은 아니요, 나로서도 회사를 재생시키는 마지막 기회라고 생각했으므로 여러분에게 전권을 맡긴 것입니다. 연말까지 해보시고 안되면 회사 문 닫고 올라오시오. 조금이라도 희망이 보이거든 한 해 동안에 2,000만 원까지의 결손을 감내하겠으니 최선을 다해주시오."

당시 2,000만 원은 거금이었다. 세 사람은 방만했던 운영체계를 바로 잡느라고 몇 달 동안 서울집을 들르지 못했다. "해도 안 될 것을 괜히 귀찮게 시킨다."라는 반발을 무마하며 모든 것을 다시 시작해보자고 밀어붙였다. 끼니조차 예사로 거르고 웬만한 곳은 버스조차 타지 않고 걸어 다니면서 낭비 풍조를 바로잡았다. 오정환 사장이 공장에 내려가 놀란 것은 종업원 400명이 70대의 미싱으로 하루에 겨우 400족의 군화밖에 생산해내지 못하는 저능률이었다. 그나마도 수주량이 적어 1년 중 2~3개월은 쉬어야 하는 것이었다. 오 사장은 이것만은 막아야겠다는 결심을 굳게 했나.

오 사장은 사장실부터 벽을 텄고 유리를 끼워 자리에 앉아서도 관리직 사원의 근무실태를 알아볼수록 했고 공장의 관리책임자 자리도 고쳐 놓았으며 봉급은 능률제를 채택했다. 능률제 봉급 시스템으로 봉급에 차이가 나자 스스로 일을 찾고 만들어서라도 실적을 올리려는 분위기가 조성되었다. 군납 일변도의 수주생산에서 일반 시판(市販)의 길을 열고 수출 루트를 찾아 연중무휴의 작업량을 확보하겠다는 전략을 폈다. 고생 끝에 유대계 미국인 상사인 CITC사와 거래를 열고 사주 글로브(Glove)씨의 기술지도를 받아 그가 주문한 모카신(moccasin) 야구장갑 등을 만들기에 이르렀다. ‘모카신’은 1898년 위스콘신주 베를린(Berlin)에서 창업해 초기 벌목공들을 위한 튼튼한 부츠 제작으로 명성을 얻은 피혁 제품의 브랜드다.

대전피혁이 ‘모카신’ 길을 튼 것은 획기적인 일이었다. 그러나 수출품 생산은 생각보다 훨씬 어려웠다. 원피가 좋지 않아 가죽 한 상자에서 쓸만한 것은 겨우 한 켤레 정도가 나오는 경우가 많았고 애써 만든 신발조차도 검사할 때 보면 어떤 것은 빳빳하고 어떤 것은 흐늘흐늘해 글로브씨가 인수를 거부했다. 이 바람에 애써 만든 3,000족의 수주가 한 켤레당 3 달러를 받지 못하고 1 달러 30 센트에 넘기고 말았다. 이 같은 엉터리 신발이 나오게 된 원인은 첫째 원피 가공기술 부족, 둘째는 목형(木型)이 다양하지 못한 것, 셋째는 제화 숙련도가 낮은 것에 있었다.

조홍제 회장은 의욕적인 젊은 사원들을 선발. 피혁 공업 선진국인 이태리를 비롯해 독일, 미국, 일본 등지에서 기술 훈련을 받도록 했다. 이 같은 노력으로 국내에서도 판매가 느린 속도지만 자리가 잡히고 기술 수준도 높아졌다. 1965년 말까지 4만 달러 정도의 수출 실적도 올리고 적자 폭도 줄어들었다.

1966년 12월 오정환 사장은 회사를 회생시킬 절호의 기회를 맞이했다. 이 해는 우리 정부에서도 수출진흥에 적극적인 정책을 펴고 있었으며 무역 진흥공사(KOTRA)도 수출시장 확대를 위해 다양한 활동을 전개하고 있었는데 그 수출 활동의 일환으로 매년 미국 시카고시에서 개최되는 신발 전시회(Shoe Fair)에 대전피혁과 한성기업이 참가할 수 있도록 주선해준 것이었다. 조 회장은 오정환 사장에게 전시회에 참가하도록 했다. 오 사장은 "기왕 나가는 길에 충분한 준비를 해가지고 나름대로 한 번 해보겠습니다."고 했다. 오 사장은 9월부터 무언가 열심히 준비하는 듯 했다. 오 사장은 공식적인 전시회가 끝나자 곧 지난 1965년부터 거래를 해오고 있던 CITC사에 들려 1966년부터 그때까지 이 회사에 수출한 제품 대금 8만 달러를 받고 미국 제화 업계의 실력사의 하나인 브라운(H.H. Brown)사를 찾아가 준비해 간 야구장갑, 작업화, 부츠 등의 샘플을 풀어놓고 그들이 놀랄 정도의 거래 조건을 내세워 많은 주문량을 받아왔다.

오 사장은 여기에 그치지 않았다. 아주 혁신적인 거래 조건을 브라운 사에 내걸었다. "귀사에서 우리 공장에 기술자를 파견하여 1년 동안은 어떠한 클레임(Claim, 이의 제기) 도 걸지 않을 것. 그리고 대전피혁이 수준작을 내는 시점부터는 생산되는 전량을 수입해갈 것" 이었다. 미국 사람들은 툭 터놓고 상거래 하는 것을 좋아해서인지, 또는 오 사장의 제의가 마음에 들었던 건지 1969년 초에는 브라운의 중역인 디임(Deam)이라는 주임기사와 함께 내한. 매우 좋은 조건으로 계약을 맺고 기술지도를 받도록 해주었다. 이렇게 한 해를 보내고 나니 수출 품목도 늘어나고 수출액도 50만 5,000 달러로 늘어나 대전피혁은 비로소 흑자를 내게 되었다.

이 무렵 오 사장이 들려준 일화 가운데 하나는 오 사장이 미국에서 올 때 가지고 온 작업화의 샘플(Sample)을 만들게 되었는데 그 당시 우리나라의 접착제 강도가 낮아 구두 밑창이 신고 다닌지 불과 이틀 만에 떨어져 달아나거나 제멋대로 돌아가 버리곤 해 강력 접착제를 자기가 개발하느라고 몇 달이 걸렸다는 것이었다. 또 브라운사의 발주량이 늘어나자, 작업은 으레 잔업으로, 납기일에 맞추느라 철야 작업이 되기 예사였다. 그래도 사원들은 "죽어도 가자!"라는 구호를 내걸고 서로 격려했다니 그 열의가 얼마나 대단했는가를 짐작할 수 있다.

조홍제 회장은 1967년 9월 19일 대전피혁 창립 기념일을 맞아 보너스를 지급하고 사내 체육대회를 열어 그동안의 피로를 말끔히 씻도록 해주었다. 회사는 이 해 상반기에 겨우 흑자로 전환되었기 때문에 정상적인 판단으로는 상여금을 줄 수준에 이르지 못했지만, 모두의 노고를 생각하면 말로만 수고했다고 싶지 않아 보너스를 지급한 것이다.

조홍제 회장은 이날 점심을 간부들과 같이하게 되었는데 그 무렵 건강이 좋지 않아 특별히 만든 음식을 먹어야 할 처지였는데도 주위의 염려해주는 말에 "오늘 내 기분이 이렇게 좋은데 여러분과 같이 이 음식을 먹으면서 기쁨을 나누다가 하루를 덜 산들 어떠리" 하면서 즐거운 시간을 보냈다. 조 회장 61세 때의 일이다. (독자들이여, 조 회장의 건강에 이상 신호가 온 것을 기억해 둘 필요가 있다.) 대전피혁이 보너스를 주었다는 소문은 삽시간에 대전 시내에 퍼졌고 다음 날로 대전 시민들의 대전피혁 사원들에 대한 대접이 달라졌다. 조 회장은 사업은 우선 성공하고 볼 일이구나 하는 것을 실감할 수 있었다.

22

'한국타이어'의 시장 확장
– 마이카(My Car) 시대 개막

조홍제 회장은 1964년 독자 사업을 시작한 이후 효성물산, 한국 타이어, 조선제분, 대전피혁 등 네 회사를 경영하게 되었지만 조 회장이 가장 주력한 일은 타이어 시장 확장이었다. 경제면에서 하나의 혼란과 침체기라고 볼 수 있는 1950년대가 지나고 4.19와 5.16 등 두 차례의 혁명 끝에 의욕적인 경제정책이 시행되고 있어 타이어의 수요도 늘고 수출길이 열릴 것이란 정망이 어렴풋하게 보이기 시작했다. 사실 해방 후 1960년대 초까지는 경제 성장의 공백기라 할수 있고 미국이 주는 원조로 나라가 운영되었기 때문에 자주적으로 무엇을 해보려는 의욕도 없었고, 그럴 수도 없었다. 당시 타이어 산업계는 국내 시장이 좁은 데다 당국의 정책이 너무 현실과 동떨어진 것이었기 때문에 한국타이어만 아니라 동업 타사들도 비슷한 사정에 놓여 있었다. 그때 국내 시장 크기는 가동 중인 4사 중 2사 정도면 충분했으므로 나머지 2사는 기업 합병에 의해 정리가 되든가 선의의 경쟁을 통해 적자생존의 법칙에 따라 도태 되어야 했다. 그런데도 어떤 업체가 도산 위험에 처하면 산은(産銀)에서 융자를 해주어 살려놓고 하기 때문에 산은에서 융자를 받지 못한 경쟁 회사는 약세에 몰리는 이런 악순환이 되풀이되어 타이어 산업 전체가 활로를 찾지 못하고 4사가 모두 곤경에 처해 있었다. 굳이 4사를 공존시키려면 과감한 육성책을 시행하여 시설 용량에 합당한 시장 보장, 즉 군납의 확충, 자동차 공업 육성, 해외시장 개척 지원이 필요했는데 그것은 정부에 전혀 기대할 수가 없었다.

여기에 더하여 군납의 부진과 미군 군용 타이어의 유출도 타이어 업계로서는 꼭 풀어야 할 숙제였다. 미군에의 타이어 군납은 국내 타이어 업계로서는 사활이 걸리는 주요 수요처인데 해마다 거의 전량이 일본 메이커에게 낙찰되고 국내업계에는 기껏해야 재생 타이어의 납품만 수주하는 형편이었다. 우리 땅에서 굴러다니는 타이어를 남이 그것을 납품하고 그것을 물끄러미 쳐다보는 것은 참기 어려운 고역이었다. 미군부대에서 흘러나오는 타이어 또한 그 물량이 적지 않아서 국내 타이어 업계 숨통을 조이고 있었다. 미군은 자주 타이어를 교체하고 또 그 타이어는 비록 중고품이라고 할지라도 미국의 일류 메이커가 나일론코드지를 써서 만든 품질이 좋은 것이고 값도 싸서 국산품보다도 실수요자에게 더 인기가 있었기 때문에 그 유출을 막으려면 국산 타이어의 품질 향상과 생산 코스트 인하가 필수지만 당시의 사정으로써는 어떻게 해볼 수가 없는 난제였다.

한국타이어는 이런 어려운 환경 속에서도 꾸준히 노력한 보람이 있어 1964년 초부터 수출길이 열리면서 파키스탄, 싱가포르 등지로 조금씩 팔려 나가기 시작해 연말까지 46만 달러의 실적을 올리게 되었다. 그 해, 우리나라의 전체 타이어 수출 실적 72만 달러의 64%를 차지했다. 만성 적자에 시달리던 한국타이어가 이만한 실적을 올리게 된 것은 배동환(裵東桓) 사장 이하 전 종업원의 피와 땀이 가져다준 결실이었고 이 수출 실적이 한국타이어에게 큰 활력소가 되었다. 그 당시 여건으로는 수출이 결코 용이한 것이 아니었다.

소형인 승용차 타이어는 쿠션이 좋은 레이온코드지가 들어있으면 되었으나 대형차나 특수차량용 타이어는 모두 나일론코드지의 사용을 실 수요자가 강력히 요구하고 있었기 때문에 이의 생산시설을 독자적으로 갖추든가 아니면 국내에 나일론 타이어코드지의 메이커가 나와야 제대로 수출이 될 수 있었다. 원천적인 문제가 가로 놓여 있었다. 한국타이어는 그 무렵 나일론 원사 공장을 세워 타이어코드지 소재인 나일론코드지의 자체 생산계획을 세우고는 있었으나 제품이 나오려면 적어도 2~3년의 시일을 기다려야 했으므로 우선은 외국산을 수입하여 사용하고 있는 타이어코드지의 접착력을 높이기 위한 간이 열처리 시설만을 갖추었다.

수출에 따르는 또 하나의 문제는 품질(Quality) 향상이었다. 품질이 나쁘면 수입국이 한번은 사용하지만 계속 사주지는 않는다. 한국타이어는 1964년 한 해를 '품질 향상에 주력하는 한 해'로 정하고 힘을 쓴 결과 1965년 3월 상공 당국으로부터 KS(Korean Industrial Standards) 표시 허가를 받게 되었다. 1966년은 국내 타이어 업계의 행운의 한 해였다. 이해 9월에 신진(新進)자동차에서 코로나 승용차가 나오게 되어 타이어 업계에 활기가 넘치게 되었다. 현대그룹(정주영 회장)의 현대 사동자는 아직 생산되지 않고 있었다. 그동안 향상된 품질을 바탕으로 수출도 전년의 2배 이상으로 늘어났다. 내수와 수출이 급증하자 1966년 하반기부터는 공장 시설이 완전 가동은 물론이고 연장작업도 예사가 된 호황을 맞았다. 바야흐로 우리나라에도 '마이카(My Car)'라는 자동차 시대가 열리고 보니 해방에서 1950년대 말까지 15년간의 정책 부재가 국가적으로 얼마나 큰 손실이었는가를 절감할 수 있었다.

한국타이어는 호황의 계기를 맞아 은행의 '법정관리'를 벗어나야 한다는 새로운 목표를 세웠다. 법정관리란 기업이 자력으로 회사를 꾸려가기 어려울 만큼 부채가 많을 때 법원에서 지정한 제3자가 기업활동 전반을 관리하는 것을 말한다. 법정관리를 벗어나는 것은 한국타이어의 숙원이었다. 1969년 3월 대망의 그 날이 왔다. 조홍제 회장이 계획한 부채의 완전상환 기간보다 3년이나 앞당겨 은행의 법정관리를 종결시키게 된 것이다.

법정관리 종결과 더불어 회사의 비약적인 발전을 위해 새로운 임원진을 구성했다. 흑자 전환을 위해 경영에 심혈을 기울여 온 배동환 사장이 지분을 정리하여 새로운 사업을 하고자 했기 때문에 그를 비상근 이사로 하고 사장에 원용석(元容奭)씨를 영입했으며 남선(南鮮) 무역 부사장이던 장선곤(張善坤)씨를 전무이사로 모셔 왔다. 원용석 사장은 경제 기획원장관, 농림부 장관과 한일 회담 대표를 지낸 거물이었다. 조홍제 회장은 평소 원 사장과 교분이 두터워 언제나 대소사를 의논해온 터라 적자를 면하고 새출발하는 회사로서는 아주 적절한 사장을 만난 것이다.

원 사장은 1969년 1월 동양나일론의 사장으로 자리를 옮길 때까지 1년 반의 짧은 기간이었지만 한국타이어에 많은 업적을 남겼다. 원 사장이 취임하자 곧 해결을 보게 된 것이 '전기와 공업용수' 문제였다. 한국타이어는 1962년 공장 자체의 전력 공급원으로서 500kw의 발전기가 한 대 있을 뿐이었고 한국 전력 오류동 변전소에서 공급받는 전력은 1,350kW에 지나지 않아 이것으로는 한국타이어 생산시설을 충분히 움직이게 할 수가 없었다. 이를 해결하기 위한 구체안을 세우고 실무자를 상공부에 상주시키다시피 해서 수배전 설비 증설 허가를 받아 용량이 큰 구로 변전소로 수전원(受電

源)을 바꾸어 단독 직송 전선을 가설함으로써 2,450kW의 전기를 공급받을 수 있었다.

이 무렵 공업용수 사정도 좋지 않았다. 상수도의 비싼 요금은 생산 코스트에 영향을 미칠 정도여서 한강(漢江)물을 끌어 올리는 것이 상책이라는 결론이 나왔다. 그렇지만 한국타이어 단독으로 하기에는 비용이 엄청나서 생각할 수 없었다. 이 문제를 놓고 논의를 해보니 "우리가 공업용수에 시달림을 받고 있다면 인근의 공장들도 마찬가지 사정 아닐까?"라는 의견이 나왔다. 원용석 사장이 인근의 공장대표를 만나보니 모두가 비슷한 사정이었다. 원 사장은 곧바로 서울시의 김현옥(金玄玉) 시장, 이종선(李鐘善) 수도국장을 만나 "일개 회사가 한강에서 단독으로 공장까지 물을 끌어 올리기에는 너무 많은 경비가 드니 여러 회사가 공동으로 경비를 부담하여 상수도와 별개의 공업용수 회사를 만들면 어떻겠습니까?"라고 제의하자 김 시장은 찬성했다.

이에 따라 '서울공업용수도회사'가 설립되었다. 발기인은 한국타이어 주변에 공장을 가진 대표들로 구성하고 자본금 2,500만 원의 불입도 끝나 사장에는 이종선씨(전 서울시 수도국장)를 선임했다. 이렇게 해서 1968년 4월에는 건설부 허가도 받게 되어 6월부터는 한국타이어 인근 13개 회사의 공장에 공업용수를 원활히 공급하게 되었다. 한국타이어의 공업용수 문제는 해결된 것이다.

최신설비 갖추어 급성장 – 연간 40만 본(本) 생산 체제로

한국타이어는 대망의 법정관리 해제와 수출 실적 급상승으로 대외적으로 공신력이 높아졌고 생산 면에서도 과감한 혁신을 단행했다. 그중에서도 대표적인 것이 설비 증설이었다. 해외시장에서 여러 나라 타이어 메이커와 경쟁을 하려면 무엇보다 품질이 우수해야 하는 만큼 최신 설비를 갖추는 것이 필수였다. 또한 내수가 폭발적으로 증가 추세여서 이에 대비한 증설이 필요했다. 이에는 막대한 자금이 필요했다. 그때에도 외화 사정이 좋지 않아 바라는 만큼의 증설은 어려웠으나 타이어 수출에서 얻은 외화와 외환은행에서의 차입 등으로 1968년 말까지는 연간 24만 본(本)의 타이어를 생산할 수 있는 생산설비를 갖추었다.

1968년에는 나일론코드지의 전면 사용이라는 획기적인 국면에 들어섰다. 동양나일론에서 이해 4월부터 나일론코드지가 생산되어 나왔기 때문에 수입에 의존해오던 레이온코드지를 전량 교체했다. 나일론코드지를 사용해 제조한 타이어는 재생이 가능하고 또 대형차나 특수차량용으로 적합하기 때문에 수출확장과 내수판매에도 활력을 불어넣었다. 나일론 타이어코드지 전면 사용에는 초기의 미흡한 기술로 인해 제대로 제품을 생산하지 못해 시일이 소요되기는 했으나 동양나일론과의 공동연구로 해결되었으며 이 연구에서 얻은 제조 공법은 다른 메이커에게 공유했다. 이것을 고비로 나일론코드지는 국내 수요량의 대부분을 충당하게 되어 수입대체 효과도 적지 않았다.

1969년 2월에는 업무담당 이사로 조양래(趙洋來, 조 회장의 차남)를 선임, 임원진을 보강하고 7월에는 자본금을 2억 2,000만 원으로 증자 함으로써 본격적인 수출업체로서의 내실을 갖추었다. 이 무렵 조홍제 회장은 장선곤 전무, 한희두(韓熙斗)이사, 신항만(辛恒滿)이사 등으로부터 해외시장의 동향과 수출전망에 대해서 자주 보고를 받았다. 그들은 "현재의 생산능력 24만 본으로써는 계속 증가하는 해외시장 수요량을 충당하기 어려우며 타이어는 중량이 큰 상품이니만큼 동남아나 중동시장이 수송 면과 가격 면에서 유리하며 근접한 일본은 수송 면에서 자국선이 많아 우리보다 유리할지 모르나 가격 면에서는 우리가 유리하니 지금이 시장 확장에 좋은 시기입니다.”라고 말했다.

조 회장은 “그렇다면 생산량을 늘리는 방법밖에 없지 않은가?”라는 결론을 내렸다. 조홍제 회장은 자금 관련 임원들을 불러 증설에 소요되는 외화를 어떤 방법으로 확보할 것인지에 대해 물어 보았다. 여기에서 나온 결론은 AID와, IBRD에서 연산(年産) 40만 본(本) 규모로 증설하기 위한 110만 달러 규모의 차관을 일으키자는 것으로 결론이 났다. 임원진과 실무진의 기민한 활약으로 2개월 후인 9월 3일에 KOFC에서 전대차관(轉貸借款, 정부가 외국에서 빌린 자금을 민간 기업에 다시 빌려주는 차관)을 얻게 되어 한국타이어는 2차 증설에 들어가게 되었다.

1969년 1월 원용석 사장이 동양나일론 사장으로 자리를 옮기자 이 증설업무는 새로운 대표이사가 된 장선곤 사장의 주관 아래 진행되어 1970년 6월 하순에 증설 부분을 완공하게 되었다. 이 증설을 계기로 자본금은 다시 4억 5,000만 원으로 증자되었고 명실공히 국내 정상의 타이어 메이커로 자리를 굳혔다. 1962년 효성이 은행 관리하에 있던 회사를 경영하기 시작할 때는 누적 부채 9억 원을 안고 있었으나 불과 8년 만에 부채를 완전 청산하고 4.5배의 자본금, 2.4배의 생산능력을 갖추게 되었을 뿐 아니라 연간 판매고 33억 원, 수출 실적 90만 달러를 기록하는 성공을 거뒀다. 조홍제 회장의 독자 사업 시작 후 또 하나의 성공 이정표를 세운 것이다.

23

동양나일론, 세계 굴지 회사로

품질에서 뛰어난 토프론

토프론이라는 상표로 1968년 6월 1일부터 출고된 나일론 원사(原絲)는 대단한 호평이었다. 1967년 말부터 사내에서 원사의 상표를 무엇으로 할 것인가에 대해 의견이 분분했다. 조홍제 회장은 어느 날 임직원과 저녁을 같이 하는 자리에서 상표 이름을 사내에서 공모하는 것이 어떻겠느냐는 의견이 나오자 그렇게 하자고 동의했다. 응모작 중에서 토오론(Tolon)과 타이론(Tylon)이 우선 물망에 올랐고 이것은 모두 동양나일론을 영자(英字)로 줄여 거기에 Nylon의 끝 석 자를 붙여 만든 것이었다. 그런데 실무진에서는 토오론 타이론은 기존사 상표의 하나인 '코오롱'과 발음이 비슷해서 혼돈될 우려가 있다는 단서를 붙였고 그래서 이와는 별도로 '토프론'을 하나 더 올려 이 3가지 중에서 택일해 달라는 것이었다. "토프론이라" 이것이 무슨 의미냐고 조 회장이 물었더니 정상을 뜻하는 영어의 TOP와 NYLON에서 LON을 따라 TOPLON으로 했다는 것이었다. 조홍제 회장은 "됐다. 이것을 쓰도록 하자" 고 했고 상표는 이것으로 결정됐다.

나일론 원사의 생산은 2차 가공의 원료를 공급하기 위한 것인 만큼 품질 보장이 제 일차적인 과제이지만 그에 못지않게 원사를 써주는 실수요자에게 예기치 않게 손해를 끼치는 일, 예컨대 출고 기일을 지키지 못해 손해를 끼치는 일, 이사종(異絲種)의 혼입으로 생산에 차질을 주는 일이 일어나서는 안 되는 것이다. 조홍제 회장은 이렇게 누구나 환영하는 좋은 제품을 만들어 내자면 우선 나일론 원사의 실수요자가 원사 생산자에게 무엇을 바라고 있는지 알아야 하겠다는 생각이 들었다. 그래서 1966년 초부터 효성물산 기획부에서는 대구, 부산, 경인 지역의 나일론 가공 공장 전체를 상대로 앙케이트를 내고 공장을 직접 방문토록 해 앙케이트 밖의 요망사항을 파악하게 하였다. 그 결과 국내의 원사 실수요자들이 어떤 경로를 통해 원사를 공급받고 있으며 국·외산을 막론하고 공급되는 원사의 결함은 무엇인지, 실수요자들이 원사 메이커에 대해 무엇을 요구하고 있는지를 심층까지 파악하게 되었다.

또한 시운전을 앞둔 1968년 3월에는 그동안 1년여를 대구시장에서 점포를 개설해서 직접 한일(韓一)나일론의 제품을 판매하면서 시장조사를 해왔던 김병실(金炳實)과장의 의견에 따라 대구 출장소를 세우도록 결정했다. 영업부는 이 같은 사전 준비 끝에 판매 개시일을 6월 1일로 정하고 대구 출장소 앞으로 출고했다. 동양나일론이 제품을 출고할 무렵인 1968년 상반기 국내 기존 메이커가 생산해낸 나일론 원사의 총량은 일산(日産) 15톤 정도였으므로 국내 나일론 원사 시장은 공급이 수요를 따르지 못하는 실정이었고 생산되는 원사의 종류도 다양하지 못했다. 그 때문에 수입 원사가 가공수출용과 내수용의 큰 비중을 차지하고 있었다. 그 무렵 국산 원사가 외산에 비해 가격 면에서 매우 유리함에도 불구하고 나일론 가공업계에서는 종래의 선입관에 젖어 수출용 제품에는 국산 원사를 기피하는 경향이 있었다. 이것을 어떻게 극복할 것인가? 품질의 우수성, 이것밖에 없었다.

동양나일론은 준공식에 200여 실수요자를 초청, 모든 생산시설을 공개하여 최신 설비와 기술에 의해 생산되는 나일론 원사임을 확인토록 함으로써 제품에 대한 신뢰도를 높였다. 그뿐만 아니라 그때까지 국내에서 생산되지 않고 있던 세(細)데니어에서 태(太)데니어에 이르기까지 각종사(各種絲)가 생산된 것도 초기의 판로개척에 큰 도움이 되었다.

동양나일론이 오늘날 세계 굴지의 대 나일론 메이커로 급성장 하는데는 국내 실수요자의 뒷받침이 컸다. 사실 대구를 중심으로 한 나일론 다후다(Taffeta, 옷의 안감으로 사용되는 원단)업계, 부산 일원의 어망 제조업계를 비롯한 여러 지역의 각종 나일론 가공업체의 실수요자들은 공장 가동때부터 10여년간을 한결같이 믿는 처지에서 거래를 계속 해왔다. 결국 이분들의 애용과 편달이 없었다면 거듭되는 증설이 그렇게 빠른 속도로 실현되지는 못했을 것이다. 그때나 지금이나 대구 일원에는 우리나라 직조업계의 약 60%가 집중되어 있으며 나일론 다후다(Taffeta)의 경우에는 거의 80%가 이 지역에서 생산되고 있는만큼 대구 지역 직물 시장의 확보 여부가 원사의 판매를 좌우하고 사세신장의 속도를 결정하는 것이다.

동양나일론 제품이 대구시장을 중심으로 호평 속에 좋은 판매 실적을 올리자 두 달이 지난 1968년 8월부터는 물건이 달리는 품귀현상이 일어나게 되었다. 그러니 제품은 미처 창고에 들어가기도 전에 그대로 트럭에 실려 나갔다.

타이어코드지의 고전

　나일론 원사가 호평을 받으며 판매에 성공한 데 비해 타이어코드지 판매는 고전을 겪었다. 1968년 1월에 나온 첫 제품을 한국타이어에 보내 물성시험(物性試驗, 제품의 성질을 측정, 평가)을 받아보니 "타이어 제조에 합당한 수준이다"라는 기대 이상의 성적이 나왔다. 조홍제 회장은 이만하면 국내 타이어 메이커들이 별 말 없이 선택해 주겠거니 낙관했다.

　그런데 막상 4월에 시제품을 생산해 공급하려 하니 예상 밖의 난관에 부딪혔다. 당시 국내 타이어 메이커는 한국타이어를 비롯해 삼양(三洋), 흥아(興亞 후에 원풍) 동신(東信) 4개 사였고, 나일론 타이어코드지는 동양나일론의 독점 생산이어서 별문제가 없으리라 보았는데 종전에 사용해오던 레이온 타이어코드지를 대체하는데 상당한 시간이 걸렸다.

　국내 타이어 메이커들은 장기간이 걸리는 시험 제작, 새 제품 출하에 따르는 위험부담 등으로 대뜸 나일론 타이어코드지 선택을 주저했다. 그러나 당시 선진국 타이어 메이커들은 속속 나일론 코드지로 대체했거나 대체 중인 추세를 보였고 동양나일론은 판매 요원과 기술 요원으로 팀을 만들어 각 메이커에 싱주하다시피 하면서 채택을 유도했다. 이에 힘입어 1968년 9월까지는 4사가 모두 나일론 타이어코드지를 선택게 하는 데 성공했다.

원사생산 공장 1차 증설

　조홍제 회장은 1968년 4월 울산 공장 시운전이 기대보다 높은 수준의 성공을 거두게 되자 바로 그다음 달인 5월 초부터 제1차 증설에 들어가도록 지시했다. 1968년 3월까지 나일론 업계 동향은 "외산에 비해 손색없는 제품이 나왔을 경우 현재 수입에 의존하고 있는 수요 대부분을 대체시킬 수 있으니 울산 공장의 일산(日産) 1~2 톤으로는 크게 부족하고 5~10톤 정도가 바람직하다."는 것이었다.

본 공장에서 생산되어 나오는 제품의 앞날이 확실하지 않은 상황에서 '증설'을 생각하고 준비를 하라고 하는 것은 너무 지나치다고 보일지 모르지만, 최고 경영자 입장에서는 당연한 일이었다. 조 회장은 기업 경영이란 시운(時運, 타이밍)이라는 것이 있으니 타사가 증설하는데 신경쓰지 않아 위축된다면 항상 남의 뒤를 따라갈 뿐이라는 판단에서 증설을 서두른 것이다. 그래서 울산 공장 준공식이 있는 1968년 7월 16일 바로 그날부터 제1차 증설계획 예정표가 만들어졌다. 증설계획에 따르면 설계 용량 일산(日算) 6.6톤의 1개 계열을 증설하는데 소요 자금은 내자 2억 원, 외자 200만 달러가 소요되며 1969년 9월까지 정상가동되는 것으로 되어 있었다.

조홍제 회장은 증설계획을 총괄하는 조석래 상무와 기술진 간부들을 불러 "어떤 근거로 증설 자금이 낮게 책정되었는가?"를 물었다. 조 상무와 기술진 간부들은 "첫째, 유틸리티를 비롯한 부대설비가 일산 10톤 정도는 뒷받침할 수 있는 저력을 가지고 있으며 기존 건물의 10% 정도만 증축하면 설비 수용이 가능하고, 둘째, 본 공장 건설을 통해 완벽한 수준의 기술 지식을 소화했음으로 '중합탑' 설계를 제외한 모든 설비를 독자적으로 제작, 발주할 수 있기 때문에 그런 자료가 나오게 된 것입니다."라고 보고했다.

조 회장은 비용이 적게 들어가게 되는 것은 이해하면서도 "중합탑의 설계만은 왜 독자적으로 할 수 없는가?" 고 물었다. 이 질문에 대해 배기은 공장장은 "기존에 설치한 3톤 용량의 중합탑이라면 저희들도 기본 설계에서 상세설계에 이르기까지 독자적으로 해낼 수 있습니다. 그러나 이번 증설에는 6.6톤 용량의 중합탑 1기(基)를 세우려 하기 때문에 그렇게 된 것입니다."라고 답변했다. 그런데 막상 생산 설비의 발주단계에 들어서자 큰 난관이 나타났다. 중합탑의 설계를 맡게 된 짐머(Zimmer)사 측이 중합탑을 비롯한 중요 기계 부품 구입에 대한 알선을 거부하고 나온 것이다. 그 이유는 효성이 모든 설비를 직접 발주하니까 자기네들에게는 아무런 이익도 없고 별볼 일 없는 기계 부품 구입 알선만 맡긴다는 것이었다. 그들의 주장도 일리는 있었다. 이 문제를 놓고 배기은 공장장과 송재달, 박경섭(朴敬燮)부장이 협의 끝에 배 공장장이 직접 서독을 비롯한 선진 각국의 부품 메이커를 찾아가서 직접 구입 또는 제작을 의뢰하고 공장의 운전과 증설은 송 부장이 책임지기로 했다.

사실 1,000여 종에 이르는 부품을 사모으고 일거에 6.6톤 용량의 중합탑과 설비 모두를 독자적으로 설계, 발주, 설치, 운전해 나간다는 것은 어려운 일이었고 위험 부담도 컸다. 조홍제 회장은 위험 부담에 대해서는 의도적으로 너무 노출되지 않도록 했다. 기술진의 의욕을 꺾을 수도 있었기 때문이다. 배 공장장, 송, 박 팀은 불과 반년 만에 1차 증설분 설비를 완성, 가동에 들어가노록 했다. 사람들이 쉽게 믿어주지 않을 정도의 대성공이었다. 이에 더불어 부수입도 있었다. 1차 증설에서 필요로 하는 모든 부품의 메이커를 거의 모두 파악하여 그들과 직거래를 할 수 있게 되었다는 것이다. 이후의 거듭되는 증설에 길이 트인 것이다. 1차 증설에서는 방사부문(紡絲部門)에서 기존의 사종(絲種)보다 더 경제성을 높이기 위한 연구가 진행되어 더욱 가느다란 실, 즉 세(細)데니어(Denier)사를 생산할 수 있는 특수 설비와 또 더 굵은 실, 태(太)데니어사를 뽑는 설비에서는 경우에 따라 폴리에스터사를 방사할 수 있는 설비를 갖춤으로써 생산품종의 다양화는 물론이고 화섬업계에 진출하고부터 기회 있을 때마다 고려해온 폴리에스터 섬유에 대한 생산 기술상의 한 가지 과제도 해결하는 소득도 있었다.

1968년에 이어 동양나일론은 1969년에 들어와서도 우수한 품질과 사종의 다양화로 판매 실적은 신장했으나, 업계 전체로 보아서는 불황(不況)의 한해이기도 했다. 1968년에 이상기온에 이어 영·호남 지방의 한해가 극심해 판매가 부진하였고 또 나일론 원사 메이커 3사의 증설로 인한 공급 과잉에서 오는 판매 경쟁으로 인해 1968년보다 15% 정도나 제품의 가격이 하락해 더욱 심각한 양상을 보였다. 1970년에 들어와서도 불황이 계속되자 나일론 원사 3사 중 가장 약세에 있던 '한일나일론'이 재고 누적으로 적자를 내기 시작하더니 하반기에 들어와서는 마침내 도산 위기에 몰리게 되었다. 이 회사는 당시 한국모방, 대한모방 등 3대 주주가 각가 3분의 1씩의 주식을 소유, 공동운영을 하고 있었는데 동양나일론도 이 주주 중의 하나였다. 1970년에 들어와서는 나일론과 경쟁 관계에 있는 폴리에스터 원사와 아크릴 원사 메이커도 증설을 완료하여 더 많은 물량을 출고하여 나일론 원사 시장을 잠식했기 때문에 나일론 3사는 더욱 줄어든 시장을 놓고 치열한 판매 경쟁을 벌일 수밖에 없었다. 동양나일론도 10월에 별도의 판매 회사를 세워 불황기 극복을 위해 여러 가지로 힘을 써야만 했다.

한일나일론의 경우는 사정이 더욱 악화되어 도산을 감수하던가 아니면 무슨 비상수단을 강구하지 않으면 안되었다. 위기 극복을 위해 3대 주주가 몇 번 회동했으나 경영권 단일화에 합의는 보았으나 경영을 맡겠다고 나서는 주주는 없었다. 한일나일론은 원천적으로 생산 설비가 구식으로 제품 생산원가가 다른 두 회사에 비해 높았고 누적된 재고로 이 회사를 인수한다는 것은 누가 보아도 도산할 회사를 떠맡는 것으로 볼 수밖에 없었다.

한일나일론 흡수, 합병

3대 주주 가운데 나일론 메이커는 동양나일론 뿐이어서 조홍제 회장은 한일나일론을 어떻게 정상화 시킬 것인가를 고민했다. 10여 억 원이나 되는 사채, 누적된 재고 등을 미루어 볼 때, 동양나일론이 아무리 기술이 우수하다 해도 상대적으로 구식인 이 회사의 기술을 혁신하려면 수년 동안 고생을 할 수밖에 없는 것으로 보였다. 조 회장은 이런 경우 자칫하면 하나의 생산 회사가 도산하게 되니 회생 가능성이 없는 요소를 찾아내려고 하기보다는 가능성이 있는 쪽을 찾아보려고 노력했다. 나일론 메이커인 동양나일론이 맡을 수 없다고 한다면 누가 맡겠다고 하겠는가. 3대 주주는 "누구든 이 회사 경영권을 가져도 좋다는 의사 표시가 있었으니 입찰 형식을 통해 가장 높은 금액을 써낸 주주가 이 회사를 맡도록 하자"고 최종 합의했다.

8월에 입찰이 실시 되었다. 입찰 결과를 보니 액면가보다 약간 높은 액수를 적어 넣은 동양나일론으로 경영권이 넘어왔다. 이런 결과는 다른 두 주주가 기사회생 가망이 없다고 보고 포기한 측면이 더 컸다. 조 회장은 자신이 출자한 금액만 포기하고 손을 떼는 것이 편할 것이라는 생각도 들었지만 기업가의 사회적 책임을 생각할 때 도산을 시킬 수 없었다. "최선을 다해 회사를 살려내야 귀중한 외화를 들여 만든 생산시설을 지킬 수 있는 것 아니겠는가"고 조 회장은 마음속으로 되뇌었다. 또 이 회사 제품의 덤핑 판매는 가뜩이나 불황에 허덕이고 있는 나일론 시장의 유통 질서를 흐려놓고 있으니 이를 바로 잡는 것이 나일론 업계 전체의 활로를 찾는 데도 도움이 될 것이다. 본래 시장이라는 것은 경기의 변동에 따라 기복이 있기 마련인 것으로 현재의 불황에 대해 너무 불안해 할 것도 없다는 생각이 들어 최선을 다해보겠다는 의욕이 솟아 나오기도 했다.

조 회장은 사내에서 누구에게 이 일을 맡겨야 제대로 되겠는가를 두고 노심초사했다. 며칠을 두고 생각한 끝에 동양나일론의 사장직을 맡아오고 있는 조석래(趙錫來) 사장이 동양·한일나일론 양사의 사장직을 맡는 것이 경영 정상화의 최적의 선택일 것이라고 결심했다. 조석래 사장은 1968년 8월에 동양나일론 전무에 선임되어 회사의 기틀을 다지며 경영 전반을 아우르고 있는데 1970년 5월 초 원용석 사장이 사장직을 사임했기 때문에 사장직을 맡아오고 있었다. 한일나일론의 안양 공장 기술 체계는 동양나일론 울산 공장과는 근본적으로 다른 만큼 공장장은 정상급의 기술진이 아니고서는 안 되겠으므로 이 일은 당시 동양나일론 울산 공장장인 배기은 이사에게 맡겼다.

한일 나일론 안양 공장의 개조 혁신

한일나일론의 경영 정상화를 위해서 조치해야 할 일이 많았지만, 그중에서 동일 제품을 생산하면서도 독립된 두 회사를 운영할 필요가 없기 때문에 1970년 말 이 회사를 동양나일론에 흡수·합병시켜 동양나일론의 안양공장으로 기구를 축소했다. 그런데 안양공장의 누적되어있는 재고품은 저급사(低級絲)가 많아 회사는 하나로 통합

되었어도 제품은 차등 가격제 실시가 불가피했으므로 한일나일론의 상표 '하이론'을 당분간 그대로 쓸 수밖에 없었고 재고 소화를 위해 애를 쓸 수밖에 없었다.

한편 시설 운전을 정상화하기 위해 공장에서 3개월여를 합숙해온 기술팀은 공장 신설보다 더 어려운 일들이 많았다. 조 회장은 배기은 이사에게 공장 정상화 대책을 질문해보니 "이 공장의 설계 용량은 일산(日産) 16톤입니다만 지금까지의 실적을 보면 12톤에 머물고 있습니다. 울산 공장은 실제 설계 용량보다 더 많은 생산 실적을 올리고 있는 데 비해 저용량마저 못 내고 있고 그나마도 저급사가 절반 가까이 나오고 있으니 이 점을 하루라도 빨리 안정시켜야 합니다. 그러기 위해서는 공장 종업원의 사고방식을 근본적으로 혁신해야 하겠습니다."라고 대답했다. 정상화를 위한 노력의 성과는 이내 나타났다.

실제 용량에도 미치지 못하던 일산 12톤의 생산 실적을 유지하는 데에도 전전긍긍하던 공장이 불과 3개월 만에 실제 용량 일산 16톤을 넘어 18톤에 이르게 된 것이다. 모두가 정신이 번쩍 들도록 일했고 일하는 보람도 컸다. 정신자세의 힘이 얼마나 크다는 것이 증명되었다. 1971년에 들어서자 국내 화섬업계를 짓눌렀던 불황의 그림자도 서서히 걷히고 얼마 후에는 호황 국면으로 들어섰다.

안양공장의 기반이 잡혀 정상 가동에 들어갔으므로 배기은 이사를 주 공장인 울산 공장장 직에 전념하도록 하고 안양 공장장에는 송재달 공장장을 임명했다. 조홍제 회장은 시간만 나면 안양공장에 내려가곤 했는데 공장 여러 곳에 '품질을 향상하자'라는 표어가 붙어 있는 것을 보았다. 조 회장은 예사로 볼 수 있는 표어 정도로 가볍게 생각했는데 공장장의 설명을 들어보니 깊은 뜻이 담겨있는 것이었다. "안양공장의 제품이 '하이론'이란 상표로 출고되는 것은 모두의 불명예다. 그러니 하루라도 빨리 품질을 향상해 울산 공장에서 나오는 제품과 같이 '토프론(Toplon)' 상표를 붙일 수 있는 수준에 도달하자"라는 것이라고 했다. 또 "안양공장은 생산 설비 자체에 한계가 있습니다. 그러므로 이 공장의 특색에 맞는 품종을 선택하여 생산하고 울산 공장에서 생산하기 적합하지 못한 품종을 안양공장에서 생산하도록 하면 울산 공장 못지않게 좋은 품질의 제품을 생산할 수 있습니다."라고 설명했다.

조 회장은 "말하자면 품종을 공장의 설비에 알맞게 특성화하여 생산, 배분함으로써 경영의 묘를 살리자는 뜻이로군" "네 그렇습니다." 이렇게 재정비 기간을 보내고 안양공장을 운영한 지 1년이 지난 1971년 9월 대략의 수지를 계산해보니 안고 있던 사채는 많이 정리되긴 했으나 아직도 6억여 원이 남아있었다. 하지만 도산 직전의 상태에서 부채를 줄일 수 있었던 것은 최선의 결과였고 단시일 내에 안양공장은 정상화된 것이다.

1973년부터는 한일나일론 시대의 구 상표 '하이론'을 사용할 필요가 없게 되었고, 두 공장의 상표를 '토프론' 하나로 통일하게 되었다. 결국 한일나일론의 흡수, 합병은 업계의 예상과는 달리 동양나일론의 사세 확장에 큰 기여를 했다.

동양폴리에스터(Polyester) 설립

폴리에스터는 천연 섬유가 아닌 인공적으로 만들어진 섬유다. 다양한 산업 분야에 사용되지만, 의류, 플라스틱병, 포장재에 흔히 볼 수 있다. 조홍제 회장은 화섬 분야 진출 시부터 숙제로 남겨두었던 폴리에스터 생산계획을 1964년부터 전담 사원을 두어 계속 연구와 조사를 진행시켰다. 폴리에스터는 세계의 의복 고급화 추세로 보아 수요가 급증할 것이 예측되었다. 종합 화섬 메이커로 성장하기 위해서는 이 분야 진출이 꼭 필요했다. 조석래 사장 등 임원에게 이 분야 진출에 대한 의견을 물었더니 선진국 메이커와 합작(合作)으로 세우는 것이 좋으며 현재의 여건으로는 미국의 듀퐁사, 독일의 휄스트사와 협의해 보는 것이 좋을 것 같다는 의견이었다. 이 두 회사와 접촉해보니 두 회사는 호의적인 반응을 보이면서도 까다로운 조건을 제시했다. 이에 더해 우리 정부 당국의 허가를 받는 데에도 문제가 있어 1970년 중에는 아무런 진전을 보지 못했다.

1973년부터는 급성장한 수출과 기존사의 사세 확장 등으로 차관(借款)기술도입의 조건 등이 크게 완화되어 정부 당국의 허가를 받는 데는 별문제가 없어 보였다. 조홍제 회장은 이 사업에 대한 계획을 재점검한 다음 '폴리에스터 합작투자 및 기술도입에 대한 계획서' 즉, 제안서(Proposal, 프로포절)를 만들어 선진공업국 폴리에스터 원사 메이커에게 돌려 유치 활동을 전개했다. 이 프로포절은 배기은 상무 주관하에 기술진이 만든 것인데 시발에서부터 일산(日算) 30톤 정도의 대용량으로 해야한다는 것으로 되어 있었다. 조홍제 회장은 "공장을 시작할 때는 조심스럽게 소용량부터 세워 확장해 나가는 법인데 장섬유(폴리에스터)에서 시발 용량이 30톤이라니 이 것은 미국에서 가동 중인 한 두 회사를 제외하고는 없었던 규모인데 과연 자신이 있는지?" 이 프로젝트의 책임자인 조석래 사장에게 물었다.

"우리가 나일론 공장의 건설과 가동을 통하여 축적한 지식과 경험, 지금까지 계속해오고 있는 폴리에스터 원사의 제조 공법에 관한

연구로 보아 기본 기술만 도입하면 해나갈 수 있으리라 봅니다."라
고 설명했다.

"판매 면에서는 어떤가?"

"이미 나일론의 판매망이 잘 짜여 있고 나일론 원사의 실수요자가
바로 폴리에스터 실수요자이므로 품질만 보장되면 자신 있습니다."

조홍제 회장은 불과 6년 전 제일모직 설립을 위해 서독에 갔을 때
만 해도 한국에서 왔다고 하면 어느 곳에 있는 나라냐는 질문을 받
곤 했는데 세계 일류 폴리에스터 메이커에 합작 제의를 하게 된 것
이 뿌듯했다.

제안서가 나간 지 불과 2개월이 채 지나지 않아 관심을 표명하는
메이커가 여러 곳 있었다. 그중에서도 일본 아사히 카이세이(旭化成,
Asahi Kasei)에 기술진 간부를 시켜 현지에서 조사를 시켰더니 이
회사는 세계 굴지의 화학회사였다. 이 회사는 1930년대에 레이온
섬유를 생산한 이래 나일론, 아크릴 등 여러 종류의 화학 섬유를 생
산하고 있었으며 폴리에스터는 프랑스의 섬유 명문 '로오느 쁘랑사'
의 기술을 도입해 1969년부터 공장을 가동하고 있었다. 그러므로
그 기술과 설비가 최신형이어서 채택할 만한 것이었다.

아사히 카이세이(旭化成)와 합작 성사

조석래 사장은 동양나일론 자체 보고서와 아사히 카이세이가 제
시한 합작 투자 조건을 토대로 수십 차례의 회의를 거쳐 자신의 복
안을 거의 관철하는 선에서 합작 타결을 보았다. 합작 투자의 비용
은 내자 68억 원, 외자 3,000만 달러를 투입, 일산 30톤, 연산 360
톤 규모의 폴리에스터 원사 생산 공장을 동양나일론 울산 공장부지

내에 건설하며 회사 경영은 동양나일론이 맡고 생산기술에 대해서는 아사히 카이세이가 별도로 정하는 기술계약에 따라 제공한다는 것이었다. 새 공장부지를 울산 공장 내로 정한 것은 수배전 시설을 비롯한 부대시설을 기존 공장과 함께 쓸 수있다는 것과 나일론 공장의 기술 요원을 새 공장건설에 투입하는 등 여러 가지 이점이 많았기 때문이었다. 효율적인 선택이었다.

그런데 막상 기술계약의 세부 조건에 들어가자 매우 흥미로운 일이 일어났다. 폴리에스터 원사생산은 중합공정(重合工程, 촉매와 접촉해 중합하는 공정)만 다를 뿐 여타 공정은 나일론과 유사하여 굳이 그들의 기술에 의존할 필요가 없고 중합공정에 관해서도 1970년대부터 문헌 연구를 통하여 자체 기술진에서 아사히 카이세이 측이 채택하고 있는 중합공정을 조금만 개조하면 더 경제성이 높은 원료를 사용할 수 있다는 것을 알게 되었다. 따라서 장차 적당한 시기에 원료의 전환을 할 수 있도록 기본 방침을 정하고 아사히 카이세이의 노하우를 채택하되 기본 설계는 양사의 기술진 공동으로 하도록 했다. 그래서 중합공정을 제외한 모든 공정과 부대시설은 동양나일론 기술진이 설계에서 시공까지 전담키로 하고 공장의 레이아웃도 장차의 증설을 고려, 일산 100톤 이상으로 하여 두 회사가 공동으로 설계하되 시공은 동양이 맡도록 했다.

폴리에스터 프로젝트 총책임을 맡은 조석래 사장이 이 회사 설립에 관한 모든 절차를 합의점에 도달시키자 기술 및 공장건설을 맡게 된 배기은 상무는 기술도입 조건의 확정과 설계에 따르는 자료를 얻기 위해 수차례 아사히 카이세이를 방문했다. 조석래 사장은 넘치는 의욕으로 1974년 1월부터 폴리에스터 공장을 착공했는데 1973년 하반기에 일어난 오일쇼크(Oil shock) 여파로 화섬 업계 전반에 격심한 불황이 닥쳤다. 합작 파트너인 아사히 카이세이 측에서는 오일 쇼크에 의한 범세계적인 불황을 염려한 나머지 "경기 호황의 징후가 보일 때까지 공장건설을 연기하는 것이 어떻겠는가?" 하는 의견을 냈다. 조석래 사장은 "폴리에스터 공장가동이 1975년 1월경으로 예정되어 있으니 아직 1년 이상의 시일이 있어 그때까지는 불황도 가셔질 것으로 보고, 경기 변동이란 사이클(Cycle, 순환)이 있는 것으로 불황과 호황이 늘 되풀이 되는 속성이 있어 그것에 너무 신경 쓰지 말고 예정대로 공사를 추진하여 가동하는 것이 좋겠다."라는 의견을 피력했다. 이에 따라 공장건설을 예정대로 진행하도록 했다. 그러나 그해 긴 장마가 들어 한달 이상이나 공사가 중단되기도 했고 현장에서는 일본 기술진과 우리 기술진 사이에 자주 의견 충돌이 있어 이를 조정하는 것이 하나의 이슈가 되기도 했다. 그런 속에서 공장건설은 예정보다 단축된 1975년 2월 공장 설비의 일부를, 5월에는 시운전과 동시에 본격적인 제품 생산에 들어갈 수 있었다.

효성그룹 섬유 4사 거느려

효성그룹이 일산 12톤의 나일론 공장을 세울 때 2년여의 준비 기간, 2년 반이라는 건설 공사로 총 4년 반의 시일을 보낸 것과 비교해 볼 때 폴리에스터 공장을 2년여에 완성 시킨 것은 비약적인 발전이었다. 이렇게 된 것은 나일론 공장을 운영해 왔기 때문에, 설비의 발주나 부품 구입에 별다른 애로를 겪지 않을 수 있었고 아사히 카이세이 측도 거래처를 활용하여 많은 도움을 주었다.

폴리에스터 원사는 시판되자 품질이 매우 우수하다는 실수요자들의 호평과 그 무렵 경기 회복에 힘입어 눈에 띄는 판매 실적을 올렸다. 당시 업계의 시선은 대뜸 시발 용량 일산 30톤의 대규모 공장을 건설한다니까 수년 동안 큰 적자를 면치 못할 것이라며 비관적이었다. 첫해에는 반년밖에 가동하지 못했으나 적자는 7억 원 미만이었고 다음 해는 10억 원 이상의 흑자를 냈으니 이 공장은 동양나일론과 아사히 카이세이 두 회사의 기술에서 그 정수를 모았던 만큼 기술적으로 많은 발전을 본 최신 시설을 갖게 되었다. 그 때문에 이 공장은 다른 여러 나라에서 폴리에스터 공장을 세우려 할 때 시찰 올 정도로 우수한 현대식 시설을 가지고 있었다.

조석래 사장은 첫 작품에서 대성공을 거두었다. 1976년부터 이 회사의 대표이사가 된 이용철(李龍哲) 사장은 1976년 4월 종래의 원료인 DMT를 더 경제성이 높은 TPA로 대체 시키는데 성공하였고 이 원료 대체는 같은 양의 원료에서 더 많은 양의 원사를 얻을 수 있어 생산성 향상과 수익 개선에 획기적이었다. 1971년 증설에서는 종래의 뱃지식 중합공정보다 능률이 높고 품질 균일화를 기할 수 있는 연속 중합방식, 방사에서 가연까지를 고속화된 일관 공정으로 생산할 수 있는 최신 공법을 독자적으로 개발했다. 국내 초유의 일이었다. 효성그룹은 동양나일론, 동양폴리에스터, ㈜토프론, 동양염공 등 섬유 4사를 '토프론'이라는 공동 상표 아래 종합 섬유 메이커로 세계적으로 인정받게 되었다.

효성중공업(Hyosung Heavy Industry) 탄생

(독자들이여, 이제 조홍제 회장은 독자 경영 수준을 넘어 한국 재계 일각을 차지하는 걸출한 창업 회장의 한 사람으로 우리 사회에 인식되었다. 조 회장은 한국 경제 성장의 핵심인 '중화학공업 시대'를 맞이해 그 한 부분에 도전장을 냈다)

조홍제 회장 전기(電氣)부문에 특별한 관심

조홍제 회장은 제조업에 진출하고부터는 철(鐵)에 대한 관심을 기계로 전환했다. 조 회장은 삼성 시절의 제일제당, 제일모직 설비 구입에서 효성 시대에 조선제분, 한국타이어, 대전피혁, 동양나일론 등 공장의 건설 과정을 통해 우리나라 기계 공업 수준이 어떠하다는 것을 통감하였고 동양나일론, 동양폴리에스터의 공장 신·증설을 통해 그때마다 우리나라에서 기계를 제작하지 못하고 남의 나라에서 구입하거나 제작을 의뢰할 때마다 막심한 심적 고통을 느꼈다. 우리 기술진이 참신한 아이디어로 기계를 설계해도 그 당시에는 신뢰할 수 있는 국내 기계 제작 메이커가 없어 외국의 메이커에게 의뢰하곤 했는데, 그렇게 만든 기계 성능이 뛰어나면 그 외국 메이커는 자신들이 개발한 것으로 선전하는 경우도 있었다. 조 회장은 "이래서는 안 되지 않는가, 우리가 세계적 규모의 경제 규모를 유지하면서 경쟁력 있는 메이커 지위를 지켜나가려면 국내도 고수준의 기계 공장이 있지 않고서는 궁극적으로 세계를 무대로 하는 경쟁에서 승산이 없지 않는가"라고 뼈저리게 느꼈다. 전기(電氣)문제, 동력원으로써의 이 부분도 실정은 기계 부분과 오십보, 백보였다.

2차 세계대전 후 전후처리가 잘못 되어 남·북이 인위적으로 분단되어 민족상잔의 비극이 연출되고 분단 후 우리에게 가장 큰 고통을 안겨준 것도 '전기' 문제였다. 1948년부터 이북에서 전기를 끊자 남한은 전기의 절대량 부족으로 고생했고 1950년 우리나라 총 발전설비 용량이 20만 kW 불과했으니 이 전력으로 무슨 공업이 성립될 수 있겠는가. 효성그룹이 동양나일론 울산 공장을 세울 무렵이던 1960년대 후반기만 하더라도 전력 문제로 많은 시달림을 받았다. 전력 문제는 국가 전체의 현안이었다. 조홍제 회장은 "정부의 사업으로 추진되고 있는 전원개발사업(電源開發事業)에는 민간기업이 참여할 수 있는 여지가 없다 하더라도 송전(送電), 수배전(受配電) 분야의 기기 생산 분야에는 민간기업이 적극적으로 참여하여 정부의 전원개발사업을 뒷받침해야 전력 문제가 원만히 해결될 것이다"라는 신념을 갖고 있었다. (독자들이여, 조회장의 이 신념은 한국이 선진공업국으로 진입하는데에도, 효성그룹의 장래에도 지대한 영향을 미치게 된다.)

조 회장은 그룹 산하의 각 공장에서 수배전 설비를 증설하거나 자가발전시설을 할 때마다 그것에 대해 상세한 보고를 하도록 했고 그룹의 전기 관련 임원이나 외부 전문가들을 자주 만나 우리나라 전기문제에 대해 의견을 듣곤 했다. 조홍제 회장이 1974년 여름. 동양나일론 울산 공장의 4차 증설 공사와 동양폴리에스터 공장을 건설하고 있을 때 공장의 간부나 전기부서의 사원들이 자주 "154"라는 말을 쓰고 있었다. 조 회장은 책임자에게 "여러사원들이 오며 가며 "154, 154"하는데 그것이 무슨 뜻인가? 혹시 15만 4,000볼트(Volt, 전압)를 줄여서 그렇게 부르는가?"라고 물었다.

"네. 그렇습니다. 그것은 우리가 이번에 새로 설치하지 않으면 안될 시설입니다."

"그래, 그 변압기는 우리나라의 한영공업(韓永工業)에서 개발에 성공했던 것 아닌가?"

"우리 회사도 이 '한영'제품에 관심을 가지고 있습니다."

(이 짧은 대화는 효성그룹의 중화학 공업 분야 진출 과정에 있어서 뜻깊은 것이었고 효성그룹의 먼 훗날 성장에 많은 영향을 미치게 된다.)

한영공업 민영화 입찰에 참여

조홍제 회장은 1975년 초 신년 하례식을 마치고 조석래 사장을 불러 "금년부터는 우리 그룹도 섬유에서 타 분야로 진출해보아야 하지 않을까? 정부에서도 중화학 공업에 역점을 두고 있고 우리 그룹의 기업 구조를 더 균형 있게 하고 사세를 확장하는 의미에서도 정부의 시책에 적극 호응하는 의미에서도 좋은 것 같은데 중화학 공업 여러 분야가 있지만, 전기(電氣)분야가 어떨까?" 하는 의견을 말했다. 그런데 효성이 중전기기(重電機器) 제조 분야에 진출할 수 있는 기회는 뜻밖에 빨리 왔다.

1995년 8월 어느 날 조석래 사장이 "아버님, 정부가 관리 기업체의 민영화 계획에 따라 '한영공업'을 민영화하도록 결정이 된 듯합니다. 이 업체 불하가 결정되면 우리 그룹도 참여해 보는 것이 어떨지요?" 하는 소식을 전해주었다.

"그 회사의 현황은 어떻고 어느 정도면 낙찰이 될 것인지?"

"현재 약간의 은행 부채를 안고 있기는 하나 매년 흑자를 내고 있는 것으로 듣고 있습니다. 자세한 것은 전기 전문가인 박경섭(朴敬燮) 안양 공장장을 통해 알아보고 있는 중입니다."

"그래서 응찰하는 것이 좋을지 어떨지 생각해보자는 것이로군"

"네, 연초에도 말씀하셨지만, 기히 중화학 공업 분야에 진출한다는 대원칙이 세워져 있으니까 50% 이상의 가능성만 있으면 입찰에 참여하고, 참여한 순간부터는 타 응찰자와 경쟁하는 만큼 낙찰이 되도록 노력하겠습니다."

중화학 공업은 철강, 조선, 기계, 화학 등 중량이 많이 나가는 제품을 생산하는 산업이다. 많은 시설 투자를 요함으로 자금 면에서 아무나 쉽게 손댈 수 없다. 그런데 한영공업은 기본적인 생산설비를 갖추고 가동 중에 있기 때문에 새로 공장을 세우는데 소요되는 막대한 자금을 투자하지 않아도 되는 이점이 있고 '향후 대규모 공장으로의 확대'라는 조건부 불하이기 때문에 이 분야에 대한 적극적인 정부의 육성책도 기대되는 것이었다. 현재의 회사 시설과 기술을 바탕으로 생산 규모를 확장한다면 대규모 중전기기 업체로 성장할 수 있는 가능성이 보였다.

조석래 사장은 "재기 불능이라고 하던 한국타이어, 대전피혁, 한일나일론 등을 훌륭히 재건해 놓으셨는데 한영의 경우도 그룹의 전력을 기울이면 대규모 공장으로 성장할 수 있을 것으로 보입니다. 이 중 전기 분야는 우리나라가 중화학 공업 위주로 산업구조를 고도화하려면 필수불가결한 분야이기 때문에 누군가가 상당한 기간에 걸쳐 희생을 무릅쓰고 발전시켜 나가지 않으면 안 될 분야라 생각됩니다."

"그렇다면 응찰 준비를 하도록 하지" 하고 조 회장은 최종 결정을 내렸다.

그즈음 정부가 제4차 경제개발 5개년계획안 세부 내용을 발표하고 특히 7월 중순에는 1977년부터 앞으로 24개의 원자력 발전소를 건설한다는 계획을 발표하게 뇌사 '한영공업'에 대한 재게의 관심이 더 높아졌다. 25개의 원전이 건설되려면 초고압 직류송전 시스템(HVDC)의 수요가 폭발적으로 늘어날 수밖에 없기 때문이다. 당시 320억 달러라는 천문학적인 자금을 투하할 원전 계획을 세운 정부로서도 관련 산업의 급속한 균형발전 필요성을 절감했던지 한영공업을 민간에게 불하하되 응찰희망자는 '중전기 분야 근대화 사업계획서'를 정부 당국에 제출, 이 계획서대로 사업을 전개할 수 있는 업체에게만 불하한다는 조건을 달았다.

7개 업체 경합 끝에 낙찰 성공

정부는 이 무렵 이미 경남 창원에 창원 기계공업단지를 조성해 놓고 기계 공업을 급속히 육성하기 위해 입주업체를 유치하고 있는 때여서 한영공업의 민영화 계획은 여러 업체에서 관심을 나타내었고 각 사는 최상의 계획서를 만드는데 전력을 기울였다. 효성은 이 계획서를 만들 때 현재의 설비를 어떻게 활용할 것인가는 간단히 적고 미래의 계획에 더욱 역점을 두도록 했다. 이 계획서에 사명을 '효성중공업주식회사'로 정했고 1977년 준공을 본 '효성중공업주식회사 창원 공장'의 마스터 플랜(Master Plan)도 이 때에 이루어졌다.

입찰일이 가까워지자 응찰 희망의 대기업 이름이 지상에 오르내리기 시작했고 과연 어느 기업이 얼마에 낙찰시킬 것인가 하는 것이 재계의 커다란 관심사가 되었다. 1975년 9월 30일. 계획서 심사결과 응찰 자격을 얻은 기업은 효성을 비롯해 7개 사였다. 조홍제 회장은 입찰 직전 조석래 사장에게 각 사의 움직임이 어떠냐고 했더니 "응찰자는 전기 관계 분야의 제조업체가 많고 모두가 창원 공업 단지 내에 대규모 공장을 건설하겠다는 계획을 가지고 있으며 상당히 높은 금액이라야 낙찰될 것으로 예상됩니다."라는 것이었다.

"대략 어느 선이면 낙찰될 것으로 보는지?"

"30억 원 선이 아닌가 예상됩니다. 전망이 좋은 사업으로 판단됨으로 꼭 낙찰에 성공하도록 30억 원에 10% 정도 더 써넣을까 생각하고 있습니다."

조석래 사장은 여러 곳에서 의견을 듣고 입찰액을 정하고 입찰에 들어갔다. 응찰 결과는 효성이 32억 원, 다음이 30억 원으로 효성이 낙찰에 성공했다. 남은 문제는 얼마나 빨리 이 회사를 본 궤도에 올려 놓는가였다. 조홍제 회장은 새로운 분야에 진출하게 되어 기쁜 마음이어야 할 텐데 기뻐할 수만은 없었다. 이 회사를 본 궤도에 올려놓자면 모든 역량을 이곳에 기울여야 할텐데 최고 경영자가 되는 조석래 사장의 부담이 크지 않겠느냐는 염려에서였다. 조석래 사장은 대표이사로 선임되자마자 10월 하순부터 일본, 미국, 유럽 등지의 유명 동업종의 회사를 찾아다니며 이 분야의 사업성과 전망에 대해 면밀한 검토를 했다. 조홍제 회장은 조석래 사장에게 앞으로 이 회사를 어떻게 발전시킬까를 물어보았다.

"일부에서 현재의 인원을 과감히 정리하고 유능한 사람들을 불러들이는 것이 발전의 첩경이라고 합니다만 지금까지 효성그룹이 지켜온 인사원칙대로 적재적소의 원칙에 따라 인원을 최소한으로 줄일 방침입니다."라면서 감원이다 보강이다 하여 인화에 틈이 생기게 하는 것보다는 중화학 공업의 핵심인 기술을 고도화하고 해외기술조사를 강화하겠다고 조사장은 말했다.

"우리는 곧 창원 공업 단지에 대단위 중전기 공장을 건설하게 되며 새 공장과 기술을 몸에 지녀야 하며 여러분들이 직접 해외 유명 메이커에 가서 기술을 조사하고 배워오도록 할 계획입니다."

이 말을 들은 직원들 모두는 어리둥절할 뿐이었다. 이유는 간단했다. 한영공업이 설립된 이래 미국의 웨스팅 하우스 (Westing House)사와 기술제휴를 한 지 10년이 되어도 그동안 기술 훈련이나 시찰을 위해 나갔던 간부가 몇 사람에 불과하여 해외기술 연수나 시찰은 아예 없는 것으로 알고 있었기 때문이다.

조석래 사장은 해외 조사팀을 이내 구성했다. 조석래 사장을 단장으로 하는 10여 명이 팀으로 구성되어 그해 10월 구미일주 시찰에 올랐다. 당시만 해도 한국의 중전기기 분야를 대수롭지 않게 생각하거나 불모지로 알고 있던 때라 10여 명이나 되는 기술조사팀이 공장 시찰을 하고자 하니 구미의 회사들이 놀라움을 금치 못했다. 조사팀 일행의 진지한 시찰 태도, 높은 수준의 질문에는 경계심을 보이기도 했다. 특히 초고압(超高壓) 기기인 345kV 변압기를 생산할 계획이라고 말하자 그 분야는 엄청난 규모의 시설 투자가 필요한 데다 주문량이 적어 사업성이 좋다고 할 수 없으니 손대지 않는 것이 좋을 것이라는 말도 했다. 시찰단은 중전기기 분야가 어려운 분야라는 생각도 들었지만 '어려운 분야'라는 이유 때문에라도 꼭 본 궤도에 올려놓아야 한다는 생각을 굳게 했다.

2개월여에 걸친 이 조사에서 많은 자료와 견문을 안고 돌아온 것이 1976년 3월 초. 그동안 선진 7개국 즉 미국, 일본, 영국, 독일, 프랑스, 벨기에, 스웨덴에서 17개의 유수 회사 50여 최신 공장을 돌아본 강행군이었다. 이 해외 시찰에서 "우리도 못할 것이 없다"라는 자신을 갖게 된 것이 큰 수확이었고 우리가 꼭 도입해야 할 기술 부문과 자체로써 해결할 수 있는 부문을 가려내게 된 것은 경영 합리화 면에서도 큰 이득을 주었다.

1976년 7월 입주 선정을 받은 창원 기계단지에 대단위 공장건설에 들어가게 되었는데 기술도입계약이 확정을 보기도 전에 그 기술을 활용할 공장부터 세운다는 것은 리스크가 따르고 외국의 선진 동업 회사들 입장에서 보면 이해가 안 가는 일의 순서지만 345kV 변압기의 조기 제작을 위해서는 불가피한 조치였다. 국내 공업화의 속도로 볼 때 수년내에 이 초고압 변압기 수요가 폭증하리라는 것을 내다본 조석래 사장의 판단에서였다. 당시의 상황으로는 그전에 성공했던 154kV 변압기조차 그 성능을 단지 '국산'이라는 이유 하나만으로 믿으려 하지 않았는데 2배가 넘는 초고압 변압기를 제작하기 위해 대단위 중전기 공장을 겁도 없이 추진한 것이다. 주변에서는 조석래 사장이 너무 패기에 넘치는 일을 한다는 염려스러운 말이 나오기도 했다. 조홍제 회장은 "판단에 자신 있으면 염려할 것 없고, 소신대로 밀고 나가야 한다. 기업 경영에서는 '시기의 포착'이 가장 중요하다. 공장을 갖추어 놓아야 주문이 들어오면 곧 생산에 착수할 수 있는 깃 이닌가"라고 격려했다. 1977년 10월 말 불과 1년 3개월 만에 창원 공장은 완공을 보았다.

초고압 변압기(Ultra-High Voltage Transformer) 생산에 성공

초고압 변압기는 발전소에서 생산된 전기를 최종 소비자에게 전달하는 과정에서 전압을 변환하여 전력 손실을 줄이는 전력 시스템의 핵심설비이다. 창원 공장의 건설이 어려웠던 것은 한전(韓電)에서 수주한 345kV 변압기 6기(基)의 납기가 촉박했으므로 이 변압기의 제작과 공장의 건설을 한 공장 구내에서 동시에 진행 시켜야 했었기 때문이었다.

1976년 말 효성이 수주한 이 6기의 번압기는 1978년 1월까지 1호기가 납품되어야 하는 시간상의 제약 때문에, 사실은 외국 메이커에게 발주되도록 되어있던 것을 한전 측의 호의와 충전기기 국산화 추진에 대한 이해로 효성이 제작하게 된 것이다. 154kV 변압기의 제작 경험밖에 없는 효성이 겨우 1년 남짓한 시일을 가지고서 완성하겠다며 계약을 했으니 아무리 열의가 넘쳐 흐른다고 해도 걱정이 앞설 수밖에 없었다. 다른 공장은 준공까지의 공기(工期)가 다소 지연되어도 큰 지장은 초래되지 않지만, 한전의 이것은 주문생산인 만큼 제 때에 납품되지 않으면 한전 측의 모든 전원개발 계획에 차질을 줄 뿐 아니라 장래 최대 고객인 한전에 대한 신용도가 떨어지는 문제였다.

조홍제 회장은 이 난제를 해결할 수 있는 몇 가지 방안을 강구했다. 첫째는 조석래 사장으로 하여금 그룹의 다른 경영을 떠나 이 프로젝트에 전념하도록 하는 것과 둘째는 전기업계 사정에 밝은 전문가를 경영진으로 모셔오는 것이었다. 조 회장은 한전 부사장, 원자력 연구소 부소장 등을 역임했고 전기산업계 사정을 잘 아는 김종주(金種珠)씨를 효성중공업의 부사장으로 초빙했다. 김 부사장에게는 기술적인 면과 경영책임을 맡겼다. 김 부사장을 만나보니 과연 소문에 듣던 대로 전기업계 사정에 모르는 바가 없고 더구나 전기분야 국산화에 대해서도 확고한 신념을 가지고 있었다.

조석래 사장은 김 부사장과 동석한 자리에서 "1960년 이후 정부의 강력한 전원개발정책에 힘입어 오늘날 전력 문제는 성공적으로 해결되어가고 있으며 여기에 힘입어 1970년대 중반부터는 중화학공업으로 산업구조 전환도 가능했던 것으로 생각됩니다.

특히 원자력 발전 분야에서는 현재 건설 중인 고리(古里) 발전소를 비롯해 2000년대까지는 25기의 원자력 발전소를 건설하려는 야심적인 전원개발 사업을 추진하고 있습니다. 이 같은 사업의 한 분야에 효성중공업이 참여하여 중요한 역할을 맡게 된 것은 참으로 다행한 일입니다. 이런 뜻에서 이번의 345kV 변압기는 꼭 성공시키고야 말겠습니다."라고 결의를 표명했다.

효성중공업은 이후 1978년 4월 345kV 3상(相), 475MVA 발전소용 주변압기(主變壓器)까지 생산해내는 규모로 성장했다.

24

효성중공업 기술력제고 사업 확대

중공업 사업 역량 확충

중전기 분야에서는 1988년 송배전을 위해 변전소에 채용되는 362kV, 63kA GIS(Gas Insulated Switchgear, 가스절연개폐장치)를 국내 최초로 개발했다. 12월에는 세계 최대 용량인 800kV, 50kA, 8000A GIS를 개발해 우리나라 전력 계통의 발전을 이루었다. 이 800kV급 GIS는 ABB와 일본 도시바사에 이어 세계 세 번째이자 2점절 차단기를 채택한 GIS로는 세계 최초 개발이었다. '효성'은 두 기종 모두 자체 기술력을 확보해 765kV 변전소를 일괄 수주할 수 있는 능력을 갖추게 되었다.

1999년 12월 KS마크와 2000년 3월 16일 IR52 장영실(蔣英實, 조선 세종 때 과학자)상을 수상했다. 1999년에는 또 765kV 3상 2,000MVA 용량의 극초압 변압기도 개발해냈다. 10월 7일의 제1회 지식 경영대상 시상식에서는 한국 능률협회로부터 이 변압기와 GIS를 개발한 공로로 '지식경영대상' 제품 및 서비스 부문 최우수상을 받았다. 전력 PU(Per Unit)는 12월 1일에 영광 원자력 5호기용

345kV급 변압기와 362kV급 GIS 및 고압차단기 설치를 끝내고 첫 전압 가압식을 가졌다.

1999년에는 차단기와 변압기 등 중전기 제품의 미국 수출이 늘었다. '효성'은 국내 방위 산업에도 일조했다. 국방연구소의 어뢰 국산화 프로젝트에 참여하여 1999년 중어뢰용인 '백상어' 추진 전동기의 개발 성공에 이어 2000년에는 경어뢰용 '청상어' 추진 전동기를 개발해냈다. 이를 계기로 해상무기 시장에서 추진 전동기의 개발사업을 지속하게 됐다.

이밖에 중공업 연구소는 1998년 7월부터 'SPOT 용접기 Timer 개발' 과제로 타이머 부문의 자체개발을 추진하여 10개월 만에 우수한 성능의 용접기용 타이머인 RESCOM2000을 선보였다. 이 연구소는 1999년 최첨단 디지털 기술의 수배전 반용 전자식 계측기 HICON 2000M을 개발해 시판에 나섰다.

중공업 연구소 전략팀은 같은 해 디지털 릴레이(Digital Relay)개발을 완료하고 이를 통제, 조절 할 수 있는 변전소 감시, 제어시스템을 2000년 하반기에 구축했다. 또한 이보다 앞서 2000년 초에는 차세대 송배전기로 주목되는 유연송전시스템(FACTS) 기기의 일종인 배전용 DSTAT COM 개발에 성공했다. 중공업 PG는 '환경 방침'을 선언하는 등 환경경영을 시작한 지 7개월만인 2000년 9월 6일 영국 국제 품질 인증원(BVQI)으로부터 ISO1400I 인증서를 받았다.

전력PU 조치원 공장에서는 5월에 국내 최초로 자동 용접 궤적 장치(Double Iron-man)가 붙은 자동 Seam 용접기를 개발해 수입 대체 효과를 가져왔다. 창원 공장 전력PU(Per Unit)는 2001년 10월에 전기분야의 원자력 발전소 기자재 제작, 공급을 위한 KEPIC 전력산업국 에너지 대상 시상식에서 기업부문 에너지 기술개발 분야 대상을 받았다. '바이오 가스를 이용한 열병합 발전시스템' 개발에 따른 공로였다. 이 시기의 효성중공업 연구소는 HDVC(High Voltage Direct Current Transmission, 초고압 직류 송전 시스템) 시뮬레이터를 개발했다.

그리고 2005년 4월 한국 전력의 전략 연구원과 함께 제주-해남 HVDC 가상 운영 시스템을 준공하기에 이르렀다. 154kV급 송전설비에 사용하는데 국내 동일 규격 GIS 중 최초로 40kA 대용량 단시간 전류 통전을 가능케 했다. 같은 해 12월 5일의 1,100kV GIS 개발은 세계 두 번째였다. 이는 세계에서 가장 높은 전압의 제품으로 KERI의 엄격한 차단 성능 검증을 통해 제품 완성도를 입증했다. 글로벌 전력 시장을 주도할 수 있는 세계적인 수준의 기술력을 확인받은 셈이었다.

중공업 PG 창원 공장은 2007년 8월부터 TPS를 도입해서 경영혁신 운동을 펼쳤다. 그 전달 공장에서는 차단기 누적 생산 1만 대 돌파기념 행사를 가졌다. 2008년 4월에는 직접 시공한 한려수도(閑麗水道 통영시-여수) 케이블카 준공식과 함께 시승 행사를 벌였다.

중전기(重電機) 부문의 해외진출

중전기란 무거운 전기기구 즉, 발전기, 변압기, 전동기 등 대용량의 전력 설비나 전력기기를 말한다. 효성중공업의 중전기부문 해외진출은 미주지역부터 물꼬가 트였다. 2001년 미국 미츠버그 법인을 설립하고 미국과 캐나다의 전력 회사들을 상대로 영업을 시작했다. 초고압 변압기, 차단기(SF6GCB/GIS)의 공급과 관련 현지 운송 및 설치 업무지원 위주였다.

중전기 분야의 세계적 기술력을 보유한 것으로 평가받은 효성은 중국에서 성장의 길을 찾았다. 중국은 2000년대 들어 서전동송(西電東送, 동부지역의 전기를 서부지역으로 보내는 것) 프로젝트를 추진하며 매년 10%씩 전력 수요가 늘어나는 거대 시장이었다. 효성은 60%라는 압도적인 국내 중전기 시장 점유율에 만족하지 않고 중국 시장 선점을 위한 합작 법인 설립에 나섰다. 효성이 손잡은 중국회사는 최대의 현지시장 점유율을 기록하고 있는 보정천위집단(保定天威集团)이었다. 두 회사 합작으로 2003년 9월 중국 하북성(下北省) 보정시(保定市)에 '보정효성천위변압기유한공사'가 설립되었다. 이 합작법인은 중국 최대단일 공장규모인 35kV, 500kVA이하 배전 변압기 연간 1만 1,000대(총 3,000MVA)생산 공장을 준공하고 2004년 12월부터 가동했다. '효성'은 2004년 4월 서북전망유한공사가 중국 최초로 발주한 750kV급 GIS 2대를 수주하는 성과를 올렸다.

이와 함께 중국 내 최대차단기 업체인 '선양고압차단기'와 기술제휴 및 공동생산 계약을 체결했다. 효성은 2006년 3월 23일에 중국 정부 품질 공인취득 5대 기업 중 한 곳인 남통우방변압기 유한공사를 인수했다. 발전과 송변전, 배전, 변압기 등 중국의 전력시장 진출을 다각화하기 위함이었다. 중국 강소성 남통시 해안현 경제 개발구에 자리하고 있는 이 회사는 배전 변압기에서 220kV 초고압 변압기까지 일괄생산 시스템을 갖추고 있어 현지 생산 체제를 구축하는데 안성맞춤이었다.

2000년대 중반부터는 미국과 중동, 인도, 남미에 이르기까지 글로벌시장 진출 폭을 확대했다. 2006년 초에는 미국의 대형 연방 전력 회사인 BPA(Bonneville Power Administration)사로부터 525kV급(433MVA) 초고압 변압기 10대를 수주했다. 미국 프로스트 앤 설리번사에게서는 중전기 분야의 '고객 구매가치 부문상(Best bangbon the back)'상을 받았다. 전년도에 북미 변압기 시장에서 7,000만 달러 규모를 수주했던 중공업 PG는 피츠버그 판매 법인을 중심으로 현지 마케팅을 강화해 나갔다. 이 해에 '효성'은 765kV급 초고압 변압기의 첫 수출 실적을 올렸다. 11월에 베네수엘라 국영전력청인 C.V.G 에델카로부터 765kV급 초고압 변압기 4대를 수주했다. 중전기 수출 사상 처음이었다. 중남미로의 시장 다각화라는 측면에서 그 의미가 상당했다. 수주 과정에서는 ABB, 지멘스, 효성 3개사만 이 사전 기술 심사를 통과했으며 이후 경쟁 입찰을 통해 최종 납품업체로 선정되는 기쁨을 누렸다. 이는 초고압 차단기는 물론 초고압 변압기 부문에서도 효성이 글로벌 최고수준의 경쟁력을 갖추었기 때문에 가능했던 일이었다.

효성은 2007년 중국 보정효성천위 변압기유한공사에 대한 추가 투자를 통해 신공장을 준공해 생산능력을 2.5배로 늘렸다. 남통유방 변압기유한공사는 인수 직후 효성의 신기술과 경쟁 노하우를 접목해 2007년 흑자 전환에 성공했다. 그리고 800억 원을 추가 투자해 초고압 변압기 공장건설에 들어갔다. 남통효성 변압기유한공사의 초고압 변압기 공장은 2008년 5월 30일 준공되었다. 연산 2만 1,500MVA의 규모로 공조, 방전설비와 진공건조설비 등 최첨단 시설을 자랑했다. 또한 선진 운영 시스템을 보유하여 중국(中國)전력 인프라 확충에 기여하게 되었다. 효성은 이렇게 중전기 부문의 세계화 전략 실현의 기틀을 마련했다.

신사업 친환경 에너지

　새로운 사업 부문으로는 친환경 에너지가 부각되었다. 친환경 에너지는 환경오염을 유발하지 않거나 최소화하면서 자연에서 얻을 수 있는 에너지원으로 태양광, 풍력, 수력, 지열, 바이오 매스 등이다. 효성중공업PG 기전PU는 1999년 4월 경북 도청이 청정에너지 대체 산업의 일환으로 울릉도 현포리에서 추진하는 풍력(風力, Wind Turbine) 발전건설 공사를 맡았다. 이미 제주도에 풍력발전기 5기의 설치 실적이 있어서 우리나라 풍력발전 분야의 선두주자였다.

　2002년부터 풍력발전기의 국산화를 추진한 효성은 2006년 4월 국내 최초로 기어드 타입(Geared Type) 750kW급 시제품 개발에 성공했다. 설계부터 제작까지 순수 자체기술로 진행한 첫 국산화 제품이었다. '국산 풍력발전기 시대'의 개막을 알린 이 시제품은 대관령의 풍력발전실증운전단지에서 시운전에 들어갔다. 그동안 100% 수입에 의존했던 풍력발전기의 국산화 성공으로 독자적인 기술을 확보했다는 데서 의미가 컸다. 2006년 태백 대봉산에서 850kW급 풍력발전기 가동을 시작한 효성은 2008년 국내 최대 용량인 2MW급 풍력발전기의 개발을 끝냈다. 이어서 대기리 풍력발전 1단계도 마무리되었다. 2009년 4월에는 2년 이상의 실증 과정을 거쳐 풍력발전 국제인증기관인 독일의 DEWI-OCC로부터 국내 최초로 750kW급 기어식 풍력 발전시스템에 대한 인증을 획득했다. 8월에는 2MW급인 풍력 발전 시스템의 국제인증을 받았다.

　효성중공업PG는 한국가스공사와 함께 패키지형 압축천연가스(CNG) 충전시스템을 국산화해 9월 10일 시연회를 가졌다. 이는 천연가스 자동차 보급확대의 필수적인 인프라 설비로서 2002년 한·일 월드컵을 대비한 CNG 버스 보급을 위해 개발이 추진되었다. 다음 해 기전 p.u.는 서울 은평권역 공영차고지 내의 CNG 충전소를 완공하고 6월 29일 준공식과 천연가스 버스의 시험운행 행사에 참석했다. 2006년 7월 강화도 선진 LNG충전소를 준공했다.

효성중공업은 2007년 8월 해외시장을 개척해 인도네시아 자카르타에 약 70만 달러 규모의 CNG압축 시설을 공급했다. 2008년 1월에는 300만 달러 규모의 인도네시아 자카르타 버스웨이 프로젝트용 충전시스템 납품 계약을 체결했다. 그 뒤 방글라데시로부터 200만 달러 상당의 CNG 충전소용 압축기 6대를 수주했다. 2003년 자체적으로 매립 가스(Landfill Gas) 발전소를 설치, 운영하기 시작한 '기전 PU'는 2004년 대체에너지 사업을 본격 가동했다. 강원도 대관령 풍력발전기 공사를 마무리하고 8월에 풍력발전기 4기(V47-660kW)를 공급하면서부터였다.

2003년 하반기 이후 진출한 열합병 발전사업에서는 2005년 상반기까지 전국 아파트 8곳의 시스템 설계, 시공, 운영을 맡았다. 태양광발전(太陽光發電, Photovoltaics. PV)은 2006년 5월 한국서부발전의 삼랑진 태양광발전 설비를 수주하면서 참여의 길이 열렸다. 태양광발전은 광절 효과를 나타내는 반도체소자를 이용하여 햇빛을 전기(직류)로 변환하는 기술이다. 경남 밀양에 있는 이 발전소는 2007년 11월에 준공되었다. 2MW 용량으로 국내 단일 태양광발전 설비 가운데 최대 규모였다. 효성은 설계에서부터 구매, 시공까지 턴키(Turn key)베이스로 맡아 건립했다.

효성중공업의 또 다른 관심사는 연료 전지(Fuel Cell)를 통한 발전 시스템이었다. 효성은 특히 연료지 시스템인 Hzue(휴)를 개발해 상용화에 앞장섰다. 이 제품은 가정용 열병합 시스템과 보조전원용 시스템의 두 종류로 개발되었다. 2007년 개발 완료한 1kW PEFC(Polymer Electrolyte Fuel Cell) 가정용 연료 전지 시스템은 산업자원부로부터 굿 디자인(Good Design)에 선정되기도 했다.

효성이 클린 에너지 기업의 위상을 확고히 굳히는데에는 중공업 PG의 기여가 매우 컸다. 여기에 더해 중공업PG 기전PU는 2008년 4월 E-plus 고효율 전동기를 출시함으로써 이산화탄소 저감과 전력에너지 절약에도 시장을 선도해 나갔다. E-plus는 2004년부터 국내 최초로 전동기에 도입한 브랜드였다. 풍력사업단의 상용화 목적 1호기 2MW 풍력터빈은 2011년 9월 창원 공장에서 성공적으로 출하되었다. 국내 최초 독자기술로 만든 2MW급 풍력용 발전기는 같은 해 미국 드윈드(Dwind)사에 40대를 납품해 본격적으로 북미(北美) 풍력 발전 시장에 공급했다. 아울러 11월 말에는 지식경제부의 '국가에너지 기본 계획 중 신재생 에너지 8대(大) 전략과제' 5MW급 해상 풍력 발전 국책주관업체로 선정되어 2014년 9월 제품 개발을 완료했다. 동시에 국내 최초로 국제적인 풍력 발전 시스템인 DZWI-OCC로부터 5MW급 해상풍력 발전시스템에 대한 인증을 받았다. 또한 2012년 말에는 강원도 강릉시 대기리 일대에 2MW급 풍력발전기 13기를 설치해 본격 가동에 들어갔다.

효성은 2013년 인도 고다왓 에너지(Geadawat Energy) 사에 총 456억 원 규모의 풍력 발전 터빈용 1.65MW급 중속기(Gear Box)를 공급하는 계약을 체결해 국내에서 자체 개발한 풍력 발전 핵심부품의 첫 수출을 실현시켰다. 2010년에는 국내 최초의 전기차인 '블루온'과 2011년 말 출시된 기아 자동차의 '레이'에 전기차 모터를 공급했다. 2011년에 개발한 전기자동차용 충전기(EV 충전기)는 조치원공장에서 11월 10일부터 생산해 한국 환경 공단에 납품했다. 2013년에는 경기도 안산시에 위치한 택시 회사 '상록운수'에 국내 최초로 택시 전용 CNG 충전시스템을 공급하기도 했다. 효성중공업은 2012년 12월에 선정된 지식경제부의 '해상풍력 연계용 20MW급 전압형 HVDC 연계 기술개발' 국책과제를 수행해 2016년까지 HVDC 기술의 국산화 개발을 완료하게 되었다. HVDC 기술의 국산화 효과는 2020년까지 1조 원 규모로 예상되었다. HVDC 세계 시장 규모는 총 70억 원 규모로 전망되었으며 효성중공업의 성장 잠재력은 현재에도 이 부문에서 기대를 키우고 있다.

25

조석래(趙錫來) 회장 시대 전개

(독자들이여, 이 책은 앞으로 2세 경영인 조석래 회장과 3세 경영인 조현준 회장 시대의 역사를 기록하게 된다.)

민간 경제 외교관이자 경제 수장

조석래 회장은 경영 일선에서 효성을 이끌며 민간 경제 외교관으로도 활발한 활동을 펼쳤다. 조 회장은 영어와 일어 등 유학 시절에 다진 유창한 외국어 실력을 구사하며 국제 관계 전문가로서 세계를 무대로 한국경제의 위상을 높이는 데 이바지했다. 마침 한국은 '세계화(Globalization)' 물결이 거세게 일고 있는 때였다. 이는 국가 경제에 이바지하려면 기업 경영에 머무르기보다 국제 경제 외교에서 민간의 역할이 점점 중요하게 요구되고 있는 시대의 사명에 적극적으로 부응해야 한다는 소신에서 비롯되었다.

1998년 5월 남미 칠레 산티아고(Santiago)의 '제31차 태평양 경제 협의회(PBEC) 연차총회에서는 조석래 회장이 PBEC의 최고의사 결정 기구인 전략위원회의 위원장으로 선임되었다. PBEC 한국 위원장과 겸임이었다. 다음 해 5월에는 '제32차 PBEC 연차 총회가 홍콩에서 열렸다. 조석래 회장은 그에 앞서 개최된 PBEC 이사회에서 국제 부회장으로 선임되었다. PBEC 내에서 한국의 위상을 크게 높이는 계기였을 뿐만 아니라 조석래 회장에게는 우리나라 민간 경제 외교의 더 큰 역할이 주어졌다. PBEC 국제 부회장 선임 이후 조석래 회장은 그해 9월 뉴질랜드에서 열린 아·태 경제협의회(APEC) 최고 경영자 회의에 한국 대표로 참석해 기조연설을 했다. 다음 해 3월에는 하와이에서 개최된 '제33차 APEC 연차 총회'에서 수석 국제 부회장에 선임되어 차기 회장을 예약했다.

이 같은 경제 지도자로서의 활동으로 조 회장은 2000년 11월 미국 일리노이 공과대학(IIT, Illinois Institute of Technology)의 우수 동문상과 국제 지도자상을 동시 수상하는 영예를 안았다. IIT 우수 동문상은 인재 육성과 교육에 공헌이 많은 인물에 수여하고 국제 지도자상은 IIT 동문 중 각 분야에 두각을 나타내는 세계적인 지도자에 수여하는 상이었다. 2001년 동경 총회에서는 전체 회의 연설을 통해 '아시아 경제 통합체' 결성을 제안하기도 했다. '아시아 경제의 활력 회복'이라는 주제의 연설로 아시아 통합 경제 규모가 EU나 NAFTA와 같은 수준인 세계 경제의 30%에 달하는 만큼 아시아 국가들 간의 교역을 늘려 지역 시장을 키워나가는 동시에 이시아 국가들의 FTA(자유무역협정)가 절대 필요하다는 취지였다.

조석래 회장은 한·미 재계 회의 한국 위원장 역할도 수행해나갔다. 2002년 1월 하와이의 마우이섬에서 열린 제15차 한·미 재계 회의 총회를 주최하면서 양국의 통상 확대를 위해 FTA 체결이 필요하다는 공감대 형성에 힘썼다. 재계 대표가 국가 경제에 도움이 되는 실리를 추구하는 민간 외교의 모범사례라 할 수 있다. 2003년 5

월에는 노무현 대통령 방미시 경제사절단의 일원으로 함께해 한·미 간의 경제와 안보협력을 다졌다. 그해 9월에는 워싱턴에서 '제16차 한·미 재계 회의를 주재하기 위해 다시 방미했다. 전달에는 '제36차 PBEC 연차총회를 서울에서 주재하는 등 바쁜 일정을 보냈다. 2004년 역시 5월에 청와대에서 열린 '경제 활력 회복을 위한 대기업 대표와의 대화'에 참석하는 등 국가 경제의 대표기업 역할을 충실히 수행했다. 7월에 서울에서 개최된 '제17차 한·미 재계 회의'에서는 조속한 한·미 투자협정(BIT) 체결 등의 논의를 주도하는 역할을 했다. 이해까지 PBEC 회장을 역임하며 한국 재계의 세계적 위상을 높이는데 노력했다.

한국 경제 성장을 이끈 국제 경제통

조석래 회장은 외국 인사들과 격의없이 대화할 수 있음은 물론 경제 전반에 대해서도 해박했다. 아울러 전문성과 탁월한 전문경영인의 역량까지 갖춘 최고 경영자로서 국내 재계의 대표적인 국제 경제통으로 꼽히기에 손색이 없었다.

조석래 회장은 2005년 2월 17일에 한·일 경제인 협회장에 취임했다. 한·미 재계 회의 한국위원장과 한·중(中國) 경제 협회 부회장에 더해 새로운 중책을 맡아 아시아·태평양 지역의 민간 외교관으로서 더 큰 활약이 기대되었다. 조석래 회장은 일본 와세다 대학으로부터 명예 공학박사 학위도 받았다. 효성 그룹의 신기술 개발을 선도하여 국가 경제 발전에 기여하고 한·일 경제 협력을 강화하면서 아시아·태평양 지역의 공동 번영에 이바지한 업적을 평가한 학위였다.

조석래 회장은 2007년 3월 20일 한국경제 수장의 자리에 올랐다. 제31대 전경련(全經聯, 全國經濟人聯合會) 회장에 취임했다. 대외적으로 대기업들의 입장을 대변하고 정부와 시민단체, 노동계층과 협력해 국가 경제 활성화에 앞장서야 하는 역할을 맡게 된 것이다. 조 회장은 취임사를 통해 "기업 하기 좋은 환경 조성에 노력할 것이며 우리 경제의 글로벌(Global)"화를 위해 룰(Rule)과 제도를 국제화해야 한다고 강조했다. 임기 2년을 마친 2009년 2월에는 전경련 제48회 정기총회에서 전경련 회장으로 재선임되었다. 조 회장은 경제계 구심점 역할을 하면서 국가 경제 위기를 극복하겠다는 의지를 밝혔다. IMF 사태 이후 당시 국가 경제는 위기상황 속에 있었다. 조석래 회장은 한·일 경제 협회 회장 재임시 한·일 FTA 체결 추진 등 한·일 재계의 현안 해결에 앞장섰다.

같은 해 5월에는 이명박(李明博) 대통령 수행 경제사절단으로서 중앙아시아 카자흐스탄의 자원개발 인프라 시장 개척에 나섰다. 2009년 6월의 '세계경제포럼(WEF)'에는 공동의장으로 참석했다. 서울에서 열린 이 포럼에서는 원고 없이 20여분 동안 영어로 각국 참가자들에게 한국 경제의 실상을 알려 적극적인 호응을 이끌어냈다. 이는 우리 경제계에서 유명한 기록으로 남았다.

대(代)를 이은 헌신(獻身, Devotion)

2010년에도 전국경제인연합회를 이끌며 재계를 대표해 민간 경제 외교 선두에 섰다. 2010년 5월 제주도에서 개최된 한·중·일 비즈니스 서밋(Summit)에서는 한국 대표로 참석해 3국의 경제 협력 방안을 논의했다. 이 서밋은 한·중·일 정상 회담에 맞춰 열렸는데 3

국 간 FTA 체결과 투자 환경개선, 환경에너지와 표준화 협력 인적 교류 및 관광 활성화 방안 등을 주제로 다뤘다. 조석래 회장은 국내적으로는 고용 창출에 많은 관심을 기울였다. 2013년 1월에는 전경련 내에 '300만 고용 창출 위원회'를 출범시켜 그의 관심을 구체적으로 실행에 옮겼다. 두 달에 한 번씩 열리는 위원회에서 선정된 안건은 대통령 주재 국가고용전략회의 등에 제안해 정책화(政策化) 하는데 주력했다. 조석래 회장은 직접 위원장을 맡고 20대 그룹 최고경영자급 위원 21명과 자문위원 14명을 구성하여 위원회 활동을 활성화했다. 2013년 미국 시카고 일리노이 공과대학은 효성그룹을 글로벌 기업으로 성장시키고 전경련 회장을 비롯해 태평양 경제협의회(PBEC) 회장, 한·미 재계 회의 위원장, 한·일 경제협회장을 역임하면서 국제 우호 증진과 경제 협력에 적극 노력해 온 업적을 높이 평가해 명예 공학박사 학위를 수여했다. 그 이전인 2009년 4월에는 오랜 기간 한·일 양국의 경제 협력 관계 증진에 이바지 해온 공로로 일본 정부가 민간인에게 수여하는 최고 훈장인 욱일대수장(旭日大綬章)을 받았다.

조석래 회장이 9년간 회장을 역임했던 한일경제인 협회의 부회장직은 조현준(趙顯俊, 현 효성그룹 회장) 사장이 2015년 3월부터 맡게 되었다.

조현준 사장은 미국과 일본, 중국 등 정계·재계 관련 기업들의 2·3세들과 폭넓은 인적 네트워크(Human Network)를 쌓아 왔다. 조 사장은 정치, 문화, 사회 전반에 대한 이해가 깊으며 영어를 비롯 일본어, 이탈리아어에도 능통한 까닭에 재계에서는 전경련 회장을 지낸 부친 조석래 회장만큼이나 글로벌 감각과 경험, 인맥을 갖춘 인물로 손꼽혔다. 한일경제인협회 부회장으로 활동하게 된 것도 재

계의 긍정적인 평가에 바탕을 둔 것이었다. 2015년 한·일 수교 50
주년을 기념한 제47회 한·일 경제인 회의 개최 시 조현준 사장은 양
국 정·재계 인사 500여 명 앞에서 '미래세대가 본 한·일 미래상과 협
력 방안'이라는 주제로 강연했다.

효성 웨이(Hyosung Way) 탄생

2007년과 2008년 사이의 글로벌 금융위기는 국민적 두려움을
일깨우기에 충분했다. 10년 전 IMF 사태 때의 상흔이 그대로 남아
있기 때문이었다. 실제로 우리나라도 글로벌 금융위기로 신용경색
과 자금난을 겪게 되었다. 그런 가운데 정부의 발 빠른 대처는 국가
신용등급을 상승시키는 긍정적 기회를 만들었다. IMF 이후 10년간
한국의 신용등급은 몇 단계나 상승했다. '효성'도 글로벌 금융 위기
라는 경제 한파를 이겨내며 우려와는 달리 경영 실적 면에서 선방했
다는 평가를 받았다.

그룹 차원의 전체 매출 규모는 2008년 처음으로 10조 원을 넘어
섰다. 2009년에도 성장세는 지속되었다. 하지만 글로벌 무한 경쟁
은 한 치 앞을 가늠할 수 없을 만큼 치열해지고 있었다. 효성도 급변
하는 환경 속에서 살아 남으려면 변화와 혁신을 멈출 수 없었다. 최
대의 효율을 위해서는 조직 구성원 모두의 생각과 목표는 물론 일하
는 방식까지 하나여야 할 필요가 있었다.

효성으로서는 외부 여건에 좌우되지 않고 영속하기 위한 새로운
기업문화를 뿌리내릴 때이기도 했다. 전 세계 '효성'인들을 하나로
묶을 수 있는 실천하는 이념체계가 요구되는 시점이었다. 글로벌 초
일류 기업으로 나아가려면 단편적인 혁신 구호나 품질 캠페인에 그

쳐서는 안 되었다. 모든 구성원이 근본적으로 글로벌 초일류 수준의 생각과 행동을 할 수 있도록 변화시켜야 했다. 효성은 이 같은 인식 아래 2009년을 '글로벌 기업문화 혁신의 원년'으로 삼았다.

'효성 웨이(Hyosung Way)'의 제정을 통해서였다. 세계적으로 기업 웨이 원조는 'HP(Hewlett-Packard, 미 실리콘밸리 컴퓨터 제조사) Way'를 만든 것이었다. 신뢰 경영으로 통하는 HP Way는 자유로운 의사결정을 가능하게 만드는 목표 중심의 경영 철학이 핵심이다. 일본의 토요타 자동차의 '토요타 웨이(Toyota Way)'도 유명하다. 토요타는 2001년에 글로벌 차원의 가치관 체계인 '토요타 웨이 2001'을 선포했다. 국내에서는 LG 웨이 선언이 가장 빠르다. 효성보다 4년이 빠르다.

효성은 그동안 글로벌 기업의 위상이 두드러져 다양한 언어와 문화적 배경을 지닌 여러 국적의 임직원이 근무하고 있었다. 개척해야 할 해외시장도 저마다 특성을 가졌다. 따라서 경영 활동은 더욱 복잡한 상황에 대응해야 했다. 이런 상황에서 동일 된 생각과 행동의 기준을 마련하는 것은 더 절실한 것이었다. 효성 웨이 정립을 위한 본격적인 작업은 2007년부터 시작되었다. 인재개발팀을 중심으로 프로젝트팀이 구성되었다. 초기에는 '휴잇 어소시에이트'의 컨설팅을 받아 추진했으며 마무리 단계에서는 한양대학교 교육공학과 유영만 교수의 도움을 받았다.

프로젝트팀은 우선 기존자료 연구에 집중했다. 그중에서 무엇이 효성의 성공 유전자였는지를 찾았다. 역사와 경영철학, 어록, 사건, 방침 등을 통해 성공으로 이끈 요소들을 도출했다. 이 과정에서 27개의 핵심가치 후보를 발굴하여 임직원 1차 설문조사를 거쳐 '최고추구, 변화, 혁신, 책임감, 정직, 상생추구, 사회적 책임'의 6개로 압축했다. 이 사항은 경영층 보고 후 다시 임직원 2차 설문조사를 통해 핵심가치를 '최고, 혁신, 책임, 신뢰'로 확정해 경영회의에서 의결했다. 경영회의에서는 영어 표현도 검토되었다. '최고'는 Global Excellence, '혁신'은 Innovation, '책임'은 Accountability, '신뢰'는 Integrity로 확정했다. 행동 원칙의 정리도 마무리되었다.

- ● 이해하기 쉽고 명료한가?
- ● 효성의 역사, 문화, 가치에 비추어 적절하며 효성의 현재 및 미래와 일관성이 있는가?
- ● 직원들에게 책임감을 불어넣어 주는가?
- ● 현재에 기인하고 있음과 동시에 원하는 미래로 이끌 수 있는가?
- ● 효성을 다른 기업들과 구분해 줄 수 있는가?
- ● 계속적으로 도전해야 하는 궁극적인 목표여서 장기적으로 조직을 이끌고 영감을 줄 수 있는가?

이렇게 해서 '최고의 기술, 경영역량(Operation Excellence)과 글로벌 인류의 보다 나은 생활 선도'라는 키워드가 나왔다. 효성은 드디어 2009년 7월 29일 글로벌 초일류 기업도약을 위한 가치 체계로서 '효성 웨이'를 선포하기에 이르렀다.

공덕동 본사 강당에서 임직원 300여 명이 참석한 가운데 선포식이 열렸다. 이날 이상운 부회장은 "앞으로 모든 일에서 미션을 추구하고 핵심가치를 실천해주기 바란다."라며 "최근 글로벌 경제 위기로 세계 산업 분야의 질서가 재편되는 시기에 글로벌 일류 기업으로 도약하는 계기로 삼자"고 당부했다."

효성 100년을 만들어 갈 원동력인 '효성 웨이'에는 창업 정신과 경영이념뿐 아니라 효성인들이 추구해 온 성공 법칙이 담겼다. 이는 과거와 미래를 이어주는 가치였다. 효성 웨이 선포식으로 '효성이 세계 최고의 기업으로 설 수 있다'라는 공감대가 만들어졌다. 고객과 사회로부터 사랑과 신뢰를 받는 영속기업이 되려는 노력을 본격화하게 되었다.

26

섬유의 반도체 스판덱스(Spandex)와 타이어코드 세계 NO.1으로

크레오라(Creora)는 효성그룹의 스판덱스 브랜드다.

효성의 섬유 부문은 세계 시장 점유율 1위를 굳힌 스판덱스를 앞세워 2010년대 이후 수익을 확대해왔다. 2013년 이후 효성의 영업 이익률이 급증한 것은 섬유 산업부문의 수익성이 두드러지게 좋아졌기 때문이었다. 섬유 사업 부문 매출은 전체의 20%도 되지 않았지만 영업 이익의 비중은 거의 절반에 가까웠다. 섬유 사업에서의 높은 성장은 역시 다양한 고기능성 스판덱스 섬유개발과 상용화가 주도했다고 볼 수 있다.

효성의 스판덱스 세계 시장 점유율이 1위로 올라선 때는 2010년이었다. 타이어코드에 이어 세계 정상에 오른 두 번째 제품이 되었다. 시장진입이 늦은 후발 주자인데도 크레오라가 세계인에게 첫선을 보인 지 8년 만에 1등 브랜드로 도약한 것은 기적 같은 일이었다. 그 원동력은 조석래 회장의 지휘 아래 조현준 사장(현 회장)이 과감하게 추진한 글로벌 스판덱스 생산기지(基地) 확대였다. 조현준 사장이 섬유PG장을 맡은 2007년 이후 베트남에 세계 최대 공급능력을 갖춘 생산시설을 갖추어 아시아 시장 공략을 위한 거점 기지를 만들었다. 2008년에는 유럽 시장을 겨냥해 튀르키예(구 터키)에 진출했다. 조현준 사장은 "사양 산업인 섬유 산업에 왜 투자하느냐"는 비난 속에서도 스판덱스가 수익 창출(Cash Cow)이 될 때가 올 것이라는 믿음을 거두지 않았다. 조 사장은 미래 소비 트렌드를 예측한 투자를 지속해 스판덱스 글로벌 1등에 기여했다. 이와 관련한 임원의 증언은 그의 경영자적 안목이 남다름을 밝혀준다.

"화섬 산업은 장치 산업이라 투자 규모도 크고 기술력도 갖추어야 한다. 더구나 중국(中國)산 저가 제품 공세에 고전한 터라 이익 창출이 불분명한 스판덱스 투자를 부정적으로 보는 이가 많았다. 어느 날 임원과 전문가들로부터 이런 의견을 듣던 조현준 사장이 갑자기 TV를 켰다. 운동기구를 판매하는 홈쇼핑 TV였다. 웰빙, 운동, 건강 등에 관심을 갖는 사람이 늘어나면서 스판덱스 수요는 분명히 증가할 것이다. 청계산 등산객들도 이제 스판덱스 등산복을 입고 다니더라. 꽉 달라붙는 스판덱스를 한번 입어보면 헐렁한 옷은 절대 못 입는다."

조현준 사장은 끊임없는 기술개발을 이끌며 글로벌 마케팅 기법을 더하여 섬유 사업 부문을 효성 전체 영업 이익의 40% 이상 차지할 만큼 가파르게 성장시켰다. 그는 고객 중심의 마케팅 활동을 통한 브랜드 가치를 강조했다. 이에 '효성'은 고객사와 함께 개발한 원단을 세계 유명브랜드 및 유통업계에 소개하는 크레오라 라이브러리, 크레오라 워크숍 등 고객 중심의 마케팅 활동을 펼쳤다.

크레오라가 단시간에 세계 최고의 브랜드로 성장한 것은 이같은 노력 덕분이었다. 크레오라 워크숍은 2010년부터 중국, 홍콩, 베트남, 브라질, 동유럽 등에서 주요고객들을 대상으로 열기 시작해 글로벌 마케팅 수준을 한 차원 높였다. 최신 패션 트렌드와 크레오라 제품을 소개하는 맞춤형 상담인데 신규 고객 확보는 물론 일관된 마케팅과 커뮤니케이션 전략을 구축하는 기회로 활용되었다.

조현준 사장과 듀폰가(家) 자제와의 인연

스판덱스의 약진은 조현준 사장의 글로벌 감각과 해외 인적 네트워크의 힘입은 바도 컸다. 스판덱스를 최초로 개발한 미국 듀폰(Dupont)사는 효성이 시장 점유율을 높이자 한때 적대적으로 대했다. 그러던 듀폰사의 태도가 어느 날 확 바뀌었다. 과거 세인트 폴(Saint paul) 고교 재학시절 같은 반이었던 듀폰가(家) 자제와의 인연 덕분이었다. 세인트 폴 고교는 전미 고교 중에서 7위 안에 드는 성공회 계의 명문 기숙학교다. 이 인연으로 듀폰의 대표 변호사를 거치는 복잡한 절차를 밟지 않고 바로 듀폰 회장과 사업 이야기를 나눈 일화는 유명하다.

조현준 사장은 "미국 세인트 폴 고교 시절 기숙사 생활을 함께한 친구가 듀폰가 자제인데 평소 조 사장과 효성에 대해서 좋게 말씀드렸다고 했다. 나중에 들어보니 듀폰가가 나서서 듀폰 CEO에게 "효성과 협력하라"라고 당부했다고 하더라. 이후 듀폰가와 툭 터놓고 이야기했고 스판덱스 사업에 효성의 의지가 강한 걸 알고는 스판덱스 부문을 팔아버렸다."라고 회고했다.

2011년 12월 지식경제부의 세계 일류상품에 선정된 크레오라는 2012년에 론칭 20주년을 맞았다. 그 기념으로 프랑스 파리에서 7월 7일부터 9일까지 3일간 열린 세계 최대 란제리 및 수영복 전시회 '파리 모드 시티 (Paris Mode City) 인터필리에르(Interfiliere

Show)'에서 자축행사를 열었다. 효성은 이 행사에서 유럽, 미국, 미주, 중국 등에 있는 대표 고객사를 초청해 기능성 스판덱스 원사인 '크레오라 에코 소프트(Creora Eco-soft)'와 '크레오라 하이클로(Creora Highclo)'를 선보였다. 2013년에는 동유럽과 인도네시아 스판덱스 시장의 적극적인 공략을 위해 '폴란드 고객세미나' '인도네시아 덱스 전시회' 등을 주도했다. 효성의 스판덱스는 2013년 12월 국내 업체 최초로 ISO/TS 29001 인증을 획득하여 경쟁력이 한층 더해졌다. ISO/TS 29001-2010 인증은 API를 포함한 국제 석유·가스 업계가 참여해 만든 석유·화학과 천연가스 산업 분야의 특정 요구사항을 구체적으로 반영한 품질 경영시스템이다.

2014년 1월에는 크레오라 브랜드를 리뉴얼하여 스판덱스 제품에 기능적 차별성을 부여한 프리미엄 서브 브랜드를 새롭게 내놓았다. 영문과 번화로 조합되어 있는 기존 제품명으로는 기능성과 차별점을 드러내는 데 한계가 있다는 판단에서였다. '효성'은 국내외 전시회에 적극 참가해 서브 브랜드의 우수성을 널리 알리는 글로벌 마케팅을 펼쳤다. 크레오라는 이처럼 내열성 스판덱스, 내염소성 스판덱스, 형광 스판덱스 등 기능성 제품으로 차별화를 이루며 패션의 중심지인 미주와 유럽에서 판매 신장을 거듭해왔다.

효성의 스판덱스 제품 매출액은 2011년 1조 9,060억 원에 영업 이익 1,062억 원 규모였다. 2015년에는 상반기 실적만으로도 매출액 1조 647억 원에 영업 이익 2,189억 원에 달하는 급신장세를 보였다. 2015년의 세계 시장 점유율은 30%로 확고한 1위 브랜드의 자리를 굳혔다. 크레오라는 전 세계 불황 속에서도 연 7~10%의 성장을 지속해왔다. 전 세계인 10명 중 3명 이상은 크레오라로 만든 제품을 사용하고 있었다. 고객의 요구에 부합하는 신제품을 개발하고 다이아퍼(기저귀)와 같은 성장 가능성이 높은 시장을 발굴하여 글로벌 마케팅을 강화한 것이 주효했다.

생산기지 아시아를 넘어 전 세계로

효성의 스판덱스 생산기지는 아시아를 넘어 세계 전 지역으로 확장되었다. 베트남 법인 스판덱스 공장은 2014년 하반기에 6,000만 달러를 투입해 연산 1만 톤 규모를 증설하는 공사를 끝마쳤다. 이로써 베트남 공장의 스판덱스 총생산 규모는 연산 5만 톤에 달하게 되었다. 효성의 중국과 튀르키예 법인의 스판덱스 공장은 연산 1만 5,000톤 규모로 증설되었다. 유럽과 중동, 북아프리카의 중심지에 위치한 이 튀르키에 공장은 지정학적 요충지의 장점을 충분히 활용해 유럽 시장 공략의 핵심적 역할을 수행하게 되었다.

효성의 스판덱스 사업은 2011년 하반기에 중남미로도 진출했다. 브라질 스판덱스 시장의 성장 가능성을 내다보았기 때문이었다. 총 1억 달러 규모의 투자를 단행해 브라질 남부 산타카타리나(Santa Catarina, 서핑과 파티로 유명) 주에 연산 1만 톤 규모의 공장을 완공했다. 2011년 9월부터 9,000톤 규모로 가동에 들어가 점차 생산량 확대에 나섰다. 효성의 7번째 스판덱스 공장이었다. 산타카타리나 공장의 건립으로 효성은 1999년부터 추진해 온 아시아(한국, 베트남, 중국) 유럽(튀르키예) 미주(브라질) 지역을 아우르는 글로벌 스판덱스 생산 네트워크를 완료했다. 브라질에서는 생산 체제 구축 2년 만에 내수 점유율이 50%에 다다랐고 그중 남미 시장에서의 판매 증대 효과도 크게 높아졌다. 특히 브라질 월드컵(World Cup)을 전후하여 중남미에서 스포츠 의류 수요가 급증했다. 스판덱스 시장 점유율 확대에 도움이 된 것은 물론이었다. 브라질 섬유 산업 규모는 세계 5위, 의류 생산 규모는 세계 4위인 데다가 중산층이 빠르게 늘면서 내수시장도 커졌다. 이에 따라 브라질 현지의 스판덱스 생산 확대 방안이 검토되어 2014년 증설이 추진되었다. 튀르키예 공장의 경우 아프리카 등지에 수출되고 있다. 중국에서는 2015년 상반기에 광동성(廣東省) 스판덱스 공장의 연산 1만 톤 규모로 증설을 마무리 지었다. 이렇게 해서 효성은 2015년 말까지 연산 총 19만 톤 규모의 스판덱스 생산능력을 확보했다. 효성은 우수한 제품을 안정적으로 공급할 수 있는 기반이 확고히 마련되어 글로벌 시장 점유율은 더욱 탄력을 받게 되었다.

세계 시장 점유율 45%의 타이어코드(Tire Code)

효성의 산업 자재 부문은 타이어 산업과 타이어 보강제의 경쟁과열에도 불구하고 기술력 우위가 큰 힘이 되었다. 효성은 이를 토대로 기존 고객의 물량을 확대하며 판매를 늘려 시장 점유율을 꾸준히 키워나갔다. 타이어 보강제 사업은 중국과 베트남으로의 선제적 생산기지 진출에 힘입어 크게 성장했다. 수출에 유리하고 시장 성장 가능성이 높은 지역으로의 진출과 빠른 안정화로 타이어 보강제 사업은 글로벌 NO.1 지위를 공고히 할 수 있었다. 효성의 타이어코드는 글로벌 타이어 메이커 고객사들에게 안정적인 공급을 유지했다. 효성은 글로벌 자동차 시장이 침체에 빠져 있던 2000년대 말, 타이어 산업의 전반적인 감산에도 불구하고 고객사의 공급망 최적화와 공급확대의 상생(相生) 사례로 꼽히는 2002년과 2005년 미쉐린(Michelin)사, 2006년, 2011년 굿이어(Goodyear)사와의 장기 공급계약 및 글로벌 타이어코드 공장 인수를 통해 생산과 판매 수준을 지속적으로 확대했다. 중국 청도시(靑島市) 스틸 코드 공장은 기술 개선을 이루며 생산성과 품질 면에서 큰 향상을 보여 글로벌 역량을 강화했다. 또한, 타이어코드 시장의 급격한 변화에 신속하게 대응, 차세대 신소재 타이어코드의 개발에 전력을 쏟았다.

친환경 신소재 타이어코드 라이오셀(Lyocell), 고성능 자동차용 PEN(Polyethlene Naphtha) 아라미드(Aramid) 타이어코드 등이 이때 탄생 되었다. '효성'은 2011년 3월에 프랑스 미쉐린 본사에서 양해각서(MOU)를 체결했다. 2006년 맺은 10년 장기 공급계약의 당초 규정에 따라 5년 후 양사의 수정 계획을 담은 MOU였다. 6월 에는 미국 오하이오주 애크런(Akron)의 굿이어 본사에서 총 18억 달러 규모의 스틸 코드 장기 공급계약을 맺었다. 단일 공급계약으로 는 스틸 코드업계 최대 기록을 넘는 것이었다.

아울러 효성은 미주와 유럽에 있는 굿이어 사의 스틸 코드 공장 두 곳을 인수했다. 굿이어(Goodyear) 사와의 대규모 스틸 코드 장 기 공급계약이 가능했던 것은 2006년 섬유 타이어코드 부문의 성공 적인 운영 덕분이었다. 굿이어 사가 효성을 우선적인 딜(Deal) 파트 너로 초대한 이유는 높은 기술력과 운영 노하우를 직접 확인했기 때 문이다. 특히 2006년 당시 굿이어사의 CFO로 조현상 부사장과 협 업했던 리차드 크레이머(Richard T. Kramer)가 굿이어의 CEO로 취임한 것 역시 순조로운 계약체결에 큰 몫을 했다. 그때 서로 대립 하기보다는 정직과 논리를 바탕으로 서로 Win-Win 할 수 있는 딜 을 제안하고 상호보완적인 관계를 맺은 것이다. 이 계약에 따라 효 성의 스틸 코드는 단숨에 세계 시장 점유율을 7.5%에서 10% 이상 으로 끌어 올리게 되었고 베트남의 스틸 코드 공장 성장의 디딤돌이 되었다. 효성은 세계 1위의 폴리에스터 타이어코드와 스틸 코드의 시너지 효과를 통해 세계 유일의 글로벌 종합 타이어 보강제 메이커로서의 위상이 더욱 확고해졌다.

고객을 위한 차별화 마케팅은 해외 전시회에서도 이어졌다. 세계 최대의 산업용 섬유 전시회 'Techtextile'에서 조현상 부사장은 고객사를 초청하는 'Hyosung Night'를 처음으로 제안했다. 이를 통해 고객에게 효성 제품의 우수성을 알리는 특별한 시간을 마련했으며 그 성과가 뛰어나 이후 사업부에서는 지속적으로 차별화된 마케팅을 실행하기 위해 노력하게 되었다.

PG의 첨단소재 업체로의 도약을 위해 조현상 부사장은 차별화 마케팅뿐만 아니라 고객이 인정하는 제품의 품질과 기술력을 보유하기 위해 R&D에 힘써야 한다고 강조했다. "R&D와 현장이야말로 고객에게 제공할 미래 가치를 창조하는 회사의 실질적인 Front Office(고객과 직접 대면)"라는 생각 아래 조 부사장은 프랑스에서 열린 글로벌 타이어 제조업체 미쉐린과의 성장 전략회의에도 직접 참여해 고객의 요구사항을 파악하는 등 회사의 사업 성장과 파트너십 강화를 위한 활동에 직접 나섰다. 효성의 폴리에스터 타이어코드는 우수한 품질을 바탕으로 한 전략적인 시장 확장책에 따라 2015년 현재 세계 시장 점유율 45%를 차지하는 독보적인 위치를 차지했다.

효성은 이외에도 에어 백(Air Bag)용 원단과 시트 벨트(Seat Belt)용 원사, 자동차용 카펫 등 자동차 소재 부문에서 탄탄한 사업 영역을 구축해 글로벌시장의 시너지 창출 기반을 닦았다.

현대차, GM을 고객사로

2010년대에는 나일론과 폴리에스터 원사로 차별화 제품의 판매가 늘고 원료 가격이 하락하면서 수익성 확보와 시장확대 기회가 넓어졌다. 2010년에는 섬유 PG의 나일론 폴리에스터 원사 PU는 고부가 가치 제품의 판매 비중을 높였다. 해외 유명브랜드에 안정적으로 판매할 수 있는 기반 마련을 위해 500억 원을 투입, 2011년 상반기까지 연산 3만 5,000톤 규모의 폴리에스터 원사공장을 구미 공장에 증설했다. 나일론 사업은 마이크로 파이버(Micro Fiber)와 세(細)데니어(Denier) 원사 비중이 꾸준히 증가했고 고강력 재봉사 등 신제품을 개발해 신규 시장을 개척해 나갔다.

그해 12월 반영구적 냉감 폴리에스터 원사 '아스킨(Askin)'이 지식경제부의 세계 일류상품에 추가로 선정되었다. 아스킨은 뛰어난 접촉 냉감, UV의 차단, 비침 방지 기능을 갖춰 호평을 받았다. 브랜드명 아스킨은 'as+skin'의 합성으로 신체의 피부와 같은 감성과 기능을 갖춘 제품이라는 의미다. 2008년 5월에 애플(Apple) 사와 클리너(Cleaner) 공급계약을 했던 직물 염색 PU는 첫해 매출이 26억 원에 불과했으나 아이폰뿐만 아니라 아이팟과 아이맥 등에도 동일 제품을 사용토록 유도해 공급을 확대했다. 이를 계기로 애플의 신뢰를 얻어 '효성'은 아이패드 케이스에 사용되는 직물 소재 공급업체에 선정되었다. 그 결과 2010년 아이패드용 케이스와 아이폰용 클리너를 합친 매출은 460억 원으로 늘어났다.

산업제재 부문에서는 타이어코드에 이어 카 매트와 시트 벨트용 원사를 글로벌 제품으로 육성하고자 했다. 이미 두 제품은 품질을 바탕으로 카 매트는 국내 1위, 시트 벨트용 원사는 글로벌 1위의 위치를 굳히고 있는 브랜드였기에 충분한 가능성이 있었다. 고객사인 현대 자동차로부터 카매트(자동차용 카펫)의 우수성을 인정받아 현대 자동차 미국 공장에 공급하는 기회를 획득했다. 2005년 북미 시장에 자동차용 카 매트를 처음 공급했고 2009년 2월에는 굿이어(Goodyear)사에서 인수한 타이어코드 공장을 기반으로 첫 해외 공장을 만들었다. 이후 GM 등 주요 자동차 업체에 공급하는 등 미국 진출에 성공했다. 국내 고객인 현대, 기아자동차의 미국 현지 공장 진출에 보조를 맞춘 신속한 결정이었으며 글로벌 자동차 업체를 신규 고객으로 확보해 사업 성장 가능성을 확고히 했다. 미국에서는 타이어코드 외에 자동차용 카펫 등 산업용 소재의 생산과 판매에 집중했다. 특히 자동차용 카펫을 생산하는 디케이터(Decatur) 공장은 성공적인 운영으로 미국 내 자동차 회사들로부터 큰 호응을 얻었다. 자동차용 카펫 부문은 "목표가 달성될 때까지 악착같이 디테일(Detail)하게 업무를 수행해야 한다."라는 조현상 부사장의 지침 아래 고객사의 니즈(Needs)를 만족시키고 경쟁력을 강화할 수 있는 제품을 고객사에 먼저 제안하는 공격적인 영업을 통해 해외에서도 사업을 크게 성장시킬 수 있었다.

2013년 GM 사는 자동차용 카펫 주문을 3배 이상 늘린 63만 개를 주문했다. 글로벌 경쟁사들과 비교해 2배 이상 가볍고 품질도 뛰어나 차내 정숙성을 향상시켜 준다는 평가였다. 이 제품은 일본 시장까지 진출하는 성과도 거뒀다. 또한 중국(中國) 자동차 시장의 성장세에 맞춰 2016년 청도(靑島)에 새로운 생산기지를 구축했다.

27

대한민국 경제 수장(首長) 조석래

조석래 회장은 2007년 3월 19일에 열린 전경련(全經聯) 임시총회에서 만장일치로 제31대 전경련 회장으로 공식 추대됐다. 한국이 IMF 외환 위기를 벗어나긴 했지만, 그 후유증이 완전히 가시지 않은 때였고 따라서 전경련의 역할이 기대되는 때였다.

조 회장의 전경련 회장 추대 움직임이 있자 그룹 내 임직원들은 "저희가 염려하는 것은 '대충'이라는 단어를 용납지 못하는 회장님의 업무 스타일입니다. 직접 발로 뛰며 전경련의 모든 부분을 뜯어 고치려고 하실텐데 그 과중한 업무를 어떻게 감당하신단 말입니까?"라고 말했다. 조석래 회장은 고민이 컸다.

강신호(동아제약 회장) 현 전경련 회상과 김승연 한화그룹 회장 등 재계인사들이 거듭해서 전경련 회장직을 맡아달라고 요청해왔다. 조석래 회장은 2007년 3월 20일 전경련 회장으로 공식 취임했다. 조석래 회장은 회장직을 맡은 이상 시간을 분 초 단위로 나누어 쓰는 한이 있더라도 제대로 일을 해야겠다고 생각했다. 이런 생각은 그의 타고난 본성이기도 했다.

그동안 제 역할을 다하지 못해 발언권이 약화되고 여러모로 실망을 많이 안긴 전경련이었다. 그래서인지 새로 취임한 조석래 회장을 향한 언론과 국민의 기대는 상상 이상이었다. 조석래 회장이 제일 먼저 시작한 일은 전경련에 '새바람 불어넣기'였다. 이전까지는 조직이 고압적인 데다가 업무 처리가 느슨하다는 비판을 받아온 전경련이었다. 조석래 회장은 '혁신'만이 전경련 내부 결속을 이루고 이를 통해 대외업무도 제대로 진행할 수 있다는 판단을 내렸다.

조 회장은 한편 직원 개개인의 경쟁력 제고를 위해 업무태도와 자세를 바꾸는 데 주력했다. 전경련이 국민의 지지를 얻기 위해서는 항상 긴장된 자세로 늘 공부하고 고민하는 조직이 되어야 한다고 생각했다. 조석래 회장은 전경련 간부 사원들로부터 전경련 발전 방향과 회원사에 대한 서비스 증진 방안에 대한 보고서를 제출받았다. 조 회장이 15명의 간부에게 지시한 사항이었다. 전경련의 자기반성과 앞으로 위상 회복을 위한 다양한 방안을 함께 고민해 봄으로써 내부 결속을 다지려는 의도였다.

조석래 회장은 이제 본격적으로 대외 활동에 나섰다. 전경련이 제 역할을 찾는 것은 뭐니 뭐니 해도 정부와 사회를 향해 제 목소리를 내는 데서부터 시작되어야 한다고 생각했다. 조석래 회장은 2007년 6월 26일 그동안 기업활동의 장애 요소로 작용한 6,000여 건에 이르는 정부의 각종 규제를 푸는 것이 최대 현안이라고 판단했다. 각종 규제를 풀기 위해 '규제개혁추진단'을 조직, 활동에 들어갔다. 글로벌 경쟁 시대가 도래한 만큼 미국을 비롯한 선진국과 비교해서 동등한 수준이 될 때까지 규제를 개혁해 나가야만 우리 기업과 나라 경제가 살아날 것이라는 견해는 지극히 옳은 견해였다.

2009년 9월 말 규제개혁추진단이 작성한 '규제개혁안'이 정부에 전달되었다. 역대 전경련 회장들은 항상 정부와 경제 현안을 두고 다투어 왔다. 조 회장의 규제개혁안의 상당수가 정부 정책으로 반영되었다. 조석래 회장의 활동에 힘이 실렸다.

조석래 회장은 2007년 7월 제주에서 열린 '전경련 제주 하계 포럼(Forum)'에서 정부의 비정규직 법안을 강력하게 비판하는 등 전경련 회장으로서 제 목소리를 냈다. 이듬해 3월에는 한국노총위원장과 만나 좋은 분위기 속에서 노사화합의 '노둣돌'을 놓았다. 노둣돌이란 말을 타고 내릴 때 발을 딛고 올라서기 위해 대문 앞에 놓았던 큰 돌을 말한다. 비유적으로는 어떤 일을 시작하거나 새로운 단계를 밟기 위한 발판이 되는 것을 말한다.

전경련에는 하나의 해묵은 숙원 사업이 있었다. 기존 전경련 회관을 헐고 새 건물을 짓는 것이었다. 그 사업을 추진하는 6명의 건설위원이 있었다. 그들은 건축 방향을 잡기 위해 활발한 의견을 주고받았다. 조석래 회장은 건설위원들의 모임에 빠지지 않고 참석했다. 한국 재계를 대표하는 회관인 만큼 건축 설계 또한 우리나라 업체가 맡아야 한다는 의견이 대두되었다.

조석래 회장은 "맞는 말이지만 우리 세대에서 끝나는 전경련 회관이 아니라는 사실에 주목해야 합니다. 100년 뒤에도 우리 후배들이 활동하며 웅지를 펼 터전이고 재산입니다. 오랫동안 길이 남을 건물이므로 우리 한국 업체뿐만 아니라 글로빌 입체에도 공모 기회를 주어야 합니다. 조석래 회장의 말은 신념에 차 있었다. 참석자들은 조 회장 주장에 이견을 달지 않았다. 세계적인 건축가인 아드리안 스미스(Adrian Smith)가 이끄는 '아드리안 스미스 & 고든 길' 건축 회사가 설계를 맡게 되었다. 아드리안 스미스는 현대 건축계에서 가장 유명하고 영향력있는 건축가다. 스미스는 주로 초고층 건물로 유명하다. 그의 대표작 중 하나는 두바이에 위치한 부르즈 할리파(Burj

Khalifa)이다. 큰 일 일수록 오히려 디테일로 승부해야 한다는 철학을 가진 조석래 회장은 건설 공사가 진행되는 내내 남들이 신경 쓰지 못하는 부분까지 체크하고 확인에 확인을 거듭했다. 그 덕분에 후세까지 길이 보존될 전경련 회관이 탄생하게 되었다.

"조석래 회장 덕분에 전경련의 숙원 사업인 회관 증축을 실현할 수 있었습니다. 새로운 회관을 활용하여 경제적으로 자립할 수 있는 계기를 마련했습니다." 전경련 임직원은 전경련 회장으로서는 드물게 실무형이었던 조석래 회장을 모시기에 쉽지 않았지만 대외적으로 전경련의 위상이 높아졌다고 입을 모았다.

일자리 창출에 전념한 조석래 회장

2008년 4월 28일 청와대에서 주요 경제인 20여 명이 참석한 가운데 민관 합동 회의가 열렸다. 노무현 대통령이 자리에 앉자 조석래 회장이 앞으로 걸어 나왔다. 불이 커지고 프리젠테이션 화면이 켜졌다. "안녕하십니까. 전경련 회장 조석래입니다." 고개 숙여 인사를 한 조 회장은 레이저 포인터를 들었다. 투자 활성화와 일자리 창출에 관한 프리젠테이션을 진행했다.

이 자리에 참석한 경제 인사들은 적잖이 놀랐다. 전경련 회장이 대통령 앞에서 직접 프리젠테이션을 한 것은 1961년 전경련 설립 이래 처음 있는 일이었다. 경제 활성화와 국민 일자리 창출에 대한 조석래 회장의 강력한 의지를 대변하는 일대 사건이었다. 조석래 회장은 기업들의 투자 활성화와 국민 일자리 창출 및 대기업과 중소기업 간의 상생 협력에 대한 문제 제기와 해결 방안을 구체적으로 설명했다. 당시 국제 경제는 매우 위태롭게 돌아가고 있었다. 미국에서 불거진 서브프라임 모기지론(Subprime Mortgage Loan) 사태가 세계 금융위기로까지 비화할 조짐을 보이고 있었다. 이러한 시기에 열린 회의였기에 조석래 회장이 발표한 내용은 대통령의 지대한 관심 속에서 비중있게 다루어졌다.

조석래 회장이 전경련 회장으로 재임하는 동안 가장 역점을 둔 부문은 '국민 일자리' 창출이었다. 2008년 말 우려했던 대로 글로벌 금융 위기가 발생했을 때도 조석래 회장은 우리 경제에 닥친 크나큰 위기를 국민 일자리 창출을 통해 극복해내려고 했다. 세계 유수의 기업들이 대대적인 인원 감축에 나섰던 그때 조석래 회장이 오히려 일자리 창출을 관철하고자 한 것은 IMF 위기 때의 쓰라린 경험 때문이었다. 당시 기업들은 대대적인 구조조정을 통해 희생 했지만 직장을 잃은 수많은 사람들이 저소득층으로 전락하여 사회적인 문제가 되었다. 실직한 사람은 돈이 없어서, 남은 사람들은 불안감 때문에 소비를 줄이니 기업도 어려워지고 일자리가 더욱 축소되는 악순환이 계속되었다.

조석래 회장은 이러한 경험을 알고 있었기 때문에 위기 상황일수록 사람을 지키고 일자리를 창출해야 미래가 있다고 판단했다. 글로벌 위기가 한창이던 2009년 세계는 거의 모든 산업 분야에서 구조조정 열풍에 휩싸였다. 씨티(CT) 그룹은 5만 명을 감축했고 GM과 구글은 각각 2만 300, 1만 명의 직원을 정리해고했다. 그러나 조석래 회장의 일자리 창출론에 따라 우리 기업들은 오히려 신규채용을 대폭 늘렸다. 그 결과는 놀라웠다. 우리나라는 2010년 OECD 국가 중 두 번째로 높은 6.5%의 경제성장률과 4.4%의 소비 증가율, 30대 그룹 종업원 9.5% 증가를 기록했다. 조석래 회장의 통찰력과 뚝심이 만들어 낸 기적이었다. 조석래 회장이 글로벌 위기 상황에서 나라 경제와 국민 일자리를 지키는데 일조할 수 있었던 데는 1997년의 쓰라린 경험도 경험이지만 1980년대 중반부터 세계 무대에서 활동하며 쌓은 글로벌 경제 감각에 힘입은 바가 크다. 금융위기가 세계를 휩쓸고 있지만 위기는 오래 지속되지 않고 또 위기 뒤에는 반드시 기회가 온다는 것을 알았기에 그처럼 과감한 전략을 구사할 수 있었다.

1982년 그룹 회장에 취임한 이후 조석래 회장은 한국을 대표하는 민간 경제 외교관으로서 한·미 재계 회의, 한·일 경제 회의, 한·덴마크 경제 협력 회의와 한·일 민간 경제 위원회, 한·일 포럼 등에서 우리나라 기업과 '효성' 나아가 한국의 위상 제고를 하려고 주도적으로 활동했다. 이러한 활동을 통해 축적한 글로벌 감각이 효성의 세계 경영을 이끄는 원동력이 되었다.

효성, 21세기 청사진

조석래 회장은 1999년 봄 일본의 세계적인 영향력이 있는 유력 경제지 닛케이신문(日本経済新聞)과의 인터뷰를 통해 21세기에 펼칠 그룹 경영의 청사진을 펼쳐 보였다.

닛케이: 효성은 IMF 이전부터 그룹 재도약을 위해 변혁 프로그램을 실시하여 1997년에는 그룹의 전 조직을 퍼포먼스(Performance, 현장성과 체험 중시)체제로 바꿨습니다.

조석래 회장: 작년부터 구조조정을 본격적으로 추진하고 있는데 이를 통해 글로벌 경쟁력이 있는 분야에 역량을 집중하여 세계 초일류 기업으로 발전시켜 나가려고 합니다. GE의 잭 웰치 회장이 "최고가 아니고 두 번째라면 그 일을 하지 말라"고 한 것처럼 경쟁력 있는

것은 더욱 강하게 키우고 경쟁력 없는 것은 과감하게 버리는 방향으로 구조조정을 추진하고 있습니다.

조석래 회장은 세계적인 경쟁력을 확보하고 있는 섬유, 중공업, 화학 및 정보통신 부문을 중점 육성하는 한편 효성의 글로벌 경영을 이끌어갈 인재들을 확보하기 위해 교육 부문을 대폭 강화해 나갔다. 법과 제도, 문화가 다른 외국에 생산시설을 건설하고 사업을 펼쳐가려면 글로벌 스탠다드(Global Standard)에 부합하는 인재 육성이 절실하게 요구되는 상황이었다. 비즈니스에 대한 이해력과 세계환경 변화에 폭넓은 관점을 소유한 인재, 회사의 자원을 효율적으로 개발하고 활용할 줄 아는 인재, 국제 사업의 관행과 개별문화 간의 차이, 다양한 언어에 대한 지식을 갖춘 인재가 필요했다. 조석래 회장은 이를 위해 글로벌한 인재를 육성, 관리해나가는 체계적인 시스템 개발에 나섰다.

대망의 2000년을 맞아 신년사를 통해 '효성'이 세계 무대로 나갈 것임을 다시 한 번 천명한 조석래 회장은 전략산업 부문 중 하나인 스판덱스 사업의 영업력 강화를 위한 컨설팅에 돌입했다. 협력사는 베인(Bain Company)이었다. 컨설팅 작업을 진행하면서 조석래 회장은 규모의 경제가 필요하다고 판단, 구미(龜尾, 경북 구미시) 공장을 건설했다. 이로써 효성은 세계 2대 스판덱스 메이커로 도약했다. 조석래 회장은 이때부터 스판덱스 경쟁력 확보 및 오래전부터 꿈꿔온 글로벌 진출을 현실화시키기 위해 생산기지의 해외 이전을 적극적으로 추진했다.

제일 먼저 주목한 국가는 중국(中國, China)이었다. 실상 조석래 회장이 중국을 눈여겨 본 것은 2년 전부터였다. 중국은 1990년대 후반부터 세계적인 불경기 속에서도 평균 8% 이상의 고도성장을 기록하고 있었다. 이러한 흐름을 계속 이어가려고 중국은 적극적인 문호개방, 관세율 인하, 외자 기업에 대한 규제 철폐 등을 통해 투자 환경을 획기적으로 개선해나갔다. IMF 위기 상황에서 남들보다 빠른 구조조정, 경영혁신, 4사 합병 등을 추진하면서 미래 성장 동력에 대한 고민이 깊었던 조석래 회장은 중국으로의 진출이 급선무라고 판단했다.

조석래 회장은 "해외 사업이 좋다고 해서 무작정 나가는 것은 위험천만한 일입니다. 효율적인 관리 체계가 이루어지지 않으면 나가지 않으니만 못하다는 이야기입니다."라고 했다. 조석래 회장은 1999년에 이미 중국진출을 염두에 두고 주요 간부를 중심으로 하는 'C 프로젝트'를 구성했다. C 프로젝트를 통해 현지화에 대한 준비를 차근차근히 해나갔고 중국의 문화와 풍습에 대한 이해도를 높여나갔다. 준비를 꾸준히 해왔기 때문에 현지 생산, 현지 판매를 목표로 한 중국진출은 조석래 회장의 결심이 서자 매우 신속하게 이루어졌다. 조석래 회장은 중국의 스판덱스 수요는 3만 톤 가량인데 반해 생산력이 1만 7,000톤에 불과하다는 점을 감안, 스판덱스를 중국진출의 첫 번째 사업 부문으로 선정했다.

효성은 2000년 6월 절강성 가흥시와 투자의향서를 체결하고 이듬해 11월 연산 3,600톤 규모의 스판덱스 공장을 준공했다. 중국 현지 법인에서 생산된 제품은 모두 중국 내수시장에서 판매되는 등 사업은 성공적으로 진행되었다. 중국 스판덱스 사업이 안정화 단계로 접어들던 2003년 말 무렵 조석래 회장은 뜻밖의 보고를 접하고 놀라움을 금치 못했다.

"중국 현지 법인에 문제가 생긴 것 같습니다. 우리 제품을 모방한 저가(低價) 스판덱스 제품이 중국 시장에 쏟아져 나오고 있습니다."

"우리 기술이 유출됐단 말입니까?"

"예, 기술 보안에 문제가 생겼다고 합니다. 기술을 빼돌린 회사가 대규모 증설을 하고 저가로 상품을 쏟아내는 바람에 시장이 많이 혼탁해졌습니다."

조석래 회장은 중국진출을 결심할 때 이런 상황이 일어날 수도 있다고 예상했었다. 그랬기에 임직원을 질타하거나 화를 내기보다는 차분하게 대응했다. 조석래 회장은 오래지 않아 대응 방안을 내놓았다. 대단히 공격적이고 파격적이었다. 이른바 '홍수(洪水, 큰 물)이론'이 그것이었다. 그렇다면 내가 직접 홍수를 일으켜야겠다. 조석래 회장은 가흥시와 주해시에 대대적인 시설투자를 감행했다.

생산 규모를 압도적으로 늘려서 남의 기술을 훔친 업체를 '홍수'로 쓸어버리고자 했다. 물론 꼭 그런 목적만은 아니었다. 중국 내 스판덱스 수요가 증가하리라는 예측하에 연산 규모를 1만 8,000톤으로 늘렸다. 이어서 2007년에는 연산 6,000톤 규모의 동국 무역 스판덱스 공장을 인수하는 데 성공하며 효성은 스판덱스 글로벌 시장 점유율 2위 자리에 등극했다. 조석래 회장의 글로벌 전략이 맞아 떨어져 이루어낸 성공이었다.

조석래 회장은 1997년에 미국에 진출해 두각을 나타내고 있는 타이어코드(Tire Code)도 중국에 생산기지를 구축할 필요가 있다고 판단했다. 세계적인 타이어 업체들이 진출해 있을 뿐 아니라 중국이 본격적으로 자동차 생산에 나서면서 수요가 급증할 것으로 예상되었기 때문이다. 2003년 가흥시에 타이어코드 공장을 완공하고 같은 해 9월 남경시에 스틸 코드 공장을 건설함으로써 '효성'은 글로벌 1위 자리에 올랐다. 비슷한 시기에 세계적인 경쟁력을 갖춘 중공업 부문 역시 진출했다. 해마다 10% 이상씩 상승하는 중국의 전력수요

상황에 주목, 2003년 9월 중국 하북성 보정시에 합자 법인을 설립하고 2006년 3월 '남통우방변압기 유한공사'를 인수하면서 중국 내에서의 중공업 부문 사업이 본격화되었다.

당시 우리나라 기업들이 중국 시장 진출에 실패해 고배를 마시는 경우가 허다했다. 그러나 효성은 현지화에 성공하면서 괄목할만한 성공을 했다. 조석래 회장의 탁월한 글로벌 감각에서 온 결과였다. 현재 효성은 미국, 유럽, 아시아 등의 지역별 글로벌 생산기지를 통해 세계 시장 점유율 1위의 타이어코드, 스판덱스를 비롯해 변압기, ATM 등 다양한 제품을 생산하며 세계를 무대로 뻗어 나가고 있다.

제 2 부

28

만우(晩愚) 조홍제 회장 일화(逸話)

(독자들이여, 우리는 이제부터 만우 조홍제 회장의 일화를 들여다 볼 것이다. 일화란 세상이나 세상 사람들에게 잘 알려지지 않은 홍미로운 이야기다. 조홍제 회장은 많은 일화를 가지고 있다. 일화 속에서 조홍제 회장의 원래부터 지니고 있는 그대로의 모습을 보게 된다면 저자는 기쁠 것이다. 저자는 '매일경제' 일선 기자 시절 조홍제 회장이 소공동 사무실에서 독자 경영을 시작할 때 인터뷰 취재 경험을 가지고 있다. 당시 매일경제 본사도 소공동에 있었다)

세상을 물같이 살아가라

1963년 여름, 폭우로 인해 한국타이어 공장에 물이 들이찼다. 만우(조홍제 회장 아호, 아호 '만우'의 뜻은 '뒤처지고 어리석더라도 자신의 길을 간다' 라는 뜻이다. 앞으로는 아호로 쓴다)는 수행 사원 차우영을 데리고 물난리가 난 공장을 둘러 보았다. 돌아오는 길 승용차가 막 한강대교를 건너갈 즈음이었다. 만우가 갑자기 자동차를 세웠다. 다리 난간에 내려서 바라다보니 불어난 강물 위로 쓰레기며 나뭇가지, 심지어는 가재도구며 돼지까지 둥둥 떠내려오고 있었다. 무슨 생각에 잠겨 만우는 그 광경을 한동안 망연히 지켜보고 있다가 불쑥 차우영에게 물었다.

"너는 누구를 존경하느냐?"

차우영은 그동안 읽었던 만화책이나 삼국지, 위인전 등 훌륭한 사람들을 많이 봤지만, 딱히 누구를 존경한다고 대답할 수가 없었다. 그런 것을 생각해 보지도 않았고 그 훌륭한 사람들이 살아있는 사람처럼 가슴에 닿아오지 않은 탓도 있을 것이다. 차우영이 대답을 못하자 만우가 말을 이었다.

"닮고 싶은 사람이 없으면 흐르는 물을 닮아라"

평소 그렇게 말이 없던 만우가 그날따라 감상적이었던 것이다. 평소 좀처럼 하지 않던 이야기를 차우영에게 들려주고 있었다. 만우는 이렇게 말했다.

"세상은 물같이 살아가라고"

"물(水)을 봐라. 바른길을 따라 흘러가는 물은 가느다란 물줄기가 모여 개울이 되고 개울이 모여 강이 된다. 그리고 마침내 큰 강물이 되어 세상 모든 것을 다 휩쓸 정도의 위력을 가지고 도도하게 흘러가 바다가 된다. 흐르는 개울물을 봐라. 개울은 흘러가다 넘어가지 못할 벽을 만나면 돌아서 가기도 한다. 아니면 그 앞에서 머물러 기다릴 줄도 안다. 물이 고여 넘치기만 하면 그깟 벽쯤 너끈하게 넘어가곤 한다. 물을 만져 봐라. 물이 무슨 힘이 있나? 그런데 물은 그렇게 흘러가고 돌아가고 고이면서 잠시도 쉬지 않고 변화하는 것이다. 변화하는 힘으로 큰 바다를 이루게 되고 사나운 파도가 되기도 하는 것이다. 물이 흐르지 못하고 옆으로 새어 멈추어 있게 되면 어떻게 되겠나? 변화하지 못하는 물은 죽은 물이다. 썩은 물이다. 그러니 흐르는 물처럼 살아라. 한군데 멈추지 말고 늘 길을 찾아 흘러가는 물이 되어라.

그러면 언젠가는 바다에 다다를 게다”

그때까지도 한강 물은 시뻘건 급류를 이루어 세찬 기세로 흘러가고 있었다. 차우영은 수십 년이 지난 오늘까지 그때 한강 다리 위에서 만우와 나란히 서서 바라보던 물살을 떠올리고 곁에서 나직이 들려오던 만우의 목소리를 떠올린다.

“우리는 과연 흐르고 있는 것일까?”

뇌물(賂物)은 없다

뇌물은 어떤 직위에 있는 사람을 이용하기 위해 건네는 부정한 돈이다. 1960년대 초반 만우가 ‘효성물산’으로 독자적인 사업을 시작한 직후의 일이다. 만우는 조선호텔(현 웨스턴 조선 서울, Westin Josun seoul) 맞은 편에 1,500평가량 되는 대지를 매입하고 이곳에 빌딩(사옥)을 짓기로 했다. 그러나 땅의 모양으로 보아 미처 확보하지 못한 귀퉁이 땅을 확보해야만 제대로 된 모양의 빌딩을 지을 수 있었다.

당시 그 귀퉁이 땅에는 동사무소(소공동)가 들어 있어 그 땅을 매입하려면 소유주인 서울시와의 협의가 필요했다. 조만제는 만우를 모시고 당시 서울시장을 찾아갔나.

“저희가 빌딩을 지어야 하는데 동사무소 땅이 필요합니다. 대신 다른 곳에 동사무소를 지어드리도록 하겠습니다. 다른 곳으로 이전해서 더 크고 좋은 동사무소 건물을 지으면 지역사회에도 도움이 되지 않겠습니까?”

일종의 교환 거래를 제안한 것이다. 서울시에서도 긍정적인 반응을 보였다. 쌍방 간에 이야기가 잘 끝났다. 그런데 어느 날 그 땅에

눈독을 들이고 있던 다른 업체에서 서울시에 로비(Lobby, 청탁)를 했다는 이야기가 들려왔다. 상대 업체가 서울시 관계자에게 로비하는 광경을 찍은 사진이 있다며 사진을 제공하겠다는 사람도 나타났다. 이것이 사실이라면 서울시 관계자는 만우에게 그 땅을 주겠다고 구두 약속을 하고 나서 다른 업체에서 로비를 받았다는 뜻이 된다. 조만제는 이것을 정치자금을 요구하는 제스처로 해석했다. 다른 업체에서 돈을 썼다더라 하는 정보를 흘려 효성이 그보다 많은 돈을 내겠다고 하게끔 유도하는 것으로 보았다. 조만제는 즉시 만우에게 달려갔다.

"서울시에서는 그 땅을 우리에게 주겠다고 확답했습니다. 그러니 명분은 우리에게 있습니다. 그 업체에서 로비한 돈만큼 우리가 주면 우리에게 땅을 못 준다고 할 이유가 없지 않습니까? 그러니 제게 돈을 주십시오. 담판을 짓고 오겠습니다."

만우는 그러나 고개를 저었다. 만우는 서울시로 돈 보따리를 싸보낸 대신 문제의 업체에 직원을 보냈다.

"가서 이렇게 전해라. 이런저런 이야기가 들려오는데 이것이 사실이라면 그렇게 하면 안된다."라고 말해라. 우리가 이미 사들이기로 한 땅을 로비를 해서 가로채는 것은 있을 수 없는 일 아니냐? 만일 사실이 아니라면 이런 이야기들이 돌고 있으니 유념하라고 해라.

그렇게 '곧이 곧대로' 행동하는 것이 만우에게 통하는 행동 양식이었다. 상대 업체는 만우의 전갈을 듣고도 이렇다 저렇다 입장표명 없이 구렁이 담 넘어가듯 넘어가 버렸다. 조만제는 만우를 또 찾아갔다.

"돈을 줘야 할 것 같습니다."

"…"

만우는 여전히 대답이 없었다.

"빌딩의 가치를 생각할 때 우리한테는 그 땅이 꼭 필요합니다. 돈을 마련해 주십시오."

"…"

그날 밤늦은 시간까지 조만제는 만우를 설득했다. 그러나 만우는 아랑곳하지 않았다. 그 뒤로도 만날 때마다 만우를 졸랐으나 대꾸조차 하지 않았다. 그리고 얼마 후 시장(市長) 측에서 연락이 왔다. 내용인즉 "다른 곳에 동사무소 땅을 내어주기로 한 것을 깜박하고 잊었다."라는 것이었다. 만우가 아무런 움직임이 없자 동사무소 땅 교환 얘기를 없던 일로 되돌려 버린 것이다.

만우는 조만제를 불러 한번 더 시장을 찾아가 보도록 했다. 다음 날 아침 조만제가 시장을 찾아갔다. 시장은 "조군, 내가 자네한테 거짓말을 했네. 나는 시장 자격이 없는 사람이야." 시장은 조만제가 할 말을 봉쇄해 버린 것이다. 사태는 분명했다. '동사무소 땅 매입은 물 건너 간 것'이었다. 회사로 돌아온 조만제는 만우에게 사실을 그대로 전했다. 만우는 한동안 말이 없더니 한참 뒤에야 입을 열었다.

"안 되겠느냐?"

"불가능합니다."

"그럼 할 수 없시!"

그것으로 끝이었다.

장관에게도 따진 부당한 과세

1963년 겨울 만우가 담석증의 지병으로 두 차례나 수술을 받고 건강을 위해 요양하고 있던 때였다. 그런데 이 무렵 만우를 자리에서 떨치고 일어나게 한 일이 있었다. 한 장의 소득세 납부 고지서였다. 당시 만우는 상업은행을 비롯한 여러 시중은행의 주식을 소유하고 있었는데 간간이 그 주식을 담보로 융자를 받았다. 효성물산 대표인 만우가 사업자금이 필요한 효성물산에 주식을 빌려주고 회사에서는 그 주식을 담보로 사업자금을 융자받아 사용했다. 그런데 국세청에서는 "조홍제가 담보를 제공하고 효성물산에서 융자를 받았으니 주주와 회사가 다르다. 조홍제는 대주주로서 자신의 주식을 담보를 제공해준 대가(代價)를 효성물산에서 받았을 것"이라는 어림짐작으로 만우에게 소득세를 과세한 것이었다.

당시는 대부분이 그런 일이 다반사였다. 하지만 국세청의 짐작은 빗나간 것이었다. 만우는 이 부당한 일을 해결하기 위해 완쾌되지도 않은 몸을 일으켜 회사로 나갔다. 경리과에 있는 정달영을 회장실로 불렀다.

"자네가 내 명의의 주식을 담보로 효성물산 앞으로 융자받은 일이 있지?"

"네 그렇습니다만…"

"어제 이런 게 집으로 날아왔네"

만우는 장달영 앞으로 소득세 고지서를 펼쳐 보냈다.

"자네 회삿돈으로 나에게 주식대여금을 준 일이 있는가?"

"없습니다. 이건 잘못된 과세입니다."

"그래 그렇지. 이것은 바로 잡아야겠지!"

소득세 고지서를 보고 당황한 것은 정달영도 마찬가지였다.

"당장 세무서에 달려가 옳지 않다는 것을 따져 바로잡겠습니다."

만우는 이 일을 자신이 직접 바로 잡겠다며 자리에서 일어났다. 얼마 후 만우는 황종율 재무장관을 만난 자리에서 "장관님, 이것 좀 보시지요” 하며 소득세 납부 고지서를 내밀었다.

황 장관이 그 고지서를 보고 나자 “황 장관, 보시고 짐작은 하셨으리라 생각합니다. 세무서 입장에서는 내가 주식을 은행에 담보로 제공할 수 있게끔 효성물산 측에 대여를 해주었으니 사회 통념상 대여료를 받았을 것이라고 보고 그에 대한 소득세를 부과한 모양입니다. 하지만 내가 대표이사로 있는 회사가 사업자금을 빌리고자 하여 내 주식을 빌려준 것뿐인데 무슨 대여료가 오간단 말이오? 효성물산 자체가 나에게 대여료를 지불한 사실이 없고 나도 한 푼의 대여료를 받은 사실이 없습니다. 세무서가 사전에 확인도 않고 기계적으로 고지서를 발부한 것이니 이것은 분명 잘못된 것입니다.”

만우는 계속해서 주먹구구식 행정에 대해 따끔한 충고를 이어 갔다.

“세수증대를 내세워 과세하고 일단 세금 고지서가 발부되면 무조건 그걸 내도록 하는 게 관행이 되고 있으니 이래서야 되겠습니까? 아직도 우리나라에서는 관리가 실수한 것을 민간인의 힘으로 바로잡는 것은 극히 어려운 일입니다. 이것이 바로 일제(日帝)의 잔재가 아니고 무엇이겠습니까? 많은 사람이 이런 부당한 일을 겪고도 따지지 못하고 잘못인 줄 알면서도 그대로 지키고 있습니다. 이런 잘못된 관행을 당장 잡아주십시오”

만우의 말을 다 듣고 난 황 장관은 “허허, 듣고 보니 관직에 앉은 이래로 처음 듣는 옳으신 꾸지람이라 하겠습니다. 당장 바로 잡도록 하겠습니다.”

그런데 이 일은 장관의 시정지시에도 불구하고 쉽게 해결되지 않았다. 문제의 그 관행대로 일단 과세된 세금은 부당한 과세라 할지라도 납부할 수밖에 없었다. 그러나 만우는 그 후 2년 동안 3번에 걸친 끈질긴 심사청구 끝에 결국 원금은 물론 이자까지 다 찾아냈다.

정치(政治)를 싫어한 것은 거짓말 때문

고등학교 졸업 후 미국 유학이 예정되어 있던 차남 조양래(趙洋來)는 전공을 무엇으로 할지 궁리가 많았다. 어느 날 아버님인 만우에게 물었다.

"아버지, 제가 전공을 어떤 분야로 하면 좋을까요?"

"그게 무엇이든 네가 가장 자신 있는 분야를 택하려무나"

그리고 만우는 한참 뜸을 들이다 한마디 덧붙였다.

"무얼 하든지 다 좋다마는 다만 '정치' 쪽은 하지 말아라."

사실 경제만큼 정치와 밀접한 것도 없다. 더욱이 우리나라처럼 관(官) 주도의 경제개발이 이루어져 온 나라에서는 정치와 연관을 갖지 않고 사업을 한다는 것은 상상하기 힘든 일이었다. 정계에서 기업 쪽에 주문하는 것도 있고 기업 쪽에서 정계에 로비하기도 한다. 그러나 만우는 '정치'라고 이름 붙은 근처에는 발걸음도 하지 않았다. 그러니 언감생심 자식들이 정치 쪽으로 가는 일이 있어서는 안 되었고, 있을 수도 없었다.

만우는 왜 그렇게 정치를 싫어했던 것일까?

"아버님은 정치란 게 그 속성상 거짓말을 하지 않을 수 없는 직종이라고 생각하셨던 것 같아요."

장남 조석래는 그렇게 이해하고 있었다. 아버지가 정치를 싫어했던 것은 '거짓말'을 싫어했기 때문일 것이라고 말이다. 조금 다르게 말하자면 세상의 모든 일에 대해 원칙이나 대의에 입각하여 대처하는 것이 아니고 정략적으로 대체하는 것은 '거짓말'인 것이다. 그 거짓된 것에 대하여 만우는 참지 못했다. 잘못한 것은 얼마든지 용서했다. 그러나 거짓말은 절대 용서하지 않았다. 잘못은 무지에서 나오는 것이니까 가르쳐서 고치면 되지만 '거짓'은 몰라서도 아니고 서툴러서도 아니고 자신의 이익을 위해 의도적으로 상대를 속이려는 불순한 의도에서 나오는 것이니 이것은 그냥 용서가 안된다는 것이다. 만우는 자신이 돈을 버는데도 거짓말을 해서 돈 벌 생각은 추호도 하지 않았다. 말을 잘해서 이권을 차지하거나 투기를 해서 돈을 버는 것은 그에게는 돈 버는 일이 아니었다. 아무리 돈이 엄청나게 불어났어도, 그것이 자신이 만든 돈이 아니고 남이 만들어 주거나 남에 의해서 만들어진 돈이라면 '훔친 돈'이나 마찬가지라고 생각했다. 만우에게는 자신이 정직하게 사업을 해서 이익을 만들어 내는 것만이 제대로 돈을 버는 일이었던 것이다.

구두(口頭)계약 지키면서 엄청난 시세차익 포기

구두 계약이란 말로 이루어진 계약이다. 동양그룹(현 오리온제과) 이양구(李洋球) 창업 회장은 생전에 한국에서 자신이 가장 존경하는 기업가로 만우 조홍제 회장을 꼽았다. 그리고 늘 이렇게 덧붙였다. "그분이야말로 선비 성신이 있는 기업가이십니다." 그가 이런 말을 하는 것은 충분히 그럴만한 일이 있었다.

만우가 삼성물산(三星物産)에 몸담고 있을 때였다. 6.25 전쟁이 일어나자 삼성물산도 부산으로 피난을 가 그곳에서 사업을 재개했다. 당시 삼성물산은 국내의 고철 등을 수집하여 일본에 수출하고 대신 홍콩으로부터 설탕과 밀가루를 수입해 판매하고 있었다. 전쟁이라는 특수한 상황에 놓여 있던 그때는 수출도 어려웠지만, 수입도

용이하지 않았다. 외화가 부족했기 때문이었다. 생활필수품 가격은 하룻밤 사이에도 몇 배씩 오르곤 했다. 홍콩에서 수입되는 설탕도 예외가 아니었다. 국내 생산은 없는데 수요가 많아 시세가 며칠 사이에 3~4배씩 오르는 것이 예사였다. 도매상들은 현물을 보지 않고도 계약했다. 설탕은 홍콩에서 선적(船積) 사실이 확인되기만 하면 미처 부산항에 닿기도 전에 전량이 도매상에게 넘겨지곤 했다. 이양구 역시 삼성물산으로부터 설탕을 미리 수매해왔다.

어느 날 홍콩에서 실려 올 다음 선적분에 대해 kg당 3,800원의 가격으로 만우와 계약하고 값을 치렀다. 그러나 홍콩에서 출발한 배가 부산항에 닿을 때 설탕 가격이 3배나 가까이 폭등해버렸다. 한 달도 못 되는 사이에 설탕값은 3,800원에서 10,500원이 되었다. 이렇게 되자 설탕 도매업계에서는 현품이 도착하면 만우가 가격을 새로 정하거나 계약을 취소할 것으로 예상했다. 이런 경우에는 도매상이 터무니없는 이익을 보게 되니까 수입업체 측에서 그 같은 조치를 취하는 예가 흔했기 때문이다. 더구나 만우와 이양구씨 사이에 이루어진 계약은 구두 계약이었으니 이전 계약을 고집할 법적 근거도 없었다. 따라서 이양구씨도 돈을 더 준비해야 될 것으로 각오하고 부산항으로 나갔다. 그러나 하역장에서 만우를 만난 이양구씨는 크게 놀라지 않을 수 없었다. 만우는 "이미 계약을 한 것이니 원래 정했던 그 가격 그대로 가져가시오." 하는 것 아닌가!

만우는 뜻밖에도 아무런 조건도 내세우지 않았다. 구두 계약도 계약인데 한번 정했으면 그만이지 상황이 좀 달라졌다고 해서 어찌 다시 바꾸자 할 것인가? 하는 것이 만우의 생각이었다. 그래서 만우는 동업 계의 관행에도 아랑곳하지 않고 약속한 전량을 kg당 3,800원에 이양구씨에게 넘겨주었다.

이 일로 인해 이양구씨는 평생 만우를 존경하게 되었고 두고두고 여러 사람에게 얘기했다. 그러나 만우에게 이 일은 특별한 일이 아니었다. 이양구씨와의 설탕 거래를 두고 그는 이렇게 말한 바 있다.

"동서고금을 막론하고 장사란 한 푼의 이익을 위하여 10리 길을 뛴다고 하지만 그렇다고 인간의 신의를 저버리면서까지 이익에만 매달려야 하는가? 이런 문제를 놓고 세상의 기업들이 한 번쯤 고민한 일이 있겠지만 이 설탕 계약의 경우 더 많은 이익을 얻을 수 있었음에도 불구하고 그대로 계약을 이행한 것은 내가 가지고 있는 생각이 돈보다는 사람의 신의(信義)가 앞선다는 것이었을 뿐이다."

이를 송인상(유명 경제 각료, 전 재무부 장관)은 '인테그리티(Integrity)'라는 단어로 표현한다. 이 말의 사전적 의미는 '성실, 완전, 청렴'이지만 그 안에는 정직, 초지일관 같은 의미도 포함되어 있다. 매번 말을 바꾸고 다른 모습을 보이는 사람은 '인테그리티'가 없는 사람이다. 어제 얘기한 것과 오늘 얘기하는 것이 다르지 않고 한 번 "아니다."고 얘기한 것은 한 두 달이 지나 다시 얘기해도 똑같이 "아니다"라고 말하는 사람. 시종일관 그 말과 행동을 바꾸지 않는 사람이 '진정한 인테그리티'가 있는 사람이다.

"내가 다 했습니다"

5.16 군사 혁명 당시 혁명재판소 분위기는 삼엄했다. 부정축재 혐의로 재판을 받는 재계 총수들은 대부분 겁을 먹고 위축되어 있었다. 그런데 만우 한 사람만은 달랐다. 그는 시종일관 "내가 했다." "내가 전부 했다." "내 책임하에 결정했다."라고 진술했다. 이병철 회장이 배후에 있었는데도 그런 태도를 유지했다.

후일 사돈(査頓)을 맺게 되는 만우와 송인상의 만남은 기구한 것이었다. 두 사람이 처음 만난 곳은 재판정이었다. 엄밀하게 말하면 서로 만났다기보다는 송인상이 만우를 처음 알게 되었다고 말해야 옳은 것이다. 두 사람은 그때까지 개인적 친분은 없었다. 그런데 5.16 직후에 두 사람은 부정축재 처리법에 따라 혁명재판소 피의자석에 함께 서게 됐고 이때 송인상이 만우를 유심히 보게 된 것이다.

송인상은 자유당 말기 재무부 장관으로서 3.15 부정선거에 조달된 선거자금에 대해서 책임을 추궁당하는 처지였고 만우는 부정축재로 지목된 삼성물산((三星物産)의 대표로 법정에 나와 있었다. 당시의 시대적 조건으로는 유수한 기업들이 모두 부정축재자 처리법에 따라 저촉되지 않을 수 없었다. 내부적으로는 그 무렵 만우는 이미 동업자인 이병철로부터 동업 청산을 요구받고 있었다. 단지 지분 청산 문제가 정리되지 않아 아직 삼성에 몸담은 채 있을 뿐이었다. 그럼에도 불구하고 당시 일본에 머물고 있던 이병철 회장을 대신해서 만우가 법정에 선 것이었다.

이때의 정황을 만우는 그의 회고록에서 "실제로 부정을 했건 안 했건 그것이 문제가 아니라 4.19의 격동기에서 흥분할 대로 흥분한 군중심리는 결과만을 따져 '부정'을 했으니까 한국 제1의 재벌로 급성장한 것 아닌가?"로 몰아갔다. 젊은 세대에게 전시 경제가 어떤 것이었는가를 설명할 기회를 주지 않았고 그들은 그런 사정을 이해하려고 하지도 않았다. 그래도 우리는 온갖 어려움을 무릅쓰면서 수입대체 산업을 일으키고자 애를 썼는데 그때의 상황에서는 변명도 해명도 통할 리가 없었다. 이 어수선한 분위기에서 어떻게 내가 동업 청산 문제를 들고나와 그(이병철 회장)와 논의할 수 있겠는가? 수십 년을 내 온 정성을 쏟아 이룩한 정든 회사가 그 존속이 문제 되는

극한 상황에 부딪혔는데 어찌 그 위급함을 보고 청산을 운운할 심정
이 되겠는가?

그러한 연유로 재판정에 서게 된 만우. 그 만우의 모습이 당시 송
인상에게 깊은 인상을 남겼다고 한다. 당시 혁명재판소의 재판부 말
한마디에 운명이 곤두박질칠 수 있었다. 그 때문에 피고인들의 진술
은 대개가 비슷했다. 문제가 되는 쟁점에 대해서는 "누가 하라"고 했
다거나 "이사회 결의에 따랐을 뿐"이라고 답하는 것이었다. 그런데
만우 한 사람만은 달랐다. 그는 시종일관 "내가 했다." "내가 전부
했다." "내 책임하에 결정했다."라고 진술했다.

송인상이 만우를 주목한 것은 그 대목이었다. 송인상은 "그런 태
도를 보고 정말 대단한 양반이구나. 그런 걸 느꼈어요. 그때 누구한
테 책임을 전가할 수도 있었는데 그걸 안 했거든. 그걸 보며 만우의
인격을 알 수 있었어요. 이 양반이 사업을 하지만 정신적으로는 '선
비'구나 하고 깊은 감명을 받았어요" 회고했다.

며느리에게 공부를 권장했다

만우는 여자도 공부해야 한다고 말하며 며느리들을 지원했다. 만
우의 큰 며느리 송광자(송인상 재무상관 따님)는 대학 시절 그림을 공부
했다. (이 점에서 이병철 회장과 닮았다. 이병철 회장 셋째 며느리 홍라희씨도
미술을 전공했다.) 송광자씨는 그림에 대한 재능도 있었고 열정도 있었
다. 학부 시절에는 상도 여러 번 받았다. 그런데 인연이 닿아 1967
년 4월 조석래 회장과 결혼했다. 송광자씨가 주변 얘기를 들어본 즉
"그의 시댁이 될 조씨(趙氏) 가문은 뿌리 깊은 선비 집안이며 시아버
지 되시는 만우 회장님만 해도 유학에 조예가 깊다."라고 했다. 게다

가 얼핏보기에도 시아버지 인상은 근엄하기 짝이 없었다.

　시댁에 비해 상대적으로 자유롭고 개방적인 분위기에서 성장해온 송광자는 내심 긴장했다. 무엇보다 무섭고 엄하리라 생각했던 시아버지가 그렇게 자애로울 수가 없었다. 더욱더 놀라웠던 것은 만우가 며느리에게 그림공부를 계속하기를 권하고 격려한 것이다. 송광자는 결혼 후에도 첫 개인 전시회를 가졌는데 그렇게 되기까지는 만우의 격려가 힘이 되었다. 전시회가 시작되던 날 만우는 대단히 기뻐했다. 남편은 출장을 가서 전시장에 오지도 못했는데 시아버지는 직접 와서 개장식의 테이프도 끊어주고 손님 접대도 해주었다.(이 점에서도 이병철 회장과 닮았다. 이병철 회장은 홍라희씨의 대학 졸업 전시 작품전을 참관했다.) 후일 그림을 그만둔 것은 송광자씨 자신이었다. 아기를 갖게 되면서 자연스럽게 그림과 멀어졌다. 만우는 며느리가 그림을 그만둔 것을 오히려 애석해했다. 만우는 여자가 밥하고 빨래하면서 집안에만 있는 것에 가치를 두지 않았다. 그 때문에 며느리들에게도 늘 신지식을 습득하고 공부하기를 권했다.

　하루는 송광자를 부르더니 "LPG(Liquified Petroleum Gas, 액화 석유가스) 공부를 좀 해보라"라고 했다. 그 당시에는 모두가 '19공탄'을 때던 시절이었다. 송광자로서는 LPG라는 이름조차 처음 듣는 것이었다. "내가 신문을 보니까 YWCA에서 강좌를 하는 모양이더구나. 네가 가서 이것을 어떻게 사용하는지 얼마나 유용한 것인지 어떤 위험이 있고 무엇을 주의해야 하는지 낱낱이 배워서 집에 있는 사람들을 가르치거라" 그렇게 해서 송광자는 강좌에 등록했다. 그 결과 시중에 프로판 가스가 처음 나왔을 때 가장 먼저 부엌을 개조한 가정이 되었다.

　둘째 며느리에게는 영양학을 배워볼 것을 권했다. 둘째 며느리는 대학 가정과에 등록해서 그쪽 방면의 공부를 했다. 많은 사람이 "여자가…"라든가 "여자가 뭘 한다."라고 하는 가부장적 차별의식을 가지고 있을 때 만우는 오히려 "여자도 공부해야 한다."라고 말하며 며느리들을 지원했다.

독자기술(Original Technology)에 대한 집념

만우의 독자기술에 대한 집념은 지나칠 정도였다. 만우는 1960년대 중반 무렵 우리나라 공업이 전적으로 외국의 기술도입에 의존하고 있는 것을 염려했다. 당시 공장건설은 주로 '턴키(Turn Key)' 방식의 기술도입이었다. 턴키 방식은 설계부터 시공까지 전과정을 한 업체가 모두 책임지고 완성한 후 발주자에게 열쇠를 넘겨주는 것이다. 그러나 그런 기술도입에는 많은 문제가 있었다. 기술이전을 해주는 측에서 '중요한 기술'은 절대 이전해주지 않기 때문이다. 특히 상대가 해당 전문분야에 대해서 모르면 모를수록 고급기술을 얻을 가능성은 극히 낮다. 그러니 그런 기술도입으로는 세계 시장에서 경쟁력을 가질 수 없다. 따라서 어떻게든 독자기술을 개발해서 세계 수준으로 올라서지 않으면 안 되었다. (이 점에서 정주영 현대그룹 창업 회장과 닮았다. 정 회장은 현대 자동차를 개발하면서 포드(Ford)사가 기술을 주지 않고 부품 공장을 세우려 하자 포드와 결별하면서 현대의 고유모델 '포니'를 만들어 성공했다.)

동양나일론 공장건설은 그 하나의 시험대였다. 1965년 2년 많은 시간을 들여 검토를 거듭해 온 나일론 제조기술의 선정문제를 매듭지었다. 만우는 적어도 동양나일론 공장만큼은 '패키지(Package)'나 턴키 방식 그런 식으로 건설하지 않겠다고 마음가짐을 단단히 하고 있었다. 만우는 우선 설계단계에서 자체 기술진을 참여시키는 것을 우선 조건으로 했다.

기술 제공사 측인 짐머(Zimmer)사 측에서는 나일론 원사공장의 핵심 부분에 대한 설계만을 담당시켜 기술료를 최소한으로 줄이고 상세설계는 우리 기술진이 설계의 내용을 배우고 소화하도록 했다. 그밖에 부대시설(유틸리티) 전반과 전문 설계 등은 우리 기술진이 독자적으로 개발하도록 했다. 만우와 동양나일론 실무진이 다른 사람과 달랐던 것은 '기술 독립'을 성취해야겠다는 뚜렷한 목표를 가지고 있었다는 점이다. 비록 나일론 원사생산의 기본 기술만은 외국 것을 살 수밖에 없지만, 하루빨리 이 기본 기술마저도 자체적으로 완전히 소화해야 하겠다는 강력한 의지를 가지고 있었다.

그러나 그보다 더 중요한 것은 이후에 일어났다. 공장건설 당시 기본 기술을 완전히 소화하여 독자적인 기술 체계를 확립한 실무진들은 이후 계속된 공장 증설 과정에서 남의 힘을 빌리지 않고 자체 기술만으로 그 일을 해냈던 것이다. 동양나일론이 독창적인 신제품을 개발할 수 있던 것은 기술력의 원천을 가지고 있었기 때문이었다. 만우의 '독자기술을 가져야 한다.'라는 신념은 추후 효성중공업 성장에 씨앗을 뿌려 주었다.

벤치마킹(Benchmarking)의 달인

만우는 선진 기업의 성공과 실패 사례에서 많은 것을 배우는 재능을 가졌다. 1980년대 언론 통폐합 이전에 KBS, MBC와 경합하던 방송으로 동양방송 TBC가 있었다. 동양방송 산하의 동양라디오(Radio)에 '최고 경영자와의 대담'이란 프로그램이 있었다. 우리나라 유수의 최고 경영자를 초대하여 기업경영과 기업인의 경영방식에 관해서 이런저런 이야기를 나누는 프로그램이었다.

만우도 이 프로그램에 출연한 적이 있다. 당시 이 프로그램의 진행자였던 송기철은 그 프로그램에 출연했던 많은 재계 인사들 가운데서도 특히 만우를 인상 깊게 기억하고 있었다. 그가 기억하는 만우는 그 무엇보다도 벤치마킹의 달인이었다.

만우는 40대에 사업을 시작. 삼성 이병철 회장과 동업을 하다가 1962년 15년간의 동업을 청산하고 56세의 늦은 나이에 효성물산을 창업했다. 이때 만우는 주력 기업을 어떤 것으로 할까를 놓고 무려 20여 개의 업종을 놓고 검토했다. 이때 만우에게 주력업종을 택하는데 결정적인 영향을 끼친 것은 '일본 산업계의 동향'이었다.

우리나라 기업인 1세대는 대체로 일제 식민 시대를 겪었고 8.15 해방 당시 청·장년이었기 때문에 경제 대국 일본에서 배우고 느낀 점이 적지 않았다. 그들 세대는 일본어에 능통했고 일본 기업과의 인연을 맺는 것이 비교적 쉬웠다. 만우 역시 예외는 아니었다.

그가 당시에 '나일론'을 주력업종으로 선택한 것도 일본 섬유업계의 동향을 면밀히 검토하고 내린 결론이었다. 만우는 처음부터 장사가 아니라 제조업을 해야겠다는 생각을 갖고 있었다. 제조업 중에서 섬유 쪽으로 생각을 좁혔다. 섬유는 인류의 의식주에 해당하는 가장 기본적인 산업이기 때문이다. 그러나 섬유는 그 종류가 한두가지가 아니다. 면방, 실크, 화섬이 있고 화섬은 폴리에스터도 있고 비스코스도 있고 나일론도 있다. 그 당시 나일론이 각광받고 있었지만 국내에는 한국나일론, 한일나일론 등 선발주자가 시장을 장악하고 있었다. 그런 형편에 후발 주자로 나일론을 해야 되겠느냐는 판단하기 어려운 문제였다. 100m 경주에서 남은 이미 앞서 달리고 있는데 뒤에 따라간다는 것은 여러 가지 문제가 있기 마련이었다. 그럼에도 만우는 1966년 동양나일론을 출범시켰다. 그럼에도 동양나일론은 일취월장했다. 불과 3~4년 사이에 선발이었던 한일나일론을 흡수하고 한국나일론(현 코오롱)을 추월했다.

어떻게 이런 성공을 거둘 수 있었을까? 만우의 벤치마킹 능력이었다. 만우는 일본의 나일론 후발 업체를 살펴봤다. 선발업체를 따라잡기 위한 벤치마킹을 위해서였다. 나일론의 경우 그 당시 일본은 우리나라보다 10년은 앞서 있었다. 만우는 일본 나일론 개별업체에 대한 정보와 경영 각 분야, 즉, 조직, 인사, 생산, 재무, 회계 등에 걸친 성공 및 실패 사례 등을 섭렵했다. 벤치마크(Benchmark)라는 개념조차 없었던 때에 만우는 이미 벤치마킹을 하고 있었던 것이었다. 어느 누구도 미래의 변화를 정확하게 예측할 수는 없다. 틀리는 경우가 더 많다. 그렇기 때문에 미래에 대한 정확한 비전을 갖추기 위해서는 미래에 대한 지식을 획득해야 한다. 경영자는 "지구적으로 생각하고 지역적으로 행동하라(Think Global, Act Local)"는 말이 있다. 미래의 뿌리는 현재에 있고 한 나라의 사례는 세계의 맥을 따라 다른 나라에 적용되기 때문이다. 그렇게 본다면 만우야말로 '벤치마킹'의 달인이었다.

호떡 한 개와 파 한접시면 족하다

1978년 11월 3일. 만우는 동양나일론 창립 12주년 기념일에 울산 공장에 내려와 기념사를 했다. 그는 기념사에서 중국의 앞날을 예견했다. 그 무렵 중국은 '마오쩌둥'이 사망하고 덩샤오핑이 복권하여 실권을 잡았을 때였다. 덩샤오핑은 "사상을 해방하고 사실을 통해 진리를 보자"라고 주장하면서 개혁, 개방 노선을 선언했다. 중국 사회에 급격한 변화의 물결이 몰려왔다. 그러나 우리나라에서는 이런 중국의 변화가 어떤 의미를 가지는지 인식을 갖지 못하고 있던 시기였다. 하지만 만우는 중국의 개혁과 개방 그리고 실용주의 정책이 가져올 파급 효과를 그때 벌써 머릿속에 그리고 있었다.

"여러분, 중국은 이제 실용주의 정책을 채택하게 되었습니다. 이것을 두고 학술적으로는 어렵게 설명할 것이나 쉽게 한마디로 하자면 공산주의 노선을 따르기 이전의 방식으로 경제를 운영하겠다는 것입니다. 당장에 공산주의 경제 체제를 버리고 자본주의 방식을 따르겠다는 것은 아닐지 모르지만, 대외 활동 즉 무역에 있어서는 자본주의 국가와도 거래하게 될 것입니다. 중국이 그들의 상품을 가지고 세계 시장에 뛰어들었을 때 우리는 어떻게 되겠습니까?

60년대에 시작하여 70년대인 오늘에 이르기까지 우리가 채택하고 있는 노동집약형 산업은 80년대를 넘기지 못하고 중국에게 그 자리를 내주게 될 것입니다. 그들은 한 끼에 호떡 한 개와 파 한 접시만 있으면 족하고 겨울과 여름옷 한 벌씩에 잠잘 곳만 해결되면 어떠한 중노동도 마다하지 않을 10억의 인구를 가지고 있기 때문입니다. 그러므로 노동집약적 산업 분야에서는 하루가 다르게 그들이 우리 시장을 잠식해올 것입니다.

그러면 중국의 이 인력에 대응하여 우리의 산업을 어떻게 지켜나갈 것인가? 해답은 기술집약형 산업으로 전환하는 길뿐입니다. 기술의 발달, 주 기술의 고도화 없이는 한국 경제의 활로 또한 없습니다. 그리고 중국과 호혜 원칙 아래 활발한 교역 활동을 전개해야 할 것입니다. 이제는 중국을 도외시하고는 산업의 발전을 기대하기 어렵게 됩니다. 따라서 정부와 국민을 막론하고 중국과의 거래에 있어 어떤 협력체계를 구축하는가 하는 것이 우리의 실리와 직결되는 앞날의 열쇠라 하겠습니다."

만우의 이러한 예측은 5년이 채 지나기도 전에 사실임이 증명되었다. 1980년 이후 덩샤오핑이 제시한 중국의 3단계 발전 전략에 따라 중국은 무섭게 성장했다. 만우가 기념 식사를 하던 지난 1978년의 중국 대외 무역액은 206억 달러로 세계 32위에 지나지 않았다. 그러나 2005년에는 1조 1,000억 달러로 1978년에 비해 53배 이상 증가하여 세계 3위의 무역국으로 부상했다. 1978년 1억 7,000만 달러에도 못 미쳤던 외환 보유고는 2005년 12월 현재 8,189억 달러로 불어나 세계 2위가 되었다. 이게 바로 만우가 염려했던 호떡 한 개와 파 한 접시의 힘이다.

상공 장관 감투도 거절

만우는 일찍부터 사람을 키우는 일에 마음을 써왔다. 고향의 똑똑한 젊은이들이 가난 때문에 학업을 포기하지 않도록 장학금을 지원해준 것은 그가 삼성(三星)에 몸담고 있을 때부터였다. 한 두 사람 등록금을 지원해준 것이 '영남장학회'란 이름으로 불리기 시작했고 20년이 가까운 세월 동안 계속되었다.

그런데 만우의 그런 지원책을 색안경을 끼고 보는 사람들이 생겨났다. 아무 이유도 없이 아까운 돈을 왜 쓰겠냐는 것이었다. 급기야 만우가 '국회의원에 출마하려고' 장학 사업을 한다는 소문으로까지 확대되었다. 만우가 향우회에 나가서 정치할 생각이 없다고 말해도 소문은 가라앉지 않았다. 만우는 하는 수 없이 그동안 지속해오던 장학금 지급을 중단해버렸다. 그런 오해를 받으니 오해의 근본인 장학회를 그만두겠다는 것이었다. 그만큼 만우는 이른바 '한 자리'하는 일에 대해서 혐오감을 가지고 있었다.

만우가 감투를 기피해 온 것은 일제(日帝) 시대부터였다. 당시 만우는 일본 유학을 마치고 향리로 돌아와 있었는데 일제는 끊임없이 그에게 협력을 요구했다. 향리에 널리 미치고 있는 그의 명망을 이용하기 위하여 군북(君北)면장, 경방단장이니하는 단체장을 맡아줄 것을 강요했던 것이다. 그러나 만우는 끝까지 그 요구를 거절했다. 단지 관이 아닌 국민의 투표로 선임되는 군북 조합장을 맡았을 뿐이었다. 그 자리는 일제의 수탈로부터 고향 주민들을 보호하기 위한 수단이었다. 일제 강점기는 시대가 시대인만큼 관직을 받지 않았던 것은 이해할 만한 일이었다.

그러나 해방되고도 만우는 그를 원하는 이런저런 자리에 나서지 않았다. 자유당 시절엔 만우에게 상공장관 제의가 들어왔다. 일본 호세이(法政)대학에서 경제학을 전공했고 사업 일선에 뛰어들어 놀라운 성공신화를 기록한 인물. 이론과 실물 경제에 두루 밝은 그 같은 인물이야말로 당시 상공장관으로 적임자였다. 게다가 장관(長官)이라면 당시만 해도 왕조시대 '정승판서' 자리로 인식하는 경향이었다. 그야말로 가문의 영광이라고 환영할 일이었다. 주변에선 할만한 자리 아니겠는가 해서 기대한 사람도 적지 않았다.

그러나 만우는 역시 거절이었다. "감투는 뭐가 됐던 필요 없다."였다. "내가 뭐 하는 사람인가? 나는 기업하는 사람이다. 기업하는 사람은 기업을 해야 정도 아닌가?" 이것이 언제나 그가 내세우는 말이었다. 그래서 그는 장관도, 국회의원도, 전경련 회장직도 다 마다하고 고집스럽게 한평생 기업 외길을 걸었다.

시비(是非)와 송사(訟事)는 망조(亡兆)이니

만우는 송사를 벌이려다 가슴속에 문득 떠오르는 말을 기억한다. 조부 소암(素庵) 중규 공께서 생전에 "남과 송사를 하지 말아라. 시비도 해서는 안 되느니라. 시비와 송사는 망조이니라"

만우가 1962년 9월에 1억 6천만 원으로 사들인 '조선제분'은 공장을 가동한 지 5개월 반인 1963년 3월 말의 결산에서 1억 원 이상의 이익금을 냈다. 국내 제분업계에서는 두 번째로 생산량이 많은 공장이 된 것이다. 그해 5월에는 모 기업인 효성물산의 자본금을 1,500만 원에서 10배인 1억 5,000만 원으로 늘릴 만큼 공장은 잘되어갔는데 1964년에 들어서자 엉뚱한 일이 벌어졌다.

조선제분이 휴업과 법정관리에서 벗어나 불과 1년 만에 큰 흑자를 내자 회사 주주들이 들고 일어나 "우리는 회사를 팔지 않았다. 회사를 돌려달라"며 반환 청구 소송을 제기한 것이다. 소송은 원고의 승소로 끝났다. 1966년 초 재판부는 법정관리인이 소정의 절차를 밟고 계약을 했다고는 하나 매도계약에 매도측 이사회의 매도결의서가 붙어 있지 않음으로 '계약은 원인 무효'라는 판결을 내렸다.

계약 당시에 어떻게 했는지는 모르겠으나 하루에 밀가루 1만 포대를 생산하던 공장을 하루아침에 잃게 됐다는 소식을 듣고 조익제는 기가 막혔다. 조익제는 당시 밀가루 포대를 생산하여 조선제분에 납품하고 있는 처지여서 그로서도 타격이 큰 일이었다. 그는 당연히 항소를 해야 한다고 생각했지만, 만우는 그럴 기미를 보이지 않았다. 조익제는 만우를 찾아갔다.

"형님, 어떻게 된 일입니까? 항소는 언제 하실 겁니까?"

"항소할 생각이 없네"

만우는 조용히 고개를 저었다. 알고 보니 '조선제분'을 인수하던 당시 상황은 이러했다. 그 당시 이 공장은 산업은행과 성업공사에 모두 1억 1천만 원의 채무를 진 채 법정관리에 넘어가 있었다. 법적으로는 부산지방법원의 법정관리인이 관리하고 있었기 때문에 이 회사 대표이사 S씨 하고는 법적으로 인정받는 매매계약이 이루어질 수가 없었다. 그래서 만우는 법정관리인을 만나 이 공장을 매입할 수 있는지 가능성을 타진했다. 그랬더니 가능하다는 것이었다.

은행 빚과 성업공사에 진 빚 1억 1,000만 원에다가 그동안의 법정관리 관계 비용 모두를 합쳐 1억 6,000만 원을 내면 매매계약을 할 수 있다는 얘기였다. 단 등기이전에 앞서 이 회사의 주식소유권 청구 소송을 내 그것이 해결되어야 이전등기가 이루어지게 된다고 했다. 만우는 당연히 주식소유권 청구 소송을 냈다. 그러나 문제는 이 소송이 끝날 때까지는 상당한 시간이 걸린다는 점이었다. 곧바로 가동에 들어가야 할 처지에 있는 만우로서는 손 놓고 기다릴 수만은 없는 형편이었다. 그래서 그는 소송이 해결될 때까지 법정관리인과 임대차계약을 맺고 가동에 들어가게 된 것이었다.

일반적으로 이런 경우 이 회사의 대표이사를 비롯한 대주주들은 사실상 모든 권리를 잃은 것이어서 소송이고 뭐고 낼 처지가 못 되는 것이었다. 그런데도 불구하고 옛 주주들은 이 회사를 다시 돌려달라는 청구 소송을 냈고 뜻밖에도 재판 결과는 회사를 돌려주라는 것으로 나왔다. 매도측의 이사회 결의서가 매매계약서에 붙어 있지 않다는 그 하자 때문에 계약이 무효라는 것이었다.

조익제는 "이런 억울할 데가 있나?" 하고 볼멘 소리를 했다.

"그렇다면 더욱더 항소하셔야지 어째서 항소를 하지 않으신단 말입니까?"

“허허, 나도 생각을 많이 했다네. 싸우면 승산이 있다고 보니까 말이지…”

그런데 송사를 벌이려는 만우의 가슴속에 문득 떠오르는 말이 있었다. 할아버지 되시는 소암 중규 공께서 생전에 늘 이르시던 말씀

“남과 송사를 하지 말아라. 시비도 해서는 안 되느니라. 시비와 송사는 망조이니라”

과거 소암 할아버지 친구분 중에 1,000석을 하는 큰 부자가 있었다. 그런데 선조의 산소를 두고 송사가 벌어져 10여 년을 싸우는 동안 살림이 몽땅 거덜났다는 것이었다. 변호사를 잘못 둔 탓이었다. 양쪽의 변호사가 서로 짜고 꼭 이긴다고 부추겨 그 지경까지 이르게 된 것이었다.

만우가 곰곰이 생각해보니 이번 일도 그렇게 될 소지가 다분한 것이었다.

“맞고소한다고 치자. 그 일로 시간을 빼앗겨 다른 일을 해나가는 데 많은 지장을 받을 것이 뻔하다. 엄청난 소송비용은 어떻게 감당할 것인가? 승소한다고 해도 결국 변호사만 이롭게 할 뿐이다. 그러니 송사를 벌이느니 차라리 순이익 3억 원으로 새 사업을 펴는 것이 일의 순서라고 본 것이야!”

조익제는 그 말을 듣고서야 크게 깨우치는 바가 있었다.

달착륙보다는 타이어 사업이 더 중요하다

1969년 7월 20일. 전 세계 인류는 가장 충격적인 사건의 하나가 될 순간을 맞는다. 바로 그날 미국이 쏘아 올린 우주선 아폴로(Apollo) 11호가 사람을 싣고 달에 착륙했던 것이다. 그것은 도저히

불가능하리라 생각했던 꿈이 과학의 힘을 빌려 현실화되는 놀라운 순간이었다. 전 세계의 TV가 아폴로 11호의 달착륙 광경을 생중계했고 피부색도, 언어도, 삶의 방식도 다른 지구촌의 모든 사람이 그 순간을 함께 했다.

한국타이어의 영업담당 상무이사였던 한희두는 아직도 그날을 기억하고 있다. 그가 이날을 잊지 못하고 있는 것은 달착륙의 감격이 아니라 좀 다른 이유에서였다.

"한 상무, 최근 판매 실적에 대해 말해보게"

한희두가 사무실 문을 열고 들어가자마자 만우는 대뜸 질문부터 했다. 그동안 별일이 없느냐? 누구는 왜 안 보이느냐? 늘 이런 인사말은 모두 생략한 채 단도직입적으로 사업 얘기부터 하는 것이었다. 그리고 성냥갑에서 성냥개비 두 개를 꺼내 내 양손에 하나씩 쥐는 것이었다. 만우가 성냥개비를 쥔다는 것은 "이제부터 숫자로 따진다."라는 것을 의미하는 것이다. 주산도 필요 없는 유명한 만우만의 '성냥개비 계산법'을 시작하겠다는 신호였다.

한희두는 영업부문에 관한 것이라면 어느 각도로 질문해도 감당할 수 있지만, 경리부문으로 이야기가 번지면 자신이 없었다. 만우 앞에서 대충 숫자를 밝혔다간 큰일 난다는 것을 알고 있는 한희두는 결국 경리부장을 불러 그 사리를 모면했다.

"경리 부분에 대해서는 경리부장이 설명하는 게 좋을 것 같습니다."

경리부장이 한창 브리핑을 하고 있는데 젊은 사원 한 사람이 올라왔다.

"무슨 일인가?"

"저 어, 오늘 미국 아폴로 11호 달착륙 광경이 TV로 중계됩니다.

회장님께서 보실 의향이 있으신지 해서… 보실 수 있게 아래층에 모든 준비를 갖추어 놓았습니다.”

만우는 선선히 응했다.

“그래, 그럼 보기로 하지”

만우 일행이 아래층으로 내려가자 이미 많은 사원이 TV 앞에 빼곡히 자리를 차지하고 있었다. 인류 역사상 대 쾌거로 기록되는 순간을 놓치지 않으려고 모여든 것이다. 마침내 아폴로 11호의 우주 비행사가 달 표면에 인간의 첫걸음을 내딛는 순간 사무실 안에서는 함성이 터졌다. 어떤 직원은 만세를 부르고 다른 직원은 열광적인 박수를 쳤다.

“이 걸음은 한 사람의 인간에게 있어서는 작은 한 걸음이지만 인류에게 있어서는 비약적인 거보(巨步)입니다”라는 우주 비행사 닐 암스트롱(Neil Alden Armstrong)의 달착륙 메시지에 전 인류가 공감하던 순간이었다.

중계가 끝나고 다시 위층으로 올라오면서 한희두는 속으로 생각했다.

“이제는 해방이다. 호랑이 앞에 쭈그리고 앉아서 그 꼬리라도 밟을까 봐 조마조마했는데…. 이렇게 멋진 세기적인 광경을 보신 마당이니 오늘은 그만 하시겠지”

달에 대한 여담이라도 할 줄 알고 한희두가 만우에게 말했다.

“회장님 방금 보신 달착륙을 어떻게 생각하십니까?”

“그러게 말이다. 세상은 참 좋은 세상이 된 게야.”

딱 이 한마디로 끝이었다. 그리고 경리에 대한 질문을 계속하는 것이었다. 한희두는 집으로 돌아와서야 만우의 마음가짐을 읽을 수가 있었다.

"여보게 한 상무, 달에 미국 사람이 착륙하게 된 것은 참으로 장한 일이야. 하지만 그것은 미국 사람의 일이고 우리와는 아무 상관도 없는 일이네. 우리에게 지금 중요한 것은 우리가 만든 타이어가 어떻게 팔려나가고 있으며 그 결과 우리의 재무구조가 어떻게 되어있나 하는 점일세. 확실히 달나라 착륙은 구경거리야. 그렇지만 우리와 직접 상관없는 일은 구경만으로 족하고 우리는 우리의 일을 해야 하네. 안 그런가 이 사람아!"

만우가 하고 싶었던 말은 바로 그것이었을 것이다.

가장 현명했던 결단

"결단(決斷)"이란 결정적인 판단을 하거나 단안을 내리는 것을 말한다. 만우는 인생의 황금기인 40~50대를 삼성(三星)그룹에서 뛰었다. 이병철 회장과 동업을 하면서 거액을 투자했다. 그러나 만우가 56세가 되던 해 삼성을 떠나지 않을 수가 없었다. 만우는 서류 가방 하나만을 들고 15년간 피와 땀으로 일군 삼성을 떠났다. 그러나 동업자였던 이병철 회장은 끝내 그의 뒷모습조차 쳐다보지 않았다.

1999년 10월 한국일보 자매지 〈주간한국〉은 '두 얼굴의 삼성'이라는 기사에 이렇게 쓰고 있다.

"세계 초일류 강대국인 미국에게도 '백인의 인디언 사냥'이라는 부끄러운 과거가 있듯 한국 최고의 재벌인 삼성에게도 애써 외면하고 싶은 과거가 있다. 미 대륙에 정착한 유럽인들이 '개척'이라는 명목 아래 인디언을 고향에서 몰아낸 것처럼 삼성그룹 역시 일류기업으로서의 도약 과정에서 동업자와의 의리를 배신한 아픈 과거가 있다. 60년이 넘는 삼성그룹의 역사에서 최초의 동업자와의 결별로

꼽히는 사례는 삼성그룹 이병철 선대 회장과 효성그룹 창업자인 조
홍제 회장과의 만남과 이별이다.

만우 조홍제와 호암 이병철 회장은 소싯적부터 잘 알고 지내던 사
이였다. 만우의 집은 함안이고 호암의 집은 의령에 있어 사는 곳이
가깝기도 했고 특히 만우가 호암의 형인 병각씨와 동갑이어서 자주
왕래하던 사이였다. 해방 후 만우가 사업의 뜻을 펼치고자 서울로
올라왔을 때 호암도 새로운 사업을 하고자 서울에 올라왔고 마침 서
울 동네도 인근이라 자주 오가게 되고 그러다 보니 자연 사업에 관
한 이야기도 나오게 되었다. 1948년 12월경 호암이 무역업을 시작
하면서 만우는 호암의 청에 따라 800만 원의 자금을 빌려주었다. 그
런데 2개월이 지난 1949년 2월경 호암이 다시 찾아와 그 돈을 투자
로 돌릴 것을 제안했다. 만우는 무역업의 사업성이 괜찮다고 생각하
고 그의 말대로 투자로 전환시켰다.

만우는 투자로 전환하면 "이익 배당은 어떻게 되는가?"라고 물었
고 호암은 동업이니까 '지분제(持分制)'를 택하면 된다고 했다. 지분
제란 회사에 출자한 사람들이 이익이 나면 출자 비율대로 이익금을
나누는 방식이다. 만우는 빌려준 돈 800만 원에 200만 원을 더해
1,000만 원을 투자하고 호암은 700만 원을 투자, 1,700만 원을 삼
성물산공사의 자본금으로 했다. 회사가 출범한 지 몇 개월이 지났을
때 호암은 만우에게 사장 자리를 맡아달라고 했으나 고사하고 호암
이 사장, 만우는 부사장을 맡았다. 만우는 밤낮을 가리지 않고 뛰었
고 삼성물산공사는 비약적으로 성장했다. 간판을 낸 지 1년 만에 정
부에 등록한 무역업자 543명 중 7위에 랭크되었고 6.25 전쟁 중에
도 1953년 2월에는 42억 환(화폐개혁으로 화폐 단위가 변경)의 수익을
올렸다. 두 사람은 삼성물산을 기반으로 1953년 7월 설탕을 생산

하는 '제일제당'을 세웠고 1954년 9월에는 '제일모직(第一毛織)'도 설립했다. 제당 공장의 경우 우리 기술로 건설해냄으로써 이후 여러 업종의 공장을 건설하는데 자주성을 갖는 계기를 만들기도 했다. 설탕 사업과는 달리 초창기에 어려움을 겪던 제일모직도 '골든텍스(Golden Tex)' 신화를 낳으며 성공했고, 4개 시중은행 주식 절반은 삼성 소유였고 안국화재, 천일증권, 한국타이어, 동양제당 등에도 투자했다. 1958년 삼성(三星)은 명실공히 국내 재계의 최고봉에 올라섰다. 1948년 사업을 시작한 지 불과 10년 만에 이룬 성과였다.

그 놀라운 성장 신화의 뒤에는 만우 조홍제가 있었다. 그러나 호암은 그에게 돌연 만우에게 동업 청산을 요구했다. 호암은 동업 청산을 해야 하는 별다른 이유도 말하지 않았다. 물론 동업을 시작할 때 "언제 동업 청산"을 한다는 약정도 없었다. 40대부터 50대 중반까지 15년간 황금의 시기에 열정을 다 바쳐 온 그곳을 떠나라는 요구였다.

만우는 결별에 동의했으나 문제는 '지분을 정리'하는 것이었다. 초기 투자금으로부터 엄청나게 성장한 삼성을 어떻게 나눌까가 문제의 핵심이었다. 이에 대해 호암은 선명한 태도를 취하지 않으면서 시간을 끌었다. 만우에게는 일생에서 가장 참기 어려운 지옥같은 시간이었다. 그러다가 어렵사리 삼성의 주력회사 3개 중 제일제당을 만우 몫으로 하는 데 합의가 됐다.

이에 대해 〈주간한국〉은 이렇게 밝히고 있다. "1955년 결산 당시 이 회장과 조 회장의 지분은 66대 33이었다. 그 후 결산은 4.19 혁명, 5.16 쿠테타로 지지부진했으므로 1962년 조 회장은 이 회장에게 "내 지분이 ⅓이니 삼성물산과 제일모직, 제일제당 중 내가 사장을 지낸 제일제당을 갖겠다"라고 했다. 이 회장 역시 그런 요구에 합의했는데 며칠 뒤 안국화재, 한국타이어 등에 투자한 지분처리를 이유로 양도를 차일피일 미루었다. 그런데 호암은 또다시 그 합의를 뒤집었다. 결국, 호암이 내놓은 것은 부실기업으로 은행 관리를 받고 있던 한국타이어와 한일나일론에 삼성이 지분으로 갖고 있던 ⅓ 가량의 주식이었다.

만우에게 남은 선택은 재산을 찾기 위해 '소송'을 하느냐 마느냐 하는 것이었다. 그런데 만우는 그 순간 모든 것을 포기했다. 측근에서 보좌했던 신항만의 표현을 빌리면 얽힌 실타래를 단칼에 쳐내듯 단호하게 모든 것을 과거로 돌려버린 채 마음을 비운 것이다. 30억 원에 이르는 지분을 단 3억 원 정도, 그것도 부실기업의 주식으로 받는 것으로 매듭짓고 삼성과 결별한 것이다.

남들은 은퇴를 준비할 나이에 만우는 새로운 출발점에 섰다. 이때 만우의 선택에 대해 배기은(추후 동양나일론 사장)은 느낀 점이 많았다. "보통 사람 같으면 그런 상황에서 좌절하기 마련입니다. 그런데 회장님은 전혀 좌절하는 모습을 보이지 않았어요. 속으로야 얼마나 분하고 화나셨겠어요. 그런데 새마음으로 다시 일어서시더란 말입니다. 회장님은 대단히 비범한 분이십니다. 경영자로서 역량도 뛰어나시지만 한 인간으로서 인격, 심성, 의지, 이런 면에서 놀라운 면을 가지신 것입니다."

후일 만우는 이때의 결단을 두고 "내가 70년을 살아오는 동안 수많은 결단 중에 가장 현명한 결단이었다."라고 회고했다.

"그 결단을 내리지 못하고 분배받을 재산에 연연했더라면 내 독자적인 사업은 시작해보지도 못하고 재산은 재산대로 찾지도 못하고 끝나게 되었으리라"

만우는 그의 인생의 분수령이 된 이 시기에 스스로 "늦되고 어리석다.”라고 칭하면서 '만우(晚愚)'라는 아호를 쓰기 시작했다.

모든 일에는 때가 있다

5.16 군사혁명 이후 혁명 주체세력의 핵심 멤버였던 김종필(金鍾泌, 추후 국무총리) 주도로 중앙정보부가 창설되었다. 중앙정보부 서울지부 사무실은 남산 제3터널 입구에 있었다. 효성 사무실과 무척 가까운 자리였다. 효성은 조선호텔 맞은편에 있었으니 300~400m 밖에 떨어져 있지 않았다.

1963년 조일제는 중앙정보부 서울지부장 보좌관으로 이곳에 오게 되었다. 그는 만우와 인척이 되는 사이였으나 당시까지 만우를 만나 본 것은 딱 한 번밖에 없었다. 그것도 그가 만난 것이 아니라 아버지를 모시고 갔던 것뿐이었다.

그런데 하루는 시골 아버지에게서 장문의 편지가 날아왔다. 내용인즉 “우리 집안에 조홍제씨가 서울에 있는데 왜 인사를 가지 않느냐”는 것이었다.

조일제는 어느 토요일 오후 마음먹고 효성을 찾아갔다. 토요일 오후라서 손님이 많아 조일제는 명함을 들여놓고 한 두 시간을 기다렸다. 마침내 들어오라는 전갈이 있어 사무실에 들어갔다. 그런데 들어간 지 한 시간이 되고 두 시간이 되고 해가 저물도록 조일제는 나오지 않았다. 이런 일은 일찍이 없어 비서실에서는 의아했다.

과연 만우의 방에서는 무슨 일이 벌어졌던 것일까? 방안에서는 만우와 조일제 사이에 대토론이 벌어지고 있었다. 그때만 해도 조일제는 군사 혁명정부가 펼치고 있는 정책에 대한 자부심을 가지고 있었다. 우리나라 정치·경제·군사·사회·문화 모든 분야에서 조일제는 자신이 알 만큼 안다고 생각하고 있었다. 특히 그즈음 정부에서 발표한 제1차 경제개발 5개년계획에 대해 가슴 부푼 꿈을 갖고 있을 때였다.

논쟁의 발단은 조일제가 제공했다. 당시 전 세계적으로 철강공업이 급성장하고 있을 때였다.

"우리나라에서도 제철 공업을 해야 합니다. 일본에서도 제철 공업을 하고 있는데 우리라고 못 할 것이 뭐 있겠습니까?" (사실은 그즈음 우리나라는 박정희 대통령의 극비 명령으로 포항제철 청사진을 굽고 있었다.)

"특히 무엇보다도 일본을 이겨야 합니다. 그래야 중화학 공업을 할 수 있습니다."

이에 대한 만우의 반응은 한마디로 '시기상조'라는 것이었다. 누가 하기 싫어서 안 하는 것이 아니라 할만한 여건이 아직 조성되지 않아서 못하고 있다는 것이 만우의 관점이었다. 만우는 자신이 설립했던 '제일모직'의 예를 들었다. 제일모직의 원료는 양모(羊毛)이다. 양모는 오스트레일리아가 산지이다. 돈만 들고 오스트레일리아로 가면 양모를 원하는 대로 살 수 있는가? 그렇지 않다. 시장의 원리상 최소한 2차, 3차 손을 거쳐야만 살 수 있다. 기계는 어떤가? 그냥 모직 기계 사와서 양모 넣고 짜면 복지가 나오는가? 그렇지 않다. 기계를 설치할 줄 알아야 하고 운전하는 방법을 알아야 한다. 우리나라에 설비할 줄 알고 운전할 줄 아는 사람이 있는가? 아니다. 저쪽에서 주기 싫은 기술은 절대 안 준다. 그렇다면 제철 공업을 한번 보자.

"제철을 하려면 철광석이 있어야 하는데 우리나라에서 철광석이 나오는가?"

"그럼 일본에는 철광석이 있습니까?"

"일본에도 철광석은 없지"

"그럼 일본에서 할 수 있는 것은 우리가 왜 못합니까?"

"그럼 철광석은 어디서 사 오는고?"

"외국에서 사 옵니다."

"외국에서는 어디서 철광석이 나오는고?"

"광산에서 나옵니다."

"광산에서 난 철광석을 일본까지 어떻게 가져오는고?"

"배로 싣고 옵니다."

"그러면 산에 있는 철광석을 부두까지 혼자 들고 나르는가?"

"…."

제철을 하려면 광산이 있어야 하고 그것을 부두까지 싣고 오는 데는 철도도 놓아야 하고 부두시설도 있어야 한다. 당시 우리나라의 경우에 대입해보면 문제는 더욱 심각하다. 만우의 시각은 공장만 덜렁 지어놓고 "하면 된다."라는 정신으로 돌진한다고 모든 문제가 해결되는 것은 아니라는 것이었다.

조일제는 100% 자신의 참패를 인정하지 않을 수 없었다. 그는 자신의 사무실로 돌아와서 한 장의 보고서를 썼다. "혁명정부가 장차 경제개발 5개년계획을 추진해 나가는 데 있어 경제계의 경험과 노하우(Know-how)를 받아들이지 않으면 실패할 가능성이 크다"라고 했나.

그의 건의가 주효해서인지 박정희 대통령은 이후 시대적 과제였던 부정축재 처리를 애초보다 완화하고 정부 주도 경제개발에 경제계의 참여와 협조를 얻어냈다.

약속 30분 전에 나와서 되겠는가?

조만제가 효성물산 총무부에 근무하고 있을 때 만우를 수행하여 일본 출장을 갔던 적이 있다. 오사카(大阪)에 도착한 일행은 다음날 도쿄(東京)의 거래처를 방문하기로 되어 있었다. 만우와 조만제는 서로 다른 호텔에 묵게 되었다.

"내일 아침 모시러 오겠습니다."

"그럴 필요 없다. 내가 바로 역으로 가마"

만우에게 열차 시간과 승강장 번호를 알려준 조만제는 다음 날 만날 약속을 하고 숙소로 돌아갔다. 조만제는 다음 날 아침 틀림없이 만우가 일찍 나오리라 생각하고 아침까지 굶고 서둘러 역으로 향했다. 역에 도착해서 시계를 보니 약속 시간 30분 전이었다. 이만하면 만우보다 먼저 있겠거니 하며 여유 있게 약속 장소로 갔다.

그런데 이게 웬일인가. 그곳에는 만우가 이미 와서 기다리고 있었다. 아차 해서 조만제가 달려가 인사를 했으나 본체만체였다. 심기가 불편한 것이 틀림없었다. 잠시 후 두 사람은 동경으로 가는 기차에 몸을 실었다. 그때까지도 만우는 입을 꼭 다물고 있었다. 조만제는 만우의 화를 누그러트리기 위해 "잡지 좀 보십시오" "신문 사 올까요?" "주스 드시겠습니까?" 온갖 애를 썼다.

그러나 만우는 꿈쩍도 하지 않았다. 열차가 마침내 동경에 도착하자 만우는 그제야 입을 열었다. 만우의 기분이 많이 풀어졌다 싶어지자 조만제가 비로소 물었다.

"대체 왜 화가 나셨습니까?"

"자네, 일 보러 가는 사람이 그렇게 늦게 나와서야 되겠는가?"

"제가 30분 전에 나왔는데 늦다니요? 회장님께서 약속 시간을 잘

못 아신 게 아닙니까?"

"그러게 말일세. 30분 전에 나오니 문제 아닌가!"

기가 막힌 조만제는 되물었디.

"아니 회장님, 기차 타는데 30분 전에 나오면 충분하지 안될 게 뭐가 있습니까? 기차 기다리는 시간에 뭘 하시려구요?"

"미리 만나서 앞으로 해야 할 일도 얘기하고 어떻게 처리할 것인지도 의논해봐야 할 것 아닌가?"

"어제 다 얘기하지 않았습니까?"

"다하긴 뭘 다해!"

조만제는 그만 입을 다물었다. 일이라는 것은 철저하게 준비할수록 좋은 성과를 가져오기 마련이라는 것이 만우의 방식이었다.

돌다리도 두드려보고 건넌다

1960년대 후반 정부의 경제개발 계획의 진행과 함께 건설 붐(Boom)이 일어나고 있을 무렵이었다. 만우의 주변에서도 건설업을 해보는 것이 어떠냐는 권유가 잦았다. 그러나 만우는 건설업에 통 흥미를 보이지 않았다.

"현대(現代)건설이 잘 된답니다. 효성노 선설 쪽에 한 번 진출해 보는 게 어떻습니까?"

"나는 건설업은 안 한다."

"왜요?"

"건설업은 무모한 업종이다. 그것은 계획을 세워서 수지타산 계산해서 할 수 있는 업종이 못 된다. 그러니까 나는 안 한다."

과연 그 말대로 만우는 자신의 대에는 건설업에 손대지 않았다.

후일 2세인 조욱래 사장이 건설업에 뛰어들었고 현재 효성에도 건설회사가 있지만, 당신의 시대에는 건설업을 쳐다보지도 않았던 것이다. 이 일화는 만우의 사업 스타일을 잘 보여주고 있다.

건설업이라는 것은 5+5는 반드시 10이 된다는 그런 통상적인 예측을 하기 어려운 업종이라는 것이다. 한 예로 1968년 2월 현대건설이 착공한 경부(京府)고속도로 공사를 보자. 이 공사는 당초 공기(工期)가 2~3년으로 예상되어 있었다. 그러나 당시의 기술 수준이나 장비로는 기간 내 428km의 고속도로를 완공한다는 것이 불가능하다는 의견이 지배적이었다. 그것에 도전한다는 것은 국가적으로, 기업으로도 모험이었다.

이때 현대건설은 기계화를 통한 공기 단축이 이 사업의 열쇠라고 보고 당시 국내 사정으로는 천문학적인 숫자인 8백만 달러 규모의 중장비를 도입하여 문제를 해결했다. 이만한 규모의 중장비는 당시 한국에 존재하고 있던 중장비를 모두 합친 것보다 더 많은 것이었다. 결과적으로 경부고속도로는 2년 5개월 만에 완공되어 세계 최단기간 완공이라는 기록을 남겼다. 이 경부고속도로 사례는 만우가 건설업을 기피하는 이유를 충분히 설명해주는 것이다. 요컨대 모험적이고 변칙적인 사업은 만우의 스타일과 맞지 않은 것이다.

똑같은 이유로 만우는 수산업(水産業)과 광산업(鑛産業)도 기피했다. 여러 사람이 수십 번 와서 집적거려도 두 업종에는 고개를 저었다. "광산, 파봐야 알 수 있는데 뭘 믿고 하느냐? 어업, 고기를 잡아봐야 아는데 뭘 믿고 하느냐? 그런 사업은 안 하는 것이 맞는 거다." 그럴 정도로 예측 불확실성이 큰 사업에는 가차 없이 고개를 돌렸다. 후일 동양나일론이 성공한 데에 대해서 만우 스스로 그 성공비결을 이렇게 술회한 바 있다.

"선진국의 기업가들은 새로운 사업을 전개하려면 그 사업에 대해 면밀히 검토할 전담기구부터 만든다. 그리고 충분한 시간을 들여 인적 자원, 제품의 시장성, 생산기술, 품질 등 모든 면에서 철저한 준비를 하고 시작하니 실패하는 경우가 매우 드문 것이다. 우리나라 일부 사업가들은 '하다 보면 어떻게 되겠지.' 하는 마음으로 너무 쉽게 덤벼드는 경향이 있는 듯하다. 우리가 선진국 대열에 들어설 수 있느냐 하는 척도의 하나로서 기업가가 얼마만큼 계수에 밝으며 사전 준비를 철저하게 하는가 하는 것도 들 수 있지 않을까 생각한다."

만우의 기업 활동에 있어서 '대충대충'은 절대 있을 수 없다. 요행을 바라지 않기 때문에 그는 자신이 맡은 일에 대해서는 최선을 다했다. 그래서 만우의 사업 스타일은 '돌다리도 두드려보고 건너'는 것으로 정평 났다. 때문에 모든 기업이 만우 스타일로 안전제일 주의로 운영했으면 IMF 외환위기 사태도 일어나지 않았을 것이라는 견해를 보이는 인사도 있다. 그런가 하면 돌다리를 두들기는 것도 좋지만 '시대변화'에 신속하게 부응하는 데 불리함이 있다고 하는 사람이 있다.

그러나 위험감수(Risk Taking)가 기업가 정신의 필수요건은 아니다. 기업가 정신의 본질은 위험감수가 아니라 '가치창조'에 있다면 만우의 기업가 정신을 한번 재평가할 수 있다.

한국의 신산자(神算子) 만우

만우의 '성냥개비' 계산법은 신묘한 것으로 정평 나 있었다. 4세기 중국 북송 흠종조 때 장경(蔣敬)이란 인물이 있었다. 그는 섬서성 서안현 사람으로 현의 경리사무를 담당하는 하급관리였다. 그러나 피나는 노력으로 무예를 익혀 일약 고수가 되고 그의 생업인 산술과 관련하여 주판을 사용한 새로운 무예를 만들어 냈다. 그만의 독특한 주판 무예인 이것이 신산판법(神算板法)이었다. 주판 무예와 산술에 능한 그의 특성을 살려 그에겐 신산자(神算子)란 별호가 붙었다.

그러나 20세기 한국에 있어서도 똑같이 신산자로 불리는 분이 바로 만우였다. 신산자 만우는 말 그대로 '귀신같은 계산'으로 타의 추종을 불허했다. 만우는 '성냥개비' 몇 개를 도구로 삼았다. 동양나일론이 한일나일론을 인수할 무렵, 윤정수와 백영배가 실무를 맡고 있었다. 어느 날 만우는 인수작업에 관해 다음 날 아침까지 보고할 것을 지시했다. 하룻밤 사이에 방대한 계산을 한다는 것이 부담스러울 것으로 생각했는지 만우는 선심쓰듯 한마디 했다.

"그런데 1,000원 단위는 좀 틀려도 된다."

윤정수와 백영배는 기가 찼다. "천 원 단위는 틀려도 된다."라는 말에 더 주눅이 들었다. 다음 날 아침 윤정수가 보고를 하고 있는데 갑자기 만우가 호통을 쳤다.

"허, 턱도 없는 소리하지 마라"

계산이 틀렸다는 것이다. 다시 계산해보니 틀린 숫자가 나왔다. 만우가 계산에는 '귀신'이라는 말은 이래서 나온 것이다.

이럴 때 만우의 손에는 어김없이 몇 개의 성냥개비가 들려 있기 마련이다. 이 성냥개비가 주판이며 전자계산기였다.

정달영이 경리과장이었을 때 원가계산은 그의 소임이었다. 숫자가 많은 것은 계산기로 하고 간단한 것은 주판으로 하는데 만우는 그 옆에서 예의 그 성냥개비를 들고 있었다. 그러면서 "나일론 70데니아 원가가 얼마나 들지?" 질문을 했다. 그에 대해 정달영이 대답을 하면 당장에 "그거 조금 비싼 것 같은데…" 혹은 "싼 것 같은

데…” 하는 지적이 돌아왔다. 그는 이미 계산을 다 했다는 것이다. 그만큼 그의 ‘성냥개비 계산’은 빠르고 정확했다. 때문에 그가 손가락에 성냥개비를 끼우고 슬슬 돌릴 때면 주변의 사람들이 모두 긴장했다. 그의 계산과 틀린 숫자가 나올 때는 어김없이 불호령이 떨어지기 때문이다.

만우의 ‘성냥개비 계산법’은 회사 전 사원에게 알려져 있을만큼 유명했다. 그러나 그 계산법을 아는 사람은 아무도 없었다. 다만 성냥개비 계산을 가까이서 자주 보아왔던 경리 담당 직원들은 ‘이럴 것이라’라는 짐작만 했다. 성냥개비의 머리 부분이 숫자 ‘5’를 가리키고 엄지손가락 첫마디와 세 손가락의 세 마디는 ‘1’의 숫자다. 이때 성냥개비는 인지, 중지, 약지의 세 손가락 사이에서 신기하게 움직이고 동시에 머리로는 암산을 하는 것이다. 그 방법을 통해 나온 계산은 너무나 정확해 보고하는 사람은 등허리에 식은 땀이 흘렀다. 만우가 보고를 듣다가 성냥개비를 내던지면 보고는 거기서 중단된다. 만우가 계산한 숫자와 보고서상의 숫자가 맞지 않고 있다는 뜻이다. (이 점에서 만우 조홍제 회장과 호암 이병철 회장은 전혀 반대 스타일이다. 이병철 회장은 다만 임원이 보고하는 숫자는 듣기만 하고 “알았다.”라는 말로 끝이었다.)

만우의 이 같은 ‘성냥개비 계산법’을 전수 받은 사람은 아무도 없었다.

절반만 갚아주마

1960년 일본에서 귀국한 조만제는 그해 고향에서 민의원 선거에 입후보했다. 조만제는 상당히 자신이 있었다. 그러나 기대와는 달리 결과는 차점자 낙선이었다. 선거에 떨어지고 나니 아무것도 없었다. 당장 먹고 살 일이 막막한데 선거를 치르느라 얻은 빚은 빚대로 어깨를 짓눌렀다. 그러나 빚을 갚을 길이 없었다. 그때 조만제의 머릿속에 제일 먼저 떠오른 사람이 만우였다. 만우는 문중의 어른이었다. 만우가 동경의 한 병원에 입원해 있을 때 유학 중이던 조만제가 찾아가 인사를 드린 적이 있었다. 자신의 집은 물론 일가친척이라야 사는 형편이 다 고만고만한 처지라 아무리 생각해도 비빌 언덕이라 곤 만우뿐이었다.

조만제는 만우 자택 명륜동에 찾아갔다. 그러나 막상 얼굴을 마주 대하자 차마 도와달라는 말이 입에서 떨어지지 않았다. 그저 차려준 밥만 묵묵히 먹고 있는데 만우가 말을 걸어왔다.

"자네 선거에 나갔다면서? 그래 돈은 얼마나 썼나? 자네가 그동 안 일본에 있으면서 돈을 번 것도 아닐 텐데. 아무래도 빚을 졌겠구 면?"

"…"

유구무언 조만제는 밥상만 들여다보고 있었다.

"그래 빚은 얼마나 졌나?"

"백만 원 정도 됩니다."

당시 '백만 원'은 꽤 큰돈이었다. "

자네 그 빚을 어떻게 갚을 셈인가?"

"지금부터 돈을 벌어 갚아야지 어떡하겠습니까?"

"그래 알았다. 그럼 내가 그 빚을 갚아주마"

조만제는 귀가 번쩍 뜨였다. 이처럼 만우가 먼저 빚을 갚아주겠다 는 말이 나올 줄은 몰랐다. 그러나 만우의 말은 계속되었다.

"하지만 다 갚아줄 수는 없네. 내 마음 같아서는 그 빚을 깨끗이다 갚아주고 싶지만 내가 전부 갚아주면 자네는 돈 귀한 줄을 모를 걸세. 그러니 자네가 진 빚의 절반만 갚아주겠네. 나머지 절반의 돈은 자네가 어떻게 해서든 갚아보도록 하게. 그렇게 하겠는가?"

조만제로서는 감지덕지. 그저 감사할 따름이었다. 조만제는 남은 절반의 빚을 어떻게 갚았을까? 이튿날 아침 8시 30분. 조만제는 만우가 일러준 대로 반도호텔(현 소공동 롯데호텔)에 있는 그의 회사를 찾아갔다. 만우는 약속한 돈을 내주고 문득 물었다.

"그래. 이제부터는 뭘 하고 살 것인가?"

"아무것도 정한 것이 없습니다."

그러자 만우가 말했다.

"그럼 우리 회사에서 일 보겠는가?"

조만제는 벌떡 일어나 45°로 허리 굽혀 인사를 했다. 만우는 그렇게 빚 갚을 돈뿐만 아니라 일자리까지 마련해 준 것이었다. 그 봉급으로 조만제는 나머지 절반의 빚을 갚아나간 것은 두말할 나위가 없었다.

충분한 만큼의 도움

1950년대 말 서울 시내에 있는 유녕 일간지 하나가 경영난으로 문을 닫을 지경에 이르렀다. 회사를 살릴 방도가 막막했던 그 일간지 사주(社主)는 고심 끝에 만우를 떠올렸다. 한밤중에 아무도 몰래 만우를 찾은 그는 어렵게 말문을 열어 도움을 청했다. 사정 이야기를 다 듣고 난 만우가 사주에게 물었다.

"회사가 경영난을 면하려면 얼마나 드는지요?"

"액수가 너무 커서… 회장님께서는 그저 그 액수의 일부만이라도 도와주셨으면 합니다만…"

"알았습니다. 내일 사람을 그곳에 보내겠습니다."

다음 날 만우가 보내온 봉투를 받고 그는 너무 놀라 아무 말도 하지 못했다. 그 봉투 안에는 회사를 충분히 살릴 수 있는 만큼의 돈이 담겨 있었다. 그 사주는 눈물이 글썽해져서 그 봉투를 앞에 놓고 절까지 했다. 그리고는 만우에게 전화를 걸어 감사의 인사를 하러 찾아가겠다고 하니 이런 대답이 되돌아왔다.

"장 사장님, 인사를 위해서라면 찾아오실 것 없습니다. 신문사가 문을 닫게 되면 어떻게 되나를 생각해 봤지요. 그곳에서 밥을 먹던 사람들이 얼마나 고생을 할까. 이런 생각을 하니 장(張) 사장님께서 말씀하신 전액을 넣어드려야겠다는 생각이 들었습니다. 이제 다시 일어나셔야지요" (만우가 도와준 사주(社主) 장(張) 사장은 당시 '한국일보'를 경영하고 있던 장기영(張基榮)씨이고 장 사주는 추후 부총리 겸 경제기획원 장관을 지냈다.)

그저 생색을 내거나 체면치레를 하고 싶어서였다면 얼마간의 돈으로도 충분했을 것이다. 그러나 만우는 그렇게 하지 않았다. 남들이 들으면 깜짝 놀랄 정도의 거액을 아무런 대가 없이 지원해준 것이었다. 그것이 어쩌다 기분 내키는 대로 한 일은 아니었다. 그는 평소 그것을 음식의 간을 맞추는 일에 비유하곤 했다.

"음식의 맛은 소금이 그 기본이지. 하지만 너무 많이 넣으면 짜서 도리어 그 맛을 죽이고 너무 적게 넣으면 싱거워서 맛이 안 나네. 그러니 얼마를 어떤 음식에 넣어야 하는지 보고, 듣고, 배우고 또 혼자서 연구를 할 수밖에. 그렇게 하지 않으면 언제까지고 훌륭한 솜씨를 지닐 수 없게 될 게야. 사람이 기업을 하거나 세상을 살아가는 이치도 모두 이것과 크게 다를 바가 없다는 것을 깨달았으면 하네"

만우는 음식을 가장 맛있게 만드는 소금의 양이 어느 정도인지를 알았다.

"남을 돕는 일은 쉬운 일이 아니야. 꼭 살려야 할 사람이라면 다시 살아날 수 있도록 도와야 하네. 그 사람이 다시 살아날 수 있을 것인지, 그렇지 못할 것인지를 판단하는 일이야말로 어려운 일이 아닌가 싶네"

그래서 만우는 그가 꼭 살려야 할 대상으로 판단한 그 일간지를 충분히 '다시 살아날 수 있도록' 도운 것이다. 만우의 도움을 받은 '한국일보'(2000년대 현재 사주는 아님)는 그 후 승승장구, 국내 최대의 발행 부수를 자랑하는 최고의 신문으로 성장했다.

소매 없는 내복

만우는 소매를 잘라낸 내복을 근 10년이나 입었다. 조석래는 해외 출장을 다녀오면서 아버지의 내복 한 벌을 사 왔다. 당시로써는 흔치 않은 캐시미어 내복이었다. 다른 사치스러운 물건을 사 오면 꾸지람을 들을 것이 뻔한 터라 그나마 실용적인 내복에 신경을 쓴 것이다. 노인에게는 겨울에 따뜻한 캐시미어 내복이 적격이었다. 만우도 이 내복만큼은 즐겨 입었다.

다음 해 출장에서도 석래는 또다시 아버지의 내복을 사 왔다. 아버지의 내복이 많이 낡아 있었기 때문이다. 석래는 집에서 일보는 사람에게 새 내복을 가져다드리도록 했다. 그런데 어찌 된 일인지 며칠 후에 보니 만우는 여전히 헌 내복을 입고 계셨다. 팔꿈치가 헐어 구멍까지 나 있었다. 석래는 집에서 일하는 사람이 소홀했는가 싶어 크게 꾸짖고 다시 새 내복을 가져다드리도록 했다.

석래는 새 내복을 입고 계시겠지 하고 아버지에게 문안을 드리러 갔다. 그런데 이게 웬일인가. 만우의 내복은 팔꿈치 아래가 잘려나간 반소매가 되어 있었다. 그 모습을 본 석래가 얼굴색이 변해 집에서 일보는 사람에게 큰소리치려고 하자 만우가 만류했다. 내복이 소매가 없게 된 것은 본인의 작품이라는 것이었다. 당신께서 구멍 난 팔꿈치 부분을 잘라내고 소매 끝에 고무줄을 꿰어달라고 부탁했다는 것이다.

"몸판은 멀쩡한데 이걸 왜 버리나? 내가 아무리 노인이라 하지만 겨울에 몸통이 추운 거지 팔꿈치가 시린 것이 아니다. 불편할 것은 하나도 없다."

만우는 그렇게 소매를 잘라낸 내복을 근 10년이나 입었다. 내복뿐만이 아니었다. 만우는 옷을 한번 사면 그대로 10년은 갔다.

원무현이 70년대 초반 비서실에 입사했을 때였다. 만우는 겨울에 낡은 코트를 입고 있었다. 그때 이미 10년 가까이 입은 코트라고 했다. 그런데 그 코트를 수선해 오라는 것이었다. 나이가 들면 체격이 줄어들고 체격이 줄면 옷이 헐렁해지기 마련이다. 그렇게 코트가 헐렁헐렁 거린다 싶으면 소공동 양복점에 가서 몸에 맞게 줄이는 것이었다. 원무현의 기억으로는 거의 한 해에 한번씩 코트를 줄였다고 한다. 소매 자른 내복을 입고 줄인 코트를 입고도 만우는 거리를 아무렇지 않게 활보했다.

곰탕과 비빔밥

만우의 자택에서 만우와 겸상으로 처음 식사를 해본 사람이면 늘 놀라기 마련이다. 대개는 재벌 집 자택이기 때문에 떡 벌어진 진수

성찬을 예상하다가 부엌에서 내오는 밥상이 생각보다 작은 데 놀란
다. 한 사람이 달랑 들고나올 정도의 크기로 반찬 몇 가지면 꽉 차는
밥상이었다. 올려진 반찬도 정성이 담겼을 뿐 진수성찬과 거리가 멀
었다. 만우는 그만큼 식성이 소박한 사람이었다.

1963년 만우가 일본에 갔을 때였다. 당시 동경에 주재하고 있던
배기은은 만우의 식사를 어떻게 해야 하나 어디로 모셔야 하나 고민
했다. 당시 동경에는 한식당은 3곳 밖에 없었고 값도 비쌌다. 그 한
식당으로 갈지, 일본 식당으로 가야 할지 망설였다.

그때 만우가 "곰탕이나 끓여라."고 했다. 배기은은 자취하고 있던
아파트에 가서 곰탕을 끓여 식사를 대접했다. 밥상에 올려진 것은
밥과 김치와 곰탕 한 그릇뿐이었다. 만우는 배기은이 직접 끓인 그
곰탕을 "맛있다."며 잘 먹었다.

그 이후로 만우가 일본에 올 때마다 밥은 의례 배기은의 아파트에
서 먹게 되었다. 메뉴는 곰탕 아니면 비빔밥이었다. 만우는 먹는 사
치와는 거리가 멀었다.

조석래 선대 회장

29

2세 경영인 조석래 회장의 진면목
(眞面目, 참된 모습)

(독자들이여, 조석래 회장의 본래 모습을 좀 더 가까이서 보기 위해 그와 생전에 사회적으로 접촉이 많았던 저명인사들의 증언을 들어보는 것도 흥미롭고 유익할 것이다. 이 책의 이 부분은 '내가 만난 사람 조석래' 제호의 책자에 기초해서 쓰여졌으며 조현준(趙顯俊) 현 회장은 이 책 서문에서 "아버지란 이름은 존경과 경애의 다른 이름"이라고 쓰고 있다.)

이홍구(李洪九, 전 국무총리) : 눈부신 경제 발전에 앞장 서다

조석래 회장과 나는 초등학교와 중·고등학교(경기중·고교)에서 1년 차의 동창이지만 학교 다닐 때는 알고 지낸 사이가 아니었다. 1959년 여름 뉴욕(New York)에서 처음 만났다. 나는 예일대에서, 조 회장은 일리노이 공대에서 대학원생으로 공부하던 시절이었는데 우리는 그때부터 오랜 지기인 듯 가까워졌고 이후 반세기를 넘어 오늘에 이르고 있다. 대단한 수준의 아마추어 골퍼였던 조 회장과 나는 스포츠에 대한 공통의 관심사가 있었다. 특히 대학 시절 배구선수로 활약했던 나와 1980년대 초 대한 배구협회 회장과 아시아 배구연맹(Asian Volleyball Confederation) 부회장을 역임했던 조 회장과의 각별한 인연이 우리들을 더욱 가깝게 했다. 우리가 처음 미국에서 만났던 1950년대나 귀국하여 기업인과 대학교수로 활동을 시작했던 1960년대의 한국은 6.25 전쟁의 폐허에서 다시 일어나 근대화의 출발점에서 맹속력으로 달려 나가던 시기였다. 근대화 노력의 핵심은 우리의 후진 경제를 빠른 속도로 산업화하며 세계 시장과 연결 시키는 일이었다. 조 회장은 선친 조홍제 회장님께서 창업하신 '효성'을 한국 경제 산업화 행진의 앞줄에 서게 하는데 핵심적 역할을 담당하셨다. 기업인으로서 조 회장이 쌓아온 업적을 어찌 내가 평가할 수 있겠는가. 다만 그를 2007년 어려웠던 경제 상황에서 '전경련(全經聯) 회장'으로 선출한 사실이 한국기업의 지도자로서 우뚝 선 조 회장의 위상을 말해주고 있다. 결국, 한국이 산업화와 민주화를 통해 근대화에 성공한 것은 지구촌을 하나의 시장으로 묶어간 세계화 과정에 적극 동참한 가운데서 비롯되었다고 회고할 수 있다. 이러한 한국의, 특히 한국 경제의 국제화 과정을 주도하는데 조 회장은 본인의 준비된 기량을 최대로 발휘할 수 있는 행운을 가졌다. 그가 유학하였던 와세다 대학과 일리노이 공대가 조 회장에게 명예박사 학위를 수여한 것은 바로 그러한 국제 경제인으로서의 공헌을 인정한 것이었다. 지난 20여 년 PBEC의 부회장, 회장, 명예 회장을 역임하면서 아시아 · 태평양 지역의 경제 협력을 촉진 시키는데 기여한 공로는 한국의 국제적 위상 제고에도 큰 힘이 되었다. 두 번에 걸친 한 · 일 경제 협의회 회장, 그리고 한 · 미 재계 회의 한국 위원장으로서의 활동도 같은 맥락에서 평가받아 마땅하다. 1986년 냉전의 막이 내려가기 시작할 무렵, 공공외교와 민간 외교 시대의 개막에 대비하여 출범한 '서울국제포럼'의 창립 회원인 조 회장은 일관성 있게 '세계 속 한국'의 위상을 높이는 활동에 적극 참여하고 있어 동료회원들의 존경을 받고 있다. 내년이면 해방 70주년이다. 일제 식민시대에 태어나 수많은 고비를 넘겨 온 우리 세대의 친구들은 오늘의 대한민국에 무한한 자부심을 갖고 한결같이 이 나라 발전에 기여해 온 조 회장의 팔순과 보람찬 인생역정에 축배를 들고자 한다.

장대환(張大煥) 매경미디어그룹
(매일경제·MBN 회장, 국무총리 서리)
: 소득 5만 달러 시대 큰 그림을 그리는 경영인

조석래 회장님을 뵌 것은 1990년대 초반으로 한·미 재계 회의에 참여하며 가까이서 인연을 쌓을 수 있었다. 조 회장님의 말씀에 귀 기울이다 보니 한국 경제를 바라보는 시선이 나와 비슷하다는 것을 알게 되었다. 논리적이고 분석적인 성향을 지니고 계신 조 회장님은 끊임없이 한국 경제의 미래를 염려하고 계셨다. '효성'이라는 기업의 미래만 그리는 것이 아니라 좀 더 멀리 넓게 보며 한국 사회 전체의 미래를 그리셨던 것이다. 그분의 마음속에는 어떻게 하면 우리 경제가 더욱 발전할 수 있을지에 대한 고민들로 가득하셨던 듯싶다. 내가 주장하는 것 중에 '원 아시아 모멘팀(One Asia Momentum)'이란 것이 있다. 말하자면 아시아를 유럽 공동체처럼 하나의 시장으로 만들자는 것이다. 이 개념을 계속 주장했던 것은, 그만큼 아시아 시장이 중요하다는 것을 말하고 싶은 이유도 있고 그렇게 하는 것이 다른 나라와의 경쟁에서 우리나라도 살아남을 수 있다고 생각하기 때문이었다. 조 회장님 역시 '아시안 머니터리 펀드(Asian

Monetary Fund)' 즉 아시아 통화 기금이 필요하다는 제안을 공식 석상에서 하시곤 했다. 한국, 중국, 일본이 통화를 교환하여 어려울 때 서로 돕고 자금 흐름을 원활하게 하자는 것이다. 아시아가 하나의 시장으로 묶여야 한다는 필요성을 공감하고 계셨던 것 같다. 이러한 생각의 일치로 나는 조 회장님과 세대를 뛰어넘는 공감대를 느낄 수 있었다. 특히 전경련의 수장으로 뵌 조 회장님은 더욱 책임감을 느끼시며 한국 경제의 미래에 대한 많은 고민을 하셨다. 우리나라 경제 발전에 저해되는 일이라면 하지 않으셨으니 말이다. "대한민국 경제가 2~3만 달러에 주저앉아서는 안 됩니다. 소득 4~5만 달러 시대에 들어서도록 다같이 열심히 일해야 합니다. 온 국민이 똘똘 뭉쳐서 힘을 합한다면 소득 5만 달러 달성도 먼 미래의 일만은 아닐 것입니다." 조 회장님은 우리가 소득 5만 달러를 달성하기 위해서는 나라 곳곳에서 일어나는 사회적 갈등으로 인한 분열을 멈추고 하나의 목표를 향해 쉼없이 달려가야 한다고 생각하셨다. 이것은 단순명료한 원칙이었다. 아무 의미없는 반목을 거듭하지 말고 '다함께 더욱 잘살기 위한 나라'를 향해 의기투합해야 한다는 것이다. 한ㆍ미 FTA에 대한 조 회장님의 생각을 들었을 때도 역시 반가웠다. 한국과 미국이 자유무역을 통해 경제적으로 부강한 나라가 되자는 바람은 나의 개인적인 의견과도 일치했기 때문이다. 이렇듯 각자가 그리고 있는 큰 그림이 같다는 점이 소통의 핵심이었다. 얼마 전 전화통화에서 조심스럽게 안부를 여쭈었다. 조 회장님은 오히려 명랑하게 대해주셨다. 건강도 안 좋으시고 힘든 일도 많으실텐데 긍정적으로 생각하시면서 받아들이시려는 듯해 한편으로 안도했다. 조 회장님의 그러한 모습 또한 본받을 점이라고 생각했다. 어서 회장님의 건강이 회복되어 함께 필드(Field)에 나가 지금까지 그러셨던 것처럼 밝고 긍정적인 에너지로 18홀(Hole) 라운드 최고의 스코어를 만들어 내시길 고대한다.

손길승(孫吉丞, SK그룹 명예회장)
: 할 말은 하는 당당한 재계의 지도자

　나보다 6년 선배인 조석래 회장님은 대의를 실천하는데 틀림이 없는 분이다. 같은 섬유업계와 한국 재계에서, 또 국제 경제 무대에서 조 회장님의 활동을 지켜보며 내린 결론이다. 1990년대 초 문민정부가 등장했다. 김영삼 정부는 '세계화'라는 국정 슬로건을 제시하며 모든 분야에서 개혁을 서둘렀다. 당시 내가 모시고 있던 최종현 회장님은 '글로컬리제이션(Glocalization)'의 개념을 조야에 설명하고 다니셨다. 재계의 의견이 어느 정도 반영되었으며 대통령 또한 세계 각국의 지도자들을 만나며 내린 결론이라 성공하기를 바랐다. 나는 당시 세계화의 필요성이 가장 큰 분야이면서도 가장 세계화가 더딘 분야로 금융산업을 꼽았다. 세계를 무대로 무한 경쟁을 벌이는 기업이 금융에 발목 잡혀있는 한 우리나라는 경제 대전의 승자가 될 수 없다고 주장했다. 그리고 그 폐해로 고금리와 '꺾기 관행'을 해결해달라고 요로에 이야기하고 다녔다. 지금이야 저금리를 걱정하는 때이지만 당시 기업은 10%가 넘는 두 자릿수 고금리로 자금을 조달하던 시절이었다. 국제금리의 2배 정도 되는 수준이었다. 그런데 그런 수준의 금리를 지불하고도 기업은 또 다른 금융비용 부담에 시달렸다. 소위 금융기관의 꺾기 관행 때문이었다. 고금리로 조달된 여신을 예금, 적금 등의 명목으로 떼가는 금융기관의 횡포였다. 그런데 이런 횡포를 당하고도 을(乙)의 입장인 기업으로서는 '갑

(甲)'을 드러내놓고 비난할 수 없는 상황이었다. 언론은 연일 도와주겠다고 그런 사례를 알려 달라고 했지만, 어느 기업도 속 시원하게 '갑'의 횡포를 고발할 수 없었다. 때마침 국회 재무위원회에서 '전경련'을 찾아온다고 했다. 여론이 비등하자 국회 차원에서 문제점을 찾아보겠다는 취지였다. 당시 국회 재무위원장이 전경련 상근 부회장을 역임했던 노인환(盧仁煥)씨여서 어느 정도 마음이 든든했다. 시안도 시안이거니와 국회도 민주화 이후 힘있는 기관이라 기업인들이 자리에 꽤 많이 참여했다. 물론 기자들도 많이 따라 왔다. 그러나 어느 기업인도 속 시원하게 털어놓지 못하고 그저 도와달라고만 하니 회의가 다소 맥빠지게 흘러갔다. 어느 야당 의원은 심지어 뭘 도와 드려야 될지 모르겠다며 재계를 힐난하기도 했다. 이때 조 회장님이 마이크를 잡았다. 의례적인 인사를 하더니 바로 직격탄을 날리시는 게 아닌가? "얼마 전에 산업은행에서 얼마의 대출을 받았는데 무슨 적금으로 얼마, 또 무슨 예금으로 얼마… 그렇게 떼이고 나니 정작 손에 쥔 것은 절반도 안 됩니다." 지금은 정확히 기억나지 않지만 조 회장님은 당시 구체적인 은행상품명과 금액까지 모두 적시했다. 언론이 그렇게 찾아다니고 국회의원들이 수도 없이 물었던 '갑의 횡포'와 '을의 수난'이 적나라하게 공개된 것이다. 그것도 많은 기자가 몰려와서 취재하는 가운데 말이다. 파장은 컸다. 다음날 신문에 기사가 크게 났고 담당 은행은 감독 당국의 조사를 받는다고 난리가 났다. 효성그룹의 회장 때문에 조사를 받는 해당 은행은 속이 부글부글 끓었을 것이다. 조 회장님은 효성그룹의 임직원한테도 숱하게 질타를 당했을 것이다. 다른 그룹은 가만있는데 왜 사실을 밝히셔서 우리를 고생시키느냐며 말이다. 더구나 기업의 생사여탈권이 금융기관에 달려있던 때가 아니던가! 효성그룹은 아마 엄청

난 고통을 겪었을 거다. 심지어 존망까지 걱정했을지 모른다. 그래도 조 회장님은 의연했다. 한 회사의 이익만을 좇았다면 절대 그런 이야기는 못 꺼내셨을 것이다. 그는 재계 전체를 위해, 그리고 나라의 경쟁력을 위해 필요하다면 당신과 당신이 경영하는 회사에 손해가 오더라도 할 말은 하는 당당한 재계의 지도자였다. 당시 나는 이런 생각과 행동을 하는 지도자가 있다는 것이 우리나라 재계의 행운이라고 생각했다. 이러한 모습을 유심히 본 당시 최종현 전경련 회장님은 재계의 싱크 탱크(Think Tank)인 한국경제연구원장으로 조 회장님을 발탁하셨다. 조 회장님도 재계의 기대를 저버리지 않고 금융산업 육성, 경제규제 완화 등 재계의 현안을 해결하는데 영일(寧日)없이 발품을 팔고 다니셨다. 최종현 회장님은 조 회장님의 남아다운 기백과 나라 경제를 생각하는 포부를 평소에 지켜보시고 앞으로 전경련 회장을 맡도록 해야겠다고 말씀하셨으나 당시는 여러 사정으로 여의치 못했다. 최 회장님은 몸이 편찮으신데도 불구하고 나에게 "앞으로 조 회장님을 잘 도와서 재계 수장이 되는데 힘을 보태라"라고 거듭 말씀하셨다. 결국, 조 회장님은 2007년 1월 재계의 수장인 '전경련' 회장으로 취임하셨다. 그리고 전경련은 조 회장님의 리더십을 바탕으로 한국 경제의 비전에 대한 국민적 합의를 도출하고, 재계의 총 본산으로 그 소명을 훌륭하게 수행했다.

현홍주(玄鴻柱, 주미 대사)
: 나라를 생각하는 기업인

고등학교 5년 선배님인 효성그룹 조석래 회장님을 개인적으로 뵌 것은 1991년 미국에서였다. 당시 한국과 미국 양국의 주요 기업인들이 만나 경제 발전을 위해 의견을 나누는 '한·미 재계 회의'가 해마다 워싱턴과 서울 양쪽을 번갈아 가며 열리고 있었다. 주미 대사로 그 회의에 참석하면서 한·미 두 나라의 재계 인사들과도 대면하게 되었다. 조 회장님은 기술분과 위원장으로 활동하며 양국 기업이 당면한 현안을 의논하고 해결책을 찾아 기업끼리 해결할 건 해결하고 정부에 건의할 건 건의하는 등 회의에 적극적으로 참여하셨다. 대기업 총수가 기술분과 위원장을 맡아 기술교류 활성화와 지적소유권 문제 등의 현안을 직접 제기했다는 점에서 큰 화제가 되기도 했다. 한·일 경제 회의 부회장으로 양국 간의 재계 회의를 이끌어 간 경험이 있어서인지 조 회장님은 한·미 간에 기업의 역할이 매우 중요하다는 사실을 인식하며 모든 사안에 접근하셨다. 조 회장님은 이처럼 국제무대에서 자신의 장기인 영어 실력을 유감없이 발휘하셨는데 스피치에만 능한 게 아니라 회의의 흐름을 원만히 이끌어 가는데도 뛰어나셨다. 특히 막후(幕後)에서 타협과 조율을 끌어내는데 탁월하여 양국 간의 분위기 메이커로 그리고 양국의 의견 조율자로 역할을 잘 해내셨다. 한번은 한·미 재계 회의 중에 분위기가 잠시 험악해졌다. 언성을 높이지는 않았지만, 양국 기업 간의 보이지 않는 이해관계가 소리 없이 충돌했다. 재계의 갈등이 결국 정부 간의 갈등으로 이어질 수 있기 때문에 양쪽 모두 날카롭고 예민해진 상태였다. 그때 조 회장님이 중재에 나서셨다. 다른 사람이었다면 몇 배로 애를 먹었겠지만 조 회장님은 특유의 능력으로 양쪽의 이해를 바탕으로 한 타협을 이끌어 냈다. 조 회장님은 한 기업을 이끄는 수장이지만 나아가 한국을 대표하는 기업인이자 한국의 얼굴이라는 사명감에 충실하셨다. 특히 1998년 아시아의 금융위기로 나라 전체가 위태로울 때 우리 경제의 회생을 돕는데에도 최선을 다하셨다. 1998년 2월에 열린 한·미 재계 회의에서 조 회장님은 한국과 미국 사이의 투자 보장 협정, BIT(Bilateral Investment Treaty)를 제안했다. 미국에서 들어오는 투자에 대해서는 세금면제와 함께 이중과세를 방지하는 등 좋은 투자 조건을 만들어 주기 위해서였다. 그런데 영화업계에서는 미국 영화업계가 집요하게 요구하던 스크린 쿼터제(Screen Quota) 철폐를 반대하는 등 부정적인 움직임이 일면서 미국과의 BIT 체결이 어렵게 되었다. 하지만 조 회장님은 이에 굴하지 않았고 BIT에서 멈추는 것이 아니라 FTA까지 추진했다. FTA는 BIT에 비해 범위가 훨씬 큰 협정이라 미국 측에서도 처음에는 회의적이었다. BIT도 못하면서 개방의 폭이 더 큰 FTA가 어떻게 가능하겠느냐는 것이었다. 그 당시 조 회장님은 우리가 미국과 FTA를 왜 타결하는지에 대해 논리적이면서도 열정적인 어조로 설득하셨다. "나라가 살아야 기업 또한 살 수 있다."라는 구국의 마인드로 정부의 노력과 보조를 맞추어 FTA 타결을 위해 노력하셨다. 2001년 재계 대표기관인 전경련으로 한·미 재계 회의의 사무국이 이관되면서 조 회장님은 한·미 재계 회의의 한국 위원장으로 추대되었다. 조 회장님은 임기 동안 그간의 경험을 바탕으로 저력을 발휘하며 미국 비자면제, 지적재산권 보호, 규제등급 완화 등 다양한 성과를 내셨나. 결과적으로 힌·미 FTA가 우리 대미 수출 증대뿐 아니라 한·미 양국의 우호적 관계를 돈독히 하는데 긍정적인 영향을 준 것을 볼 때 당시 조 회장님의 선견지명이 탁월했다는 생각이 든다. 온 힘을 다해 효성그룹의 발전을 위해 평생을 헌신한 것처럼 조석래 회장님은 한국 경제 발전을 위해서도 동분서주로 뛰었다. 조 회장님과 함께 한국 경제사(史)에 오롯이 남을 귀중한 역사의 한 장면에 참여할 수 있어 더욱이 감사한 마음이다.

김기문(중소기업 중앙회 회장)

경제 단체장으로 함께 활동하며 뵙게 된 조석래 회장님은 상생의 의미를 온전히 이해하며 '상생 경영'을 일선에서 실천하고 계신 분이다. 중소기업 중앙회 회장의 입장에서는 대기업을 대표하는 전경련의 회장과 만나는 자리가 늘 편하지만은 않았다. 기업 간의 이해관계로 중소기업과 대기업 사이에 보이지 않는 벽이 있었기에 어떤 사안에서는 대립 관계에 놓여 있을 때도 있었다. 그럴 때마다 조 회장님은 한쪽에 치우치지 않으며 중재자로서의 역할을 톡톡히 해내셨다. 특히 조 회장님은 중소기업이 지닌 어려움을 헤아리고자 하셨고 중소기업이 내는 작은 목소리에도 귀 기울여 주셨다. 전력을 다했으나 당신이 해결하지 못한 부분에 대해서는 진심으로 안타까워하셨다. 조 회장님의 그러한 진심이 대기업과 중소기업으로 하여금 서로를 조금씩 이해하고 한 발짝씩 더 다가서도록 하는데 일조했다고 생각한다. 이러한 노력들이 점점 이어져 2008년에는 대기업과 중소기업간 상생 경영에 기념비적인 열매를 맺었다. 당시에는 나라 안팎으로 경제 상황이 좋지 않았다. 미국 서브 프라임 모기지론(Subprime Mortgage Loan) 사태의 여파로 전 세계적으로 경제가 얼어붙은 상태였다. 어떻게든 살 궁리를 찾아야 할 때였으나 대기업과 중소기업들은 납품단가 문제로 서로 대립각을 세우고 있었다. 그런데 어느 날 이명박 대통령과 경제단체장들이 러시아를 방문하게 되었다. 크렘린 궁전에서 잠시 티 타임(Teatime)을 가지는 동안 이 대통령이 러시아 대통령에게 조 회장님과 나를 소개하면서 서로 잘 지내라는 당부를 하셨다. 대통령이 나서서 일부러 당부까지 하셨으니 책임이 막중하다는 생각이 들었다. 그리고 아니나 다를까 나와 같은 생각을 하신 조 회장님이 물으셨다. "우리가 달라져야 할 텐데… 어떻게 했으면 좋겠소?" "전경련과 중소기업 중앙회는 형, 동생 사이라고 할 수 있으니 형이 아우를 격려하는 차원에서 직접 오셔서 상생 선언을 하시면 어떻습니까?" 조 회장님은 흔쾌히 제안을 받아들이시고 그길로 중소기업중앙회를 찾아 '경제 활력 회복을 위한 "대·중소 기업 상생 협력"을 선언하셨다. 중소기업중앙회 역시 46년 동안 상생 관련 선언은 처음이었다. 또한, 전경련 회장이 직접 중소기업중앙회를 찾아 선언문을 발표한 것도 처음이었기에 상당히 의미 있는 일이었다. 이밖에도 조 회장님은 대기업과 중소기업이 함께 성장하며 경제 발전을 이룰 수 있도록 여러 가지 방책들을 고민하셨다. 평소에 여러 공식적인 자리에서 조 회장님을 뵐 때마다 인상적이었던 것은, 소위 재벌같지 않은 매우 소탈한 모습이었다. 본래 허례허식을 좋아하지 않은 성정이셨기에 돈을 허투루 쓰시는 법도 없었다. 식당에서 음식을 사시거나 와인(Wine)같은 것을 고를 때도 꼼꼼히 따지시면서 합리적인 선택을 하셨다. 종종 해외출장시 동행하기도 했는데 비행기 안이나 어디서든지 손에서 일을 놓지 않고 업무를 보셨다. 이러한 조 회장님의 모습은 나뿐만 아니라 많은 사람에게 귀감이 되었을 것이다.

최중경(崔重卿, 지식경제부 장관)
: 산업입국(産業立國)의 꿈

대한민국이 오늘날 선진국 대열에 진입할 수 있게 된 원동력은 1970년대 초반에 경공업 위주의 산업구조를 중화학공업 위주로 과감히 개편했던 데서 찾을 수 있다. 당시 전 세계가 대한민국의 중화학공업 추진 정책을 회의적인 시각으로 바라보았다. 정책을 수립하여 추진한 정부도 칭찬할 만하지만 어려운 여건에도 불구하고 정부의 정책을 현실로 만든 산업계를 더 칭찬해주어야 한다고 생각한다. 산업계가 정책을 구체화 시킬 역량이 없었다면 아무런 성취도 없이 그야말로 정치적 제스처로 끝나고 세계적인 조롱거리가 되었을 것이다. 산업계에서는 사명감을 갖춘 기업인들이 있었다. 조석래 회장님은 그 중 화학산업 분야를 일궈낸 개척자이시다. 당시로는 드물게 일본 와세다 대학과 미국 일리노이 공대에서 화학공학을 전공한 조 회장님은 전문성과 함께 미국, 일본에서 구축한 광범위한 인적 네트워크를 기반으로 우리나라 화학산업을 세계 수준으로 끌어올려 5대 주력산업의 하나로 우뚝 서게 한 주역 중 주역이다. 특히 나일론과 폴리에스터 분야를 개척해 화학산업의 기초를 튼튼히 한 조 회장님이 전경련 회장, 한·미 재계 회의 한국 위원장, 한·일 경제 협회 회장 등 주요 단체장을 맡아 국내산업 발전을 이끌고 산업외교의 일선에서 지휘자 역할을 맡아 우리 산업의 국제역량을 크게 신장시키는 데 기여하신 것은 우연이 아니라 괄목할 만한 업적에 따른 자연스러운 흐름이라고 할 수 있다. 조 회장님은 재벌 총수라는 지위에도 항상 겸손하고 온화함을 잃지 않는 미덕을 갖추고 계신 분이다. 2011년 봄에 열릴 예정이던 한·일 경제협회 간담회가 동일본(東日本)대지진으로 인한 일본의 국가적 재난으로 취소되었다. 그해 9월 조 회장님의 노력으로 서울에서 회의가 열렸다. 나는 산업과 무역을 담당하는 지식경제부 장관으로 모임에서 축사를 하도록 되어 있는데, 모임 직전에 갑자기 발생한 '순환 정전사태'에 책임을 지고 사의를 표명했다. 어렵게 재개된 회의이고 일본재계의 중진들이 모두 참석하는 상황이라 장관이 불참하면 행사의 김이 새는 상황이었다. 여러 경로를 통해 장관의 참석을 독려할 만도 한데 조 회장님은 아무런 신호도 보내지 않으셨다. 나는 모임의 중요성을 잘 알고 있고 아직 사표가 수리되지 않아서 공식적으로는 장관직을 유지하고 있었으므로 마음 한구석에 꺼려지는 바가 없지는 않았으나 회의에 참석하기로 했다. 회의장에 들어선 나를 본 조 회장님은 "못 오실 줄 알았는데 어려운 걸음을 하셨다."라면서 반갑게 맞아 주셨다. "자연재해로 인한 국가적 어려움에도 불구하고 일본에서 귀한 손님들이 많이 오셨는데 개인적으로 상심이 크다고 이미 약속한 행사에 불참하는 것은 공직자의 도리가 아니라고 생각했습니다."라고 말씀드렸다. 준비된 축사를 마치고 자리를 뜨자 조 회장님은 새까만 고등학교 후배이자 곧 옷 벗을 장관인 나를 배웅하러 승용차를 타고 떠나는 곳까지 나오셨다. 특히 기억에 남는 것은 전기 기술자들의 기술적 실수에 대해 정치적 책임을 지고 떠나는 나에게 보여주신 진심으로 안타까워하시던 인간적인 모습이었다. 조 회장님은 산업입국의 중요한 일익을 맡아 주어진 역사적 사명을 완수한 대한민국 경제발전의 당당한 주역이시다. 산업입국을 통해 지지리도 못살던 대한민국 국민의 삶의 질을 크게 높인 위대한 기업가의 공헌을 우리는 반드시 기억해야 한다.

이승철(전경련 상근 부회장)
: 그래서 일자리가 늘어나는 거야?

"그래서 일자리가 늘어나는 거야?" 조석래 회장님을 모시면서 가장 많이 들었던 질문이다. 수많은 이슈에 관한 토론이 있었지만 조 회장님의 관심사는 한결같았다. 바로 일자리였다. "일자리가 늘면

해야 할 일이고 줄면 하지 말아야 할 일이다." 많은 사람이 갑론을 박하는 어려운 문제도 조 회장님은 이 기준 하나로 명쾌하게 답을 내리곤 하셨다. 2009년 사회적으로 노사정책에 대한 격론이 있었다. 복수노조 허용과 노조 전임자 임금 지급금지에 관한 내용이었는데 노조도, 기업도 각자의 이익만을 앞세우고 있었다. 심지어 기업들 간에도 이견이 있었다. 누구도 쉽사리 판단을 내리기 어려운 상황이었다. 하지만 조 회장님은 이때도 명쾌하게 정리하셨다. 한쪽의 이익을 생각해 결정하기보다는 일자리가 늘어나는 방향으로 정책이 만들어져야 한다고 보셨다. 노조와 기업이 자신의 유불리만 생각할 때 회장님은 '국민의 일자리'를 생각하셨던 것이다. 전혀 상관이 없어 보이는 문제도 조 회장님의 판단 기준은 일자리였다. 2006년 한·미 FTA가 한창 논의되던 시기 농민과 기업이 팽팽히 맞섰으며 수많은 갈등과 혼란으로 온 나라가 몸살을 앓았다. 그러나 조 회장님의 처방은 명료했다. 국민의 일자리가 늘어난다면 곧 그 길이 우리나라가 가야 할 길이라고. 전경련 회장으로 재임하시던 중 우리 경제에 큰 위기가 닥쳤다. 2008년 말 글로벌 금융위기가 발생한 것이다. 세계 경제는 요동쳤고 우리 경제도 풍전등화였다. 많은 사람이 해결책을 찾느라 우왕좌왕했다. 하지만 조 회장님은 의연했다. 1997년 말 IMF 외환위기 당시의 경험을 교훈 삼아 "이번에는 서민들이 고통받지 않도록 일자리만은 반드시 지켜야 한다."라고 생각하셨다. 여기에는 3가지 철학이 바탕이 되었다. 첫째, 국가적으로 일부가 희생하기보다는 다 같이 허리띠를 졸라매고 함께 살아야 한다고 생각하셨다. IMF 외환위기 때는 구조조정을 통해 일부를 희생하고 나머지를 지켰다. 이 방법은 우리 경제를 수렁에서 건져냈지만 그 일부가 저소득층으로 전락하면서 삶은 피폐해졌고 사회적 불안이 커졌다. 둘째, 기업 측면에서 당장은 힘들더라도 직원들을 지켜내야 한다고 생각하셨다. 우리 경제가 IMF 외환위기를 조기에 극복하면서 국내외에서 주문이 늘어난 적이 있었다. 하지만 대규모 구조조정으로 인력이 부족하다 보니 그 기회를 최대한 살리지 못했다. 조 회장님은 그런 경험을 바탕으로 사람을 지켜야 미래가 있다고 보셨다. 마지막으로 내수측면에서 국민의 소득을 지켜야 한다는 철학을 가지고 계셨다. IMF 위기 당시의 인력감축은 경제 전체의 활력을 떨어트렸다. 정리해고에서 남은 사람들은 불안감 때문에 소비를 줄였고 소비가 죽으니 기업도 죽었고 기업이 죽고 나니 일자리도 죽었다. 그렇기에 소비를 살려 악순환의 고리를 끊고자 하셨다. 그래서 추진한 사업이 2009년 '잡 쉐어링(Job Sharing)'이었다. 대졸 초임을 삭감하고 기존 임직원의 임금을 동결하는 대신 신규채용을 늘리고 고용안정을 꾀하자는 취지였다. 그 결과는 놀라웠다. 2011년에 OECD 국가 중 두 번째로 높은 6.5%의 경제 성장률, 4.4%의 소비 증가율, 30대 그룹 종업원 9.5% 증가를 기록했으며 그 후 삭감된 임금도 정상화 되었다. 실로 조 회장님의 뚝심이 만든 기적이었다. 단순하지만 꼭 필요한 목표인 '일자리'로 모든 이슈를 쉽고 간결하게 풀어나가셨던 조 회장님의 목소리가 생생하게 들리는 듯하다.

이진성(이코노믹 리뷰(Economic Review)기자)
: 효성가(家)의 나라 사랑이 남다른 이유

6월 호국보훈의 달을 맞아 효성가(家)의 남다른 나라 사랑이 새롭게 조명되고 있다. 효성그룹은 6월 2일 충남 계룡대 육군본부에서 '나라 사랑 보금자리' 프로젝트를 위해 후원금 1억 원을 전달하

며 호국 의지를 다진 바 있다. 이 프로젝트는 육군본부가 6.25 전쟁
과 월남 참전 국가유공자의 주거환경 개선을 위해 진행해온 것으로
효성은 2012년부터 적극적으로 참여하고 있다. 앞서 5월 29일 미
국 앨라배마주 헌츠빌에서 열린 6.25 전쟁 64주년 기념식에는 당시
전쟁에 참전했던 미국 퇴역군인 수십 명이 군복차림으로 참석해 눈
길을 끌었다. 효성그룹 미국 현지 법인인 효성 USA가 후원한 이 행
사는 6.25 전쟁 참전 미국 퇴역군인과 그 가족에 대해 감사의 마음
을 전하고 그들의 고귀한 희생정신을 기리기 위해 마련했다. 이 행
사에는 46명의 참전 용사와 100여 명의 가족, 조 핏재랄드 육군 장
관 보좌관이 참석해 자리를 빛냈다. 미국 진출 국내 기업 가운데 이
같은 행사를 후원한 기업은 '효성'이 처음이었다. 효성 중국 법인도
중국 저장성 저장시에 있는 백범(白凡) 김구 선생의 피난처 보전 등
을 위해 저장시에 후원금을 지속적으로 전달하고 있다. 효성 룩셈부
르크(Luxembourg) 법인도 2010년 한국 전쟁 60주년을 맞아 4명
의 한국 참전 용사를 초청해 기념행사를 갖는 등 효성의 애국정신
은 지구촌 곳곳을 넘나들고 있다. 효성의 호국 의지는 면면히 이어
져 온 것으로, 그 뿌리가 깊다. 창업주인 조홍제(趙洪濟) 회장은 중
앙고보 재학시절인 1926년 순종황제 국장일을 기해 불꽃처럼 번진
6.10 만세운동의 주모자로 일본 경찰에 체포돼 서대문 형무소에서
옥고를 치르기도 했다. 조홍제 회장은 옥고를 치를 당시 모진 고문
에도 꿋꿋한 의지와 절개를 잃지 않았다. 그는 일제로부터 해방되기
까지 고향인 경남 함안 군북에서 야학 활동을 펼치며 경방 단장 등
을 맡아달라는 일제의 부역을 거부했었다. 조홍제 회장이 1945년 8
월 15일 일본이 항복을 선언한 라디오 방송을 들으며 장남인 조석
래(당시 10세)를 무릎에 앉히고 스코틀랜드 민요 '올드랭 사인(Auld

Lang Syne)'에 맞춰 애국가를 가르쳐준 일화는 널리 알려져 있다. 창업주 조홍제 회장은 새벽 별처럼 떠올라 굳건한 나라를 일군다는 '경영 보국'의 일념으로 '효성(曉星, 새벽 별)'이라는 기업을 세웠다고 전해지고 있다. 조석래 회장은 아직도 애국가를 불러주시던 선대 회장의 목소리를 또렷이 기억하며 부친의 뜻을 이어받아 '국가 경제 발전에 기여하는 기업'으로 효성을 키우겠다는 다짐을 한다. 조석래 회장은 부친의 기업가 정신을 그대로 이어받아 일본 와세다 대학 유학 시절이나 경영에 뛰어든 청년 시절부터도 조국애가 남달랐다.

후쿠다 야스오(福田康夫, 일본 91대 총리대신)
: 한일 관계 발전 공적에 진심으로 경의를 표하며

조석래 회장은 전경련 회장, 한 · 미 재계 회의 의장, 한 · 일 경제 협회 회장 등을 역임하며 폭넓게 한국 경제, 산업계의 발전에 공헌하셨다. 또한, 내게는 와세다 대학 동창이기도 하며 한국에 있는 친구 중 한 사람이다. 조 회장과 나는 수많은 곳에서 함께 해왔다. 그중 가장 인상에 남는 것이 내각 총리대신 재임 중인 2008년 4월 21일 수상관저에서 행해진 나와 이명박 대통령, 조석래 전경련 회장, 미타라이 후지오 일본 경제난체 연힙회(경단련, 經團連) 힉장 등 4명이 참석한 회담이었다. 마침 이 시기에 전경련과 경단련 양 단체가 동경에서 개최하고 있었던 '제1회 일 · 한 비즈니스 서밋 라운드 테이블'의 결과를 당시 방일 중이던 이 대통령과 내가 양국 경제계의 수장들로부터 보고 받았던 것이다. 그때 조 회장과 미타라이 회장은 당시 중단 상태였던 EPA/FTA 교섭 재개를 위한 환경정비를 양국 정부에 요청하였다. 일 · 한 양국의 경제 · 산업계가 앞으로도 건전하게 발전해 아시아의 리더국으로서의 책임을 가지고 나가기 위해서는 높은 수준의 EPA/FTA를 체결할 필요가 있다고 말한 조 회장의 일관된 주장에 나 역시 완전히 동감했다. EPA/FTA 교섭은 일·한 양국관계자의 부단한 노력에도 불구하고 아직 타결되진 않았다. 그러나 조 회장이 언급한 높은 수준의 체결을 통해 일·한 관계를 성숙시킴으로써 국제적으로 책임을 다해가는 일이 중요하다는 점을 잊지 말아야 한다고 생각한다. 나는 2013년 4월 서울에서 양국 경제협회가 공동개최한 일한/한일 경제인 회의에 초청받아 기조연설을 할 기회가 있었다. 조석래 회장 사사키 미키오 양국 협회장이 주최한 이 회의에서 나는 45년의 역사 동안 양국관계가 여러 곤란한 일을 겪었음에도 불구하고 지금까지 이 회의가 단 한 번도 중단되는 일 없이 계속 되어 왔다는 것을 듣고 큰 감명을 받았다. 특히 2005년부터 2014년 2월까지 오랜기간에 걸쳐 한국 측의 리더로서 이 회의를 진두지휘해 온 조석래 회장의 진력과 공적에 진심으로 경의를 표한다.

공로명(孔魯明, 외무부 장관)
: 밤(夜)의 한·일 포럼 회장이 되어

조석래 회장과 나는 한·일 포럼 운영위원회 멤버로 활동을 함께한 바 있다. 한·일 포럼은 내가 주일(駐日)대사로 활동했던 때인 1993년 김영삼 대통령과 호소카와 모리히로(細川護熙) 수상 간 경주 정상회담에서 양국의 상호이해와 우호증진을 도모하기 위해서 만들어진 것이다. 조 회장은 서울 신라호텔에서 제1차 회의에서부터 창설 멤버로 우리나라 경제계를 대표하는 소리를 발산해왔다.

한·일 포럼에는 양국의 정치인, 전직 관료, 학자, 언론인, 문화인 등 각계를 대표하는 인사들이 각각 20명 전후로 회동하여 이틀에 걸쳐 의견을 교환해왔다. 1995년 제주도에서 가졌던 제3차 회의에서는 2002년 월드컵(World Cup) 유치를 놓고 양국의 경쟁이 치열해져 갈 때 두 나라 모두 상부상조하는 결과를 가질 수 있도록 '공동개최' 법안을 양국 정부에 강력히 건의해 추진할 수 있도록 일조한 바 있다. 조 회장은 또 한·일 포럼을 통해 양국 간 FTA 체결의 긍정적 효과에 대해서도 꾸준히 역설해왔다. 우리나라와 일본이 협력관계를 한층 강화시킬 수 있으며 전략적 환경에도 긍정적 효과를 가져온다는 관점이었다. 하지만 이런 장점들이 우리 사회에 많이 간과되고 있어 조 회장과 같은 생각을 하는 사람으로서 아쉬울 따름이다. 올해로 22회째를 맞는 한·일 포럼에는 출범 때부터 이어져 온 하나의 관행이 있는데 그것은 낮에 진행되는 공식토론에 이어 저녁 만찬 후 노래방에서 '2차 회의'를 갖는 것이다. 노래방에서 이뤄지는 2차 회의에서는 낮에 못 했던 이야기들을 흉금을 터놓고 이야기하는 것이 전통인데 이 모임을 조석래 회장이 주최해왔다. 그리하여 사람들은 조 회장에게 '밤의 한·일 포럼 회장'이라는 별칭을 증정했다. 이 밤의 회합은 조 회장이 자리에 있든지 없든지 간에 조 회장의 꾸준한 지원 아래 거행되고 있나. 세종재단의 일로 한동안 조석래 회장과 일을 도모했던 적도 있다. 세종재단 · 세종연구소는 1983년 9월에 있었던 버마 아웅산 테러 사건이 벌어진 후 설립된 재단법인이다. 남북이 대치하는 한반도의 상황에 비추어 국가의 안보와 평화 및 통일문제를 연구하는 연구기관이 필요하다는 인식하에 전경련이 중심이 되어 경제계와 재계로부터 모금한 기금으로 설립됐다. 나는 2008년 11월에 세종재단 이사장으로 피명되었는데, 재단을 맡고

보니 매년 20억 원의 적자가 발생하고 있어 기본 재산이 감소일로
에 있었다. 재단기금의 전부가 금융기관에 예탁되고 있었는데 이자
의 감소로 소요예산을 구조적으로 충당할 수 없는 형편이었다. 나는
세종재단, 세종연구소의 설립 경위에 비추어 당시 '전경련' 회장인
조석래 회장을 찾아가서 '5개년 재정자립 계획'을 설명해 드리고,
연구소의 재정건전화를 위한 원조를 호소하였다. 조 회장은 전경련
산하에 두세 개의 연구기관이 있고 상당한 예산을 사용하고 있으므
로 전경련 산하의 연구기관과 세종연구소 간의 M&A를 방안으로 제
시했다. 이후 양측의 협의과정을 거쳐 세종재단 아래 한국경제연구
원과 세종연구소가 합병하여 명실공히 안보 · 외교 · 국제 · 경제의
각 분야를 망라한 종합 연구소를 추진하기로 이야기가 진행되었다.
그러던 중 2011년 가을 조 회장이 건강문제로 전경련 회장직에서
물러나면서 이 문제는 공중분해 되었고 합병안은 '백조의 노래'가
되고 말았다. 만약 두 연구소의 합병이 실현되었더라면 미국의 헤리
티지 재단이나 미국 기업 연구소 (American Enterprise Institute)
와 같은 종합 연구소가 우리나라에도 탄생했을 터인데 하는 아쉬움
이 남는다. 새삼 효성과 옛 외무부와의 인연이 떠오른다. 내가 1958
년 외무부에 입부했을 때 당시 송인상 대사(조석래 회장의 장인)께
서는 부흥부(현재의 경제기획원) 장관이셨다. 미국을 위시한 UN 등
국제기구와 외국으로부터의 원조를 총괄하며 나라의 경제를 다스리
는 부서였다.

　1967년에 GK(Germany, Korea) 사건이라고 불리는 소위 '동백
림 사건'이 발생했다. 당시 서독 정부는 우리나라 정보기관에 의한
서독의 주권 유린에 대한 제재 조치로 대한민국 원조 및 경제 협력
을 중단시켰다. 이 조치로 인하여 1966년 박정희 대통령의 서독방

문 시 서독이 약속했던 차관이 중단되며 '효성'이 도입하기로 하고 추진된 '영남 화력발전소' 사업이 중단되는 일이 있었다. 물론 1968년에 GK 사건이 마무리되면서 효성의 발전소 사업은 속개되었다. 그러나 동백림 사건으로 효성의 화력발전소 프로젝트가 일시 공중에 떴던 사실을 기억하는 사람은 소수일 것이다.

미타라이 후지오(御手洗冨士夫 일본 경단련회장) : 선견지명에 경의를 표하며

나는 경단련 회장 재임 기간 중 공사에 걸쳐 조 회장님과 친하게 지냈고 또 귀중한 시간을 함께 보낼 수 있었던 것에 대해 대단히 자랑스럽게 생각한다. 무엇보다 잊을 수 없었던 추억은 2008년 4월부터 2009년 6월에 걸친 비즈니스 서밋 라운드 테이블 등을 통한 일·한 산업 협력의 추진이다. 이 기간동안 조 회장님과 여러 차례 만나 일·한 경제관계 발전에 관해 이야기를 나눴다. 비즈니스 서밋 라운드 테이블은 2008년 2월 이명박 대통령의 취임식 직후 후쿠다 야스오 총리와의 정상회담 중에 미래 지향적인 일·한 관계에 대해 논의하기 위해 경제계 인사들이 시작하기로 한 것이 계기가 되었다. 제1회 라운드 테이블은 이명박 대통령의 일본방문에 맞춰 2008년 4월 21일 동경에서 일·한 양국 경제계 대표 총 40명 정도가 모인 조찬회로 개최되었다. 조 회장은 "양국 경제계 대표들 중 한 명의 불참자도 나오지 않았다"라고 전했는데 당시 느꼈던 양국 경제인들의 열기가 마치 어제의 일처럼 선명하다. 이 회의에서 참석자들은 미래지향적 일·한 관계를 구축하기 위한 무역 투자 환경정비, 에너지 분야를 포함한 산업협력, 일·한 간의 경제협정 추진 등에 대해 열정적으로 구체적 제안들을 내놓았다. 회의 마지막에 조 회장과 나는 목적에 입각한 액션 플랜(Action Plan)을 포함 시킨 공동보고서를 취합하였고 곧바로 총리 공관에 계신 후쿠다 야스로 총리와 이명박 대통령을 방문하여 보고드렸다. 후쿠다 총리와 이 대통령은 빠르게 정리된 보고서에 대단히 놀란 표정이었다. 일·한 산업협력 추진에 대해서 양국의 정상보다 더 감사함을 느끼고 돌아온 기억이 난다. 제2회 라운드 테이블은 리먼 쇼크 이후 직후인 10월에 서울에서 개최되었다. 그때까지 양국 간에는 한국의 부품, 소재 전시회 개최, 일·한 기술협력 추진 그리고 경단련과 전경련의 관광협력 회의 개최 등 성과가 차근차근 쌓여가고 있었다. 조석래 회장은 회의 모두 발언을 통해 약속을 지킨 우리 측에 감사의 인사를 표했고 나 역시 대단히 보람을 느꼈다. 다음 해인 2009년 1월에는 일련의 회의 후속 조치로 아소다로 총리의 셔틀 외교에 나를 포함한 경단련 간부들이 동행했다. 이때는 전세기를 이용한 당일치기였다. 서울에서 하루 종일 조 회장과 함께 아소다로 총리와 양국 경제계의 오찬, 경제계 인사들끼리의 신년 간담회, 양국 정상과 경제계 간담회, 이명박 대통령 주최의 만찬회 등에 참석했고 일·한 경제 관계의 미래에 대해 민관 측 인사들이 모여 열띤 논의가 이루어졌다. 2009년 6월 이명박 대통령의 인사들이 방일 셔틀 외교로 이루어진 일·한경제계 간담회도 대성공이었다. 이외에도 조석래 회장과는 중국 국제무역 촉진위원회의 완지페이(萬季飛) 회장과 함께 2009년 10월 베이징에서 일·중·한 정상회담에 맞춰 개최한 '일·중·한 비즈니스 서밋'을 설립했다. 제1회 회합의 주요 테마 중 하나는 일·중·한 FTA의 체결에 따른 3개국 경제제휴 추진이었다. 조석래 회장은 기후변화 문제 등 지구상의 문제들에도 앞장서 대응했다. 일·중·한 비즈니스 서밋에서는 3개국이 저탄소, 녹색성장을 위한 에너지 절약기술의 보급에 힘쓸 것을 주장하는 등 기술환경과 경제를 양립시키는 입장을 관철했다. 자연에너지에 대한 과도한 의존과 배출권 거래제도의 도입과는 선을 긋는 현실적이고 실효적인 조석래 회장의 생각은 일본의 경제계에 있어 대단히 고무적인 것이다. 일관되게 일·한 경제 관계의 발전 및 아시아지역의 연계 강화, 나아가 지구상 과제의 해결을 위해 힘써 온 조석래 회장에 경의를 표하면서 감사를 드린다.

정구종(鄭求宗, 전 동아일보 편집국장)
: 스폰서는 밝히지 마세요

조석래 회장님은 국내 경제계뿐만 아니라 유창한 어학 실력과 글로벌 인적 네트워크를 바탕으로 미국, 일본, 중국 등과 활발한 민간 경제외교를 펼치며 재계의 민간 외교관으로 활약하셨다. 조 회장님은 현재의 교류사업은 물론 장기적으로 두 나라가 우호친선 관계를 유지해나가기 위해서는 젊은 세대 간 이해와 교류가 필요하다고 보고, 한·일 고교생 교류 캠프를 개최하여 2004년 이래 현재까지 2,000명의 고교생이 서로 만나고 친신을 다지는 교류 활동의 기회를 만들어 오셨다. 평소 이 같은 신념과 의욕을 가지고 있었던 조 회장님은 한국과 미국, 일본의 관계를 연구하는 젊은 교수 및 연구자, 언론인들이 중심이 된 '한·미·일 포럼'을 만들어 한 달에 한 번씩 조찬 토론모임을 가져왔다. 토론에는 주한 일본대사 등 외부 강사를 초빙하여 강연을 듣고 토론을 전개하기도 하였는데 모든 비용을 부담하면서 젊은 연구가들이 나라의 장래를 생각하고 정보를 교환하며 의견을 나누는 대화의 장을 만들어 주셨다. 이 포럼의 멤버들 가운데는 박철희 서울대 일본연구소장을 비롯하여 길종우, 현인택, 이동관, 김태효 등 후에 정, 관계에서 외교부 라인으로 활약한 이들이 적지 않다. 한번은 한·일 FTA가 일본 측의 지나친 자국 관련 농수산물 보호 정책 때문에 진전이 안 된다는 문제에 대한 공방이 벌어졌다. 조 회장님이 담담한 목소리로 말씀하셨다. "일본이 해마다 한국에 대해 300억 달러가 넘는 무역 흑자를 기록하면서도 한국산 김의 수입 쿼터는 일본 전체 소비시장의 30%에 지나지 않는 선에서 묶어두고 있으니… 한·일 FTA가 좀처럼 풀릴 전망이 안 보입니다." 조 회장님이 웃으면서 문제점들을 지적하시자 일본 측 참석자들이 겸연쩍어했던 모습이 생각난다. 1999년 주한 일본대사로 있다가 프랑스 주재 대사로 전근 가게 된 오구라 카즈오(小倉和夫) 씨를 위한 환송회를 나를 중심으로 한 지인들이 발기인이 되어 신라호텔에서 개최한 일이 있다. 기본적으로는 식비를 받아 회비를 마련할 계획이었으나 1인당 8~9만 원을 부담시키기에는 무리가 있어 난감했다. 나는 발기인을 대표하여 조 회장님께 그런 사정을 말씀드렸다. 조 회장님은 "내가 다 부담할테니 회비를 받지 말고 진행하세요. 그 대신 내가 스폰서 한다는 것을 비공개로 하세요."라며 행사비 전액을 부담해주셨다. 최서면(崔書勉, 국제 한국연구원장) 미수 기념 특별강연회가 서울시내 음식점 소강당에서 개최되었다. 최 원장을 잘 아는 한·일 관계 인사들을 초청하면서 회비를 받을 수가 없었다. 강연회에는 애초 예상했던 초청자의 두 배가 넘는 160여 명이 참석했다. 한·일 친선 협회 김수한 회장(전국회의장), 김우식 전 부총리, 공로명, 유명환 외무장관 등 8명의 발기인이 상당액을 부담하였으나 예상을 넘는 비용 발생에 난감해하고 있을 때 조석래 회장님이 비서실의 담당과장을 보내서 나머지 비용을 모두 지불해 주셨다. 이 같은 '보이지 않는 지원'도 조 회장님의 간곡한 부탁으로 참석자들에게 공개할 수가 없었다.

김성근(金星根, 한화 이글스 감독)
: 진짜 프로를 키우려면 쓴소리도 마다하지 말라

한 분야에서 오랫동안 일하다 보니 강연을 요청하는 경우들이 간혹 있다. 가급적이면 그런 요청이 들어오면 대부분 사양하지만 '효성'하고는 인연이 닿아 있었던 것 같다. 마침 시간을 낼 수 있었기에 임원들을 대상으로 나의 야구 철학에 대해 이야기할 수 있는 기회를 가지게 되었다. 강의하면서 느낀 것이 이 회사 사람들은 대체적으로 내 생각에 참 많이 공감하고 이해하고 있구나 였다. 책임감에 대해서나 역량을 키우기 위한 혹독한 훈련의 필요성, 그리고 프로의식 같은 것들에 대해 별 무리없이 받아들이는 것이 무척 감명 깊었다. 아마도 조석래 회장님의 경영 스타일 때문이 아닐까. 몇 년 전 조석래 회장님을 가까이서 뵙는 기회가 있었는데 내가 생각하고 있던 조직 운영에 대한 생각들이 회장님 말씀과 크게 차이가 없었기 때문이다. 야구에 대해 해박하셨던 조 회장님과의 대화는 잊히지 않는다. 어떻게 팀플레이를 해야 승리를 할 수 있는지, 프로는 무엇인지 등에 관해 이야기를 나눴다. 조 회장님은 승리가 야구의 가장 중요한 목표이며 우승하지 못하면 모두 패자라고 말씀하셨다. 기업이 이윤을 창출하고 산업경쟁에서 이겨야 하는 이유 또한 마찬가지라고 하셨다. 나아가 승리야말로 구성원의 삶을 성장시키는 가장 확실한 방법이라는 신념을 들려주셨다. 경영이라는 무대에 야구의 원리가 고

스란히 녹아있다는 걸 알게 됐다. 결국, 야구단이든 회사든 승리하기 위해 존재하는 것이다. 조 회장님이 세밀하고 치밀하게 프로의 자세에 대해서 말씀하실 때는 반갑고 놀라웠다. 환경이 열악하기 때문에 못해도 할 수 없다는 태도를 갖는 것은 타협일 뿐이다. 내 야구의 상당 기간은 대부분 환경이 안 좋은 가운데 성적이 나지 않는 프로팀을 맡아 상위권으로 끌어올리는데 할애했다. 그렇기 때문에 문제점을 내부에서 찾으시는 조 회장님의 말씀이 무척 가슴에 와 닿았다. 내가 늘 하는 말처럼 아마추어에게 실수는 애교일 수도 있지만 프로는 실수를 하면 그 자체로 실격이 된다. 운동장이 나빠도 그 와중에 잘 해낼 방법을 고민하고 찾아야 하는 것이 프로다. 늘 선수들에게 엄격하고 한계를 뛰어넘을 것을 주문하다보니 나에 대해 무섭다는 생각을 하는 사람들이 많다. 그렇게 조금은 혹독하게 대하는 것이 선수들에게 더 도움이 된다고 믿기 때문에 지금껏 내 지도 스타일에는 변함이 없다. 조석래 회장님과 대화를 나누어보니 회장님도 나와 비슷한 방식으로 회사를 이끄시겠구나 하는 생각이 들었다. 간혹 그런 태도가 오해를 살 수도 있다. 진심이 통하여 그 속마음을 알아 봐주는 사람들이 많으면 좋겠다. 겉으로는 웃지만, 뒤에서 나 몰라라 하는 사람보다 사람의 역량을 최고로 이끌어 내기 위해 쓴소리를 마다하지 않는 사람. 그런 사람들이 결국에는 인정받게 된다.

장치혁(張致赫, 고합그룹 회장)
: 기업가의 새로운 표준을 만들다

내가 효성의 창업자 조홍제 회장님을 처음 뵌 것은 1960년대 중반 주일대사이던 김동조 대사의 동경 센파이자카 관저였다. 대일 청구권 자금을 배정받기 위해 동경에 기거하며 일본 정부로부터 허가를 기다리던 때였다. 새벽 일찍 대사 관저를 방문할 때마다 반드시 먼저 오신 분이 조홍제 회장님이셨다. 이후 청구권 자금(민간부문)은 박정희 정부의 제2차 경제개발 5개년계획을 성공적으로 추진할 수 있게 한 원동력이 되었다. 얼마 후 젊고 패기 찬 조석래 회장이 해외 유학을 마치고 귀국했다. 효성의 새로운 역사가 시작된 것이다. 그 당시 효성, 즉 동양나일론은 우리나라의 유일한 나일론 원사(한일나일론 인수)제조업체였고 이후에 한국나일론(코오롱)이 진입했다. 코오롱의 창업자이신 이원만 회장님은 재일교포 사업가로서 우리나라 최초의 산업공단인 구로(九老)공단을 구상, 실현하신 분이었으며 초창기 한국 경제 건설에 큰 역할을 하신 분이다. 조홍제 회장님과 이원만 회장님은 모두 우리나라 경제 발전의 선구자이셨다. '고합'이 1970년대에 세 번째 나일론 원사 제조업체로 합류 함으로써 조석래 회장과 나는 가까운 인연을 맺게 되었다. 그러면서 조석래 회장으로부터 많은 것을 배웠다. 특히 정직하고 합리적인 사고방식과 자유경제의 경쟁원리에 따른 신사도를 지키는 모습을 보며 많은 것을 느끼고 배웠다. 지금 생각하면 경쟁자인 나의 말을 믿어준 자고도 큰 사람이었다. 1980년도에는 폴리에스터 원사 사업에도 참여하면서 사업영역이 더욱 비슷해졌고 나아가 나일론 원료인 카프로락탐을 생산하는 한국카프로락탐이라는 회사를 나일론 3사가 함께 경영했다. 또한, 전경련에서도 조석래 회장과 오랫동안 같이 일했다. 특히 일본 경단련과의 친선 모임에서 리더격인 조 회장이 국제무대에서 뛰어난 활약상을 펼치는 것을 볼 수 있었다. 같은 세대에 살면서 같은 업계와 같은 모임에서 조 회장님을 볼 수 있는 사람 중 한 사람이 되었던 것을 지금도 큰 보람으로 생각한다. 조석래 회장은 그 당시 미국과 일본에서 최신교육을 받고 초창기 한국 재계에 뛰어든 하나의 '국제수준의 표준형(International Standard)' 기업 가였다. 신생기업들이 질서없이 난립, 경쟁하던 때에 하나의 정도 (正道)를 제시하고 페어플레이(Fair Play)의 본을 보여준 새 시대의 기업가상을 확실하게 실천하셨다. 모함과 술수가 난무하던 세태 속에서도 술수보다는 합리적이며 정면돌파하는 방법으로 선의의 경쟁에만 전념하였다. 다시 말해 조석래 회장은 혼란기에 표준을 세우고 실천으로 본이 되어 우리나라 재계의 경쟁질서를 만든 경영인이다.

길정우(吉炡宇, 중앙일보 논설 위원)
: 젊은 학자들과의 끝나지 않는 대화

나는 중앙일보 주미·주일 특파원 생활을 마치고 본사에 돌아와 논설위원으로 '통일문화연구소장'을 겸임하고 있었다. 당시나 지금이나 그런 모임들이 많다. 곳곳에서 이리저리 뭉쳐 얘기하고 토론하는 문화는 생소하지 않다. 하지만 우리 모임이 달랐던 점은 한 가지. 기업인이며 대그룹을 직접 일군 생생한 경험을 가진 분. 조석래 회장님이 모임을 이끌며 실제로 좌장 역할을 하고 계셨다는 점이다. 조 회장님이 이런 모임에 관심을 갖는 이유를 나름대로 정리해보았다. 우선 젊은 학자들, 다양한 견해를 가진 전문가들과 대화를 나눔으로써 회장님 자신이 생각하고 읽고 있는 세상과 비교해보고싶은 지적 호기심으로부터 비롯된 게 아닐까 싶다. 또한, 조석래 회장님의 오랜 경험, 기업경영뿐만 아니라 미국과 일본 등에 정통하며 많은 외국인들과 어울려 지내면서 축적한 경륜을 대한민국의 미래를 이끌어 나갈 후배들에게 나눠주고 싶은 열망도 작용했을 것이다. 가까이서 뵙고 대화하며 그리고 간접적으로 조 회장님의 행보를 접하면서 조 회장님은 한국인의 뿌리에서 출발하여 일본과 더불어 서방 세계를 대표하는 미국 사회의 좋은 점을 잘 소화하고 수용하면서 스스로의 생각과 행동에 접목시켜 오신 분이란 결론에 도달했다. 한마디로 본받을 부분이 많은 대선배님이시다. 삶의 자세와 끊이지 않는 지적 호기심, 그리고 새로운 것에 대한 열정 등이 두드러진다. 젊은 후배들을 더욱 즐겁게 해주었던 것은 모임 때마다 당시의 주요 현안에 대해 전문 학자나 연구자가 발제하고 토론을 한 뒤에는 어김없이 넉넉한 음식과 술로 대화가 이어질 수 있도록 너그러운 후원자 역할도 맡아주셨다는 사실이다. 우리 사회에서 대그룹 회장님이 학자들과 어울려 적지 않은 시간을 함께한다는 건 흔치 않은 일이다. 내가 어쩌다 정치판에 들어와 활동하다 보니 나같은 사람도 후배들과 차분하게 어울리며 시간 보낼 여유를 갖기 힘들다. 그러니 대기업 회장님께서 한참 나이 차이가 나는 후학들과 어울린다는 건 정말 힘들었을 것이란 생각을 하게 된다. 이런 대화와 토론, 어울림이 향하는 곳은 결국 '애국애족'이었다고 자신있게 말할 수 있다. 그렇다. 우리 후배들이 조 회장님으로부터 얻고 배워야 할 가장 큰 교훈은 '애국하는 마음'이다. 그리고 애국하는 마음을 전문가, 젊은 후배들에게 대화하면서 사연스럽게 전달하려고 했던 것은 오랜 현장 경험과 삶에서 터득하고 실천한 조석래 회장님의 지혜라고 생각한다. 당시 모임의 단골손님들은 서울대의 박철희 교수, 정재호 교수, 고려대의 김성한 교수, 부산 동서대의 장제국 총장 등 일본, 중국, 미국을 연구하는 일가견을 가진 전문가들이었다. 조석래 회장님은 특히 현장에서 얻은 경륜과 지혜로 비판적이며 날카로운 시각으로 일본 사회에 대한 분석, 한·일 관계의 미래를 열어가는 방법, 통일한국의 장래 모습 등 우리 사회가 직면하고 있는 심각한 문제들을 이미 당시에 예측하고 문제를 제기하셨다. 조석래 회장식의 깊이 파는 진리에 대한 접근법이나 살아가는 방식은 후배들에게 아무리 권해도 지나침이 없을 것이다.

공정권(소프트 맥스 회장)
: 편하고 쉬운 길을 마다하신 열정적인 기업가

외환은행에 근무하다 효성에 입사한 것이 1974년이었다. 처음 조석래 회장님을 뵙고 인터뷰를 하는데 대뜸 "은행원이 싫다."라는 말씀을 하셨다. 은행원을 앞에 두고 그런 말씀을 하시니 당황스럽기도 하고 무슨 뜻인지가 궁금하기도 했다. 이유를 말씀해주시는데, 은행원들이 대체로 지시만 받고 자발적으로 일하는 것이 부족해 보였기 때문이라고 하셨다. 그때까지만 해도 실제 은행원들은 보수적이고 새로운 것에 도전하는 것을 매우 꺼렸다. 나는 원래 재무부와 경제기획원(EPB)에 몸담다 은행에 갔기 때문에 그런 세태를 잘 느낄 수 있었다. 그래도 그런 말을 들으니 "모두가 그런 것은 아니라는 걸 보여주고 싶다."라는 오기가 생겼다. 효성에 입사하고 나서 내가 할 수 있는 한 최선을 다하여 일해보자는 다짐을 했다. 조 회장님도 그런 모습을 보고 믿음이 가셨는지 이후 점점 인정을 받다 '부회장'의 자리에까지 오를 수 있었다. 조 회장님과 함께 일하며 여러 가지 일들이 있었지만, 무엇보다도 '효성 바스프(BASF)'의 수출문제를 해결했던 것이 강하게 기억에 남는다. 효성 바스프는 효성과 독일 바스프가 50대 50으로 합작하여 만들었던 회사다. 그런데 바스프가 글로벌 기업이다 보니 합작 회사인 효성 바스프는 계약 사항에 한국 내에서만 장사를 하도록 되어있었다. 다소 아쉬운 사항이었지만 아무래도 후발 주자인 데다 바스프에 기술적으로 많이 의존하고 있었기 때문에 그럴 수밖에 없는 노릇이었다. 하지만 언제까지나 한국 시장에 만족하고 있을 수는 없었다. 효성 바스프의 제품이 품질면에서 경쟁력이 생겼다는 확신이 들자 조 회장님도 수출을 통해 외화를 벌어야 한다는 생각을 가지게 되셨다. 그러나 국내에서만 활동하라는 바스프 측의 주장을 계속 수용할 수 없었을 것이다. 곧바로 바스프와 협상에 들어갔다. 그러나 양측의 입장이 워낙 달랐던 터라 협상은 쉽게 풀리지 않았고 지루한 싸움이 되었다. 몇 년에 걸친 협상 끝에 결국 효성 측의 주장이 받아들여졌다. 중국(中國)을 대상으로 수출할 수 있게 된 것이다. 바스프 측에서도 전세계 합작 회사 중 효성 바스프가 가장 성공적이라고 판단하고 있었기 때문에, 효성과의 합작사업이 깨지는 것을 감수하면서까지 자기들의 주장만 고수하기는 어려웠을 것이다. 이렇게 잘 나가던 효성 바스프였지만 결국 IMF 외환위기 때 그룹의 생존을 위해 매각할 수밖에 없었으니 안타까운 일이었다. 당시 매킨지(McKinsey & Company) 등에 기업분석을 의뢰하여 주력 계열사를 통합하고 알짜 회사를 매각하는 일들을 했다. '효성물산'의 부실이 워낙 컸기 때문에 어쩔 수 없이 행한 조치들이었다. 당시 효성물산을 처리하는 문제에 대해서는 개인적으로 반대하는 입장이었다. 효성물산을 그냥 도산시키면 되지 왜 다른 계열사까지 구조조정을 해야 하느냐는 생각이었다. 하지만 조금 시간이 지나 생각해 보니 조석래 회장님이 하신 방법이 최선이었다는 걸 알게 되었다. 그때는 부실 계열사를 부도처리하고 청산시키고 싶어도 기업가가 마음대로 할 수 없는 분위기였다. 그런 어려움을 지고 가야 했기 때문에 조 회장님도 무척 힘들고 괴로우셨을 것이다. 하지만 그런 문제들을 빠르게 잘 해결해나갈 수 있었던 것도 결국 조 회장님이시기에 가능했던 것이 아닐까 생각한다. 조석래 회장님은 항상 같은 잣대로 모든 일을 바라보시는 분이다. 아랫사람이 정말 최선을 다했다고 생각하면 실패를 했더라도 크게 나무라는 법이 없으셨다. 하지만 그 반대의 상황에서는 아무리 결과가 좋아도 불같이 화를 내실 때가 있다. 요즘 젊은 직원들은 이러한 것을 이해하지 못하고 조 회장님을 어렵게 생각하는 경우가 있는 것 같다. 조 회장님은 노력하지 않고 늘 편하게만 일을 풀어 나가려는 사람, 남의 인심만 얻으려는 사람을 경계했다. 그런 점을 잘 헤아린다면 참 편하게 이야기할 수 있는 우리의 웃어른이시라는 점을 밝혀주고 싶다.

장제국(張濟國, 동서대학교 총장)
: 시대를 앞서 깨어있는 안목을 보여주다

조석래 회장님은 오늘을 사는 많은 후배들에게 훌륭한 멘토(Mentor)이자 롤모델이 되어 오신 분이다. 특히 자타가 공인하는 우리나라 경제계의 리더로서 다양한 사회공헌을 해오신 분이다. 특히 자타가 공인하는 우리나라 경제계의 리더로서 다양한 사회공헌 활동을 통해 존경받는 기업가의 모습을 보여주셨다. 한·일 포럼 활동을 통해 나와 인연이 시작된 이래로 멀리서 또는 가까이서 조 회장님을 뵈며 매 순간 정말 크고 귀한 분이라는 것을 느끼고 있다. 우선 조 회장님은 한·일 관계에 있어서 매우 중요한 역할을 해오셨다. 한·일 관계는 일제 36년의 역사로 인해 쉽게 풀리지 않는 애증이 교차하는 관계라고 할 수 있다. 이 어려운 관계에서는 사람의 역할이 매우 중요하다. 한·일 양쪽을 잘 이해하면서 한국과 일본에 영향력 있는 인적 네트워크를 가지고 대화를 끌어낼 수 있는 역량이 필요한 것이다. 조 회장님은 우리 시대에 이러한 역할을 해낼 수 있는 몇 안 되는 분이라고 생각한다. 특히 2005년 한 · 일 관계가 급속도로 악화되었을 당시 양국 간 대화의 중요성을 강조하시면서 대화의 창구를 유지하기 위해 고군분투하시던 조 회장님의 모습은 지금도 내게 큰 감동을 주시고 있다. 그러나 언제나 무조건적인 한 · 일 우호만을 주장하신 것은 아니었다. 조 회장님은 일본에 꼭 말해야 할 것은 부드러운 어조로 뼈있는 말씀을 하셨고 일본 측 인사들은 언제나 조 회장님의 말씀에 귀를 기울이며 무게있게 받아들이곤 했다. 지금도 한 · 일 관계가 매우 어려운데 이럴 때일수록 조 회장님 같은 분이 계셔야 한 · 일 관계가 잘 유지 발전될 수 있다고 생각한다. 또 한 가지는 조 회장님은 후학을 양성하는 데 있어서 오래전부터 깨어있는 안목을 갖고 계셨다는 점이다. 조 회장님 역시 대학을 운영하고 계시는데 몇 차례 한 · 일 포럼에서 대학교육에 대한 의견을 나눈 적이 있었다. 오래전부터 산학협력 및 실용학문의 중요성을 지적해주곤 하셨는데 시대를 미리 앞서 보시는 혜안을 가지고 계신 회장님 말씀 대부분이 마음에 크게 와 닿았다. 마지막으로 조 회장님은 따뜻한 인간미를 가지신 분이다. 내가 처음 대학 총장직을 맡았을 때 조 회장님은 내게 어려운 시대에 학교경영을 맡았으니 열심히 잘해보라며 격려를 해주셨는데 그 따뜻한 진심이 느껴져서 매우 감사했던 기억이 있다. 출장길에 우연히 비행기에서 만나면 언제나 따뜻하게 맞아주시고 연말이 되면 늘 후배들을 모아 식사를 내시면서 "당신들이 앞으로 우리 조국을 발전시켜 나갈 차세대니까 열심히 분발해달라"라고 격려해주셨다. 이처럼 조 회장님은 우리나라 경제계의 존경받는 리더이자 한 · 일 관계의 키 맨(Key Man)으로서,

또 후세 교육에 큰 관심과 열정을 가진 교육자로서, 그리고 무엇보다 따뜻한 인간미를 가진 우리의 대선배님으로서 든든한 버팀목이 되어주셨다.

존. L. 앤더슨(John L. Anderson, 일리노이 공과대학 총장) : 공학 교육의 든든한 후원자, 지속적인 헌신에 감사드리며

자랑스런 동문 조석래 회장님께 경의를 표한다. 본교는 조 회장님과 인연을 맺게 된 점을 자랑스럽게 생각해왔다. 조 회장님은 졸업생일 뿐만 아니라 본교 이사회 이사와 국제자문단 위원으로서 활동하셨고 명예박사 학위를 받으시는 등 우리와의 인연을 면면히 이어오고 있다. 그간 본교의 발전을 위한 지원을 아끼지 않으셨고 세계 최고 수준의 대학으로 키워가는데 조 회장님의 관심과 열정이 아직도 식지 않았음에 무한한 기쁨을 느낀다. 일본 와세다 대학을 졸업하신 후 조 회장님은 1961년 본교 대학원 화공학과에 입학하셨다. 가업을 승계해야 하는 관계로 불가피하게 당시에는 대학원 과정을 이수하지 못하셨지만 저명한 다쉬 와산(Dash Wasan) 교수와는 지금까지도 친분을 쌓아오고 계신다. 와산 교수는 화공학과 모토롤라 석좌교수로 대학 부총장을 역임하신 분이다. 조 회장님은 본교를 떠나신 지 35년만인 1995년 화공학과 석사학위를 받으셨다. 그해 서울에서 조 회장님은 와산 교수를 만나 본교 지원 방안에 대해 논의하셨고 그 후 와산 교수는 루 콜린스(Lew Collens) 당시 총장에게 조 회장님을 이사회 이사로 위촉할 것을 제안했다. 아시아인 최초로 이사회 이사가 된 조 회장님은 본교의 국제자문단 활동에도 적극적으로 참여하시는 등 기여의 폭을 넓혀 나갔다. 모금 사업에 대한 회장님의 아낌없는 성원과 지도에 힘입어 조성된 긴급기금은 유학생들의 시카고(Chicago) 거주와 학업 수행에 큰 도움이 되었다. 조 회장님이 본교에 기여하신 여러 가지 사업 중 영향력이 가장 두드러진 것은 와산 교수의 요청에 따라 본교 국제 동창회 명예회장직을 수락하신 일이다. 현재 중국과 인도, 일본, 태국 등에도 본교의 동창회 지부가 운영되고 있다. 2012년 총장 자격으로 교수진을 대표해 조 회장님께 명예박사 학위를 수여했다. 조 회장님의 본교에 대한 기여와 사업적 지도력을 높이 사면서 본교의 한 차원 높은 발전을 위한 회장님의 지속적인 헌신에 감사를 표했다. 또한, 조 회장님의 우의와 인간적인 포용력에 감동했으며 재계의 지도자인 동시에 공학 교육에 있어 든든한 후원자라고 확신하고 있다. 본교로서는 조 회장님의 성원과 격려, 관대함이 하나의 큰 선물이었다. 다시 한번 감사의 말씀을 드린다.

현인택(玄仁澤, 제 35대 통일부 장관)
: 사람에게서 배운다

보통 재벌 회장님 하면 연상되는 독특한 이미지들이 있다. 그러나 나에게 조석래 회장님은 보통의 재벌 회장님과는 달리 매우 소박하고 친화적이며 더욱이 학구적인 이미지로 자리 잡았다. 이러한 이미지는 지난 20여 년간 여러 가지로 조 회장님과 개인적인 인연을 맺으면서 느끼게 된 소회이다. 조 회장님을 개인적으로 가깝게 뵌 것은 1993년 한·일 포럼이 발족되었을 때였다. 한·일 포럼은 양국의 재계, 정계, 학계, 언론계, 사회계 각 5인씩 25명으로 구성되었는데 당시 한국 측의 실무적인 일을 맡았던 나는 한·일 포럼을 만

들고 꾸려간 원년 멤버로서 조 회장님의 민간 외교관으로의 활약을 옆에서 생생하게 경험할 수 있었다. 탄탄한 어학 실력을 갖추고 폭넓은 인적 네트워크를 가지고 계신 조 회장님은 특히 대단한 친화력으로 양쪽의 멤버들을 인간적으로 결속시키곤 했다. 이러한 조 회장님의 친화력으로 한·일 포럼은 격렬한 토론 속에서도 한·일 관계를 한 걸음 더 나아가게 했다. 특히 2002년 한일 월드컵 공동 개최를 하는데 결정적인 기여를 하셨다. 그 과정에는 양국을 넘나드는 친화력이 큰 작용을 했다. 그런 의미에서 역시 나라와 나라 사이에도 결국 겹겹이 쌓여 있는 장벽들을 여는 열쇠는 사람임을 다시금 느꼈다. 또 하나는 국가 경제를 책임지는 경제단체장으로서의 면모이다. 내가 이명박 정부에서 통일부 장관으로 있을 때 조 회장님은 전경련 회장으로서 아주 바쁘게 활동하셨다. 당시는 2008년 글로벌 경제위기로 국내 경제상황이 아주 어려웠을 때였다. 매번 국무회의에서 가장 첫 번째로 올라오는 의제는 '경제 점검'이었다. 그런 위기 상황 속에서 정부와 기업이 혼연일체가 되지 않으면 그 위기를 극복할 수 없음은 너무나 자명한 이치였다. 정부는 대통령 이하 모든 국무위원이 위기를 넘기 위해 그야말로 사력을 다하던 때이다. 그러한 때에 기업경영과 함께 전경련 회장직을 겸하시기란 쉽지 않으셨을 것이다. 하지만 조 회장님은 전경련 회장직을 완벽히 수행하셨다. 나는 경제와 관련이 적은 통일부 장관을 맡고 있었기 때문에 조 회장님과 직접적으로 업무를 교류할 일은 없었지만, 우리 경제를 살리기 위해 활약하시는 조 회장님을 옆에서 뵐 기회가 여러 차례 있었다. 그러한 노력으로 우리나라는 세계의 우려 속에서도 2008년 글로벌 경제 위기를 잘 극복하고 경제기반을 더욱 탄탄히 할 수 있었다. 조 회장님은 국제 정치를 함께 논의할 수 있는 대단한 학구파이시다. 특히 한·일 관계, 한·미 관계를 비롯하여 동북아 국제 정세에 관해 조예가 깊으셨는데 젊은 학자들과의 토론을 통해 지식을 나누며 더욱 넓히고자 하셨다. 조 회장님의 제안으로 2004년 한·일 및 한·미 관계와 동북아 정세에 대해 논의하는 '한·미·일 포럼'이 만들어졌다. 이 포럼에는 정부의 외교 안보 브레인으로 활약하던 젊은 학자들이 많이 참여했는데 당시 가장 핵심적인 사안들을 주제로 삼고 열띤 토론을 벌였다. 조석래 회장님은 젊은 학자들과 아주 격의없이 지내셨다. 한 그룹의 회장님께서 바쁜 와중에 일부러 시간을 내어 20~30년 정도 나이 차이가 나는 학자들과 스스럼없이 지내신다는 게 결코 쉬운 일이 아니다. 어쩌면 조금의 용기가 필요한 일일지도 모르겠다. 젊은 학자들 사이에서 조 회장님은 인기가 매우 좋으셨다. 열띤 토론이 끝나면 다같이 모여 소주잔을 기울이곤 했는데, 술잔을 채워주시던 회장님의 소탈하고 따뜻한 모습이 생생하다.

정정길(鄭正佶, 제6,7대 울산대학교 총장, 대통령 실장)
: 학자적 리더십으로 극복한 위기

조석래 회장님의 고향은 경남 함안으로 나와 같다. 초등학교 시절에 조 회장님이 다닌 군북초등학교를 나도 다녔고 고향 집은 서로 4km 정도 떨어져 있다. 연배가 같았더라면 같이 학교에 다녔을 텐데 나보다 위리서 나의 형님들과 학교를 같이 다녔다. 나의 선친과 조 회장님의 선친이신 조홍제 회장님도 친하게 지내셨다고 한다. 나만 그런 것이 아니라 잘 아는 고향 선후배들도 그런 이야기를 한다. 이러한 학자적인 모습은 선친이신 조홍제 회장님을 닮으셨다고 나는 생각한다. 조홍제 회장님은 고향의 어려운 학생들을 위하여 장학금을 마련, 매년 7, 8명의 대학생에게 장학금을 주셨다. 한국 경제가 전후 복구도 채 하지 못한 어려운 시기인 1950년대 후반부터 장학금을 주시기 시작했는데, 당시 자신의 회사 재정 상태도 넉넉지 못한 때라 더욱 의미가 있었다. 이때는 우리나라에서 제대로 된 장학금을 지급하는 기업이 없었다. 나도 장학금을 얻어볼까 하고 갔다가 먼 발치서 조홍제 회장님의 얼굴만 뵙고 왔었다. 장학회장을 맡으셨던 안이준 변호사님이 "형님이 병원도 하니 정군 자네는 양보하지"라고 말씀하셨기 때문이다. 안 변호사님은 나의 큰 형님과 친한 친구이셨다. 안이준(安二濬) 변호사는 유명한 민법학자이기도 했다. 내가 조홍제 회장님을 자세히 알게 된 것은 대학교 4학년 이른 봄 무렵이었다. 한·일 회담 반대 시위가 서서히 시작되어 대학가가 소란스럽던 시기였다. 나는 당시 서울대학교 총학생회장직을 맡고 있었는데 학생들의 이야기나 들어보겠다고 조홍제 회장님께서 나를 부르셨다. 혜화동에 있는 회장님의 사택에서 저녁을 먹으며 3시간 가까이 이런저런 이야기를 하게 되었다. 주로 나는 조홍제 회장님께 "학생들이 왜 재벌 기업에게 적대감을 가지는지"에 대한 이야기를 해드렸다. 회장님은 답변 겸 한국 경제에 대한 당신의 생각을 간혹 이야기하셨는데 당시 내가 어려서 실물 경제를 잘 몰랐기 때문이기도 하지만 회장님의 지식의 깊이에 속으로 놀랐던 기억이 떠오른다. 회장님의 말씀을 들으며 내심 경제학 교수에 적임이신 것 같다는 생각도 했다. 조촐하게 차린 저녁상도 그렇고 모든 것이 소박하고 검소한 생활의 표본이라는 느낌을 받았다. 조석래 회장님도 복잡한 국제 경제 상황에서부터 국내의 소소한 경제 문제에 이르기까지 언제나 폭넓고 깊이 있는 이해와 통찰력을 보여주시곤 하였다. 이러한 지식과 현실 경제에 대한 정확한 판단이 있었기에 전경련을 이

끌면서 한·미 FTA의 성공적 타결을 뒷받침할 수 있었다고 믿고 있다. 이는 조 회장님이 전경련 회장으로 재임하시던 시기에 내가 이명박(李明博) 대통령을 보좌하는 대통령 실장 자리에 있었기 때문에 알 수 있었던 사실이다. 이 무렵 쇠고기 협상 반대 촛불시위가 국가 사회 전체를 뒤흔들면서 2008년 가을부터 시작된 세계적 대공황이 한국 경제를 위기로 몰아넣고 있었다. 수출 의존도가 50%에 육박하던 시기에 세계 경제 전체가 대혼란에 빠져 수출이 급감했다. 정부도 혼신의 힘을 다했지만 경제계에서도 적극 힘을 보태서 세계적으로 모범이 되는 경제 위기 극복 사례를 만들어 냈다. 나는 조석래 회장님의 학자적 리더십이 커다란 기여를 했다고 믿고 있다. 나는 조석래 회장님이 언제나 겸손하고 소탈하게 사람들을 대하는 것도 선친을 닮으셨다고 생각한다. 조 회장님은 1980년대 중반부터 고향인 함안 출신 선후배 16~17명과 1년에 두 세 번 가량 만나 저녁을 사곤 하셨다. 나도 1990년대 중반까지는 자주 참석했는데 조석래 회장님을 곁에서 보면 언제나 남의 이야기를 경청하시면서 필요할 때 한마디씩 하시는 편이었다. 전경련 회장을 그만두시고 2012년에 이 모임을 다시 소집하셨는데 덕분에 함께 운동도 하고 저녁도 함께한 일이 새삼 떠오른다.

조윤제(趙潤濟 주미(駐美) 대한민국 대사)
: 선비적 양심과 학자적 탐구심

조석래 회장님을 뵙고 대화를 나눌 때마다 높은 지성과 지식, 경륜을 접하며 만약 기업가가 되지 않으셨더라면 지금은 한국의 대표적 지성 중 한 분이 되셨을 것이라는 생각을 하곤 한다. 조 회장님은 일본 와세다 대학을 졸업한 후 미국 일리노이 공대에서 석사학위를 받으셨다. 만약 선대 회장님의 와병으로 인해 갑작스럽게 귀국해 사업을 맡으시게 되지 않았더라면 미국에서 학업을 계속해 대학교수로 먼저 입신하셨을 것이라고 생각했는데 당신께서는 어떤 생각을 가지셨는지 모르겠다. 조석래 회장님은 지위나 연배의 높고 낮음을 떠나 모든 이들에게 예절을 지키시는 분이다. 가까이서 뵌 분들은 누구나 조 회장님이 평생을 명예와 도덕을 소중히 여기며 살아오신 분이란 느낌을 받을 것이다. 함안의 선비 집안에서 태어나 자라면서 겸양이 몸에 밴 까닭으로 보인다. 나는 어려서부터 조 회장님의 집안과 효성그룹에 대해 많은 이야기를 듣고 자랐다. 집안의 어르신들은 함안군 군북면에 대대로 살았던 같은 문중으로서 효성그룹을 늘 자랑스럽게 여겨왔다. 선대 회장님과 나의 선친도 잘 아는 사이셨고 나의 백부와 선대 회장님의 아우 조성제옹과는 매우 친한 사이셨기 때문에 어렸을 때 우리 집에서 가끔 뵈었던 기억도 있다. 조석래 회장님을 직접 가까이서 자주 뵐 수 있게 된 것은 1997년 외환위기 직후 당시 서강대학교에 재직하던 나에게 '국제금융과 거시경제 상황'에 대해 가끔 물어보시다가 얼마 후 효성의 사외이사를 맡아 달라고 요청하시면서부터이다. 조 회장님은 학자들과 국제 정세, 경제정책 등에 관해 대화하는 것을 좋아하시는데 내가 느끼기에는 당신께서 파악하고 이해하신 것이 옳은지 늘 확인해 보려는 것 같았다. 조 회장님은 항상 미리 앞서서 변화를 인지하고 준비하려 하셨는데 오히려 나는 대화에 도움을 드리기보다는 늘 새로운 것을 배우고 나오는 편이었다. 대한민국의 기업인 중 조석래 회장님처럼 국제 정세에 정통하시면서 미국, 일본뿐 아니라 동아시아, 유럽의 경제계 및 정치 지도자들과 폭 넓은 교류를 이어오신 분도 드물 것이다. 평소 여느

학자 못지 않은 지식에 대한 탐구열과 이 같은 폭넓은 교류가 조 회장님으로 하여금 누구도 따라가기 힘든 경륜을 갖게 하지 않았나 생각한다. 외환위기 직후 국내 모든 종합상사가 그랬듯이 효성물산도 큰 재무적 어려움에 처해 있었는데 이를 헤쳐나가기 위해 동분서주하며 많은 고생을 하셨던 것이 생각난다. 결국, 국가와 국민에게 부담을 전가하지 않고 기업인으로서 국가와 사회에 대한 책임을 다하기 위해 효성물산의 모든 부채를 안고 '(주)효성'으로 통합하는 결단을 내리셨는데… 최근 그와 관련해 어려움을 겪고 계신 것 같아 매우 안타까울 따름이다. 조 회장님만큼 선비적 양심과 기개를 가지고 또 학자적 탐구심과 합리적 접근으로 기업을 경영해 오신 분도 드물 것이다. 오늘날 효성이 세계 1위의 기술과 제품을 가진 것은 결코 우연이 아니다. 조석래 회장님은 평생을 탁월한 경영인, 외교관, 재계 지도자, 사회 사업가, 지성인으로 살아오신 존경받는 원로의 한 분이시다.

(끝)

백인호

매일경제 편집국장,
MBN 대표이사,
YTN 사장,
가천대 초빙교수

〈저서〉
장편소설 『삼성오디세이아』
『현대오디세이아』
『자동차왕 정몽구 오디세이아』
『SK 오디세이아』
『LG 오디세이아』
『롯데 오디세이아』
『삼성 이건희 오디세이아』
『한화 오디세이아』
『대한항공 오디세이아』
『CJ 오디세이아』
『포스코(포항제철) 오디세이아』

효성 오디세이아

발 행 일 2026년 01월 09일
지 은 이 백인호
펴 낸 이 박상영
펴 낸 곳 도서출판 정음서원
주   소 서울특별시 관악구 서원7길 24, 102호
전   화 02-877-3038
팩   스 02-6008-9469
이 메 일 mooriang@hanmail.net
신고번호 제2010-000028호
신고일자 2010년 4월 8일
Ⅰ Ｓ Ｂ Ｎ 979-11-94270-06-5, 03320
정   가 22,000원

값 22000 원
03320

ISBN 979-11-94270-06-5